ISBN 978-1-332-37654-4
PIBN 10375411

REVUE
ARCHÉOLOGIQUE

OU RECUEIL

DE DOCUMENTS ET DE MÉMOIRES

RELATIFS

A L'ÉTUDE DES MONUMENTS, A LA NUMISMATIQUE ET A LA PHILOLOGIE

DE L'ANTIQUITÉ ET DU MOYEN AGE

PUBLIÉS PAR LES PRINCIPAUX ARCHÉOLOGUES
FRANÇAIS ET ÉTRANGERS

et acco^mpagnés

DE PLANCHES GRAVÉES D'APRÈS LES MONUMENTS ORIGINAUX

NOUVELLE SÉRIE

DIX-NEUVIÈME ANNÉE. — TRENTE-SIXIÈME VOLUME

PARIS

AUX BUREAUX DE LA *REVUE ARCHÉOLOGIQUE*

LIBRAIRIE ACADÉMIQUE — DIDIER et Ce

QUAI DES AUGUSTINS, 35

1878

L'ARCHÉOLOGIE DU LAC FUCIN

J'ai présenté à l'Académie des sciences morales, pendant l'été dernier, un travail sur le desséchement du lac Fucin, dans lequel je n'ai pu faire figurer certains détails archéologiques qu'il importe peut-être cependant de publier.

Il est fort à regretter que nul archéologue n'ait suivi de près cette grande opération, qui a duré plus de vingt années, et n'ait pris soin de réunir tous les objets ou les vestiges d'antiquité qui ont, en de telles circonstances, revu la lumière. Ils sont dispersés ou effacés aujourd'hui : les travaux récents ont dû recouvrir des substructions qu'il eût été utile d'étudier, et quant aux petits monuments, nulle collection importante ne paraît s'en être formée; les ouvriers les ont détruits par ignorance ou vendus çà et là. Le prince Alessandro Torlonia et le dernier ingénieur du Fucin, M. Brisse, ont fait effort pour mettre un terme à cette dispersion, mais quand il était trop tard. Une longue et patiente recherche retrouverait seule aujourd'hui une faible partie des monnaies, des terres cuites, des petits bronzes et des armes que les travaux du nouvel émissaire et ceux du desséchement ont fait peu à peu découvrir.

Déjà le père Kircher, dans son *Histoire du Latium*, page 189, représentait douze médailles d'empereurs romains trouvées de son temps dans le lac. De la Chausse, dans son livre sur les gemmes antiques, imprimé à Rome en 1700, parle de pierres dures, de camées, de pierres gravées ayant dû servir de cachets, qui auraient été retirés du Fucin avec de petites idoles de bronze. L'auteur de l'*Histoire du couvent de Casamari*, Rondinino, croit que certaines médailles curieuses trouvées dans le fleuve Liri, où Claude avait fait venir une partie des eaux du lac, provenaient du Fucin. Chaupy, l'auteur des savantes recherches sur la maison d'Horace, paraît avoir commencé dans cette région sa collection numismatique. Fabio Gori, auteur d'un ouvrage sur la Marsique (*Nuova Gui-*

da... da Roma... al lago Fucino, 5ᵐᵉ partie, 1864), assure qu'en 1829
on a trouvé au fond de certains puits de l'émissaire construit par
Claude, non-seulement de nombreux débris d'instruments, mais
beaucoup de monnaies d'or, d'argent et de cuivre. Il mentionne en
particulier, comme étant en sa possession, cinq monnaies d'argent
d'anciennes familles romaines, monnaies retrouvées en parfait état
dans un vase de terre; il en conclut que les esclaves employés aux
travaux de l'émissaire cachaient les produits de leurs larcins en attendant l'occasion de les vendre à bon compte. D'Albe du Fucin,
sur les bords du lac, sont venues au palais Colonna dans Rome, où
elles se voient encore, les statues de Scipion et d'Annibal, et les
fouilles pratiquées à Marruvium en 1752, grâce à une baisse considérable du lac, ont donné, entre autres objets de valeur, les statues de
Claude, d'Agrippine et de Néron, transportées alors au beau château
que le roi Charles III faisait pendant cette année même construire
à Caserte, et depuis au musée de Naples.

Qu'étaient-ce que des peintures représentant la Trinité, le Père
éternel, qu'était-ce que cette *Grotta di santo Padre* qu'on voyait encore il y a vingt-cinq ans à peine parmi les constructions de Claude
dans la montagne voisine de l'entrée de l'émissaire?

En 1855, alors que les ingénieurs établissaient la digue en forme
de fer à cheval destinée à envelopper toutes les constructions romaines pour les défendre contre l'envahissement du lac pendant les
travaux, on a découvert, un peu au sud des puits 30 et 31, tout près
de l'*Incile* (on appelle ainsi l'ensemble des travaux antiques précédant l'ouverture de l'émissaire), quelques substructions de murs
avec des fragments de pavage en mosaïque ordinaire, noire et blanche, enfermant un rectangle au milieu duquel était un autel, portant cette inscription : *Onesimus Aug. lib. fecit imaginibus et laribus
cultoribus Fucini* (Orelli-Henzen, 5826ᵃ). Un peu à l'ouest de ces
débris, il y avait des vestiges de tombes qui paraissaient chrétiennes. Les travaux de construction de l'émissaire moderne ont recouvert et anéanti ces ruines.

Un petit nombre des objets ou des vestiges trouvés dans le lac
Fucin ont donc été recueillis et conservés; il importe d'autant plus
de publier, alors même qu'on ne pourrait pas encore les interpréter
suffisamment, quelques intéressants morceaux qui ont échappé au
désastre.

Il faut mettre au premier rang cette plaque de bronze de onze
centimètres carrés, dont l'inscription, que j'ai adressée il y a plus
d'un an à notre confrère M. Bréal, est encore inexpliquée. La plaque

serait entière (car une bordure de petits trous destinés à recevoir des clous l'environne de chaque côté) si la partie inférieure n'en était fort dégradée par le temps. Les caractères s'offrent en creux sur la face antérieure. Elle a été trouvée il y a environ deux ans sur la côte occidentale du lac, près des restes de mur antique subsistant au pied de ce qu'on croit avoir été l'antique bois d'Angitia. M. Fiorelli l'a publiée en décembre dernier dans ses comptes-rendus mensuels des fouilles archéologiques (*Notizie di scavi di antichità*) présentés à l'Académie des *Lincei*. Cette inscription serait conçue, selon lui, dans le dialecte de la Marsique.

A des époques diverses, les fouilles opérées pour rétablir l'ancien émissaire ont mis au jour quatre pierres sculptées qui paraissent offrir un réel intérêt. Trois d'entre elles sont inédites; la quatrième l'est aussi, du moins quant à la représentation figurée : elle a été décrite et interprétée deux fois au moins, mais très-imparfaitement.

Bunsen l'a commentée, dans un Rapport présenté à l'une des réunions publiques de l'Institut de correspondance archéologique (voir le volume des *Annali* de 1834, page 33). On peut se convaincre, par un simple regard sur notre pl. XIII, fig. A, qu'il ne connaissait pas ce monument. « Il présente, dit-il, une espèce de plan du lac Fucin dans son ancien état, avec des sinuosités comme aujourd'hui. On y voit aux extrémités deux bâtiments à deux mâts et à voiles, avec dix-huit rames et autant de rameurs. Le lac est bordé par le rivage, qui montre des arbres fruitiers, dont deux paraissent être des figuiers, introduits en Italie, comme on sait, par Vibius Marsus. »

La description qu'en avait donnée antérieurement l'ingénieur Afan de Rivera, qui avait trouvé cette pierre au fond du *cunicolo maggiore*, tout près de l'entrée de l'émissaire, ne passait pas du moins sous silence toute la moitié supérieure de la représentation, et indiquait bien qu'on avait là une image des travaux de construction du grand émissaire de Claude.

La scène est double en effet. Il y a d'un côté un épisode principal des travaux primitifs, deux fois figuré; il y a ensuite une vue partielle du lac, avec deux galères.

Le rivage commence à droite du spectateur, par une ligne qui partage le bas-relief en deux moitiés inégales, car elle se continue en montant vers la gauche. On a d'un côté un triangle allongé où se distinguent trois choses : la côte rocheuse, une série de trois ou quatre arbres, et puis un double appareil très-nettement figuré :

deux tambours sont fixés autour d'axes verticaux; sur l'un et l'autre
sont adaptés horizontalement, mais enroulés en sens contraire, deux
cordages qui vont passer par des poulies grâce auxquelles, dès que
le tambour se meut, l'un monte et l'autre descend. Deux esclaves
font tourner l'appareil. Il n'est pas difficile de reconnaître les mêmes moyens qu'ont employés aux mêmes lieux les ingénieurs modernes, sauf le remplacement du travail des esclaves par celui des chevaux. On sait que, pour mettre un terme aux crues dangereuses du
Fucin, et rendre du même coup à la culture, non sans profit pour
le trésor impérial, les terres reconquises sur le lac, Claude voulut
ouvrir à une partie des eaux un passage vers le fleuve Liri, dont le
lit se trouvait inférieur. Il dut creuser son canal tout d'abord sous
e mont Salviano, haut de 300 pieds. Les ouvriers romains, dépourvus des puissants moyens de l'industrie moderne, ne purent travailler à une telle profondeur qu'en multipliant les puits perpendiculaires, que croisaient encore des *cunicoli* obliques. Ils établissaient
ainsi les courants d'air respirable qui leur étaient nécessaires, et
par ces issues, à mesure qu'avançait leur galerie, ils enlevaient les
décombres ou introduisaient les matériaux utiles.

Ce double système de puits nombreux et de *cunicoli* leur était évidemment habituel; on le retrouve dans le travail de ce grand aque-
duc, également attribué à Claude et en partie souterrain, qui amenait jadis les eaux salutaires du Sereno à la flotte de Misène, et qu'on
a songé à reprendre de nos jours pour alimenter Naples, si cruelle-
ment dépourvue. Chacun des principaux puits, dans les constructions du Fucin, était garni de boisages destinés à soutenir les parois,
et qui, en se croisant, partageaient en quatre la section horizontale.
Les cordages mis en mouvement par les tambours parcouraient, en
passant par deux de ces ouvertures, le puits tout entier, l'un montant et l'autre descendant; à ces cordages étaient attachées des *bennes*
ou de grands seaux cylindriques dans lesquels on chargeait les
décombres pour les transports au dehors. Une de ces bennes antiques, sans parler des fragments de plusieurs autres, a été retrouvée
et se conserve dans les magnifiques greniers d'Avezzano, parmi les
objets appartenant au prince Torlonia.

Mais ce qui est plus curieux encore, c'est la représentation du lac,
avec deux galères, l'une à droite, dont le dessin est bien conservé,
l'autre à gauche, dont nous ne voyons plus que la poupe. De quelle
nature doivent être ces bâtiments? Ils n'appartiennent pas à la marine
militaire, puisqu'ils ne sont pas munis d'éperons et que les rameurs
sont à découvert. Il n'y a sans doute pas lieu, à cause de cela, de

penser que le sculpteur romain ait voulu rendre un souvenir de ce combat décrit par Tacite, dont Claude voulut être témoin lors de la première inauguration de l'émissaire. Comment Bunsen a-t-il pu dire qu'il y avait dix-huit rames et autant de rameurs? Le seul des deux bâtiments qui nous en puisse faire juger ne laisse apercevoir, outre le *gubernator*, assis en avant du *tugurium* vers la poupe, et tenant le gouvernail, que six têtes de rameurs. Quant aux rames, on en distingue treize ou peut-être douze. Si l'on remarque que les rames paraissent accouplées trois par trois, et que la première de chaque groupe ressort avec un relief particulier, il n'y a plus qu'à admettre une certaine négligence du sculpteur et un certain à peu près dans l'exécution pour penser qu'on a ici deux trirèmes. De mâts proprement dits et de voiles, on n'en aperçoit certainement pas; mais qu'est-ce que ces deux montants obliques entre lesquels se place le *tugurium* et se replie la poupe, et qui sont réunis dans leur partie supérieure par une traverse? On les voit absolument semblables à l'arrière de l'un et de l'autre bâtiment. Il semble que l'un de ces montants, celui qui est placé du côté du rivage, se termine dans les deux exemples par un petit appendice qui manque à l'autre. Des banderoles ou des flammes paraissent flotter, attachées aux montants de la galère de droite : seulement celle du montant voisin du rivage ne flotte pas dans le sens que devrait lui imprimer la marche du navire, qui va de droite à gauche. Un seul montant de la galère de gauche paraît entraîner deux banderoles à la fois : il faudrait au reste être bien assuré de ne pas se tromper ici aux coups de ciseau du sculpteur, qui n'a peut-être voulu exprimer que les arêtes, que les silhouettes des flots. S'il ne s'agit que de hampes où doivent s'attacher des flammes, pourquoi y en a-t-il deux à chaque bâtiment, et pourquoi sont-elles réunies par des traverses? Faut-il y voir une machine, une espèce de grue, pour soulever et embarquer les fardeaux, ou bien une sorte d'échelle ou un appareil pouvant s'abaisser et servir au débarquement ?

Si l'on cherche des analogies, on en trouve peu parmi les représentations maritimes les plus connues. Rien de semblable sur le célèbre bas-relief d'Ostie appartenant aussi au prince Torlonia, et que le savant père Guglielmotti a si bien commenté ; rien sur cet autre bas-relief, figurant sans doute le même port, et qu'on peut voir au palais Vaccari, à Rome ; nul pareil appendice au navire figuré sur la ciste Ficoroni ; rien de semblable, autant que j'en ai pu juger par un rapide examen parmi les décombres et au jour même de la découverte, sur la belle mosaïque trouvée en mars

1878 à Rome, dans les dépendances du palais Pallavicino, et qui montre un navire entrant toutes voiles déployées dans un vaste port; rien dans l'*Archéologie navale* de M. Jal; rien sur l'antéfixe de terre cuite représentant le navire de la Mère Idéenne qui est décrite dans les *Annali* de l'Institut archéologique de 1867.

Cependant, si l'on consulte un des plus récents auteurs sur ces matières, M. Bernhard Graser, on trouve, non pas dans son livre *De veterum re navali*, Berlin, 1864, in-4°, mais à la suite de son mémoire intitulé *Die Gemmen des Königlichen Museums zu Berlin mit Darstellungen antiker Schiffe*, Berlin, 1867, in-4°, deux pierres gravées du musée de Berlin (n°ˢ 79 et 56), où se voit quelque chose d'à peu près semblable, des navires de guerre dont la poupe se relève, comme ici, entre deux montants; seulement ils sont perpendiculaires et non réunis par une traverse.

« Zu beiden Seiten vom Steuerhause aus, dit M. Graser, zwei senkrechte Stahe emporstreben, wie auch auf Münzen (Tetradr.) des Perserkönigs. » On voit que l'auteur n'aventure même pas une tentative d'explication.

Sur une des fresques antiques trouvées en 1838 à Rome, dans une maison de la via Graziosa, et conservées aujourd'hui à côté des Noces Aldobrandines dans une salle de la bibliothèque vaticane, on distingue trois navires à éperon ayant très-visiblement un long bâton oblique à la poupe; un de ces bâtons est muni d'une ou peut-être de deux poulies. On peut s'en convaincre en observant, à défaut du monument original, la troisième planche : *Drittes Laistrygonenbild*, de l'ouvrage de M. Woermann, intitulé : *Die Esquilinischen Odyssee Bilder,* München, 1876.

Enfin le musée de Naples offre un certain genre de représentation qui, sans être assurément identique, paraît se rapprocher de celle qui nous occupe. D'une part, une douzaine au moins des peintures de Pompéi, dans la galerie bien connue du rez-de-chaussée, figurent des navires dont la poupe se relève et se déroule entre deux longues tiges à peu près parallèles, qui se dirigent obliquement en dehors. Il semble qu'elles soient flexibles et un peu courbées, comme des roseaux; mais on doit se rappeler que ces peintures, toutes pour l'ornement, ne visent pas à la précision ni à l'exactitude. En tout cas, ces tiges ne sont pas réunies ensemble et ne portent aucun appendice.

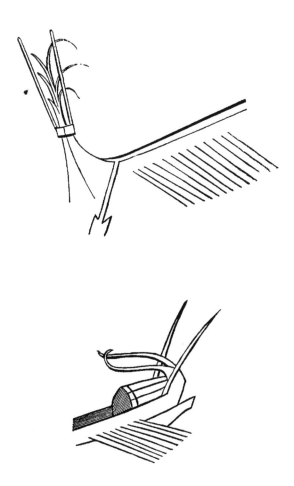

D'autre part, on remarquera dans la salle des bas-reliefs du

même musée, au numéro 612, une poupe munie d'un montant qui
paraît uniquement destiné à porter une flamme.

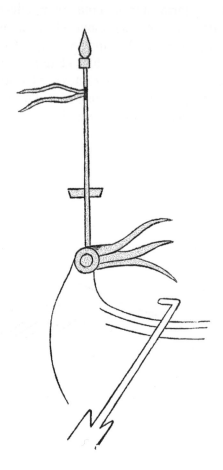

En résumé, l'appareil adjoint à chacune des deux galères de
notre bas-relief du Fucin servait peut-être à la fois à retenir des
voiles et à fixer des banderoles.

Nous espérons que le père Guglielmotti, l'auteur à la fois érudit
et ingénieux de l'*Histoire de la marine pontificale* et d'un vaste *Dictionnaire historique de la marine* encore inédit, donnera une exacte
interprétation de ce curieux morceau, auquel il attribue, nous le
savons, une réelle importance, à cause des particularités encore
inexpliquées que nous avons signalées.

Les trois autres pierres ont été trouvées plus récemment encore
à l'entrée même de l'ancien émissaire, employées, comme la précé-

dente, en guise de matériaux on ne sait à quelle époque, et si négli-
gemment que la face sculptée était engagée dans la maçonnerie. Ces
autres fragments représentent une ancienne ville, un bois et des
temples. Sur le plus considérable, qui a 1ᵐ,30 de largeur sur 0ᵐ,62 de
hauteur, le bas-relief n'occupant que 0ᵐ,48 environ (voir pl. XIV,
fig. B), on distingue aisément deux parties. A gauche du spectateur,
une ville entourée de murs crénelés ; le mur qui est de face, d'un
magnifique et puissant appareil, est interrompu par une haute porte
de plein cintre qui formerait à elle seule une belle construction, avec
trois fenêtres étroites dans sa partie supérieure, et surmontée de trois
créneaux. La ville s'étage sur la montagne, de sorte qu'on en voit
aisément les divers édifices ; le regard plonge même dans l'intérieur
de deux rues, dont l'une est interrompue par deux *archi*. Les fabriques accumulées dans cet étroit espace (il y en a plus d'une trentaine)
sont si belles qu'elles paraîtraient devoir figurer, au moins plusieurs
d'entre elles, comme des monuments publics plutôt encore que
comme des maisons particulières. On aperçoit plusieurs parties d'*o-
pus reticulatum ;* il semble qu'il y ait, en haut du groupe compris
entre la rue aux *archi* et le mur latéral, un édifice rond, en *opus reticulatum* à la base, et peut-être crénelé. A l'angle gauche, à gauche
de la plus petite des deux rues, on distingue un vaste édifice, entouré
d'une colonnade à deux étages. La seconde partie du bas-relief, à
droite du spectateur, serait aussi fort curieuse si elle n'était en quelques endroits très-ruinée. On ne saurait la décrire avec précision.
Est-ce un piédestal de statue ou une base de colonne qu'on aperçoit
au milieu de la partie supérieure, entre deux édifices dont l'un est
en *opus reticulatum*, au-dessus du trou grossièrement pratiqué
après coup dans la sculpture ? Est-ce un arbre qu'on voit au bas, et
le commencement d'une forêt se continuant vers la droite ? Toute
cette partie de droite paraît se diviser en deux groupes d'édifices que
sépare une route oblique, montant de droite à gauche. Au bas, parmi les arbres, un grand monument, peut-être avec deux ailes, une
cour, et une galerie inférieure à neuf arcades. En haut et à droite,
au-dessus du chemin escarpé, deux constructions singulières en
forme de *capanne*, sans fenêtres, avec une seule porte, et sur deux
bases dont l'une en *opus reticulatum.*
  La seconde pierre, plus ruinée (pl. XV, fig. C), figure trois étages de
constructions ; le premier communique avec le second au moyen d'un
escalier fermé, ce semble, par une porte à jour et côtoyant un qua-
drilatère muré qui paraît enfermer un arbre. Au-dessus, probablement entre des colonnes, dont une seule est visible, se dresse une

grande statue. Un chemin soigneusement dallé sépare ces ouvrages
d'un autre monument également bizarre, orné lui aussi de quelques
arbres et d'une colonnade.

La troisième pierre (pl. XV, fig. D), plus petite que chacune des
précédentes, mesure 0ᵐ,3u de longueur sur 0ᵐ,24 de hauteur. Elle
reproduit une partie d'un édifice public qui paraît avoir été
somptueux. Ce sont d'abord trois statues. L'une semble être une
Minerve, et l'autre une femme au torse demi-nu dont l'attitude peut
rappeler celle de la Vénus de Milo; on distingue ensuite la forme
singulière d'un ample buste sur un socle, et enfin des ornements en
forme de fleurs ou de rosaces, d'arbres ou de buissons. Par-dessus
le mur ainsi décoré règne une vaste colonnade : sept colonnes intactes, deux chapiteaux isolés, outre cela les vestiges de deux bases, en
tout onze colonnes indiquées ou visibles sur ce côté, avec une douzième qu'on aperçoit sur une autre face, à droite. Ces colonnes sont
dépourvues de plinthes, et munies de chapiteaux d'une forme qui
semble rappeler ceux des églises de Ravenne.

A quel temps convient-il de rapporter ces singulières sculptures ?
Il faut bien reconnaître que la conjecture la plus naturelle est de les
croire contemporaines de Claude et du grand travail de construction
de l'émissaire, travail qui, suivant le témoignage de Pline, dura
onze années et occupa trente mille ouvriers. A quel autre moment
aurait-on songé à représenter les machines et les procédés employés
pour cette construction? Ce ne pouvait être sous Néron, qui, Tacite
nous l'atteste, poursuivit de ses dédains et de sa haine, ici comme
aux travaux du bas Tibre, l'œuvre de son prédécesseur. Trajan s'est
occupé du Fucin, mais peu de temps, à la fin de son règne, et seulement pour remettre en bon état l'émissaire, déjà obstrué. Adrien
sans doute y a fait des travaux plus considérables, dont on retrouve
aujourd'hui la trace, mais lui-même et l'opinion publique n'apportaient pas à cette œuvre la même attention que Claude et ses contemporains. On sait quelles fêtes accompagnèrent les deux inaugu-
rations successives, en présence de Claude, d'Agrippine et de toute
la cour; il est très-vraisemblable qu'aient été exécutés à cette époque non-seulement le bas-relief représentant le lac et les travaux
de construction, mais les autres sculptures, qui sont d'une même
sorte de pierre, commune dans le pays. Elles concouraient sans
doute à orner quelque monument dont nous avons entièrement
perdu le souvenir. Les Romains de l'époque impériale aimaient à
reproduire en sculpture les représentations historiques : ils les multipliaient sur les monuments, sur les arcs de triomphe. Au temps

des grands essors de travaux publics, sous Auguste, sous Claude, sous Trajan, ils mêlèrent volontiers à de telles représentations le souvenir de ces travaux et l'image des lieux, quelquefois avec cette même précision de sens topographique qui les faisait bons arpenteurs et habiles géographes. Sans parler du Plan capitolin et de l'*Orbis pictus* d'Agrippa, sans parler des médailles, on connaît les bas-reliefs figurant le port d'Ostie, que nous rappelions tout à l'heure, l'un conservé au musée de la Lungara, chez le prince Torlonia, l'autre au palais Vaccari, et qu'a commenté M. Rod. Lanciani dans les *Annali* de 1868. On connaît en outre les intéressants bas-reliefs du Forum représentant deux épisodes du règne de Trajan, et si utiles par la perspective des monuments pour l'étude topographique du forum antique. La *villa Adriana* devait être pleine de sculptures rappelant les scènes et les vues dont l'impérial voyageur avait été le témoin.

Si trois des quatre bas-reliefs que nous venons de décrire représentent quelque ville des bords du Fucin, il devient probable qu'il s'agit de celle sur le territoire de laquelle se trouvait l'entrée de l'émissaire, dont l'aspect était devenu familier aux ingénieurs et aux ouvriers de Claude. Les habitants actuels de la contrée affirment qu'ils retrouvent sur la plus importante de ces sculptures des chemins encore aujourd'hui visibles à la surface du rocher, aux lieux où devait être dans l'antiquité la ville d'Angitia, près du village actuel de Luco. Il faudrait toutefois savoir s'il y a eu réellement une ville d'Angitia ; peut-être ce nom ne convient-il qu'à une divinité locale bien connue ; mais le bois qui lui était consacré, *nemus* ou *lucus Angitiae*, pouvait contenir des sanctuaires et des temples.

Un des membres de l'Ecole française de Rome, M. Fernique, vient de parcourir et d'étudier le pays des Marses. Peut-être rapportera-t-il des éléments d'explications nouvelles soit pour l'inscription, soit pour les quatre bas-reliefs du Fucin. Il importait toutefois de ne pas attendre plus longtemps pour publier ces derniers morceaux, encore inédits.

A. Geffroy.

NOTICE

SUR LA

DISTRIBUTION GÉOGRAPHIQUE

DES HACHES ET AUTRES OBJETS PRÉHISTORIQUES

EN JADE NÉPHRITE ET EN JADÉITE

Les objets en pierre que l'on recueille dans les cavernes, les dolmens, les habitations lacustres, et sur les terrains quaternaires, ont été, pour la plupart, façonnés à des époques auxquelles l'histoire n'a pas encore assigné de dates certaines. Les substances qui les composent sont très-diverses, sous le rapport des éléments minéralogiques; mais toutes ont été choisies par les hommes de ces anciens âges, avec sagacité, avec un parfait discernement des propriétés physiques qui devaient les rendre le mieux appropriées à leur emploi. Ainsi les pointes de flèches et de lances, les couteaux, les rasoirs, les scies, et en général les instruments à pointes aiguës, à vives arêtes, avaient pour matière le silex, l'agate, le jaspe, le quartz, l'obsidienne, etc., espèces minérales qui, bien que très-dures, se laissent aisément diviser en éclats minces et tranchants. Pour les haches, les marteaux, les coins à fendre le bois, etc., on employait de préférence les *jades, jadéites, fibrolites, diorites, dolérites, porphyres, pétrosilex, basaltes, euphotides*, etc., etc., et généralement toute matière réunissant le caractère de grande dureté à celui d'une forte résistance à la percussion.

Ces substances minérales, pour le plus grand nombre, sont abondamment répandues, et sur des points nombreux de la surface du globe : il en est deux cependant qui, bien moins communes, doivent plus particulièrement fixer l'attention et appeler les recherches des archéologues; ce sont : le *jade néphrite* et la *jadéite*. L'un de nous a donné, il y a plusieurs années, la description et l'analyse de chacune de ces espèces minérales (1). (*Comptes rendus de l'Académie des sciences*, tome 61, 21 et 28 août 1865). On n'en connaît encore de gisements bien constatés que sur un petit nombre de points du continent asiatique et de quelques îles de l'Océanie. Les diverses variétés de jades et de jadéites s'y montrent à l'état de galets ou de blocs arrondis plus ou moins volumineux. Il en existe probablement aussi en Amérique, dans les alluvions du fleuve des Amazones (La Condamine, relation abrégée d'un voyage fait dans l'intérieur de l'Amérique méridionale ; Paris, 1745). On n'en peut citer aucun en Afrique ni en Europe.

Considérant la rareté des gisements de ces substances minérales, de savants archéologues ont émis l'opinion que les haches et autres objets préhistoriques en jade néphrite et en jadéite dont on voit de nombreux échantillons réunis dans les musées, dans les collections particulières, et que l'on recueille journellement encore dans nos contrées, ont été importés par les peuplades qui, selon les plus anciennes traditions, émigrèrent du continent asiatique pour pénétrer dans les diverses parties de l'Europe. La présence de ces objets sur le sol de notre continent serait, à leur avis, une preuve matérielle à l'appui des inductions morales tirées de la tradition et des données historiques.

Cette hypothèse n'est pas dénuée de vraisemblance ; mais elle a trouvé des contradicteurs. D'autres archéologues considèrent comme plus probable : 1° que les peuples répandus sur les divers points du globe, dans les temps préhistoriques, ont façonné les instruments à leur usage avec les seuls matériaux que mettait à leur disposition la nature minéralogique des terrains placés dans leur rayon d'activité ; 2° qu'il a dû exister en Europe un ou plusieurs gisements de jade néphrite et de jadéite. Si ces gisements ne se retrouvent plus actuellement, c'est parce qu'ils ont été épuisés par les hommes de ces premiers âges du monde, ou bien parce qu'ils ont disparu ensevelis sous des éboulis ou des alluvions nouvelles ; qu'enfin des recherches poursuivies avec attention et persévérance pourront les faire retrouver sur les terrains qui les recèlent encore.

Sans avoir de parti pris pour l'une ou pour l'autre de ces opinions opposées, et désirant poursuivre l'étude de cet intéressant problème,

---

(1) De nombreuses analyses sur des échantillons détachés des haches trouvées en Suisse ont été également faites par M. de Fellenberg, professeur à l'université de Berne (24 août 1869, Soleure). Toutes concordent entre elles et ne laissent pas d'incertitude sur la composition de ces espèces minérales.

nous avons pensé qu'on pourrait en avancer la solution en notant
avec exactitude chacun des points géographiques où l'on a recueilli
d'antiques objets en *jade néphrite* et en *jadéite*.

Si ces objets ont été importés du continent asiatique par les peuplades émigrantes, on doit, ce nous semble, en trouver des échantillons épars sur les diverses régions qu'elles ont traversées, depuis
le plateau central de l'Asie jusqu'à l'extrémité occidentale de l'Europe. La route suivie par les populations émigrantes serait visible-
ment indiquée par les objets matériels laissés sur leur passage. Si,
au contraire, les jade néphrites et les jadéites façonnés par l'industrie
des anciens âges, au lieu d'être disséminés sur un long espace, se
montrent circonscrits en certaines localités spéciales et dans un cercle plus ou moins restreint, on en tirera la conséquence probable
qu'il en existait quelque gisement en un lieu peu distant des points
de concentration.

L'énumération qui va suivre expose la nature des échantillons
observés, leurs provenances et les collections auxquelles ils appartiennent.

CHAPITRE 1ᵉʳ

HACHES ET OBJETS D'ANTIQUITÉ EN JADE NÉPHRITE.

(Jade oriental)

EUROPE.

Un seul échantillon de jade néphrite, à l'état brut, a été trouvé,
au commencement de ce siècle, dans le diluvium d'un terrain de lignite, à Schwemsal près de Dueben (Saxe), sous forme de bloc
arrondi et à peu près de la grosseur d'une tête d'homme (1).

M. le professeur Breithaupt en a, le premier, donné la description, en 1815 ; il en a remis des fragments à divers musées de miné-
ralogie. On en voit encore dans ceux de Freiberg, de Berlin, de
Breslau, de Halle (Prusse), de Fribourg (grand-duché de Bade), de
Berne et de Buda-Pesth (Hongrie).

En comparant ces fragments aux échantillons de néphrite des

---

(1) Voyez *Nephrite und Jadeite*, par Fischer, un vol. in-8, Stuttgardt, 1875, pages
3, 180, 217, 252, 254.

autres provenances connues, M. Fischer a pu s'assurer que c'est au jade néphrite de Batougol près d'Irkoutsk (Sibérie) qu'ils ressemblent le mieux. La couleur, la densité et les résultats de l'analyse chimique ne lui laissent aucun doute à cette égard (voir l'ouvrage de M. Fischer cité ci-dessus, page 350).

M. Breithaupt n'a pu savoir comment ce bloc de jade néphrite sibérien reposant sur un terrain de lignite est parvenu en Allemagne; mais il est hors de doute que cet échantillon était complètement étranger au sol de la localité où il fut recueilli.

HACHES, POINTES DE FLÈCHES, ETC., EN JADE NÉPHRITE
TROUVÉES EN EUROPE.

D'après les observations qu'on a pu recueillir jusqu'à ce jour, c'est particulièrement dans les palafittes ou dans leurs environs (Bavière et Suisse) que l'on rencontre les haches et autres objets en jade néphrite. Un seul et très-bel échantillon en forme de hache a été trouvé assez loin des palafittes et des lacs, à une profondeur de 3 à 4 mètres de la surface du sol, entre Bâle (Suisse) et Fribourg (grand-duché de Bade), dans une couche d'argile limoneuse. Cet échantillon a été recueilli par des ouvriers qui changeaient des conduits de pompe. En remontant plus au nord de l'Allemagne M. Fischer n'a pu retrouver aucune hache en jade néphrite, bien qu'il ait examiné tous les musées archéologiques et minéralogiques de cette contrée.

HACHES EN JADE NÉPHRITE TROUVÉES EN ALLEMAGNE.

A Blansingen, entre Bâle et Fribourg. — Musée de Fribourg (Baden).
Ueberlingen (lac de Constance). — Collection de M. Ullersberger.
Roseninsel (Bavière), dans le lac de Würm on Starenberg, au sud-ouest de Munich. — Collection de M. de Schab.

SUISSE.

Lac d'Incwyl près Soleure. — Collection de M. de Bonstetten.
Lac de Bienne : Lokras. — Collection de M. Damour à Paris.
    —   — M. le docteur Gross à Neuveville.
    — Lattrigen. — M. le docteur Gross à Neuveville.
    — M. Jener à Berne.

Lac de Bienne : Gerslafingen. — Musée de Berne.
—   Möhrigen-Steinberg. — Musée de Berne.
—   Neuveville. — Docteur Gross à Neuveville.
—   Chavanne. — Docteur Gross à Neuveville.
—   —   2 pointes de flèches. — Dʳ Gross à Neuveville.
Ziehlbrücke, entre les cantons de Neuchâtel et de Berne. Une lame en jade néphrite. — Musée de Berne.
Berne. Hache en néphrite. — M. Dor à Berne.
Lac de Zurich : Meilen. — Musée de Zurich.
Lit de la Limmat près Zurich. — Musée de Zurich.

ITALIE.

Environs de Catanzaro (Calabre). Petites haches en jade néphrite. — Collection du lycée de Catanzaro.

GRÈCE.

Péloponnèse. Une petite hache en néphrite (?). — Musée d'histoire naturelle de Lyon (Rhône).

POLOGNE.

Suivant M. Kraszewski (*Sztuka u Slowien,* l'Art chez les Slaves; Wilna, 1858; page 31), on aurait trouvé en Pologne beaucoup de haches en jade néphrite. Après la dernière révolution de Pologne, les objets du musée de Wilna ont été transportés à Moscou. Nous ignorons s'il a été bien constaté que ces haches fussent réellement en jade néphrite.

On voit en outre, dans divers musées de l'Europe et dans les collections des particuliers, un grand nombre de vases, de coupes, de poignées de sabres, de bracelets, pendants d'oreilles, etc., en jade néphrite, rapportés de la Chine et de l'Inde. Ces objets sont devenus chez nous très-abondants depuis la dernière expédition anglo-française en Chine. Nous n'avons pas cru devoir en donner ici le catalogue, qui nous aurait entraînés au delà de notre sujet, attendu que presque tous ces objets de luxe et de curiosité sont des produits de l'industrie moderne et qu'ils n'apporteraient aucune lumière sur les émigrations des peuples primitifs.

ASIE.

SIBÉRIE.

Haches en jade néphrite et dont la matière paraît être identique à celle qu'on trouve sur la montagne de Sajan, près Batougol, à

52 degrés 10′ de latitude septentrionale et 97 degrés 30′ de longitude est de Paris :

Hache trouvée dans le lit du fleuve Baktukak, gouvernement de Jenisseisk ; sur les lavages d'or de M. Golubkow. — Collection de M. Lopatin à Krasnojarsk.

Village de Saledejewo sur le Tschadobctz, affluent de l'Angara. — M. Lopatin.

Même provenance. — Musée de Fribourg (Baden).

Basayka près Krasnojarsk. — Musée du collège de Neuchâtel.

Ces deux derniers échantillons ont été donnés par M. Lopatin et leur provenance est bien constatée.

Village de Pintschatschi, près Krasnojarsk. — M. Lopatin.

Ville de Krasnojarsk. — M. Lopatin.

Ruisseau de Kerealui, près Karealnoje, gouvernement de Minusinsk, département de Jenisseisk. — M. Lopatin.

Dans un champ du village de Paschatinskoje, près Krasnojarsk. — M. Lopatin.

Montagne de Werchelensk, près Kultuk, non loin d'Irkutsk. Hache de 30 centimètres de longueur, 5 centimètres de largeur au tranchant et 14 centimètres de périphérie. — Musée de l'Académie des mines à Saint-Pétersbourg.

Même provenance. Hache plus petite. — Musée de l'Académie des mines à Saint-Pétersbourg.

Même provenance. Perçoir, avec trou longitudinal à l'une des extrémités. — Musée de l'Académie des mines à Saint-Pétersbourg.

Fleuve de la Lena. Perçoir ou ornement (voir] *Nephrite und Jadeite*, par Fischer, p. 29, fig. 28). — Musée ethnographique de Berlin.

OCÉANIE.

Les voyageurs, les marins, qui reviennent des différents parages de l'Océanie (Nouvelle-Zélande, Nouvelle-Calédonie, Taïti, îles Marquises, etc.), en rapportent fréquemment des haches en jade de diverses teintes et variétés. On en voit des échantillons dans la plupart des musées de l'Europe et dans beaucoup de collections particulières. Ces haches sont encore façonnées et employées par les naturels de la contrée, chez qui l'âge de la pierre polie paraît s'être continué jusqu'à nos jours. D'après la forme de ces haches et les inégalités qu'on remarque à leur surface, on peut juger que la matière

brute a été prise à l'état de galets qu'on a usés et amincis sur quelques points de leurs bords pour y produire une pointe ou un tranchant. Il y a toute certitude qu'il existe des gisements de jade en
ces contrées et qu'ils sont encore exploités par les indigènes (voyez
Fischer, *Nephrite,* etc., pages 230, 240, 233); mais n'ayant aucune
notion précise sur l'époque plus ou moins récente à laquelle ces
haches en pierre ont été façonnées et importées en Europe, nous
nous abstenons d'en dresser le catalogue, qui pourrait devenir fort
étendu et dépasser les limites que nous nous sommes imposées.

Sous le nom de *jade océanien* (Comptes rendus de l'Académie des
sciences, tome 61) l'un de nous a décrit une espèce particulière
de jade venant de l'Océanie et qui se distingue du jade néphrite
par sa densité plus élevée et par quelques différences dans les proportions des éléments essentiels à ces deux matières.

La densité du jade néphrite variant entre 2,94 et 3,06, celle du
jade océanien oscille entre 3,09 et 3,31. La composition de ce dernier permet de le réunir au groupe minéralogique des pyroxènes ;
celle du jade néphrite le rattache au groupe des amphiboles.

Ces deux espèces de jades se ressemblent beaucoup par les caractères physiques de couleur, d'éclat et de dureté : on ne peut les distinguer que par la différence de leurs densités respectives, par le
degré de fusibilité (beaucoup moindre sur le jade océanien) et par
une analyse déterminant les proportions de leurs éléments.

AMÉRIQUE.

Les gisements de jade néphrite qui peuvent se trouver sur le continent américain n'ont pas encore été déterminés avec une suffisante
précision. Il y a cependant toute probabilité qu'il en existe sur quelque point du sol de cette vaste contrée.

D'après les documents rapportés par La Condamine, 1745, Buffon,
1749, de Humboldt, 1807, de Martius, 1828, etc. (voir Fischer, *Nephr.*
und Jadeite, pages 125, 129, 166, 200), on doit présumer que la matière alors désignée par ces illustres naturalistes sous le nom de
pierre des Amazones se rapporte au jade néphrite et qu'elle se trouve
dans l'Amérique méridionale sur quelque point des bords ou des
anciennes alluvions du vaste fleuve des Amazones. Il y avait lieu
dès lors de rechercher si l'on en trouverait des échantillons dans
les collections minéralogiques. M. Fischer en a rencontré dans les
musées de Bonn et de Halle, qui se sont partagé les deux moitiés

d'un bloc qui pesait jadis 5 à 6 kilogrammes. Ce bloc était à l'état de galet à bords arrondis, de couleur vert olivâtre comme le décrit Buffon ; à peu près de la nuance du quartz plasma ou du quartz prase de Breitenbrunn en Saxe. Sur la demande de M. Fischer, M. le professeur Gerhard vom Rath a fait une analyse d'un fragment tiré du bloc du musée de Bonn ; en voici le résultat :

Silice..	0,5732
Alumine....................................	0,0136
Oxyde ferreux............................	0,0356
Chaux.......................................	0,1339
Magnésie...................................	0,2185
Eau et matières volatiles.................	0,0323
	1,0071

La densité de l'échantillon = 2,949. Il est désigné, dans un de ces musées, comme provenant du fleuve Topayos (Brésil) ou de Chine ? Ce point de doute (?) laissé sur la provenance de l'échantillon est vraiment regrettable.

M. Fischer a examiné un grand nombre de figures grossières, d'amulettes, etc., qui, d'après le genre de travail, la nature des objets qu'elles représentent, et en partie aussi par les étiquettes qui s'y trouvaient jointes, semblent indiquer une provenance américaine. Leur couleur se rapporte à celle du bloc sus-mentionné ; d'autres montrent une teinte verte tirant sur le jaune ; mais on ne possède encore sur ces objets d'antiquité aucune analyse qui ait permis d'en préciser la composition.

Si, malgré ces incertitudes, nous avons cru pouvoir donner ici l'énumération des antiquités américaines supposées en jade néphrite, c'est dans le but d'appeler l'attention et la critique scientifique des archéologues que la question pourrait intéresser.

Nous pouvons cependant donner comme authentique une hache en jade brun olivâtre trouvée par M. Boussingault dans un tombeau indien de la province d'Antioquin (Nouvelle-Grenade). Sa densité = 3,05. Analyse par M. Damour :

Silice.......................................	0,5279
Magnésie...................................	0,2666
Oxyde ferreux............................	0,1403
Oxyde manganeux........................	0,0071
Chaux.......................................	0,0252

Alumine.. 0,0032
Eau et matières volatiles.................... 0,0241
                                               ─────────
                                               0,9944

Ornement. Couleur jaunâtre, densité = 2,942; apporté d'Obydos, province de Para (Brésil), par M. de Martius. Sa provenance américaine est ainsi parfaitement garantie. (Fischer, *Nephr. und Jad.*, p. 45, fig. 60.) — Au Musée ethn. de Munich.

Sculpture grossière en forme de grenouille. Couleur vert jaunâtre, densité = 3,09. (Fischer, *Nephr.*, p. 33, fig. 38.) — Musée minéralogique de Genève.

Tubes cylindriques. Couleur vert jaunâtre, densité = 2,94 et 3,07. (Fischer, *Nephr.*, p. 27, fig. 18 et 19.) — Musée minéralogique de Berlin.

Un petit ciseau. Couleur vert jaunâtre, densité = 3,00. (Fischer, *Nephr.*, p. 47, fig. 61.) — Musée minéralogique de Berlin.

Amulette oblongue, percée à deux extrémités. Couleur vert jaunâtre, densité = 2,97. (Fischer, *Nephr.*, page 38, fig. 50; trouvée au Brésil.) — Musée ethn. de Berlin.

Sculpture en forme de grenouille. (Fischer, *Min. Arch. St.*, tableau 4, fig. 21.) — Musée national de Prague.

Amulettes. Couleur olivâtre. (Fischer, *Nephr.*, p. 38, fig. 49, p. 39, fig. 51, p. 40, fig. 53-59.) — Musées minéralogiques de Berlin, de Fribourg et de Stuttgardt.

Amulettes avec intailles représentant un scorpion. Couleur olivâtre. (Fischer, *Nephr.*, p. 39, fig. 52; et *Min. Arch. St.*, tab. 1, fig. 1-3.) — Musées de Fribourg, de Munich, de Prague, et collection de M. Stendel à Ravensbourg (Wurtemberg).

Sculpture en forme de grenouille. Densité = 2,96; rapportée de la Guadeloupe par M. Hamy. (Gervais, *Journal de zoologie*, et Fischer, *die Mineralogie als Hilfswissenschaft*, tab. VII, fig. 46.) — Muséum d'histoire naturelle de Paris.

Deux haches semblables à celles en jade néphrite de la Nouvelle-Zélande et provenant de l'Equateur (Amérique méridionale). — British Museum de Londres.

Figurine. Densité; = 3,06 trouvée au Mexique. (Fischer, *Min. als Hilfsw.*, tab. 7, page 33, fig. 45.) — Musée arch. de Bâle.

Figurine (Fischer, *Min. als Hilfsw.*, tab. 7, page 32, fig. 44), du Yucatan (Mexique). — Collection de M. Tob. Biehler, à Vienne.

Hache attachée à un manche. La matière est d'une teinte vert poireau avec des taches de rouille semblables à celles qu'on observe sur le jade néphrite de Sibérie. Trouvée sur la côte extrême nord-ouest de l'Amérique septentrionale, vis-à-vis des Tschouktsches, qui portent de pareilles haches. — Musée ethnographique de Göttingen.

Perçoir en jade néphrite olivâtre montrant des taches brunes; perforé à l'extrémité obtuse. Trouvé dans le fleuve Mackenzie (Amérique septentrionale). — Collection de M. Pinart à Paris.

Cet objet est remarquable par sa ressemblance avec les deux perçoirs de la Sibérie cités plus haut, et avec ceux qui proviennent de la Nouvelle-Zélande.

Par l'énumération des objets en jade néphrite mentionnés dans ce premier chapitre, on voit qu'en ce qui concerne le continent européen cette matière, façonnée en forme de haches ou autres instruments, n'a été rencontrée, du moins à notre connaissance, que dans la Suisse et sur quelques points de l'Allemagne avoisinant cette région alpestre (1). On n'en cite aucun échantillon authentique qui ait été trouvé sur le sol de la Suède, de la Norwège, du Danemark, des Iles Britanniques, de la Hollande, de la Belgique, de la France et de l'Espagne. On a pu remarquer aussi que les haches en jade néphrite recueillies dans la Sibérie se trouvent sur la contrée même où l'on a constaté l'existence d'un gisement de cette matière minérale.

CHAPITRE II

JADÉITE.

Nous réunissons sous un seul et même nom spécifique les matières que l'un de nous a précédemment décrites sous les noms de *jadéite* et de *chloromélanite* (Comptes rendus de l'Académie des sciences, 1865, tome 61). Ces substances minérales, quoique distinctes par la couleur et par quelques faibles différences dans le degré de densité et de fusibilité, se rapprochent assez par leur composition pour ne constituer qu'une même espèce minéralogique à laquelle nous conservons le nom de *jadéite* : celui de *chloromélanite* ne désignant dès lors qu'une simple variété de jadéite (2).

---

(1) M. Fischer a reçu nouvellement quelques petites haches en néphrite trouvées aux environs de Catanzaro (Calabre).

(2) La lettre *J* placée à côté du nom de l'objet indique qu'il est en *jadéite* de couleur pâle, blanche, grise, bleuâtre ou verdâtre. Les lettres *Chl.* indiquent la variété vert-noir foncé que rappelle le nom de *chloromelanite.*

EUROPE.

ALLEMAGNE.

GRAND-DUCHÉ D'OLDENBOURG.

Hache. Chl. Cloppenbourg. — Musée de Münster en Westphalie.

DUCHÉ DE BRUNSWICK.

Hache. J. Brunswick. — Musée de la ville.

PRUSSE RHÉNANE ET WESTPHALIE.

Hache. J. Heelden près Millingen. — Société archéol. de Bonn.
— J. (25 cent. de longueur). Hörter. — Société arch. de Münster.
— J. (35 cent. de longueur). Grimmlinghausen près de Neuss. —
M. le professeur Schaffhausen à Bonn.
— J. Baal près Erkelenz. — M. Schaffhausen.
— Chl. (20 cent. de longueur). Wesselingen, au nord-ouest de
Bonn. — Musée de la Soc. d'hist. nat. de Bonn.
— Chl. (20 cent. de longueur). Pfalzküll près de Bittburg. —
Musée arch. de Trèves.
— J. Saarbrücken (sur le Rappertsberg). — Musée de la Soc.
d'hist. nat. de Bonn.
— J. Langenlohnsheim, nord-est de Kreuznach. — M. Schaffhau-
sen à Bonn.
— Chl. Dorsheim sur la Nahe, au nord de Kreuznach. — M. Schaff-
hausen.
– J. Dorsheim sur la Nahe, au nord de Kreuznach. — M. Schaff-
hausen.

PROVINCE DE SAXE.

Hache. J. Straussfurt près Weissensee. — Collection de M. le docteur
Herbst à Weimar.

PROVINCE DE HESSE.

Hache. J. Montabaur, nord-est de Coblence. — M. Schaffhausen, à Bonn.
— J. Kastell Orlen près Wiesbade. — Musée arch. de Wiesbade.
— Chl. Wehen près Wiesbade. — Musée ethn. de Fribourg (Bade).
— J. Environs de Wiesbade. — Musée ethn. de Fribourg (Bade).

GRAND-DUCHÉ DE HESSE-DARMSTADT.

Hache. Chl. Anerode près Giessen. — Musée arch. de Wiesbade.
— Chl. Grünberg, est de Giessen. — Musée arch. de Wiesbade.
— J. Burkhardsfelde près de Giessen. — Musée arch. de Wiesbade.

Hache J. Gonsenheim, ouest de Mayence. Plusieurs haches de 11 à 23 cent. de longueur. — Musée central romain-germanique de Mayence.
— J. Darmstadt. — Musée de Wiesbade.

BAVIÈRE RHÉNANE.

Hache. J. Vallée d'Alsenz, sud de Kreuznach. — Musée arch. de Durkheim.
— J. Leistadt, nord-ouest de Durkheim. — Musée arch. de Durkheim.

GRAND-DUCHÉ DE BADE.

Hache. J. Schwetzingen près Manheim. — Musée arch. de Jéna.
— Chl. Schwetzingen près Manheim. — Musée ethn. de Fribourg.
— J. Environs de Donauöschingen. — Musée du prince de Fürstenberg à Donauöschingen.
— J. Ueberlingen (lac de Constance). — M. Ullersberger à Ueberlingen.
— Chl. Wangen (lac de Constance). — Musée arch. de Zurich.
— Chl. Wangen (lac de Constance). — Musée ethn. de Fribourg (Bade).

ROYAUME DE WURTEMBERG.

Hache. J. Sersheim. — Musée royal de Stuttgardt.
— J. Schussenried, nord-est de Friedrichshaffen (lac de Constance). — Collection de M. Frank à Schussenried.

AUTRICHE.

Hache. J. Laibach (Illyrie). — Musée de Laibach.
— Chl. Roveredo (Tyrol). — Musée civil de Roveredo.
— J. Spalato (Dalmatie). — Musée des trois règnes à Agram.

BELGIQUE.

Hache. Chl. Gent. — Musée royal d'antiquités à Bruxelles.
— Chl. (20 cent. de long). Loo, commune de Diegem près Bruxelles. — Musée royal de Bruxelles.
— J. (16 cent. de long). Maffles près d'Ath, entre Bruxelles et Lille. Musée royal de Bruxelles.

ESPAGNE.

M. le professeur Seoane, au Ferrol (Galice), fait mention de haches polies trouvées près des dolmens et des menhirs de la contrée; on ne sait pas en quelle matière.

FRANCE.

Les haches en jadéite ne sont pas rares sur le sol de la France ; on peut dès à présent citer 38 départements sur lesquels on en a trouvé. Il est probable que les recherches assidues dont elles sont l'objet en feront rencontrer encore sur beaucoup d'autres points que ceux qui vont être mentionnés ci-après.

Nous inscrivons ici les localités françaises en suivant l'ordre alphabétique des noms de chaque département.

AIN.

Hache. Chl. Saint-Bernardin. — Musée de Saint-Germain.

AISNE.

Hache. J. Caranda. — M. Moreau, à Paris.

ALLIER.

Hache. J. Coulanges. — Musée de Saint-Germain.

ALPES-MARITIMES.

Hache. J. Cabres. — Musée de Saint-Germain.

ARDÈCHE.

Hache. J. Plateau de Soyons. — Musée de Saint-Germain.

AUBE.

Hache. J. Thuisy. — M. Damour, à Paris.
    — Chl. Villemeur. — M. Damour, à Paris.

AUDE.

Hache. J. Carcassonne. — Musée de Saint-Germain.

BASSES-ALPES.

Hache. J. Manosque. — Musée de Saint-Germain.

CHARENTE-INFÉRIEURE.

Hache. J. La Rochelle. — M. Bouvet, à Pontlevoy.

COTE-D'OR.

Hache. J. Volnay. — Musée de Saint-Germain.

Hache. J Beaune. — M. Damour.
—   Chl. Semur. — M. Damour.
—   Chl. Brion-sur-Ource. — M. Damour.
—   Chl. Dijon. — M. Desnoyers, à Paris.

DEUX-SÈVRES.

Hache. J. Niort. — M. Desnoyers, à Paris.
—   Chl. Absu. — Musée de Saint-Germain.

DORDOGNE.

Hache. J. Périgueux. — M. Damour.
—   Chl. Excideuil. — M. Damour.

EURE ET-LOIR.

Hache. Chl. Châteaudun. — M. Damour.
—   J. Chartres. — M. Damour.
—   Chl. Chartres. — M. Damour.

FINISTÈRE.

Hache. Chl. Quimperlé. — M. Damour.
—   Chl. Brest. — M. Damour.

GARD.

Hache. J. Saint-Ambroix. — Fr. Euthyme, à Saint-Genis-Laval (Rhône).
—   Chl. Uzès. — M. Damour.
—   Chl. Nîmes. — M. Damour.

GERS.

Hache. Chl. Seissan. — M. Lartet.

HAUTE-GARONNE.

Hache. J. Toulouse. — M. Damour.
—   Chl. Toulouse. — Musée de Saint-Germain.

HAUTE-LOIRE.

Hache. J. Le Puy-en-Velay. — M. Aymard, au Puy-en-Velay.
—   Chl. Le Puy-en-Velay. — M. Aymard, au Puy-en-Velay.
—   Chl. Cussac. — M. Lartet.

HÉRAULT.

Hache. J. Ponsil. — M. P. Gervais, à Paris.
—   Chl. Aspérou. — M. P. Gervais, à Paris.

INDRE-ET-LOIRE.

Hache. J. Château-Renaud. — Muséum d'hist. naturelle à Paris.

Isère.

Hache. Chl. La Balme. — M. Chantre, à Lyon.
—   Chl. Vienne. — M. Chantre, à Lyon.
—   Chl. Vayron, côte Saint-André. — M. Chantre, à Lyon.

Loir-et-Cher.

Hache. J. Gièvres. — M. l'abbé Bourgeois, à Pontlevoy.
—   J. Pontlevoy. — M. Bouvet, à Pontlevoy.
—   J. Thenay. — M. Bouvet, à Pontlevoy.

Loiret.

Hache. Chl. Montargis. — Musée de Saint-Germain.

Marne.

Hache. Chl. Chantemerle près Sezanne. — M. J. de Baye.
—   Chl. Talu près Baye. — M. J. de Baye.
—   J. Baye. — M. J. de Baye.
—   J. Villevenard. — M. J. de Baye.
—   J. Reims. — M. Damour.

Morbihan.

Hache. J. Embouchure de la Vilaine. — Musée de Saint-Germain.
—   J. Keeroteren. — M. Damour.
—   J. Carnac. — Musée de Vannes.
—   J. Mané-en-H'roek. — Musée de Vannes.
—   J. Tumiac. — Musée de Vannes.
—   Chl. Penestin. — Musée de Vannes.
—   J. Plouharnel. — Musée d'artillerie à Paris.
—   Chl. Quiberon. — M. de Watteville.
—   Chl. Sarzeau. — Musée de Saint-Germain.

Oise.

Hache. Chl. Noyon. — M. Damour.
—   J. Neuilly-sous-Clermont. — Musée de Saint-Germain.
—   J. Maismy près Noyon. — Musée de Saint-Germain.
—   J. Mt Berny, forêt de Compiègne. — Musée de Saint-Germain.

Orne.

Hache. J. Rémolard. — M. Desnoyers, à Paris.
—   J. Argentan. — M. Damour.
—   Chl. Alençon. — M. Damour.

Puy-de-Dome.

Hache. Chl. Clermont-Ferrand. — M. Damour.

Hache. J. Gergovia. — M. Damour.

RHONE.

Hache. J. Mont-d'Or lyonnais. — M. Chantre, à Lyon.
—   Chl. Mont-d'Or lyonnais. — M. Chantre, à Lyon.
—   Chl. Lyon. — M. Chantre, à Lyon.
—   J. Lyon. — M. Fournet.

SAONE-ET-LOIRE.

Hache. Chl. Chalon-sur-Saône. — M. Damour.
—   J. Mont Beuvray. — Musée de Saint-Germain.

SEINE-ET-MARNE.

Hache. Chl. Rebais. — M. Damour.
—   J. Pierre-Levée. — M. Damour.
—   J. Bray-sur-Seine. — M. Damour.
—   J. Provins. — M. Damour.

SEINE-ET-OISE.

Hache. J. Meudon. — Musée de Saint-Germain.
—   J. Forêt de Sénart. — M. Damour et musée de Saint-Germain.
—   J. Choisy-le-Roi. — M. Damour.
—   Chl. Linas. — M. Damour.
—   J. Ablon-sur-Seine. — M. Damour.

SOMME.

Hache. Chl. Hémicourt. — Musée de Saint-Germain.
—   Chl. Abbeville. — Musée de Saint-Germain.
—   Chl. Ham. — Musée de Saint-Germain.
—   J. Limoux. — Musée de Saint-Germain.
—   J. Hallencourt. — Musée de Saint-Germain.

TARN.

Hache. Chl. Montauban. — M. l'abbé Pottier.

VAUCLUSE.

Hache. Chl. Mont Ventoux. — M. Chantre.
—   J. Orange. — M. Damour.
—   Chl. Vaison. — M. Damour.
—   Chl. Avignon. — M. Damour.

VENDÉE.

Hache. J. Talmont. — Musée de Saint-Germain.
—   J. Dampierre. — Musée de Saint-Germain.
—   J. Chevanne. — Musée de Saint-Germain.

VOSGES.

Hache. J. Localité indéterminée. — M. Boban, à Paris.

YONNE.

Hache. J. Sens. — Musée de Saint-Germain.
— Chl. Joigny. — M. Damour.
— Chl. Tonnerre. — M. Damour.
— Chl. Sens. — M. Damour.
— Chl. Chaumot. — M. Lartet.

ITALIE.

Hache. J. Cividale. — Musée civil de Cividale.
— J. Pavie. — Musée de l'université de Pavie.
Hache et fragment d'un disque. J. Caverne de Finale. — Musée civil de Gênes.
Hache. J. Dolcedo. — Collection Ighina.
— J. Cairo Montenotte. — Collection Ighina.
— J. Rochetta Longio. — Collection Ighina.
— J. Giusvalla près Millesimo. — Collection Perranda.
— J. Piana (Langhe). — Musée de Turin.
— J. Grotta dell' Onda. — Musée de Pise.
— J. Reggiano. — Musée de Gênes.
— J. Bassi Poggi. — Musée de Florence.
— J. Teramo près Ascoli. — Musée de Florence.
— J. Environs de Perugia. — Collection Guardabassi.
— Chl. Catanzaro. — Musée du Lycée.

On nous a encore désigné quelques localités situées plus au sud de l'Italie, et dans lesquelles on a trouvé des haches en jadéite; mais ne connaissant pas les collections où ces objets sont conservés, nous nous abstenons de les mentionner ici.

SUISSE.

Hache. J. Bâle. — Collection de M. Albert Müller à Bâle.
— J. et Chl. Lac de Bienne, le long de ses rivages : côte est, aux localités de Lokras (Lüscherz), Gerlafingen, Lattrigen, et côte ouest, à Chevanne (Schaffis). — Musée de M. le docteur Victor Gross à Neuveville et Musée archéol. de Berne.
— J. Lac de Neuchâtel : à Concise, Estavayer (Stœffis). — Au musée archéologique de Zurich et au musée de Saint-Germain (France).

AFRIQUE.

ÉGYPTE.

Scarabée. Chl. avec hiéroglyphes. — Musée archéol. de Wiesbade.
—   Chl. — Musée impérial de Vienne.
—   J. — Musée égyptien à Paris.
—   J. — Collection de M. Damour à Paris.

ASIE.

Très-petite hache. J. Gebail en Syrie. — Musée de Saint-Germain.

CHINE.

Il en est de la jadéite comme du jade néphrite, que nous avons
mentionné au premier chapitre de ce mémoire. Une grande quantité
d'objets en cette matière ont été rapportés de la Chine depuis une
vingtaine d'années, et se trouvent actuellement répartis dans les
principaux musées et dans quelques collections particulières. Parmi
tous ces objets qui témoignent de l'habilité, de la patience et souvent du goût délicat des artistes qui les ont façonnés, nous n'en
avons encore reconnu aucun que l'on dût attribuer à l'industrie des
temps antiques représentée chez nous par les haches en pierre polie.
Nous nous abstiendrons ainsi, pour la *jadéite*, aussi bien que pour
le *jade néphrite*, de dresser le catalogue de ces nombreux objets
de l'industrie chinoise et qui, ne remontant pas aux temps préhistoriques, ne sauraient nous apporter quelque lumière sur l'émigration des peuples ; ce qu'il importerait le plus aux archéologues ce
serait qu'on rapportât du continent asiatique les haches, les amulettes et autres objets soit en jadéite, soit en néphrite, qui seraient les
représentants de l'âge de la pierre polie, tel qu'il a existé sur le sol
européen : la comparaison de ces objets conduirait probablement
à des résultats décisifs.

·C'est ici le lieu de faire observer que, si l'on compare la matière
des haches en jadéite trouvées en Europe avec celle des objets travaillés qui nous viennent de la Chine, on y remarque de notables
différences dans les caractères extérieurs, malgré l'identité de composition. Les jadéites de la Chine montrent une translucidité plus

prononcée, des teintes plus franches, depuis le blanc de lait jusqu'aux nuances de l'aigue-marine, du vert pomme et du vert foncé
de l'émeraude. Les jadéites trouvées en Europe ont, pour la plupart,
un aspect plus ou moins mat, causé par une sorte d'empâtement de
matières argileuses ou chloriteuses qui ont pénétré dans leur structure intime; elles ne montrent guère de translucidité que sur leurs
bords amincis. Leur couleur vert pâle, vert sombre ou gris bleuâtre
plus ou moins terne n'a rien de commun avec les agréables teintes
qui distinguent les jadéites travaillées dans l'Inde et dans la Chine.

OCÉANIE.

Hache. Chl. Désignée comme provenant de la Nouvelle-Zélande. — Musée minéralogique de Vienne (Autriche).

AMÉRIQUE.

MEXIQUE.

Une hache, une tablette (Fischer, *die Mineralogie als Hilfswissenschaft
für Archœologie, Ethnographie*, etc., dans l'*Archiv. für Antropologie* von
A. Ecker et L. Lindenschmit, Braunschweig, Band X, Heft 3, 4, 1877,
pages 29-30, n° 17, 18-20, tabl. 6, fig. 26; tabl. 7, fig. 27) et un ornement. J. — Musée archéologique de Bâle (Suisse).

Hache aztèque. J. avec hiéroglyphes mexicains (Fischer, *Nephr.*, p. 31,
fig. 36). — Musée minéralogique de Berlin.

Haches, figures, etc. J. (Fischer, *Min.*, etc., p. 30, 31, 32, n°s 22, 26,
29, 33, 36, 37, tabl. 7, fig. 29, 33, 36, 40.) — Collection de M. Phil. Becker
à Darmstadt.

Perle de collier. J., fragment. — Musée de Freiberg (Saxe).

Ornement. J. (Fischer, *Nephr.*, etc., page 37, fig. 47.) — Musée de Fribourg (Baden).

Figurine. J., fragment (Fischer, *Min.*, etc., page 29, n° 19, tabl. 7,
fig. 28). — Musée de Fribourg (Baden).

Perles de collier. J. — Musée de Fribourg (Baden).

Hache. Chl. (Fischer, *Min.*, etc., page 31, n° 35, fig. 42.) — Musée ethn.
de Fribourg (Baden).

Divers objets. J. (Fischer, *Min.*, etc., page 31, n° 24-25, tabl. 7, fig. 31-32.
— British Museum à Londres.

Tablette. J. Oblongue, de 22 centimètres de long, 7 centimètres de
large, percée aux quatre angles. — Musée ethn. de Munich.

Figures, haches. J. — Musée minéralogique impérial de Vienne.

Figures (Fischer, *Min.*, pages 31, 32, n°s 27, 28, 30, 32, tabl. 7, fig. 34, 35, 37-39. — Collection de M. Tob. Biehler à Vienne.

Ornements. J. (Fischer, *Nephr.*, page 16, fig. 6, page 368, fig. 125.) — Musée archéologique et musée de l'École polytechnique à Zurich.

Haches. J. vert bleuâtre, translucide. Vallée de Mexico. — Collection de M. Damour à Paris.

Grains de collier bleuâtres. J. Vallée de Mexico. — Collection de M. Damour à Paris.

Grains de collier. J. vert foncé. Vallée de Mexico. — Collection de M. Damour.

Figurines. J. couleur vert pomme. Vallée de Mexico. — Collection de M. Damour.

Haches. Chl. Vallée de Mexico. — Collection de M. Damour.

    —   Chl. De Palanqué. — Collection de M. H. Berthoud.

    —   J. Oblongue, couleur aigue-marine très-translucide; percée à l'une de ses extrémités. — Collection de M. Pinart à Paris.

Figure d'animal fabuleux. J. A tête de léopard, avec queue figurant les grelots des serpents à sonnettes. Couleur vert grisâtre. Vallée de Mexico. — Collection de M. Pinart à Paris.

AMÉRIQUE CENTRALE.

Trois haches. J. Trouvées dans la Nouvelle-Grenade. — Muséum d'histoire naturelle à Paris.

Figure. Chl. 25 centimètres de longueur, 9,5 centimètres de largeur Poids, 1130 gr. 3. — Collection de M. le docteur Jurit, à Vienne.

Figure. J. (Fischer, *Nephr.*, page 31, fig. 35.) — Musée ethn. de Fribourg.

Ornement. J. (Fischer, *Nephr.*, p. 281, fig. 115.) — Musée minéralogique de Breslaw.

AMÉRIQUE MÉRIDIONALE.

Hache. Chl. Atacama (Chili). — Collection de M. Hochstetter à Vienne.

Parmi les diverses contrées du continent américain, c'est le Mexique qui, jusqu'à ce moment, a présenté le plus grand nombre de haches et d'objets en *jadéite*. La matière s'y montre avec des teintes plus agréables à la vue que celle des objets recueillis en

Europe, et se rapproche davantage, par ses caractères extérieurs,
des jadéites de l'Inde et de la Chine. Les haches en *chloromélanite*,
dont la couleur est si foncée qu'elle paraît noire, pourraient seules
être confondues avec celles de l'Europe. Elles en diffèrent cependant, du moins pour la plupart, en ce qu'au lieu de montrer des
formes ovalaires et plus ou moins arrondies comme on le voit sur
les haches d'Europe, elles sont habituellement taillées en forme de
parallélipipèdes rectangulaires qui, à partir du sommet, vont s'a-
mincissant pour se terminer en forme de coin. On voit aussi cependant quelques haches mexicaines dont les formes ne diffèrent pas de
celles qu'on trouve sur le sol de nos contrées.

En ce qui concerne l'Europe, nous ferons remarquer, d'après les
catalogues ci-dessus exposés, et d'après l'énumération des diverses
localités où l'on a rencontré des objets en *jadéite*, que cette matière,
aussi bien que le *jade néphrite*, paraît être confinée dans des zones
assez restreintes, et en des points situés entre les 41° et 52° degrés de
latitude nord, et en général peu distants du massif des Alpes : en
Allemagne, en Belgique, en France, en Italie et en Suisse. Nous
n'avons pas de renseignements suffisants sur l'Espagne et le Por-
tugal ; mais nous ne connaissons encore aucun objet antique en
jadéite qui ait été découvert sur le sol de la Russie, de la Suède, de
la Norwége, du Danemark, des Iles Britanniques et de la Hollande.

De ces premiers documents nous ne saurions dès aujourd'hui
tirer des conclusions qu'on aurait droit de trouver prématurées. Le
travail que nous venons de présenter n'est considéré par nous que
comme un simple cadre dans lequel auront à prendre place les observations ultérieures que les recherches des archéologues aidées de
celles des géologues ne manqueront pas d'apporter sur cet intéressant sujet.

DAMOUR ET FISCHER.

INSCRIPTIONS DE THALA ET DE HAIDRAH

(TUNISIE)

Un négociant israëlite de Tébessa, M. Bakri, que ses affaires appellent quelquefois en Tunisie, m'a remis, au mois d'octobre 1877, la copie de plusieurs inscriptions relevées par lui à Thala et à Haïdrah.

I

Le premier de ces points est actuellement un centre commercial fort important. C'est un grand marché tunisien, situé à peu de distance de Calaa-es-Senam, vis-à-vis de notre smala d'El-Meridj et de la petite mosquée des Ouled-Sidi-Yahia. Les voyageurs qui l'ont visité y ont reconnu des ruines considérables.

En 1835, sir Grenville Temple y relevait deux inscriptions, dont une impériale en l'honneur de Dioclétien et de Maximien (1). En 1862, M. Davis y signalait plusieurs textes funéraires païens (2), en même temps que M. Victor Guérin publiait les beaux résultats de son voyage archéologique en Tunisie et faisait connaître, à son tour, quelques nouvelles inscriptions copiées dans cette localité (3).

Thala semble avoir conservé son nom antique. C'est probablement, comme l'a remarqué Pellissier (4), le *praesidium Thala* signalé par Tacite (5) à l'époque de la guerre de Tacfarinas. Il serait bien difficile, au contraire, d'y voir les ruines de la fameuse Thala de Jugurtha prise par Métellus (6), car ce que Salluste rapporte de la

---

(1) *Excursions in the Mediterranean*, II, p. 219 et suiv., p. 328.
(2) *Ruined cities within Numidian and Carthaginian territories*, p. 368.
(3) *Voy archéol. dans la régence de Tunis*, I, p. 337.
(4) *Descript. de la regence de Tunis*, p. 305.
(5) *Annales*, III, 21.
(6) *Bell. Jugurth.*, c. 75 et suiv.

XXXVI. 3

situation de cette grande ville ne peut pas s'accorder avec la position des ruines dont nous parlons.

Les textes relevés à Thala par M. Bakri n'ont qu'une médiocre importance. Ce sont les inscriptions funéraires suivantes :

1.

CSVLPICIVS
LVPRCVS
VAXXXXIX
HSE

« G(aius) Sulpicius Lup[e]rcus. V(ixit) a(nnis) quadraginta novem. H(ic) s(itus) e(st). »

Lupercus est un surnom repandu en Afrique (Guérin, n° 250, 255).

2.

DI   SMA
CSVLPICIA RO
ATAVIXSITAN
NISXXX
H·S·E

« Di(i)s Ma(nibus). G(aïa)? Sulpicia Ro[g]ata. Vixsit annis triginta. H(ic) s(ita) e(st). »

Déjà M. V. Guérin avait copié à Thala l'épitaphe d'un *Sulpicius* Félix (1).

3.

DMS
LOPPIVS
V·A·LXXXX
HSE

Deux couronnes sur la pierre.

« D(iis) M(anibus) s(acrum). L(ucius) Oppius. V(ixit) a(nnis) nonaginta. H(ic) s(itus) e(st). »

---

(1) *Voy. archéol. dans la régence de Tunis*, I, p. 337, n° 99.

II

Les ruines de Haïdrah sont situées au sud de Thala. Elles occupent l'emplacement d'une ancienne ville dont le nom se retrouve dans plusieurs inscriptions de Lambèse sous la forme *Ammedara* (1) ou *Ammedera* (2). Dans une inscription de Rome, publiée par Muratori (3), est mentionnée une femme nommée *Victoria,* dont la patrie est ainsi indiquée : *de regionem* (sic) *Admederensium.* Ptolémée nomme cette ville Ἀμμαίδαρα (4). Morcelli (5) mentionne deux de ses évêques, dont l'un, *Eugenius,* figure dans un concile de l'année 255, et l'autre, *Speratus,* se trouvait à Carthage en 411.

L'Itinéraire lui donne le titre de colonie, *Admedera colonia* (6), et une inscription découverte par M. L. Renier, dans le rempart de la citadelle byzantine, nous apprend que cette colonie fut établie à la fin du Iᵉʳ siècle de notre ère, sous les empereurs Flaviens, COLONIA FL[*avia Ammaederensium*] (7). C'était une des stations de la grande voie de Carthage à Cirta, par Theveste (8).

(1) Renier, *I. A.*, n° 784.
(2) Renier, *I. A.*, n° 127, l. 44.
(3) *Nov. thesaur. veter. inscr.*, MLVI, n° 2.
(4) IV, 3, 30. — Cf. les textes d'Orose et de Procope, cités par M. V. Guérin (*Voy. archéol. dans la régence de Tunis*, I, p. 366).
(5) *Africa christiana*, I, p. 74 ; v° *Amaderensis.*
(6) *Itin. Antonini*, 26.
(7) Renier, *I. A.*, n° 3194.
(8) *Itinerar. Antonini*, 26. — D'après l'Itinéraire la *colonia Admedera* se trouvait sur cette grande voie à XXXII milles d'*Altieuros* et à XXV de *Theveste colonia.*

La Table de Peutinger (édit. E. Desjardins, segm. III et IV) nous fournit les mêmes données, mais elle indique des stations intermédiaires.

Itinéraire.		*Table.*	
Altieuros...................		Altuburos	
....		Mutia........................	XVI
Admedera colonia............	XXXII	Admedera.....................	XVI
....		Ad Mercurium.................	XIIII
Theveste colonia.............	XXV	Theveste.....................	XI
	LVII		LVII

La ville d'Altuburos doit être identifiée avec l'*Henchir M'deina* visité par Pellissier (*Descr. de la régence de Tunis*, p. 292) et M. Guérin (*Voy. en Tunisie,* II, p. 82). Ces voyageurs y ont remarqué tous deux, auprès du portique d'un temple, un fragment d'inscription, malheureusement très-mutilé, sur lequel le premier a lu les lettres TH..BO.ITANVS ; le second l'a transcrit ainsi : THIB...ITANVM. Cette

Les ruines de Haïdrah ont été explorées par plusieurs voyageurs. Des inscriptions y ont été relevées par sir Grenville Temple (1), Pellissier (2), Davis (3), Léon Renier (4), V. Guérin (5), et récemment, en 1874, par le docteur G. Wilmanns, qui vient d'être ravi si prématurément à la science.

M. Bakri y a recueilli trois nouveaux textes. Malgré les incorrections que contiennent ses copies, il faut le féliciter de les avoir prises; il a eu, en les relevant, beaucoup plus de mérite qu'un épigraphiste de profession, et son zèle a porté des fruits, puisqu'il a sauvé de l'oubli un texte chrétien très-intéressant. Le voici :

4.

dern ère copie me paraît devoir être ainsi complétée : alTHIBurITANVM. Si ma supposition est exacte, c'est à cette localité qu'appartiendraient les quatre évêques cités par Morcelli, sous la rubrique Altiburitensis. L'un d'eux, Victor, prend le titre d'episcopus Altiburitanus; un autre, Constantinus, s'intitule episcopus ecclesiae Altoburitanae (Africa christ., I, 74). Mais le monument le plus important pour déterminer l'emplacement d'Altiburos est une inscription néo-punique envoyée au Musée du Louvre par M. de Sainte-Marie. Elle a été découverte précisément à M'deina (et non pas Landeina, comme l'a dit M. Derenbourg à l'Académie des inscriptions, Comptes-rendus, 1874, p. 306). Ce texte mentionne immédiatement après l'introduction habituelle : Au seigneur Baal Hammon, l'endroit où existait le temple de Baal Hammon dans lequel la consécration a été faite; cet endroit est Altiburos. L'Henchir M'deina n'est pas inscrit sur la grande carte de Pricot de Sainte-Marie, mais on le trouve sur les cartes de Pellissier et de M. V. Guérin, qui tous deux l'ont visité. Il est placé à XXXII milles romains (autant qu'on peut le vérifier sur les cartes de Tunisie), au N.-NE. d'Haïdrah, sur la route de Carthage.—Les deux stations que la Table de Peutinger indique après Altuburos, dans la direction de Carthage, sont Orba et Larabus, remplacés aujourd'hui par les villages d'Ebba et d'Henchir Lorbès. La voie romaine laissait ensuite à gauche la grande ville de Sicca Veneria (le Kef), et ne tardait pas à se confondre avec la route de Sicca à Carthage; puis elle gagnait Musti (auj. Sidi-Abd-er-Rebbou).— La station Ad Mercurium, à XI milles de Théveste et · XIIII d'Admedera, doit être recherchée très-près des ruines connues sous le nom de Ksar-el-Kelb, situées à 15 ou 16 kilomètres de Tébessa, sur la route d'Haïdrah.

(1) Excursions in the Mediterranean, II, p. 325 et suiv., nos 92 à 103.

(2) Description de la régence de Tunis, p. 296.

(3) Ruined cities within Numidian and Carthaginian territories, p. 370.

(4) I. A., n° 3191 à 3231.

(5) Voy. archéol. dans la reg. de Tunis, I, nos 112 à 143.

```
ASFIVSMVST
LVS·FLPPCRIS
ANVSVIXITAN
NISXXIIQVIEV
ISVDECEMHLN
BRESANNO
IIIIDNIRECL
ILDIRIX
```

Quelques corrections semblent nécessaires. A la première ligne, il faut lire **ASTIVS** au lieu de **ASFIVS** ; à la cinquième, **KL** au lieu de **HL** ; à la septième ligne il doit y avoir **REGIS** au lieu de **RECL**. En outre, la pierre doit être cassée ou illisible, au moins à droite des deux premières lignes.

Je transcris ainsi :

« Astius Must[el]lus, fl(amen) p(er)p(etuus) c(h)ris[ti]anus. Vixit annis viginti duobus. Quievi [t] su(b die) decem(à) ? K(a)l(endas) N[obem] bres, anno quarto d(omi)ni regis Ildirix. »

Ce jeune homme mort à vingt-deux ans était chrétien ; le monogramme qui surmonte l'inscription en fait foi, ainsi que le mot *cristianus* qui se trouve dans son épitaphe. Aussi est-il fort surprenant de trouver à côté de son nom cette qualification de *flamen perpetuus*, qui est entièrement païenne et qu'on ne rencontre pas d'ordinaire sur les monuments de l'église chrétienne. J'avoue que j'aurais hésité à publier ce texte si M. le docteur G. Wilmanns ne m'avait pas communiqué, en 1875, un exemple du même fait, découvert par lui, également à Haïdrah. Il a trouvé sur le pavé d'une des basiliques chrétiennes du lieu l'inscription suivante :

Monogramme du Christ,
croix grecque avec le ρ, l'α et l'ω.

ASTIVS VINDICIANVS
VC ET FLPP

« Astius Vindicianus, v(ir) c(larissimus) et fl(amen) perpetuus. »

Ces deux textes sont remarquables pour plusieurs motifs : La conformité des noms est étrange ; les deux personnages s'appellent

ASTIVS (1), gentilitium peu répandu. Tous deux portent le titre de
flamen perpetuus, et, si l'on admet la contemporanéité des inscriptions, ils portent ce titre à une époque où on ne le rencontre plus (2).
Enfin ce flamine perpétuel est ici un dignitaire de l'église chrétienne.

Cette mention d'un *flamen perpetuus* sur la tombe des fidèles est
bien plus extraordinaire que celle du *Diis Manibus*. Au vi° siècle, en
Afrique, l'emploi par les chrétiens de cette formule païenne n'était
plus un effet de la confusion produite par la présence de deux cultes
rivaux. On ne peut guère admettre, devant notre texte, que ces mots
aient conservé dans le langage chrétien le sens qu'ils avaient à une

(1) Si toutefois ma correction est admise. J'arrive à la croire certaine en comparant dans la copie de M. Bakri le F de ASFIVS avec le T de la même ligne et le F
à queue brisée de la seconde.

(2) On sait qu'en Afrique les curateurs municipaux, dans les inscriptions qui
appartiennent à la dernière période de leur existence, sont ordinairement revêtus de
la dignité de flamine perpétuel. Cependant sur les marbres de ce pays les dernières
mentions du *flamen perpetuus curator reipublicae* se rencontrent :

1° Sur une inscription de *Mascula* (Khenchela) du règne de Théodose le Grand,
antérieure à la mort de Valentinien II (15 mai 392) (Héron de Villefosse, *Rapport
sur une mission en Algérie*, n° 127);

2° Sur une inscription de *Neapolis* (Nabel) dont M. V. Guérin (*Voy. archéol. dans
la régence de Tunis*, II, n° 455) n'a copié qu'une partie. Au mois d'avril 1874 j'ai
retrouvé le fragment inférieur, qui est ainsi conçu :

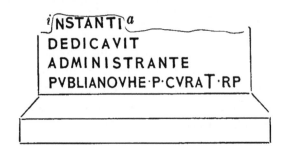

« ...... administrante Publiano v(iro) h(onestissimo), f(lamine) p(erpetuo), curat(ore)
r(ei)p(ublicae). »

Ce texte est antérieur à la mort d'Arcadius (1er mai 408).

D'un autre côté, sur une pierre de *Kalama* (Guelma), aujourd'hui au Louvre, du
règne d'Honorius et de Théodose II, et par conséquent antérieure au 15 août 423,
on trouve un *curator reipublicae* qui n'a plus le titre de *flamen perpetuus*. Notons
en passant qu'aux lignes 5 et 6, cette inscription porte.. AD NEcessa RIVM VSVM et
non pas ADM......PIVM VSVM, comme on l'a lu (Renier, *I. A.*, n° 2736). — Cf.
G. Henzen, *Sui curatori delle città antiche* (dans *Annali*, 1851, p. 1 à 35); O. Hirsch-
feld, *I sacerdozi municipali in Africa* (dans *Annali*, 1866, p. 39).

époque antérieure. Il est difficile de tirer des conclusions d'une inscription certainement incorrecte et où le chiffre d'années peut avoir
été mal lu (1). Cependant il y a certains faits utiles à rappeler. On
sait que Constantin et ses successeurs décernaient les honneurs de
l'apothéose à leurs prédécesseurs et qu'ils les qualifiaient dans les
rescrits du nom de *divus* (2). Il est probable qu'après le triomphe de
l'Église, sous les empereurs chrétiens, ce culte des empereurs n'existait plus que de nom. Les citoyens revêtus de la dignité de *flamen
perpetuus*, dont Constantin s'était réservé la nomination en Afrique (3),
furent maintenus pour une raison politique, évidemment afin de
conserver le prestige de la majesté impériale. Ce fut sans doute
pour une raison analogue que ces mêmes empereurs prirent aussi
le titre de *pontifex maximus*, au moins jusqu'à Gratien (4).

En Afrique on trouve des formules païennes sur les tombes indubitablement chrétiennes. Est-ce l'usage qui les a maintenues? Est-ce
la crainte des persécutions dans un pays où les passions religieuses
étaient si violentes et où elles ont causé tant de ravages? En tout cas
il est bon de les remarquer. A l'Henchir-Makter, M. Guérin (5) a relevé
après sir Grenville Temple (6) un texte certainement chrétien, qui
porte la formule initiale *D. M. S.* On peut faire la même remarque
au sujet de deux épitaphes gravées sur les côtés d'un cippe élevé en
l'honneur d'Umbrius Victorianus au Ksar-bou-Fatha (7). L'inscription

---

(1) Il y a néanmoins un curieux rapprochement à faire. Les Arabes appellent nos
prêtres les *marabouts* des Roumis, et ne désignent jamais l'évêque de Constantine,
par exemple, que sous le nom de *grand marabout des chrétiens*. De là, dans certains villages, les colons ont pris peu à peu l'habitude d'appeler le curé, *le marabout*.
C'est ainsi que les mots font leur chemin! Les prêtres chrétiens étaient peut-être
désignés par les païens sous le nom même que ceux-ci donnaient à certains de leurs
pontifes, nom qui a pu leur rester? — On peut se demander aussi, en présence de
la conformité du gentilitium dans les deux textes (ASTIVS), si dans l'église chrétienne
d'Ammaedera le flaminat perpétuel, devenu un titre honorifique, n'était pas l'apa-
nage de certaines familles, les plus anciennes de la colonie, ou de celles dont les
membres avaient rendu des services dans l'exercice des fonctions municipales si
longtemps liées à la dignité du *flamen perpetuus*?

(2) *Cod. Theod.*, XVI, 10, 2 ; *Cod. Justin.*, I, 3, 2 ; XI, 58, 1.

(3) *Cod. Theod.*, XII, 1, 21.

(4) Baron de la Bastie, *Du souverain pontificat des empereurs romains* (dans les
Mém. de l'Acad. des inscr., XV (1743), p. 38 et suiv.; cf. Tillemont, *Hist. des empereurs*, IV, p. 565; Wilmanns, *Exempla inscr. latin.*, n° 1091.

(5) *Voy. archéol.*, I, p. 417, n° 194.

(6) *Excursions*, II, p. 343, n° 135.

(7) Pellissier, *Descr. de la rég.*, p. 418 ; V. Guérin, *Voy. archéol.*, I, p. 405, 406,
n°ˢ 177, 178.

principale paraît païenne ; celles des faces latérales relatives à des personnes de la même famille sont chrétiennes, à en juger par les mots VICXIT-INPACE, dont la fréquence sur les marbres chrétiens d'Afrique a été signalé tout particulièrement par M. de Rossi (1). N'est-il pas étrange également de trouver des noms chrétiens comme Adeodatus (2), Deodatus (3), Quodvultdeus (4), sur des inscriptions qui ne portent aucun signe de christianisme ?

Le texte relevé par M. Bakri présente encore un autre intérêt. Il est daté de la quatrième année du règne du roi vandale Hildirix (5). Ce prince monta sur le trône le 28 mai 523; la quatrième année de son règne est donc comprise entre le 28 mai 526 et le 28 mai 527. En tenant compte de l'autre élément chronologique de l'inscription, c'est au 23 octobre de l'année 526 qu'il faut faire remonter la mort du personnage auquel elle se rapporte.

Ainsi les rois vandales d'Afrique dataient par les années de leur règne, comme les rois wisigoths et les rois francs (6). Il ne paraît plus possible, en face de ce texte, de soutenir l'existence d'une ère nouvelle établie par Genséric, après la prise de Carthage, d'après laquelle on aurait dès lors compté les années dans les contrées soumises à la domination des rois vandales (7). Que les pièces d'argent de ces princes frappées à Carthage avec le nom d'Honorius et portant au revers les dates **ANNO IIII** ou **ANNO V** (8) aient été émises par ordre de Genséric ou, comme on l'admet généralement aujourd'hui, qu'il faille les restituer à Hunneric (9), on ne doit pas voir dans ces dates la mention d'une nouvelle ère de Carthage (10), mais

(1) *De titulis christ. Carthag.* (dans le *Spicilegium Solesmense*, IV, p. 518).

(2) Renier, *I. A.* n° 2547.

(3) Guérin, *Voy. archéol.*, I, p. 114, n° 25.

(4) *Ibid.*, II, p. 378, n° 536.

(5) C'est la véritable orthographe du nom de ce roi. Notre inscription porte ILDIRIX et les monnaies d'argent du même prince ont pour légende DN.HILDIRIX.REX (Sabatier, *Descr. gén. des monnaies byzantines*, I, p. 219, pl. XX, n° 11 à 13).

(6) Le Blant, *Inscr. chrétiennes de la Gaule*, n° 482 et 556 A à D.

(7) Voir la note de Duchalais dans un article de M. L. Renier, *Sur une inscript. chrétienne découverte à Sétif* (*Revue archéol.*, 1850, 1re série, VII, p. 371).

(8) Sabatier, *Descr. génér. des monnaies byzantines*, I, p. 215.

(9) J. Friedlaender, *die Münzen der Vandalen*. Cette opinion a été adoptée par tous les numismatistes; les rédacteurs de catalogues classent ces pièces au règne d'Hunneric. — Cf. *Lettres du baron Marchant*, nouvelle édition, 1851, p. 197 (note de V. Langlois); Fr. Lenormant, *la Monnaie dans l'antiquité*, II, p. 441. Voir cependant les observations récentes de M. Keary (*The numismatic chronicle*, 1878, II, p. 140.)

(10) On ne pourrait soutenir cette opinion que si on attribuait ces monnaies à Genséric.

seulement l'indication de la quatrième ou de la cinquième année du règne d'un de ces rois. Ce qui n'empêchera pas de dire avec les auteurs de l'*Art de vérifier les dates*, que Genséric data de l'époque de la prise de Carthage les années de son règne.

Il est inutile d'ajouter que la mention du nom d'Hildirix sur un marbre chrétien s'explique naturellement, puisqu'à l'avènement de ce prince les chrétiens d'Afrique, après un siècle de persécutions violentes, virent rouvrir leurs églises et saluèrent le retour de leurs évêques exilés (1).

Les deux autres inscriptions copiées par **M.** Bakri à Haïdhrah n'offrent pas le même intérêt. L'une est également chrétienne; elle est ainsi conçue :

5.

HICHABENTVR
MEMORIESACM

« Hic habentur memorie sa(n)c(torum) m(artyrum) ? »

Voici l'autre :

6.

PANTALEONI
RINONIECOMTVS

ANT. HÉRON DE VILLEFOSSE.

(1) Marcus, *Histoire des Wandales*, p. 349 ; Morcelli, *Africa christiana*, III, p. 256 et suiv.

P. S. — Cette note était déjà imprimée quand j'ai lu le récent travail de M. de Rossi sur l'inscription d'*Astius Mustellus*. Le savant épigraphiste vient de publier ce texte, d'après une copie correcte relevée par M. l'abbé Delapard, curé de Tebessa, et envoyée à Rome par Mgr Robert, ancien évêque de Constantine. Cette publication est accompagnée d'un docte commentaire sur le *flamen perpetuus christianus*. L'inscription doit être lue ainsi : (Monogramme du Christ entre deux palmes) *Astius Mustellus, fl(amen) p(er)p(etuus) c(h)ristianus. Vixit annis LXXII. Quievit VIII idus decembres, anno IIII d(omi)n(i) regis Ildirix. (Bullett. di arch. crist.,* 3e série, 3e année, nos 1 et 2.) A. H. de V.

LETTRE A M. JULES QUICHERAT

SUR LE

SENS DU MOT **BRIC** DANS LES PATOIS DES ALPES

MONSIEUR,

Lors de votre passage à Gap, l'an dernier, j'eus l'honneur de vous présenter le mot : *Bric*, en vous faisant part de l'étymologie que je lui supposais ; je fus assez heureux pour avoir votre approbation. Je vais aujourd'hui vous faire faire plus ample connaissance avec lui.

Ce mot es intéressant à différents points de vue. Il est d'abord, si je ne me trompe, d'origine celtique ; en outre, il est usité dans certains patois des Alpes, sur le versant français, où il revêt trois formes différentes, et sur le versant italien ; et il a donné naissance à quelques dérivés. Je ne sais s'il passera, un jour, dans la langue française, mais grâce à l'*alpinisme*, qui a déjà introduit chez nous bien d'autres mots étrangers (*Sérac*, par exemple), il va sortir des régions montagneuses où il est enfermé. On pourra le rencontrer de temps à autre, dans les récits d'ascension de montagnes de la grande chaîne alpine qui sépare le bassin du Pô de ceux de la Durance, du Verdon et du Var, où il sert à dénommer de nombreux sommets.

Je n'ai pas la prétention de vous offrir une étude de ce mot ; c'est une simple note dans laquelle je résume les recherches que je viens de faire dans une partie de la région des Alpes, du mont Thabor au col de Tende.

Dans l'arrondissement de Briançon, *Bric* s'entend généralement d'un haut sommet escarpé, de forme conique ou pyramidale, et d'un accès difficile. Il est synonyme de *pic*. Ainsi on dit : le *Bric du Viso*, le *Bric Froid*, le *Bric Bouchet* (ces deux derniers sur la frontière, au fond du Queyras) (1), etc. Par extension, on donne encore ce nom, dans la même région, à des rochers escarpés qui hérissent la crête ou le flanc des montagnes, et même, dans le Queyras, à tout lieu élevé, à un tertre.

Dans presque tout l'Embrunais, il est connu sous la même forme, et a le même sens.

Si, se dirigeant à l'ouest, on pénètre dans l'arrondissement de Gap, on le trouve sous une forme un peu différente par suite de l'introduction de la nasale : *Brinc.* Sa signification est aussi légèrement modifiée ; il renferme bien toujours l'idée de hauteur et d'escarpement, mais il s'entend plus particulièrement d'une paroi verticale de rochers, que ces rochers forment comme la corniche de la montagne, ou un banc en saillie sur son versant. Il désigne encore, à certains endroits, les blocs éboulés sur le flanc de la montagne. — Les *Brincs* constituent toujours un endroit escarpé, d'un aspect sauvage et d'un accès difficile, dans les rochers. — Il est usité sous cette forme et généralement au pluriel, avec cette acception, dans l'arrondissement de Gap, à l'extrémité sud-ouest de celui d'Embrun (vers Théus et Remollon) et dans la partie nord-ouest des Basses-Alpes (dans la vallée de Seyne et aux environs de Sisteron).

En revenant à l'est, vers la frontière, si de l'Embrunais on passe dans les Basses-Alpes par le col de Vars, on le retrouve sous une forme nouvelle, il y a eu mutation de l'*i* en *e* : *Brec* (dans certaines localités on se sert aussi de la forme *Bric,* mais elle est moins usitée). Il reprend sa signification première, celle de sommet élevé et escarpé ; mais il a aussi des sens dérivés, si bien qu'à Barcelonnette il est synonyme de rocher et se dit même d'une grosse pierre. Dans cette région, il entre également dans la composition de différents noms de montagnes : le *Bric de Cornascle,* le *Bric de Rioburent,* le *Brec de l'Homme,* le *Brec de Chambeyron,* etc., à l'extrémité nord-est des Basses-Alpes, sur la frontière. On ne cesse pas de le rencontrer si on avance plus au sud, dans les arrondissements de Digne et de Castellane : *le Brec,* hameau de la commune d'Entrevaux ; le *rocher du Brec,* un peu au nord de Méailles, canton d'Annot. Enfin on trouve encore les mots *Bric* et *Brec* dans les Alpes-Maritimes, où ils servent à désigner soit les sommets des montagnes, soit des rochers terminés en pointe. *Le Brec,* village, canton de Guillaumes, arrondissement de Puget-Théniers ; le *Brec de Saint*

---

(1) Vallée du Guil, canton d'Aiguilles, arrondissement de Briançon, Hautes-Alpes.

Roch, le *Brec de Malemort*, montagnes tout près de Saorge, arrondissement de Nice.

Il est des localités (je citerai entre autres le Valgodemar, vallée de la Séveraisse, canton de Saint-Firmin, arrondissement de Gap), où le mot *Bric* semble peu usité dans l'acception que je signale. Il l'est, au contraire, comme particule explétive servant à renforcer la négation. (Avez-vous de la fortune? — *N'aï bric*, — je n'en ai absolument point.) On peut rapprocher *Bric*, dérivant selon toute apparence, dans ce cas, de l'anglo-saxon *Brice*, fragment (Littré, Dict., v. *Brique*; Diez, *Etym. W.*, t. 1, v. *Bricco*), de la particule *mie* (de *mica*, parcelle), employée de la même manière autrefois en français. *Bric* serait, dans ce sens, le même mot que le bressan : *Brèque*, et le provençal : *Brigo*. Dans les Hautes-Alpes, on dit : *Brizo*. *Brèque de pan*, *Brigo*, ou *Brizo de pan*, petit morceau de pain. — Je signalerai encore l'emploi de cette particule, à côté du mot *Brinc*, en différents points de la haute vallée du Drac, à Corps, par exemple, sur la limite de l'Isère et des Hautes-Alpes.

Sur le versant italien, le mot *Bric* ou *Brich* a la même signification que sur le versant français, celle de montagne, sommet. Il s'entend aussi de rochers escarpés et d'un aspect sauvage.

« A brich e vallon » est une expression commune en Piémont. — On dit : *Brich de Monviso*, pour désigner le Viso. Il en est ainsi de bien d'autres montagnes, parmi lesquelles : le *Bric di Bariont*, le *Bric della Sella*, etc., dans la vallée du Pelice ou de Luserna. Le village de *Bricherassio* s'élève sur l'une des premières éminences des Alpes, dans la même vallée. (C'est à l'obligeance de MM. N. Bianchi, conservateur des archives de Piémont à Turin, et A. Caffer, naturaliste, membre et bibliothécaire de l'Académie d'agriculture de cette ville, que je dois les renseignements relatifs à l'emploi de ce mot sur le versant italien.)

Voici quelques mots dérivés que j'ai recueillis. Quoique plusieurs d'entre eux soient fort répandus, ils ne sont pourtant pas tous usités dans toute l'étendue de la région sur laquelle ont porté mes recherches; un certain nombre sont localisés.

Sur le versant français ·

Augmentatifs. — *Bricas, Brincas, Brécas.*
　　Diminutifs. — *Bricassoun, Bricailloun, Briquet, Brécoun, Bréquilloun.*
Fréquentatifs. — *Bricaillo, Bricassaillo, Brécaillo.* — Endroit où sont des rochers formant des aspérités, et encore, amas de rochers éboulés sur le flanc d'une montagne.

Verbes. — *Bricassar, Bricasséar.* — Aller au milieu des rochers, grimper sur les rochers.

» *S'embricar, s'embricaillar, s'embrincar* (1), *s'embrincaillar, s'embrécaillar.* — S'engager au milieu de rochers d'entre lesquels on ne peut sortir qu'avec difficulté.

» *S'abricar.* — Monter sur un rocher, et par suite, sur un tertre (2).

» *Sé débricar.* — Sortir d'un passage difficile, au milieu des rochers.

Sur le versant italien :

Augmentatif. — *Bricas.*
  Diminutif. — *Brichet.*
Fréquentatifs. — *Bricca, Bricola, Bricocola.* — Lieu élevé où sont des rochers escarpés et d'un aspect sauvage.

» *Bricaireul, Bricolin.* — Montagnard, habitant des Alpes.
Verbe. — *Bricolé.* — Grimper au risque de se casser le cou.

Ce mot sert à désigner bien des montagnes :

Le Brec de Champt-heyron, au fond de la vallée de l'Ubaye, sur la frontière, carte de Cassini.

Le Brec de las Aguillos, un peu au nord du précédent, sur la frontière carte de Cassini.

Le Briquillon, carte de la vallée de Barcelonnette, d'après Bourcet.

Le Bric Froid (3.310ᵐ) carte de l'état-major franç., feuille d'Aiguilles, nᵒ 190.

Le Bric Bouchet (3.003ᵐ),   —   —

Le Bric d'Urine ou Pelvas (2.936ᵐ),   —   —

Le Brec de Chambeyron (3.388ᵐ)   —   feuille de Larche, nᵒ 201.

Le Brec de l'Homme (3.220ᵐ),   —   —

Le rocher du Brec (1.620ᵐ),   —   feuille de Digne, nᵒ 212, un peu au nord de Méailles, canton d'Annot.

Le Bric di Bariont, carte de l'état-major italien, feuille du Mont-Viso, nᵒ 5, au fond de la vallée du Pelice.

Le Bric della Sella, carte de l'état-major ital., Mont-Viso, même vallée.

Le Bric d'Illonza, carte de l'état-maj. ital., feuille de Puget-Théniers, nᵒ 80, sur la rive droite de la Tinée.

Le Bric della Cuola, carte de l'état-major ital., même feuille, rive gauche de la Tinée.

---

(1) Le verbe provençal *s'embringar*, s'embarrasser, pourrait bien dériver de *s'embrincar.*

(2) *S'abricar* signifie aussi en provençal, s'abriter, d'une manière générale. Ce mot viendrait, dans ce cas, du latin *apricus* (Littré, *Dict.*, v. *Abri*).

Le Bric Fard, carte de l'état-major italien, feuille de Saluzzo, n° 58, haute vallée du Pô.

Le Bric del Coletto, carte de l'état-major italien, feuille de Saluzzo, n° 58, même vallée.

J'ajouterai à cette liste, d'après les renseignements qui m'ont été donnés :

Le Bric du Viso, France ; le Bric de Monviso, Italie (3.845^m).

Le Bric de la Lause, au fond du Queyras (Hautes-Alpes).

Le Bric de l'Aiguille, } deux pointes de rocher faisant partie de la montagne
Le Bric Brunet,   } d'Assan, située à l'est de Guillestre.

Le Bric d'Arsine, appartenant au massif du Pelvoux, arrondissement de Briançon.

Le Brinc du Pias (1), vallée de Champoléon, cant. d'Orcières, Hautes-Alpes

Le Bric de l'Eyssina, au fond de la vallée de Crévoux, près du col de Vars, Hautes-Alpes.

Le Bric de Rioburent, } canton de Saint-Paul, sur la frontière, Basses-Alpes.
Le Bric de Cornascle, }

Le Bric de l'Espéra,   id.   id.   id.   au fond de la montagne de Mary.

Le Bric de Panestrel, sur la limite des H. et des B. Alpes, à l'O. de Maurin.

Le Brécas, montagne près de Maurin, arrondissement de Barcelonnette, Basses-Alpes.

Le Brec, montagne en face de Maison-Méane, commune de Larche, B.-A.

La Brécailla, endroit escarpé, recouvert de roches éboulées, au-dessus du hameau de Saint-Ours, commune de Meyronnes, arrondissement de Barcelonnette, Basses-Alpes.

Le Brec de Siolane. montagne près de Barcelonnette.

Le Brec de Lax,   id.   commune d'Entrevaux, Basses-Alpes.

Le Brec de Saint-Roch, } tout près de Saorge, Alpes-Maritimes.
Le Brec de Malemort,   }

Etc., etc.

On trouve encore quelques-uns de ces noms dans différents ouvrages relatifs à l'*alpinisme* :

« ... A notre droite, s'ouvre le vallon de Fouillouze, dominé par le ma-
« jestueux et terrible Brec de Chambeyron. » Ascension du grand Ru-
bren, par Arnaud, de Barcelonnette (*Annuaire du Club Alpin français*, année 1875, p. 232).

« Le mont Pelvas, appelé aussi Bric d'Urine, appartient à la France et
« l'Italie, comme le Thabor et le Bric Bouchet. » P. 256.

_____

(1) *Pias*, dans les Hautes-Alpes, désigne un drap pour berceau d'enfant.

« ... A sa gauche, une deuxième aiguille moins élevée qui, de loin, se
« confond avec le Bric et lui prête les formes du Viso... » P. 264.

« Si nous gagnons l'arête de droite entre le col Bouchet et le Bric, nous
« pouvons être arrêtés dès le début. » P. 265.

« ... Mes prédécesseurs avaient donc, douze jours avant moi, escaladé le
« Bric par l'arête dont nous avions ajourné l'essai. » P. 267.

« ... En première ligne,.... nous distinguons : Valpiévaire, Aiguilles,
« le fort Queyras, le pic facile de Malaure, le Bric Froid. » P. 268.
Etc., etc. (Deux mois dans les Alpes Briançonnaises, par Paul Guillemin,
Annuaire du Club Alpin français, année 1876.)

« ... On voit se dresser le mont Pelvas ou Bric d'Urine. » P. 938.

« ... A gauche se dressent les escarpements du Bric de Bariond. » P. 940.

« ... Le majestueux et terrible Brec de Chambeyron, resté jusqu'ici inac-
« cessible. » P. 1014.

« ... A droite se dressent les escarpements du Bric del Saut. » P. 1022.
Etc., etc. (*Itinéraire général de la France* par A. Joanne. Jura et Alpes
françaises, 1877.)

« ... Torregiante su Bobbio ergesi un cono di roccia, detto Bric Ba-
« riont... » (*Bolletino del Club Alpino italiano*, vol. XI, 1877, p. 214.)

Plusieurs dictionnaires mentionnent ce mot :

Honnorat et MM. Chabrand et de Rochas donnent deux étymologies; Diez
en suppose une autre. Toutes les trois sont différentes de celle que je
propose. Il est vrai que celle de MM. Chabrand et de Rochas ne s'éloigne
pas de la mienne, mais ils n'ont pas remonté jusqu'à la source.

Honnorat, dans son Dictionnaire provençal-français, Digne, 1847, donne
le mot *Brec.* « Brec, nom de lieu, rocher escarpé ou passage à travers
« les rochers qui ont été rompus; de l'allemand *Brechen*, rompre. »

MM. Chabrand et de Rochas, dans l'ouvrage qu'ils ont publié l'an dernier
(*Patois des Alpes Cottiennes et en particulier du Queyras*), enregistrent :

P. 41. « *Brec*, substantif masculin. Pic, aiguille de rocher, sommet escarpé
« d'une montagne. On dit : *anar ei bric,* pour aller au diable ; *pa pre*
« *lou bric,* pas pour le diable. »

P. 29. « *S'abricar*, verbe. Se poser, se mettre sur un lieu élevé, de Bric,
« sommité. »

P. 164. « *Bric, Brec*, substantif masculin, pic, aiguille, rocher plein de
« fissures et d'aspérités. *Bri*, irl., lieu élevé ; *Braigh*, écoss., sommet. »

« Le Bric Froid (Queyras). »

« Les Briques d'Urine (Queyras). »

« Bric di Barion (vallées piémontaises). »

« La Brécaille (vallée de Barcelonnette), lieu où il y a beaucoup de brecs. »

« Briquillon, s. m., petit bric. »

« Le Briquillon (vallée de Barcelonnette). »

Diez (*Etym. Wt*, 3e éd., t. I), v. *Bricco*, Brique (de l'anglo-saxon *Brice*, fragment) mentionne l'italien : *Bricca,* contrée sauvage; le piémontais : *Brich,* Alpe (montagne), et le milanais : *Bricol,* précipice, hauteur escarpée, comme pouvant bien dériver de ce radical anglo-saxon. — Ailleurs (v. *Briga* — Brigue, t. I), il mentionne simplement le celtique *Briga,* entrant dans la composition des anciens noms de ville, et le kymrique *Brig,* sommet.

C. Zalli, dans son Dictionnaire piémontais (Carmagnole, 1830), donne :
« *Brich,* alpe, poggio, poggia, colle, — Alpes, clivus, mons, collis, — « coteau, colline, alpes, tertre. »

« *Bricocola* o *Bricola,* luogo alto, scosceso, pericoloso e selvaggio. »

« *Bricca,* — locus incultus et præruptus, — lieu escarpé... »

« *Bricolin,* Bricaireul, alpigiano, — Alpinus, — habitant des Alpes. »

« *Bricolé,* v. neut. Salire ove è pericolo di cadere, intrabriccolare, — in « discrimen adrepere — monter sur des échafaudages, grimper au « risque de se casser le cou. »

Voir aussi le Dictionnaire piémontais-italien de Sant'Albino.

Quant à son étymologie, je propose le celtique *Brig* = altus, sublimis (Zeuss, *Gramm. celt.,* 2ᵉ édit., 1871, p. 86), d'où *Briga* = hauteur, colline, montagne. *Brig,* par l'intermédiaire de *Bricus, Bricum,* aura produit *Bric.*

Ce radical, qui entre dans la composition de bien des noms de lieux cités par les auteurs anciens et mentionnés dans les Itinéraires, a été répandu non-seulement en Gaule, mais aussi dans les contrées voisines. Il suffit d'ouvrir le Dictionnaire de géographie ancienne de Baudrand pour s'en convaincre. On le trouve en Espagne, dans la Grande-Bretagne, dans l'ancienne Vindélicie, dans l'ancienne Rhétie, etc.; et il est en France, comme dans ces contrées, différents noms de lieux qui en ont conservé la trace. Mais j'ai restreint mes recherches à une région déterminée.

Sous sa forme moderne, il est surtout usité dans les environs de Briançon, dans le pays habité par les *Brigiani* de l'inscription de la Turbie, dont le chef-lieu était *Brigantia, Brigantio* (ex Itin. Ant.), *Brincatio* (ex anon. Ravenn.). Cette dénomination convenait à merveille aux habitants de ce pays. Briançon est à plus de 1,300 mètres d'altitude, et de hautes montagnes, dont quelques-unes atteignent près de 4,000 mètres, entourent cette ville.

Brigiani signifiait donc habitants des hauteurs, des montagnes, et paraît avoir été synonyme de *Brigantes,* que Zeuss croit devoir traduire par *Collium habitatores.*

J'aurais voulu trouver ce mot s'appliquant aux montagnes briançonnaises dans les textes du moyen âge; je ne l'ai pas encore rencontré.

Voici deux inscriptions qui me prêtent leur appui.

La première, découverte sur la fin du siècle dernier ou le commencement de celui-ci, à Embrun d'après Millin, à Grenoble d'après Pilot, mais plus probablement à Briançon, ainsi qu'il résulte d'une note écrite au-dessous d'un fac-simile grossièrement dessiné, conservé aux archives départementales des Hautes-Alpes, est gravée sur une dalle de marbre blanc de 0ᵐ,83 de largeur sur 0ᵐ,71 de hauteur. Cette dalle est aujourd'hui encastrée dans un mur du jardin de l'évêché, à Gap, où vous l'avez vue l'an dernier. L'inscription a été publiée, à ma connaissance, par Millin (*Voyage dans les départements du midi de la France*, 1811, t. IV, p. 184), par A. Pilot, (*Recherches sur les antiquités dauphinoises*, 1833, t. II, p. 197), par Ladoucette (*Histoire.... des Hautes-Alpes*, 1848, 3ᵉ éd., p. 137), par B. Chaix (*Préoccupations statistiques, géographiques... du département des Hautes-Alpes*, 1845, p. 376), et par Fauché-Prunelle (*Essai sur les anciennes institutions... des Alpes Cottiennes-Briançonnaises*, 1856, t. 1, p. 93). — Elle est, si vous vous le rappelez, du même côté que le bas-relief qui semble représenter la fable de Persée et d'Andromède. En l'observant avec attention, j'ai découvert entre les deux lettres V F, de part et d'autre de la feuille, le contour presque effacé de deux animaux qui s'élancent. Mais à cause de l'exiguité du dessin et son état de conservation laissant à désirer, je n'ai pas pu voir si ce sont deux chiens ou deux panthères, ou deux animaux différents. Millin, qui les signale, dit que ce sont un chien et un lièvre.

Voici le fac-simile de cette inscription :

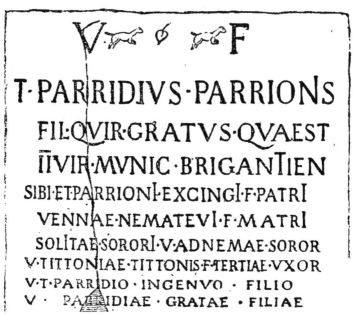

La seconde est, on peut dire, encore sur place. Elle est gravée sur une pierre qui forme le linteau de la porte occidentale de la chapelle de la Madeleine, aux Escoyères, hameau de la commune d'Arvieux, canton d'Aiguilles, arrondissement de Briançon. Malheureusement elle a été mutilée. Ladoucette la donne, p. 189. En voici le fac-simile exact :

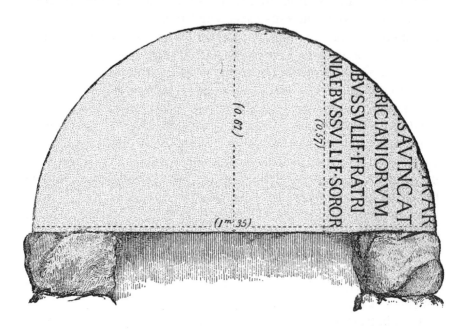

Je n'ai pas remarqué les points qui devraient se trouver entre l'I et l'F, à la 4e et à la 5e ligne.

Le hameau des Escoyères est situé sur la rive droite du Guil, vers le milieu de la fameuse combe du Queyras. La chapelle, élevée au moyen âge, a été bien maladroitement réparée, et il me paraît impossible, aujourd'hui, de la dater même approximativement. Elle n'offre, d'ailleurs, rien de remarquable ; ce sont quatre murs recrépis, recouverts d'un toit en planches. Les constructeurs du monument primitif se sont servis, pour linteaux des deux portes, de deux blocs de pierre d'assez belles dimensions, portant l'un et l'autre une inscription, et qu'ils ont dû trouver à leur portée, car je ne pense pas, vu la situation de la chapelle dans un endroit aussi accidenté, qu'on ait cherché à les monter du fond de la vallée. Du reste, les blocs sur lesquels on les a gravées sont d'un calcaire schisteux, résistant, d'une teinte bleuâtre, appelé marbre bleu dans le pays, et

on retrouve cette roche en place, à quelques pas de là. Les constructeurs, dans le but d'enjoliver les linteaux, les ont mutilés en donnant une forme courbe à la partie opposée à celle qui repose sur les
pieds-droits. Chose bien regrettable, car d'après ce qui reste de ces
deux inscriptions on peut juger de l'intérêt qu'elles devaient offrir.

La seconde de ces inscriptions est étrangère à la question dont je
m'occupe. Je vous la donne plus loin.

Je regrette que l'on n'ait pas pu mettre la main sur la seconde
partie de l'inscription de T. VENNONIVS qu'a cédée, sur ma demande, aux archives départementales des Hautes-Alpes, la commune
d'Aiguilles. Elle eût pu fournir son contingent de preuve en faveur
de mon hypothèse sur l'étymologie du mot *Bric*, et eût peut-être aussi
jeté une lumière plus vive sur la géographie ancienne des Alpes.

On pourrait, je crois, trouver d'autres inscriptions rappelant les
Brigiani, dans le dernier volume paru du *Corpus inscriptionum
latinarum*, édité sous les auspices de l'Académie prussienne. Si je ne
me trompe, il renferme la seconde partie des inscriptions de la Gaule
Cisalpine. Cet ouvrage n est pas à ma disposition.

L'une des inscriptions ci-dessus mentionne le *Municipium Bri-
gantiense*, et l'autre, les *Bricianii*. Le son guttural est rendu dans
la première par un G, dans la seconde par un C. Il ne manque pas
d'autres exemples de l'emploi de l'une ou l'autre de ces deux lettres
dans le radical dont j'ai parlé. A côté de *Brigantia* et *Brigantio*, j'ai
cité *Brincatio*. Je donnerai encore : *Eburobriga* (ex Tab. Peut.), —
Eburobrica (ex cod. Thuaneo), — *Eburobrinca* (ex Itin. Ant.), —
Baudobriga (ex Not. dignitatum), — *Baudobrica* (ex Itin. Ant.), etc.
(*Recueil des historiens des Gaules*, t. I).

Dans la Géographie des Gaules de Walckenaer, t. II, p. 40, il est
question des *Brigantini*, que la découverte de différentes inscrip-
tions ferait placer, dit cet auteur, dans les environs de Briançonnet
(Alpes-Maritimes, arrondissement de Grasse, commune de Saint-
Auban). — D'Anville en parle avant lui, dans sa notice de l'ancienne
Gaule, v. *Brigantio*.

Grégoire de Tours (*Hist. Franc.*, lib. X, c. XXXI, § 4) cite un
nom de lieu : *Bricca*, qui figure également sur une monnaie mérovingienne publiée par M. Ponton d'Amécourt (*Essai sur la numismatique mérovingienne.....*, p. 62) : *Bricca vico — Raimundo m(one-
tario)*. Celui-ci l'attribue à Brèches (Indre-et-Loire, arrondissement
de Tours, canton de Château-la-Vallière). Rien ne s'oppose à cette
identification. Ce nom, qui paraît avoir été formé sur un thème tel

que *Briccas*, à l'accusatif pluriel, répond parfaitement à la situation de Brèches, sur un des points les plus élevés du département.

A une époque plus rapprochée de nous, au xi° siècle, j'ai trouvé mentionné dans un acte dont je compte envoyer la transcription au Comité des travaux historiques, le *Castrum Bricantiense*, Briançon, parmi les châteaux et les terres qu'un certain *Wigo Comes* donne à sa fiancée. (Il s'agit ici d'un de ces princes qui prirent plus tard le titre de Dauphins de Viennois.)

Au fond du Queyras, dans l'une des vallées où le mot dont je m'occupe paraît le plus en usage, est un village situé au pied du Bric d'Urine, non loin du Bric Bouchet et du Bric Froid, etc., du nom d'Abriès, au moyen âge : *universitas de Abriis*. On peut supposer les transformations successives : *ad bricos = abrici = de abricis* et *de abriis*, après la syncope du C. La préposition *ad* se serait combinée avec le nom, et serait devenue affixe. Cette prosthèse se rencontre ; je citerai entre autres noms, Astaillac (Corrèze) équivalent de *ad Staliacum*, que vous donnez dans votre *Formation française des anciens noms de lieu.*

Sans pousser plus loin mes recherches, je crois pouvoir m'appuyer sur ces exemples pour avancer que le celtique *Brig* aura probablement donné naissance au thème *Bricus*, *Bricum*, sur lequel aura été formé le mot *Bric*. Les variantes *Brinc* et *Brec* (*Brèches*) se justifient. On trouve déjà l'épenthèse de la nasale dans *Brincatio* et *Eburobrinca*, et il est plus d'un mot dans lequel ce phénomène s'est produit : *Asa =* Anse (Rhône), *Igoranda =* Ingrande (Vienne), *Iculisma =* Angoulême, etc., pris dans votre *Formation française des anciens noms de lieu.* Quant à la mutation de l'*i* en *e*, elle est commune pour l'*i* bref ou en position : *Iculisma =* Angoulême, *Fiscus =* Fesc (Hérault), *Vindonissa =* Vendenesse (Saône-et-Loire), etc., pris à la même source. Peut-être, dans la région où est usitée la forme *Brec*, le mot primitif prenait-il deux C, ou le prononçait-on comme s'il avait deux C, *Briccus*.

Je ne puis préciser les limites entre lesquelles est usité ce mot, mais il l'est du mont Thabor au col de Tende, sur le versant français, comme sur le versant italien, sous les formes précitées, et je ne pense pas qu'il s'éloigne beaucoup, de part et d'autre, de la chaîne des Alpes.

Telles sont, Monsieur, les quelques remarques que je me fais un plaisir de vous envoyer. Je me suis confiné dans une région assez restreinte, qui comprend néanmoins presque toutes les Alpes Cottiennes et la majeure partie des Alpes Maritimes. D'autres, plus savants, pourront faire une étude plus étendue et plus approfondie de ce mot. Mon but a été de signaler le fait.

Puisque je vous ai donné, Monsieur, le fac-simile de l'une des inscriptions des Escoyères, je ne puis m'empêcher d'en faire autant pour l'autre, qu'on lit sur le linteau de la porte méridionale, et qui a été encore plus maltraitée que la première. Ladoucette la donne également dans son Histoire des Hautes-Alpes. — On y retrouve des personnages de la même famille (*Bussullus*); l'un d'eux a le titre de *praefectus*. — De même que la première mentionne deux peuples des Alpes, les *Bricianii* et les *Savincat(ii)*, celle-ci rappelle, autant qu'on peut le supposer par ce qui reste de ces noms, les *Capill(ati)* et les *Quari(ates)*, dont nous parle Pline. Il est à présumer que ces trois derniers peuples devaient se trouver non loin des *Brigiani* ou *Bricianii*.

Voici le fac-simile de cette inscription :

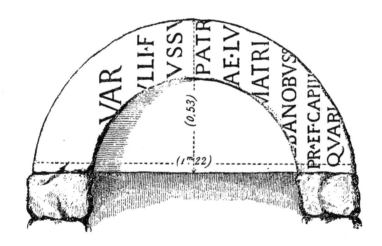

Je ne pense pas qu'on ait fréquemment rencontré ces noms-là dans les inscriptions. Celles des Escoyères, bien que mutilées, peuvent donc avoir une certaine importance.

C'est aux environs de Savines (arrondissement d'Embrun) — nous nous y sommes arrêtés pour déjeuner en nous rendant à Embrun—, *territorium*, *castrum de Sabina* au moyen âge, que d'Anville a placé les *Savincatii*. L'une de ces inscriptions semblerait lui donner raison. Ce peuple pouvait très-bien occuper une partie de la haute vallée de la Durance, dont un point a pu conserver le souvenir avec le nom. D'après Walckenaer, ils habitaient le val d'Oulx, où leur nom

se retrouve encore, dit-il, dans celui de l'ancienne terre de Sauven-
ceaux, à la droite de la Doria ; et il ajoute qu'ils occupaient tout le
haut de la vallée, où on lit les noms de Sapet et Salbetram. Je serais
plutôt de l'avis du premier. Les noms que donne Walckenaer renferment les radicaux *Sauv*, de *Silva*, et *Sap*, de *Sapinus*, qui ne sont pas
rares dans nos contrées. Il est vrai que *Sabina* peut parfaitement
dériver du second de ces radicaux. Mais les *Savincatii* devaient se
trouver du même côté que les *Bricianii* et les *Quariates*, c'est-à-dire
sur le versant occidental des Alpes.

Quant aux *Quariates*, Walckenaer leur assigne comme territoire
les environs de Forcalquier. D'Anville pense qu'on en retrouve le
nom dans la vallée du *Queyras*. Le Queyras, au moyen âge, est
appelé *Quadratium, Vallis Quadracii*. L'inscription de Suse porte,
dit-on, *Quadiatium*, mais je me demande, avec d'Anville, si la lecture du D est bien sûre. Je ne sais si les auteurs anciens ont mentionné les *Quadiates ;* il est certain, au contraire, que c'est un R
qu'on lit sur l'une des inscriptions des Escoyères : *Quari*(*ates*). Ce
serait donc le même mot que celui que donne Pline. Il me semble
qu'aux environs de Forcalquier ils seraient bien loin. D'autre part,
ce nom gravé sur une pierre qui se trouve dans la vallée même du
Queyras paraît encore confirmer l'assertion de d'Anville. Ne pourrait-on pas supposer la syncope de l'*I* produite d'abord, *Quaratium*,
puis l'épenthèse du D, *Quadratium*, sur lequel aurait été formé le
roman : *Queyras* ? C'est, bien entendu, avec la plus grande réserve
que je hasarde cette hypothèse, car il est plus simple de faire dériver
Quadratium, Queyras, de l'adjectif *quadratus, um*. Dans tous les cas,
si les *Quariates* n'habitaient pas le Queyras, ils ne devaient pas en
être bien éloignés.

Pour ce qui est des *Capillati*, Pline nous apprend qu'on appelait
ainsi plusieurs peuplades alpines, dont la coutume était de porter
les cheveux longs. L'une de celles-ci devait se trouver sur les con-
fins du territoire habité par l'un des peuples précédents.

Agréez, Monsieur, etc.

ROBERT LONG.
Archiviste du Département des Hautes-Alpes.

LA

FABLE DU LION ET DE LA SOURIS

D'APRÈS UN MANUSCRIT DÉMOTIQUE

Monsieur le Directeur,

Vous avez eu l'amabilité de m'offrir, pour les résultats de ma mission la publicité de la *Revue archéologique*. Je vous enverrai donc ce soir ou demain un petit travail qui a fort intéressé l'illustre auteur de la grammaire démotique, Brusgch-bey. Mais en attendant, je me hâte de vous communiquer une découverte de M. Brugsch lui-même, découverte très-importante et qu'il serait heureux de vous voir publier sans aucun retard. Il vient de trouver en démotique les fables d'Ésope. En voici une, comme échantillon. Brugsch-bey m'a permis de revoir un peu son français, et je l'ai fait, mais avec une extrême modération. C'est un *mot à mot*, et il faut lui laisser ce caractère.

Je suis, avec le plus profond respect, Monsieur et très-cher collègue,

Votre tout dévoué

E. Révillout.

Papyrus de Leide I, 384, page 18, ligne 11 et suiv.

« Il arriva que le lion, dans sa caverne, eut le désir de s'endor-
« Λέοντος   κοιμωμένου
mir. Une souris était près de lui. Elle était de petit corps, pas plus
μῦς τῷ στόματι ἐπέδραμεν.
grosse qu'un œuf. Il voulait s'emparer d'elle.
Ὁ δὲ ἐξαναστὰς καὶ συλλαβὼν αὐτὸν ἔμελλε καταθοινήσασθαι.

La souris lui dit : O toi, autre au-dessus de moi (1), mon supérieur,

Ὁ   δ'   ἐδεήθη   αὐτοῦ

ô lion, si tu me manges, tu ne seras pas rassasié, et si tu me laisses

μὴ   φαγεῖν αὐτὸν,   λέγων

échapper, tu n'auras pas faim de moi encore (2). Si tu m'accordes
la liberté à présent, je l'accorderai la liberté au moment qui t'attend. Si tu me sauves ce sera pour ton propre salut. Je te

ὅτι   σωθεὶς   πολλὰς   χάριτας   αὐτῷ

ferai sortir de ton malheur. Le lion rit sur la souris en disant :

ἀποδώσει :   γελάσας δὲ

Qu'est-ce que tu veux faire pour moi? Y a-t-il quelqu'un dans
ce monde qui pourrait briser ma force? Elle lui fit serment, devant lui, en disant : Je te ferai sortir de ton malheur à ton jour
funeste, qui va apparaître. Le lion prit en réflexion ce que la souris lui disait dans son discours, et la réflexion qu'il faisait était
ainsi : Si je la mange, je ne serai pas rassasié en vérité. Il la laissa

αὐτὸν

donc s'en aller. Quelque temps après, un chasseur poursuivait le

ἀπέλυσε.   Συνέβη οὖν αὐτὸν μετ' οὐ πολὺ τῇ τοῦ μυὸς χάριτι περισωθῆναι.

lion, qui était placé près d'un arbre dattier. Il avait creusé une fosse

Ἐπειδὴ γὰρ συλληφθεὶς ὑπό τινων κυνηγῶν.

pour le lion. Le lion y tomba et fut pris dans la fosse. Il fit tous ses
efforts, mais on le conduisit à la place de l'arbre dattier, on le lia de

χάλῳ ἐδέθη ἐπί

cuir sec et on l'attacha de cuir frais. C'est ainsi qu'il se trouva en

τινι δένδρῳ

face de la montagne, étant plein de tristesse. Arriva le temps de la
nuit. Le majestueux désira de voir se réaliser sa parole (c'est-à-dire
la parole de la souris) en réponse à la force prétendue dont lui, le
lion, s'était vanté. La petite souris se présenta devant lui, et elle

τηνικαῦτα ὁ μῦς ἀκούσας αὐτοῦ στένοντος ἐλθὼν

parla ainsi : Est-ce que tu ne me reconnais pas? Moi, je suis la
petite souris à laquelle tu as accordé, un jour, la liberté. Je vais
exécuter ma revanche à ce jour, car je te sauverai de ton malheur,
après tant d'efforts que tu as faits (sans effet). Il fait une bonne action
celui qui rend la réciproque. La souris fit approcher sa bouche des
attaches du lion. Elle rongea les cuirs secs, elle déchira les cuirs

τὸν χάλων περιέτρωγε καὶ λύσας ἔφη·

---

(1) O toi qui es bien différent de moi et qui es tant au-dessus de moi, mon seigneur.
(2) Ce ne sera pas moi que tu désireras pour te rassasier.

frais qui l'attachaient, tous. Elle fit sortir le lion de ses attaches. La souris se cacha dans sa crinière et il se rendit à la montagne avec elle à ce jour. »

σὺ μὲν οὖν τότε μοῦ κατεγέλασας, ὡς μὴ προσδοκῶν παρ' ἐμοῦ ἀμοιβὴν κομίσασθαι· νῦν δ' ἴσθι, ὅτι ἐστὶ καὶ παρὰ μυσὶ χάρις. »

BRUGSCH.

BULLETIN MENSUEL

DE L'ACADÉMIE DES INSCRIPTIONS

MOIS DE JUIN.

M. Ferdinand de Lasteyrie communique une note sur le véritable sens du mot *anacleus*, adjectif employé dans la description des *trésors* à l'époque mérovingienne, et dont le sens est resté jusqu'ici incertain. M. de Lasteyrie croit que ce mot indique un travail au repoussé.

M. le baron de Witte présente à l'Académie le dessin d'un nouveau miroir GREC décoré de figures au trait. L'année dernière M. de Witte en comptait *onze* d'inégale valeur. — La nouvelle découverte en élève le nombre à *douze*. Ce miroir, qui appartient par le type des figures à une bonne époque (au siècle d'Alexandre très-probablement), paraît n'être qu'une imitation de l'œuvre primitive. M. de Witte en conclut que l'industrie avait fini par s'emparer de la confection de ces miroirs et qu'ils ont dû être en Grèce d'un usage plus commun que l'on ne l'a cru longtemps.

M. Léopold Delisle donne de très-intéressants renseignements sur des manuscrits *wisigothiques* nouvellement acquis par la Bibliothèque nationale. Il fait ressortir l'importance de cette acquisition au point de vue palæographique. Deux des plus beaux manuscrits acquis ont été mis sous les yeux de l'Académie. On sait que l'on est convenu de donner le nom de *wisigothique* à l'écriture employée en Espagne du IXe au XIe siècle pour la copie des livres comme pour celle des pièces diplomatiques.

M. Geffroy, directeur de l'Ecole française de Rome, transmet de la part de M. Fiorelli, surintendant des fouilles et musées du royaume d'Italie, la photographie d'une statue trouvée, il y a quelques mois, dans les fouilles du Stade au mont Palatin.

M. Léon Renier rend compte à l'Académie de l'examen qu'il a fait d'une note de M. Cherbonneau, concernant une importante inscription découverte récemment à Philippeville. La traduction de cette inscription, telle que l'éminent académicien l'a donnée, en complétant les lacunes, suffira à en montrer l'intérêt.

« *Consacré à la Victoire auguste de l'Empereur César, Marcus Aurelius Antonius, pieux, heureux, grand pontife, père de la patrie, tribun, consul, proconsul, fils du divin Antonin le Grand petit-fils du divin Pius Severus, Lucius Cornelius Fronto Probianus, fils de Lucius, de la tribu Quirina, honoré du don d'un cheval (entretenu aux frais du trésor) public, décurion des quatre colonies, flamine perpetuel, a fait don et dédicace, au prix de trente mille sesterces, de la statue avec tétrastyle du divin Antonin le Grand; il l'avait promise en l'honneur de son flaminat, outre quatre-vingt-dix mille sesterces qu'il paya comptant à la République et les autres présents qu'il fit généreusement à sa patrie. A l'occasion de cette dédicace, il organisa aussi des fêtes théâtrales avec distribution de bulletins.* » Ces bulletins étaient des bons d'argent, d'huile et de pain.

M. Léon Renier entre dans les détails les plus curieux touchant la vie publique des Romains à cette époque. Nous espérons pouvoir donner in extenso dans notre prochain numéro cette intéressante communication.

A. B.

NOUVELLES ARCHÉOLOGIQUES

ET CORRESPONDANCE

—— Un de nos correspondants nous envoie le résumé suivant d'un intéressant discours prononcé par M. le professeur Pigorini, dans la conférence de la Société géographique italienne du 12 mai 1878.

« Dans la conférence du 12 mai, le professeur Pigorini présenta une grande *carte topographique* de l'Italie supérieure, dans laquelle il désigna par des signes spéciaux les *habitations lacustres, les terremares de l'Émilie* et les *stations primitives* d'outre Pô, analogues aux dites terremares. Il employa le signe *circulaire* pour les habitations lacustres, le *rectangulaire* pour les autres stations, notant avec des couleurs différentes l'âge ou les âges dont on a retrouvé les restes dans chacun de ces emplacements d'habitations. Le *jaune* fut adopté pour l'âge de la pierre, le *rouge* pour celui du bronze et le *bleu* pour celui du fer.

On n'a trouvé jusqu'à présent en Italie de véritables habitations lacustres que dans les tourbières et dans les lacs subalpins, depuis la province de Turin jusqu'à celle de Vicence. Elles sont plus étendues au-delà des Alpes, mais elles ne se rencontrent cependant pas dans toute l'Europe. Laissant de côté celles du Mecklembourg, puisque, ainsi que l'a démontré M. Virchow, elles se rapportent à des temps relativement plus rapprochés de nous, les habitations lacustres des âges primitifs occupent en Europe l'espace compris, du sud au nord, entre les provinces subalpines italiennes et le grand-duché de Posen et la Pologne méridionale, et, de l'est à l'ouest, elles sont à peu près limitées entre la Carniole et le Dauphiné.

En Italie, comme au-delà des Alpes, il y a des habitations lacustres qui semblent appartenir franchement à l'âge de la pierre, tandis que d'autres se rapportent sans aucun doute à l'âge du bronze. Les données ne manquent cependant pas pour croire que les populations lacustres pénétrèrent en Europe à une époque où, quoique employant la pierre de préférence, elles commençaient à se servir aussi du bronze. Du reste il est certain qu'elles vinrent en Europe avec un certain degré de civilisation, démontré particulièrement par le fait qu'elles possédaient des troupeaux d'animaux domestiques et qu'elles pratiquaient l'agriculture.

La station lacustre italienne la plus importante est, sans aucun doute, jusqu'ici, celle qui a été découverte dans le lac de Garde, près de Peschiera, témoin les nombreuses variétés d'objets de bronze qui y furent recueillis, et que les Musées de Vienne et de Zurich possèdent aujourd'hui. Ces objets sont parfaitement identiques à ceux des *terremares de l'Emilie*, et la comparaison donne la preuve certaine que les familles lacustres et celles des terremares représentent une même population.

Les *terremares* se rencontrent depuis la province de Plaisance jusqu'au territoire d'Imola, et depuis la rive gauche du Pô elles s'élèvent jusqu'au sommet des plus hautes collines des Apennins. Elles ont la forme de monticules qui, parfois, avec une étendue de 8,000 à 10,000 mètres carrés, s'élèvent jusqu'à 4 ou 5 mètres au-dessus de l'ancien niveau du sol. Elles se composent de cendres, charbons, tessons de poterie, os d'animaux, etc.; ce sont, en un mot, les rebuts des habitations. Les recherches pratiquées dans ces monticules ont mis en lumière quel était le genre de vie du peuple des terremares. Ce peuple, après avoir choisi le lieu qu'il voulait habiter, le ceignait d'une *digue*, haute d'environ 1ᵐ,50 au-dessus du niveau de la campagne ; cette digue formait un *bassin rectangulaire*, orienté et entouré en outre d'un *fossé*. A l'intérieur du bassin on plantait des *pilotis* qui ne dépassaient pas par leur extrémité supérieure le niveau le plus élevé de la digue ; sur les pilotis on construisait un *plancher*, et sur le plancher s'élevaient les *maisons* bâties d'argile, de paille, de branchages et d'autres matières semblables. Enfermés dans leurs maisons, les habitants laissaient tomber au-dessous d'eux toutes sortes de rebuts, remplissant lentement le bassin. Le bassin comblé, on en formait un nouveau au-dessus du premier, en rehaussant la digue, tout en reprenant les opérations ci-dessus mentionnées ; et le fait se répéta dans chaque station jusqu'à trois ou quatre fois, ce qui fut l'origine du monticule appelé *terramare*.

Les comparaisons et les recherches du professeur Pigorini démontrèrent que les objets de bronze des terremares de l'Émilie et ceux des palafittes de Peschiera non-seulement sont identiques entre eux, mais aussi se rapportent exactement à d'autres de la Croatie, de la Basse-Autriche et de la Hongrie, révélant ainsi une civilisation uniforme qui s'étendait depuis la Hongrie jusqu'aux provinces de l'Émilie. Soit que l'on remonte au-delà de la Hongrie, vers le nord, ou que l'on descende au sud de l'Émilie, ces objets ne se trouvent plus ou sont grandement transformés, et les limites du territoire dans lequel ils sont épars correspondent à peu de chose près à celles de la région européenne dans laquelle existent les restes des habitations construites sur pilotis. — En partant de ce point pour se diriger vers l'occident, on note le fait singulier que ces mêmes objets, non-seulement ne sortent pas en général des limites de la zone des habitations lacustres, mais qu'ils se modifient au fur et à mesure ou disparaissent, jusqu'à ce que, où les habitations lacustres s'arrêtent, ces objets sont également presque tous modifiés ou n'existent plus. Les considérations précédentes portent à conclure que le peuple des terremares et celui des habitations lacustres est le même, que ce peuple occupa d'abord les régions orientales de l'Europe centrale, et qu'il dut y arriver de l'Asie par la voie du Danube.

Aux terramares de l'Émilie se rattachent les *stations* (analogues aux terramares) découvertes dans les provinces de Vérone, de Mantoue et de Brescia, lesquelles furent également notées sur la carte présentée par le professeur Pigorini. On n'a pas encore de données certaines pour affirmer que dans ces dernières on avait construit la *digue* ni planté les *pilotis* comme dans les terremares de l'Émilie, mais en somme les objets des unes et des autres révèlent le même peuple. Il faut cependant tenir compte d'une circonstance : tandis que dans les terremares de l'Émilie tout révèle l'*âge du bronze* pur. Les objets en pierre n'y figurant que comme de rares exceptions, dans les stations des territoires de Vérone, Mantoue et Brescia, c'est le contraire qui arrive, si bien qu'on doit le plus souvent les rapporter franchement à l'*âge de la pierre*, sans aucun mélange.

Il y a là une nouvelle preuve pour admettre que, quant à l'Italie, les peuples des terremares descendirent par le nord, occupèrent les contrées subalpines, tandis qu'ils fabriquaient encore en général leurs armes et leurs outils avec la pierre, et qu'ils ne franchirent le Pô que lorsqu'à l'usage de la pierre celui du bronze s'était substitué. »

—— Les *Fouilles d'Olympie*. — Vingt-cinquième rapport publié par le *Moniteur de l'empire allemand* :

« Le mois de mai, qui termine cette saison des fouilles, aura donné les plus heureux résultats, déjà brièvement annoncés par le télégramme du 1er juin. — Sept statues de marbre, dont la partie supérieure d'un Jupiter colossal, puis deux têtes et plus d'une douzaine d'inscriptions, très-précieuses pour la plupart, ont été trouvées dans ce mois. En outre, on a mis à découvert quelques nouvelles « maisons du trésor », le temple de la Mère des dieux, les socles des statues de Jupiter érigées avec le produit des amendes payées par les athlètes, l'entrée du *Stadion*, vraisemblablement aussi la porte nord-ouest de l'Altis, recherchée depuis longtemps, enfin les propylées du gymnase avec les constructions environnantes. Ainsi toute la zone nord de l'Altis avec la magnifique suite de ses constructions (on en compte dès à présent vingt-trois) se découvre librement aux regards du spectateur.

Ce vaste travail n'a pu être exécuté qu'avec une augmentation du personnel ouvrier de près de 300 hommes, et au moyen d'une énergique concentration des forces disponibles sur deux points : la terrasse du trésor et la partie nord-ouest du grand péribole, entre celui-ci et le *heraion*. Nous ne parlerons aujourd'hui que des travaux exécutés sur le premier point, en réservant pour un prochain rapport les résultats obtenus à proximité du péribole.

Dans la partie occidentale de la grande terrasse ont été découverts les restes des fondations de trois nouveaux édifices. Ainsi, l'on a maintenant retrouvé 14 « maisons du trésor », au lieu des 10 citées par Pausanias; mais les deux dernières sont si petites, qu'il a bien pu sans doute les omettre.

La première découverte faite au sud, devant les degrés de l'escalier de la terrasse, ce sont les socles des Zanes (nom populaire des statues de Jupiter). Pausanias rapporte qu'au pied de cet escalier conduisant aux maisons du trésor, on voyait une rangée de seize statues de Jupiter érigées, comme il a été dit, avec le produit des amendes dont les athlètes étaient frappés pour tentatives de corruption ou pour infractions graves aux règlements de la lutte établis par les Eléens. — Que l'on n'ait rien retrouvé de ces statues, sauf quelques fragments de bronze de leurs foudres et le morceau d'un pied colossal, il n'y a pas lieu d'en être surpris, car on sait déjà que presque tous les ouvrages en bronze ont été détruits. Mais il est plus étonnant de ne pas retrouver non plus les inscriptions; — elles étaient en vers élégiaques, dont la valeur poétique ne semble pas d'ailleurs avoir été fort appréciée par Pausanias.

A l'extrémité ouest de cette rangée de piédestaux on a rencontré des substructions (de 21,60 m. à 11,50) du temple, en grande partie démolies jusqu'aux dernières assises; dans un endroit seulement, subsistaient encore des fragments d'une substruction à trois degrés et le reste d'un tambour de colonne, qui, heureusement, était resté à son ancienne place. Ce reste de colonne rend possible aux architectes de rétablir presque toute la construction du temple, car il prouve que les nombreux fûts de colonnes doriques, chapiteaux et débris de charpentes qui ont été retrouvés servant de fondations à tout le mur byzantin (côté nord), appartenaient au temple.

Par là est constatée l'existence d'un troisième temple dorique avec périptère, d'un temple ayant six colonnes en façade et onze sur les côtés, lequel, comme style et comme position, répond complétement aux indications données par Pausanias sur le *Metroon*. Seulement, à première vue, on peut s'étonner que l'écrivain grec ait qualifié de « très-grand » un temple qui atteint à peine les dimensions de l'*heraioncella*.

Les ornementations grossières dont les anciennes formes délicates de toute la construction se sont trouvées revêtues indiquent une restauration ultérieure de l'édifice, aussi bien qu'on peut le conclure du rapport de Pausanias, qui dit que de son temps le temple portait encore le nom de la mère des dieux, mais qu'il était rempli de statues des Césars romains.

Ces statues, à la fin, n'ont pas échappé aux recherches. Elles se sont révélées, le 10 mai, par la découverte d'une petite statue de femme qui, les mains liées derrière le dos, fléchit le genou devant une statue de César en marbre, dont il ne reste que la jambe droite; évidemment c'était une des personnifications si fréquentes des peuples subjugués. Si cette pièce est travaillée dans un style négligé et assez fruste, en revanche une statue de femme drapée, sans tête, trouvée le 20 mai, au milieu des fondations de murailles, offre un type favori de l'art romain, d'une exécution extrêmement belle. Rien ne s'oppose à ce que l'on voie dans cette statue l'image d'un membre de la famille des Césars.

On peut l'affirmer plus sûrement encore d'une statue cuirassée, découverte, le 24 mai, sous le pavé de la salle sud du *Metroon*, quoiqu'elle soit également sans tête. Cet ouvrage aussi s'élève de beaucoup au-dessus de la moyenne ordinaire du travail romain, par son mouvement pathétique comme par son exécution magistrale. La cuirasse, richement décorée, a pour principal ornement deux figures de néréides nues, d'un beau mouvement, montées sur des chevaux marins. Ces figures permettent de supposer que la statue est celle de César ou d'Auguste, vu qu'on se plaisait à indiquer par de semblables attributs leur descendance de Vénus, née du sein des flots.

Tout près de cette statue de César, on a trouvé, le même jour, une statue en marbre de Jupiter, la première, chose digne de remarque, qui ait été découverte, à part celle du fronton oriental. Le dieu se tient debout dans une fière attitude ; son corps se porte vivement en avant sur la jambe droite ; la main gauche levée tenait sans doute le sceptre, et la droite peut-être des foudres ou quelque attribut semblable, autant du moins que peut l'indiquer le mouvement des tronçons de bras qui sont seuls conservés. Autour de la partie inférieure du corps et sur l'épaule gauche est rejeté le manteau largement déployé et formant une quantité de plis fastueux.

Cette statue est évidemment l'œuvre des artistes *Philathenaios* et *Hegias*, qui ont inscrit leurs noms sur le tronc d'arbre auprès du dieu ; c'étaient encore deux de ces Athéniens qui, à l'époque romaine, travaillèrent pour Olympie. Au pied du tronc d'arbre est un aigle qui lève les yeux vers Jupiter. La tête du dieu manque, et peut-être pourrait-on croire que ce Jupiter est un César divinisé, s'il était prouvé que la statue s'élevait primitivement dans le *Metroon*. Mais ceci n'est rien moins qu'établi, attendu que les fouilles montrent clairement que la statue a été entraînée jusquelà. A quelques pieds d'ailleurs de cette statue s'est trouvée, le 25 mai, la partie supérieure d'un Jupiter colossal, de dimensions si gigantesques qu'il est impossible d'admettre que ce colosse ait pu être érigé dans le petit *Metroon*.

Les parties conservées du milieu du corps jusqu'aux creux de la nuque ont presque une hauteur d'homme (1 m. 1[2), et la largeur entre les tronçons des bras est encore un peu plus grande. Le dieu était représenté debout. La pose des bras et la disposition du manteau sur la poitrine nue sont semblables à celles du Jupiter de Philathenaios et d'Hegias ; cependant les plis sont beaucoup plus simples et plus nobles, et la forme puissante des nus est tout à fait digne de ces dimensions colossales. Les destructeurs de la statue avaient dû faire des trous autour du milieu du corps pour fendre cet énorme bloc de marbre.

Du côté de l'est, les socles des *Zanes* ont conduit à l'entrée du *Stadion*; là, une longue galerie voûtée (longue d'environ 31 m., large de 3,71) a été découverte. On y entre par un vestibule quadrangulaire; quatre demi-colonnes ornaient la muraille où s'ouvre la porte entre les deux derniers socles de *Zanes*. Il n'est pas douteux que ce ne fût une « entrée dérobée », une galerie souterraine creusée dans la terrasse du *Stadion*, et par laquelle, aux jours de fête, les juges de la lutte et les athlètes entraient dans l'arène.

A l'endroit où cette galerie s'élargit un peu, on a trouvé, le 30 mai, dans un coin du mur, une petite statue de marbre de la *déesse Fortune*, vraisemblablement entraînée là, mais non loin de sa place primitive; car dans l'hippodrome aussi il y avait une statue de la Fortune, et à l'entrée du *Stadion* un autel du « Moment propice ». Le travail de cette statuette sans tête est médiocre, mais remarquable pourtant par la sévérité et la simplicité de la draperie et de ses attributs, très-éloignés du style romain. La main droite appuie, comme d'ordinaire, l'aviron sur une roue; la gauche tient la corne d'abondance; contre les épaules est un ustensile énigmatique, qui, à première vue, ressemble encore à une rame.

Cette découverte de l'entrée du *Stadion* a une importance capitale pour la topographie olympique »

—— A Pompéi, en déblayant une nouvelle rue, on a trouvé tout récemment sur un mur le charmant graffite que voici :

On peut lire ainsi les quatre dernières lignes :

« Diligo juvenem (*juvenem* barré et remplacé par *puerum*) venustum; rogo, punge iamus; bibisti, iamus. Prende lora et excute, Pompeios... ubi dulcis est amor meus. »

—— *Fouilles de Hermes.* — D'intéressantes fouilles se poursuivent depuis plusieurs mois, au pied du mont de Hermes, lieu dit : le cimetière Cintrond, la vieille Cimetière, le Cimetière de Bulles, le Plachot-Saint

Germain. » Commencées par M. le docteur Baudon, médecin à Mouy, elles ont été continuées, avec autant de succès que d'ardeur, par M. l'abbé Hamard, curé de la paroisse. Mardi dernier, elles étaient visitées par M. Bertrand, directeur du Musée de Saint-Germain-en-Laye, et par M. de Villefosse, membre de la commission de topographie des Gaules. Invités à descendre au château de Marguerie, ces messieurs ont pu inspecter à loisir le musée et les travaux de Hermes. Grâce aux moyens de transport que M. Morin avait eu l'attention de mettre à leur disposition, ils ont pu explorer aussi le camp romain du Mont-César et la Pierre-aux-Fées de Villers-Saint-Sépulcre.

Vingt sarcophages environ sont déjà sortis de terre, presque tous parfaitement dressés et fort bien taillés, en calcaire tendre de Mérard. Les uns sont d'un seul morceau, les autres en deux et trois pièces; mais tous rétrécis aux pieds et surmontés d'un couvercle en dos d'âne ou toit surbaissé.

Un seul fait exception et ce cercueil de pierre étonne les regards des visiteurs par ses dimensions. Il mesure 2 mètres 65 de longueur sur un mètre de largeur. Les angles sont chanfreinés et au-dessus de la tête du défunt s'épanouit, sur un développement de 65 centimètres, tracée à la pointe, une grande croix à branches égales et largement palées.

Un large sarcophage, dont le chevet a été creusé dans un bloc provenant d'un monument plus ancien, porte une inscription, en majuscules du plus beau style, dans laquelle se lit le mot RATVM. Les épigraphistes les plus distingués croient y retrouver le *Ratomagos* dont Ptolémée fait la ville principale des Subanectes (Sylvanectes). Cette découverte a déjà mis plusieurs sociétés savantes en émoi.

Inhumés dans ces tombeaux de pierre ou dans des bières de bois, les morts ont souvent à leurs pieds un vase de terre cuite, de pâte généralement grossière, de couleur noire ou grise, à formes anguleuses, uni ou orné de dessins en creux, de points carrés, de chevrons, de losanges, etc. Ils présentent ainsi presque tous des caractères évidemment mérovingiens. Deux ou trois seulement ont des formes plus artistiques qui se rapprochent de l'époque gallo-romaine.

L'intérieur de ces vases funéraires est parfaitement net. Ils ont dû contenir l'eau bénite que, dans le moyen âge, on déposait jusque dans les tombes. Un seul avait renfermé un liquide gras, qui s'est épanché sur les parois extérieures. Un plat en métal contient encore un os mince, comme celui d'une côte, et une croûte jaunâtre, comme celle d'une tourte, restes des aliments servis à l'ombre du mort au fond de son tombeau. Un autre mort avait, dans la bouche, la moitié d'une monnaie romaine presque entièrement fruste. C'était bien peu pour payer l'avare nocher des enfers. Ce sont les seuls vestiges du paganisme, que nous ayons constatés jusqu'ici dans les sépultures du mont de Hermes.

Les objets qui abondent le plus sont les boucles de fer, de bronze, de métal blanc, unies ou ciselées, de toutes formes et de grandeurs diverses.

Elles se trouvent le plus souvent à la hauteur des reins, quelquefois aux genoux. Elles servaient à retenir les ceinturons et les bandelettes ou courroies des hauts-de-chausses.

Les ceinturons étaient ornés de plaques et de contre-plaques, avec carré supplémentaire, chargées aux angles et sur les bords de grosses têtes de clous arrondies et saillantes. La plupart de ces plaques mérovingiennes sont ornées de dessins variés, mais toujours travaillés en creux : dents de scie, chevrons, entrelacs, etc., etc.

Les autres objets de toilette sont des fibules, des rouelles, des bagues, des épingles à cheveux, des perles de verre et de pâte vitrifiée, de diverses formes, avec ondulations coloriées, etc. Une agrafe en argent délicatement ciselée attire l'attention des amateurs. Les débris d'un peigne en os, artistement travaillé, méritent aussi d'être mentionnés. Une plaque de fibule en fer, finement damasquinée, présentait une petite croix semblable à celle du grand sarcophage.

Plus de trente couteaux en fer ont été trouvés à la ceinture des morts. Des fers de lances dressés sur les côtés de la tête, des scramasaxes étendus le long des jambes, et des haches recourbées, connues sous le nom de francisques, attestent qu'une partie de la population de Hermes vivait alors sous les armes.

Les Francs de Hermes, comme ceux des autres localités du Beauvaisis, descendaient dans la tombe tout habillés et tout armés, parés, équipés comme pour un voyage ou pour une revue militaire. Grâce à cet usage, nous pouvons étudier les mœurs de nos ancêtres et les mieux connaître dans leurs sépultures que dans les récits des historiens de l'époque.

Espérons que ces recherches, favorisées par les secours du gouvernement, produiront de nouvelles découvertes et d'autres renseignements utiles et mêmes importants pour l'archéologie, l'histoire et les arts. Les fouilles du mont de Hermes ne font que commencer. Cent cinquante à deux cents tombes à peine ont été visitées. L'étendue de « la Vieille Cimetière » comprend plus de 6,000 mètres carrés. Nous comptons, en moyenne, deux à trois sépultures sur deux mètres carrés de superficie. Si les autres quartiers de la nécropole sont peuplés dans la même proportion, il y aurait de 6,000 à 9,000 tombes à explorer.   (*Journal de l'Oise*).

—— Nous lisons encore dans le *Journal de l'Oise* :

« *Les fouilles du Mont-César*. — Les fouilles du Mont-de-Hermes ont provoqué d'autres fouilles sur le Mont-César, de Bailleul. M. Berton, de Fay-sous-Bois, a voulu interroger à nouveau l'un des plus célèbres camps romains du Beauvaisis. La tranchée a été ouverte dans le tertre, large d'environ 35 mètres, qui occupe le centre du plateau.

Elle a mis à jour des constructions romaines, en petit appareil, dont la ligne se prolongeait sur le grand axe du camp. L'abondance des tuiles, rouges et blanches, plates et convexes (imbrices), prouve que ces constructions avaient une certaine importance. Des plâtras revêtus de couleurs encore vives et variées attestent que l'intérieur des appartements était décoré de fresques.

Des spécimens de ces poteries rouges et fines, dont on ne trouve plus guère dans notre pays que des fragments, font vivement regretter les beaux vases qui, du cabinet de M. Provost de Bresles, sont passés dans les collections d'Amiens, de Paris et de Londres.

Réunies à celles que M. Buquet avait recueillies, et dont M. Cambry nous a conservé la liste, les médailles romaines découvertes par M. Berton pourront servir à la commission de la carte des Gaules, pour fixer les époques auxquelles le camp du Mont-César aurait été établi, occupé, abandonné. Celles qui ont été trouvées jusqu'à ce jour forment deux séries. La première s'étend depuis Auguste jusqu'à Marc-Aurèle et donne, avec les noms et les titres de ces deux empereurs romains, ceux de Néron, de Vespasien, de Trajan, d'Antonin, de Faustine. Un second groupe se compose de petits bronzes à l'effigie de Gallien, de Postume, de Victorin, de Salonine, etc. Au delà, nous ne pouvons signaler qu'un ou deux Constant. Il semblerait donc que le camp du Mont-César n'aurait plus guère été fréquenté à partir de l'époque de Probus, c'est-à-dire à partir de l'époque où se seraient élevées les fortifications romaines de la cité de Beauvais.

Jusqu'à ce jour, aucune antiquité gauloise n'avait été signalée sur le Mont-César. M. Berton a découvert dans le tertre qu'il explore avec tant de soin, non-seulement une de ces monnaies dites celtibériennes, qui portent au droit la tête d'Hercule et au revers le cheval galopant à gauche, mais une suite de huit ou dix médailles gauloises dont quelques types sont regardés comme primitifs. Plusieurs sont attribuées, par des numismates de nos jours, à des peuples voisins des Bellovaques. Mais la description de ces petites monnaies, de potin et de bronze, ne peut trouver sa place que dans un travail spécial sur le Mont-César.

Les recherches de M. Berton, poursuivies avec patience, amèneront inévitablement d'autres découvertes, qui permettront de préciser les conclusions historiques à tirer de l'étude de ces antiquités gauloises et romaines du Mont-César.

—— La revue anglaise *The Nineteenth Century* (le Dix-neuvième Siècle) contient dans son numéro de juin un intéressant article de M. C. T. Newton, l'éminent conservateur des antiquités du Musée britannique. Il est intitulé « la Religion des Grecs expliquée et éclaircie par les inscriptions grecques » (*the Religion of the Greeks as illustrated by greek inscriptions*).

—— Sommaire du numéro de juin du *Journal des Savants* : *Publications nouvelles sur Montesquieu*, par M. Caro. *La Religion de Zoroastre*, par M. Barthélemy Saint-Hilaire. *Nouvelles études sur la littérature grecque moderne*, par M. E. Miller. *Roma sotterranea cristiana*, par M. Edmond Le Blant. Nouvelles littéraires, etc.

BIBLIOGRAPHIE

Ὁ περὶ Γοργόνων μῦθος παρὰ τῷ Ἑλληνικῷ λαῷ ὑπὸ N. Γ. Πολίτου. Ἐν Ἀθήναις, 1878. In-8 de 17 pages.

Il y a dix ans à peine que l'on a commencé à recueillir les croyances populaires de la Grèce moderne. MM. Wachsmuth et B. Schmidt en Allemagne, M. Jean Pio en Danemark, M. Politis en Grèce, ont, à différentes époques, publié des études intéressantes sur ce sujet, qui est encore aujourd'hui bien loin d'être épuisé.

M. Politis, qui a déjà fait imprimer deux volumes de l'ouvrage qu'il a consacré à la mythologie populaire de son pays, vient de détacher du volume qui lui reste à publier un curieux chapitre relatif aux Gorgones. Ce morceau, qui a paru d'abord dans la revue grecque Παρνασσός, a été tiré à part sous forme de brochure.

M. Politis commence par constater que le cycle des croyances aux divinités marines est excessivement restreint chez le peuple grec ; il se borne presque à Neptune, qui s'est fait chrétien sous le nom de saint Nicolas, et aux Gorgones.

La fable des Gorgones est extrêmement populaire en Grèce. Ce sont des femmes à queue de poisson, qui habitent la mer Noire et quelquefois les parages de l'île de Thasos. Quand une Gorgone rencontre un navire, elle le saisit par la proue et demande aux matelots : « Le roi Alexandre vit-il encore ? » Ils doivent répondre : « Il vit et règne. » Alors la Gorgone, satisfaite d'apprendre que le conquérant macédonien est en bonne santé, dépouille à l'instant sa forme monstrueuse, se métamorphose en jeune fille, chante harmonieusement en s'accompagnant avec la lyre, et fait régner sur les flots le calme le plus parfait. Mais si un matelot était assez téméraire pour répondre qu'Alexandre est mort, la Gorgone l'abîmerait dans les flots, lui et son vaisseau.

Les Gorgones apparaissent habituellement le samedi à minuit.

Un des produits les plus répandus et les plus goûtés de l'imagerie populaire grecque est le type de la Gorgone. On la représente, d'ordinaire, femme jusqu'à la ceinture : le reste du corps est celui d'un monstre marin. Dans une de ses mains elle tient un navire, et dans l'autre une ancre. Les paysans grecs aiment à se faire tatouer une Gorgone sur le bras ou sur la poitrine. Un matelot de Smyrne, qui s'est longtemps donné en spectacle dans un petit théâtre de Paris, sous le nom de *l'Homme tatoué*, avait une Gorgone tatouée au milieu du dos.

Comme on le voit, les Gorgones modernes n'ont de commun que le nom avec celles de l'antiquité ; elles semblent plutôt avoir remplacé les Sirènes. Comme ces dernières, elles chantent harmonieusement et leur rencontre est souvent funeste aux navigateurs. Seulement, nous devons faire observer que les poëtes et les mythographes grecs et romains ne disent pas que les Sirènes habitaient la mer, mais une prairie voisine de la plage. L'art antique n'a jamais représenté la Sirène comme une femme-poisson. Ce n'est qu'au VIᵉ siècle de notre ère qu'un auteur latin anonyme, publié par Berger de Xivrey, donne des nageoires aux Sirènes.

M. Politis examine ensuite longuement les rapports de la Gorgone et d'Alexandre le Grand, et il établit que cette croyance bizarre a pris naissance dans un passage du Pseudo-Callisthène. Il cite un conte populaire, très-curieux, où une Gorgone jure par *son père Alexandre*. — La Gorgone est parfois aussi confondue avec la Scylla, le monstre à six têtes, dont Homère nous a laissé la description.

La brochure se termine par une note des plus curieuses sur les Amazones. Un conte populaire parle d'une reine guerrière qui n'avait qu'une mamelle.

Nous regrettons d'analyser si brièvement cette intéressante brochure. Elle nous fait vivement désirer que M. Politis trouve enfin les moyens de publier le reste de son ouvrage, dont les deux premières parties ont trouvé le meilleur accueil auprès des juges les plus compétents. De tels travaux font grand honneur à celui qui les entreprend, et l'on ne saurait trop les louer et les encourager. ÉMILE LEGRAND.

Det ioniske Kapitœls Oprindelse og Forhistorie, avec un résumé en français, par JUNIUS LANGE. Copenhague, 1877, in-8, 176 pages et 3 planches.

Vitruve assure que les architectes grecs donnèrent au *capitulum*, à la tête des anciennes colonnes de l'ordre ionique, les contours d'une chevelure de femme « dont les boucles tombent en ondoyant à droite et à gauche (1) ». Les savants modernes se sont montrés quelque peu sceptiques à l'endroit de cette légende, et, sans autre guide que leur imagination, ont fait dériver la volute des origines les plus diverses.

Winckelmann croit qu'elle reproduit les formes d'un serpent enroulé sur soi ; Quatremère de Quincy en cherche le principe dans les plateaux qui devaient couronner les colonnes ligneuses ; Félibien y voit une configuration semblable à celle des « escorces d'arbre tortillées et tournées en spiralle ». D'après O. Müller elle est née de l'imitation des cornes de bélier, que l'on suspendait au bord supérieur des autels, des cippes et d'autres monuments. La disposition en a été inspirée par des draperies enroulées de chaque côté d'un chapiteau dorique, suivant l'architecte Uggieri.

(1) Vitruve, IV, 1.

Quelques auteurs l'ont fait procéder des coquilles marines ou des vrilles de la vigne ; d'autres, des éclats que l'on enlève du bois au moyen d'un instrument tranchant.

Les découvertes dont l'art oriental a été l'objet de nos jours ont imprimé une direction plus ferme à la recherche des origines du chapiteau ionique. Des observations multipliées ont fait reconnaître, qu'antérieurement à la formation de l'architecture grecque, la volute s'était développée en Égypte, en Assyrie et en Phénicie. Ce fait ayant été bien établi, deux questions se sont nécessairement imposées : La volute orientale a-t-elle été imitée par les Grecs ? Quelle en est la signification ?

L'auteur du mémoire que nous allons analyser a discuté ces questions en se plaçant à un point de vue tout spécial. Pour lui, « chercher l'origine d'une forme conventionnelle comme le chapiteau à volutes, c'est la faire dériver de formes qui se comprennent d'elles-mêmes, soit comme imitation de la nature, soit en raison de leur fonction dans l'organisme des œuvres d'art dont elles font partie. » Les investigations de M. Lange, comprises entre des limites fixées *a priori*, peuvent se résumer ainsi :

Dès la plus haute antiquité, les Égyptiens choisirent deux plantes, le papyrus et le lotus-lys, pour symboliser, l'une le Delta, l'autre la Thébaïde. Ces végétaux furent représentés d'une manière abréviative dans l'écriture hiéroglyphique, et plus conventionnellement encore comme ornement sculptural. Des supports d'édifices, figurés dans les bas-reliefs ou dans les peintures, des amulettes, des manches de miroir ou d'éventail, montrent quelquefois le sommet des houppes de papyrus et les pétales adossés du lotus-lys, repliés sur les côtés en forme de maigre spirale. Plus tard, les Phéniciens auraient reproduit le lotus, en le modifiant encore, soit sur des piliers lapidaires de l'île de Chypre, soit sur de menus objets que l'on a découverts sur plusieurs points du bassin de la Méditerranée. De ces imitations, exportées par les navigateurs de Tyr et de Sidon, dériveraient les petits chapiteaux à volutes adossées, que les Grecs semblent avoir réservés aux couronnements des stèles et des supports de meuble.

Le papyrus du Delta aurait donné naissance, au contraire, aux volutes des chapiteaux ioniques. Il est impossible ici d'affirmer l'émigration du symbole de la Thébaïde, le motif élémentaire des volutes reliées par des lignes courbes ou horizontales ne se rencontrant hors de la Grèce qu'en Égypte et en Assyrie, sur des bas-reliefs conventionnels et sur des œuvres d'art de petite dimension. Le rapprochement de plusieurs indices fait cependant présumer à l'auteur que cette forme aurait été, comme celle du lotus-lys, introduite en Assyrie et en Grèce par les Phéniciens.

Quand il s'agit de découvrir une origine, il n'est pas sans inconvénient, à notre avis, d'abstraire un élément architectural de « l'organisme auquel il appartient ». Si, au lieu de considérer isolément le chapiteau à volutes, M. Lange avait fait porter ses recherches sur toutes les parties, essentiellement corrélatives, de cet ensemble de formes qu'on a nommé l'ordre ionique, il aurait très-certainement observé des faits peu compatibles avec ses conclusions.

D'abord, rien de semblable aux éléments généraux de cet ordre n'a jamais existé en Égypte. Les monuments pharaoniques n'accusent nulle part des bases de colonne composées de plusieurs moulures ; des fûts ornés de cannelures séparées par des méplats ; des chapiteaux rectangulaires. Ces formes se montrent au contraire de bonne heure dans la haute Asie occidentale. Que les édifices où elles sont figurées dans certains bas-reliefs de Ninive se rapportent à l'architecture des Assyriens ou à celle d'autres peuples, c'est ce qu'il importe peu de constater ici ; l'essentiel est de constater que ces édifices sont asiatiques et non pas égyptiens.

Ensuite, dans ces représentations, comme plus tard dans l'art monumental de la Grèce, le chapiteau à volutes est partie intégrante des ordonnances lapidaires, tandis qu'il ne joue en Égypte, — M. Lange en fait la remarque, — aucun rôle dans la grande architecture. Au point de vue de la proportionnalité, la comparaison de la colonne ionique avec les colonnes de l'Égypte et celles de l'Asie conduit à des observations tout aussi frappantes : il y a contraste vivement caractérisé dans le premier cas; analogie très-appréciable dans le second. Tout concourt donc à le montrer : la Grèce a seulement porté à la perfection un système columnaire qui préexistait hors de l'Egypte. Il ne peut être question d'analogie fortuite au sujet de la similitude, non de deux formes, mais de deux modes d'architecture : le hasard ne produit pas de telles rencontres.

D'autre part, l'ordre ionique s'est développé en Asie Mineure, et les Grecs de cette contrée prétendaient l'avoir inventé. Les explorations archéologiques entreprises de nos jours ont eu pour résultat, il est vrai, d'infirmer les prétentions des Ioniens sur ce point, mais en établissant d'une manière irréfragable ce fait bien autrement important, que le chapiteau à circonvolutions horizontalement reliées existe en Asie Mineure, sur des monuments très-anciens et conçus en dehors de toute influence grecque. Il y a plus : après avoir reconnu que la Lydie, la Phrygie, la Cappadoce, la Lycie, avaient eu des arts indigènes, on s'est assuré que, lorsque l'architecture de ces pays porte la trace d'emprunts étrangers nettement caractérisés, comme dans la Cappadoce où ont été découvertes les colonnes proto-ioniques, ces emprunts avaient été faits le plus souvent à l'architecture assyrienne, dont certaines dispositions ont pu ainsi se propager de proche en proche dans l'Hellade.

Ce sont là, si nous ne nous trompons, des arguments probants en faveur de l'origine asiatique des formes de l'ordre ionique, y compris la volute, et, jusqu'à ce que des faits convaincants s'élèvent contre cette opinion, nous la tiendrons pour fondée.

En ce qui regarde la signification des volutes égyptiennes, la thèse que soutient M. Lange nous paraît peu admissible. La volute est une forme essentiellement géométrique ; elle constitue à elle seule un motif ornemental qui a été commun à tous les peuples. Ouvrez les recueils où sont représentés les objets usuels dont se servaient les hommes avant les périodes monumentales, alors qu'ils en étaient à l'âge du bronze par exem-

ple : partout, dans l'ancien comme dans le nouveau monde, vous verrez
des spirales, sur lesquelles les symboles de l'Égypte n'ont exercé aucune
action, s'enrouler sur les armes et sur les produits de la céramique. Ces
courbes sont dépourvues de signification naturelle et, selon toute probabilité, la forme en a été donnée en principe, comme celle de beaucoup
d'autres ornements, par la technique de ce qu'on nomme aujourd'hui les
arts industriels. Les Grecs ne s'y sont pas mépris ; nulle part la volute
n'accuse un caractère plus géométrique, une élasticité plus métallique, que
dans les chapiteaux auxquels ils l'ont adaptée. Parce qu'on l'a unie quelquefois au lotus en Égypte, et à l'acanthe en Grèce, s'ensuit-il qu'elle
procède de ces formes végétales ? Nullement. Il y a eu dans ces circonstances combinaison de deux motifs distincts, rien de plus.

CHARLES CHIPIEZ.

UN MASQUE EN TERRE CUITE

RÉCEMMENT ACQUIS PAR LE MUSÉE DU LOUVRE

Nous donnons, dans notre planche XVI, la représentation d'un masque en terre cuite rouge, assez grossière et friable, dont le musée du Louvre vient de faire l'acquisition. L'objet n'a pas subi de mutilation récente ; mais, à une époque ancienne, le nez a été endommagé ; une oreille et tout un côté de la chevelure ont disparu. La tête a été évidemment séparée d'une gaîne avec laquelle elle faisait corps. La cassure du cou s'est faite à la hauteur d'un collier de perles, dont il ne reste qu'une partie latérale. Il est possible que, au milieu du collier, fût suspendue une pendeloque centrale. Les yeux sont gros, en forme d'olive ; les tempes présentent deux petites saillies en forme de boutons ; les traits sont aplatis ; la chute des joues est extrêmement grossière ; le menton très-court ; deux plis accentués partent des narines et descendent aux coins de la bouche.

Les cheveux sont dressés sur le front en trois rangs de petites boucles hélicoïdales très-serrées, qui se terminent aux tempes. Les mèches latérales, simplement ondées, tombent avec roideur des deux côtés des oreilles et encadrent la tête. Un diadème, offrant des traces de peinture jaune, est posé directement sur les petites boucles et se confond avec l'encadrement général du masque. Les oreilles sont indiquées d'une façon très-sommaire. Le bord supérieur du pavillon est garni de trois forts anneaux, présentant aussi des traces de couleur jaune. Le lobe inférieur porte un gros anneau ouvert, dont les extrémités sont terminées par deux petites boucles, qui se rejoignent, sans que l'on comprenne bien comment la boucle d'oreille tenait.

La partie postérieure de la tête est évidée; les bords, cassés d'un côté, ne présentent de l'autre côté qu'un aspect mousse et assez indéterminé. Sur le sommet de la tête, se remarque un trou rond, qui ne traverse pas de part en part, mais communique avec une cavité intérieure, répondant à l'épaisseur du diadème.

L'objet a été trouvé dans la vaste nécropole aradienne située entre Tortose et Amrit, et qui a déjà fourni tant de pièces importantes à l'archéologie phénicienne. Là, en particulier, a été découverte la grosse tête en basalte, *Mission de Phénicie*, pl. VI, qui a fait partie d'un sarcophage anthropoïde.

D'après cela, il est évident que le masque en terre cuite que nous venons de décrire est la partie supérieure du couvercle d'un de ces sarcophages anthropoïdes qui constituent la série la mieux déterminée de l'art phénicien, puisqu'on les trouve dans les pays phéniciens (Phénicie, Chypre, Malte, Sicile, Corse) (1), et qu'on ne les trouve que dans les pays phéniciens. On a cherché ailleurs (2) à expliquer comment cette forme de cercueil provient de la momie égyptienne et en est une dégénérescence.

D'ordinaire ces sarcophages anthropoïdes sont en marbre. Malte, cependant, en présente des spécimens en terre cuite, dans le genre du nôtre. Les sarcophages anthropoïdes en terre cuite n'étaient peut-être pas dans l'antiquité plus rares que ceux en marbre; mais, étant plus fragiles, ils ont moins résisté aux causes de destruction.

La boucle d'oreille que présente notre masque a beaucoup d'analogie avec l'objet phénicien trouvé dans la nécropole de Sidon, *Miss. de Phén.*, p. 488, 489, et avec d'autres objets du même genre trouvés à Curium (Cesnola, pl. XXVI; comp. p. 310). Les objets de Sidon et de Chypre ne furent pas des boucles d'oreilles, puisque les deux bras de l'anneau enserrent un scarabée, dont la base a dû servir de sceau. La ressemblance que nous venons de signaler n'est donc qu'extérieure.

La tête maintenant déposée au Louvre nous semble appartenir à l'âge moyen des sarcophages anthropoïdes. Elle n'a pas l'aspect égyptien ou assyrien que présentent quelques-uns de ces monuments; elle n'offre pas le caractère grec qu'on remarque dans certains autres. En plaçant un tel monument 450 ans avant J.-C., on ne serait peut-être pas bien loin de la vérité. ERNEST RENAN.

---

(1) Voir *Mission de Phénicie*, p. 424 et suiv. Depuis la publication de cet ouvrage des sarcophages anthropoïdes ont été trouvés à Chypre. Cesnola, *Cyprus*, p. 288.

(2) *Miss. de Phén.*, p. 412 et suiv.

DÉCOUVERTE D'ARMES FRANQUES

A SAINT-DENIS, PRÈS CATUS (Lot).

En abaissant le niveau de la petite place publique du village de Saint-Denis près Catus (Lot), on a découvert des armes franques fort curieuses sous le rapport archéologique et très-intéressantes au point de vue de l'histoire du lieu où elles ont été recueillies.

Disons tout d'abord dans quelles circonstances ces armes ont été trouvées et le milieu dans lequel elles gisaient. En matière de découvertes archéologiques, il est très-important de connaître, dans leurs moindres détails, les faits observés et les constatations qui s'en sont suivies ; souvent une simple indication est un trait de lumière qui permet de déterminer, avec certitude, l'origine, la destination et l'ancienneté souvent incertaines d'objets peu connus.

Les terrassements effectués par la commune ont eu lieu sur l'emplacement d'un antique cimetière et ont atteint une profondeur de plus de trois mètres. Les fouilles ont traversé successivement trois couches de tombes bien distinctes, appartenant à trois époques différentes. Les modes de sépultures dont elles révélaient la pratique, et les objets qu'elles renfermaient, rendaient la distinction de chaque âge facile.

La première couche, la plus rapprochée de la surface, ne se distinguait point des sépultures de nos jours ; mais l'état des ossements accusait une époque assez reculée, que l'on pourrait faire remonter au xvi⁰ ou xvii⁰ siècle. La seconde assise d'inhumations, profonde de plus de deux mètres, était caractérisée par des tombes formées de pierres plates rangées tout autour des squelettes et inclinées de façon à s'appuyer les unes contre les autres à leur sommet afin de les recouvrir. Dans ces tombes, qui parfois renfermaient les ossements de plusieurs individus d'âges divers, se trouvaient des vases en terre dont nous donnerons la description et le dessin. Enfin la troisième couche de sépultures, qui n'était pas à moins de 3ᵐ,50 en contre-bas du sol, différait totalement des deux autres. Ici les tombes consistaient en des fosses comme on en creuse encore à la suite d'une bataille ; elles avaient de 8 à 10 mètres de long et étaient pratiquées dans une argile rougeâtre, très-compacte ; elles étaient bâties de chaque côté avec des moellons posés sans ciment et recouvertes de larges dalles. C'est au milieu des nombreux ossements entassés dans une de ces fosses communes qu'on a trouvé la hache avec son talon. fig. 1 et 1a, et la lame de sabre, fig. 2, que représente notre dessin (pl. XVII). Les ouvriers n'ont pas cherché à explorer cette fosse ; ils se sont bornés à recueillir les objets que le hasard a mis sous leurs mains. Il est certain que cette sépulture recélait de nombreuses armes en tout genre, dont étaient munis les guerriers qui y furent enterrés, très-probablement à la suite d'un combat meurtrier.

Presque au niveau de cette fosse, tout à côté, se trouvait une épaisse couche de cendre et de charbon ; sur une assez forte épaisseur, le terrain ancien que recouvraient ces restes de combustion était calciné et durci par l'effet d'un violent incendie qui avait été allumé sur ce point.

Nous devons constater aussi que les fosses inférieures avaient été ménagées dans un terrain vierge que la main de l'homme n'avait jamais remué, tandis que les deux assises de tombes supérieures se trouvaient dans le terrain transporté ou provenant des éboulis de la montagne au pied de laquelle est situé cet ancien cimetière.

Nous devons à l'obligeance sympathique de M. Brugalières, membre du conseil général, qui habite les lieux, d'avoir connu cette découverte, les circonstances dans lesquelles elle a eu lieu et les objets qui en proviennent.

On sait que l'arme principale des Francs était la hache d'armes ou francisque, nom qu'elle tirait de celui de cette confédération de tribus germaniques. Cette arme meurtrière pouvait servir à frapper à l'occasion, mais son usage le plus ordinaire et le plus important était d'être lancée contre les ennemis ou plutôt contre leurs armes défensives. Au rapport des anciens historiens, les Francs excellaient dans cet exercice et rarement, disent-ils, leur hache manquait son but.

La hache primitive des Francs eut des formes et des dimensions diverses ; les unes avaient un fer étroit et long, affectant une légère courbure à l'extérieur et très-échancrée à l'intérieur ; les autres, de même forme, mais plus petites, étaient munies à l'extrémité du manche d'un talon en fer, garni d'une pointe également en fer, tantôt carrée, tantôt en forme de ciseau.

La hache trouvée à Saint-Denis, fig. 1, appartient à ce dernier genre. Le fer mesure 145 millimètres de hauteur sur 110 de largeur au tranchant ; son épaisseur à la douille est de 4 centimètres. Le talon, fig. 1a, porte aussi une sorte de douille de 35 millimètres de diamètre dans laquelle le manche pénétrait de 4 centimètres. Ce talon était traversé par une tige carrée de fer, de 1 centimètre moyennement de côté, terminée en pointe, qui faisait saillie de 9 centimètres en dehors de la douille et qui s'engageait de 8 centimètres dans le manche pour lui donner plus de solidité, bien qu'il fût fixé à la douille par une forte cheville en fer qui les traversait. Au point de soudure de cette pointe et de la douille du manche, le talon portait quatre oreillons percés à leur centre d'un trou rond, de 4 millimètres de diamètre, destinés à recevoir chacun une chaînette en fer qui rattachait la hache à la lanière ou courroie qui servait à ramener cette arme après l'avoir lancée contre l'ennemi.

Comme arme défensive, les Francs avaient le sabre et le scramasaxe, sorte de couteau à côte, fort long, effilé et très-pointu. Le long de la côte de cette arme doublement redoutable, et tout près du dos, étaient pratiquées en creux, sur chaque face, deux rangées de cannelures dans lesquelles se mettait, dit-on, le poison qui devait donner la mort si le coup avait manqué son but.

Dans la fosse de Saint-Denis se trouvait une importante portion d'un de ces scramasaxes. Ce tronçon d'arme comprend la soie à laquelle était assujettie la poignée et près de la moitié de la lame ; il a 25 centimètres de longueur et 3 centimètres à sa plus grande largeur. Sa longueur totale, d'après la restauration que nous en avons faite, en nous autorisant de la portion que nous possédons, devait être de 45 centimètres environ.

Les deux cannelures ou sillons, très-apparents et bien marqués, qui règnent sur les deux côtés de la lame, ont chacun une largeur de 3 millimètres sur 1 millimètre et demi de profondeur, et sont séparés entre eux par une arête carrée de 2 millimètres de largeur. La soie, longue de 8 centimètres, porte la trace de deux rivets qui traversaient la poignée.

Nous sommes porté à croire, non-seulement d'après l'examen des formes et des caractères propres qui les distinguent, mais encore d'après les données de l'histoire locale, que ces armes sont celles que portaient les Francs de Clovis.

Nous savons, en effet, qu'après la mort de Clotaire, fils de Clovis, le Quercy échut à Charibert, roi de Paris ; qu'il passa ensuite au pouvoir de Sigebert, qui le donna à Galsuinthe, sa belle-sœur, pour engager Chilpéric à l'épouser ; qu'il fit ensuite retour à Brunehaut, sœur de Galsuinthe ; qu'il fut successivement dévasté par les troupes de Sigebert, de Chilpéric, et surtout par celles de son fils Théodebert qui, disent les chroniqueurs du temps, passa à travers le Quercy comme la tempête et la foudre, semant partout la ruine, la mort, le pillage et l'incendie. Nous savons aussi que c'est ce même Théodebert qui renversa les murailles gallo-romaines de Divona ; que Gondebaut, par l'influence de l'évêque Urcissinus, trouva de nombreux partisans dans cette antique cité, et que les troupes de Gontrand, qui le poursuivaient, s'y livrèrent à toute sorte d'excès.

Il est probable que c'est dans un de ces combats fratricides, que durent succomber les guerriers de Saint-Denis, peut-être même au milieu de l'incendie qu'ils avaient allumé et dont les traces sont encore si manifestes.

Dans cette hypothèse, les armes que nous venons de décrire seraient du VI° siècle.

Il nous reste à parler des vases que contiennent les tombes formées de dalles qui occupent la seconde couche de sépultures. Les plus communs sont unis, fig. 3 ; ceux d'un travail plus soigné sont ornés, sur la panse, de protubérances coniques et d'arêtes que couronnent des pointes saillantes ou des empreintes en creux, fig. 4. Ils sont composés les uns d'une argile grossière rougeâtre ou jaunâtre, les autres d'une terre noire très-fine, qui rappelle celle des belles poteries gauloises. Moyennement, ces vases ont de 10 à 12 centimètres de hauteur sur 14 ou 15 centimètres de diamètre à la partie la plus renflée ; le diamètre de la base comme celui de l'ouverture ne dépasse guère 8 ou 10 centimètres. Ils sont munis d'un bec gros et saillant, ouvert à la partie supérieure et formé à l'aide d'une traverse destinée à empêcher le liquide de s'épancher trop abondamment et à en régler le débit. Au bec est opposée une anse en forme d'arc, qui, partant de la panse, vient se souder à l'ouverture. Les traces apparentes d'empreintes de doigts et d'instruments qu'on remarque à la paroi extérieure, et les nombreuses aspérités qu'offre l'intérieur, démontrent que ces vases n'ont pas été faits au tour ; le fond, au lieu d'être plat, présente presque toujours un petit bombement qui le rend mal assis.

Nous n'avons remarqué, sur aucune partie, ni estampille ni signe quelconque qui nous ait permis d'en constater la provenance ou l'ancienneté.

Ces vases sont très-communs dans l'ancien Quercy ; nous connaissons un grand nombre de localités qui en ont fourni d'identiques à ceux que nous venons de décrire. On les trouve toujours à la tête ou aux pieds des squelettes ; dans quelques-uns on remarque la trace des liquides dont on les avait remplis soit pour les libations funéraires, soit pour servir de provisions aux morts pour le voyage de l'autre monde, selon les croyances du temps.

N'ayant lu nulle part la description de vases semblables à ceux qui nous occupent, nous serions volontiers porté à penser qu'ils appartiennent exclusivement au pays et qu'ils font partie de son industrie céramique. Il n'y avait ni à côté de ces vases, ni dans les tombes ou ils étaient, rien qui puisse faire reconnaître l'époque à laquelle ils remontent ; on n'y a trouvé jusqu'ici ni bijoux, ni armes, ni ornement d'aucune sorte. Nous n'avons d'autre indication pour nous fixer à cet égard que la profondeur à laquelle ils sont généralement, la nature du sol dans lequel ils gisent, la forme des tombes qui les renferment et les restes de substructions qu'on rencontre toujours dans le voisinage de ces tombes.

En tenant compte de toutes ces données et des circonstances particulières qu'ont révélées de nombreuses fouilles, ces vases, à notre avis, appartiendraient au moyen âge, sans qu'il soit possible d'affirmer qu'ils sont du VIIIe ou du IXe siècle plutôt que du XIIe ou du XIVe. Cependant nous connaissons des vases dans le même genre qui étaient dans des tombes du XIe ou du XIIe siècle.

CASTAGNÉ.

EXPLORATIONS NOUVELLES

DANS LES

CATACOMBES DE ROME ET DE SYRACUSE [1]

I.

Après avoir mis en pleine lumière le régime général des nécropoles chrétiennes aux premiers siècles de notre ère, et poussé jusqu'à ses dernières limites l'étude particulière des cimetières de
Callixte et de Generosa, M. de Rossi se prépare, sans reprendre
haleine, à continuer sa *Roma sotterranea* par la monographie du
cimetière de Domitille. Les fouilles ordonnées par la Commission
d'archéologie sacrée, durant la campagne qui s'est close avec le
mois de mai dernier, ont été principalement dirigées sur les galeries
adjacentes à la basilique de Sainte-Pétronille. On espérait recueillir
quelques souvenirs des martyrs sous le patronage desquels cette
partie de la catacombe de Domitille est placée ; on se proposait de
déterminer, avec un surcroît de précision, l'âge et l'histoire de cette
région, et on désirait approcher des cryptes au-dessus desquelles le
pape Damase avait élevé sa basilique entre celle de Sainte-Pétronille et les hypogées de la voie Appienne.

Les nombreux *cubicula* et *arcosolia* qui jouxtent l'abside de la basilique de Sainte-Pétronille n'ont fourni aucune peinture, et ils n'ont
livré qu'une seule épitaphe digne d'attention ; encore n'est-ce pas
par son texte : *Locus Adeodati porcinari(i) et Acutulæ sibi bibi fece-*

---

(1) De Rossi, *Bull. di archeol. crist.*, 3ᵉ série, 2ᵉ année, fasc. III et IV.

runt, que cette inscription se recommande; mais elle est surmontée de deux chrismes :

Or, on remarquera que si celui de gauche a une forme ordinaire et fréquente vers la fin du IVᵉ siècle, celui de droite présente une variante inusitée. Le X, initiale du nom du Christ et à la fois emblème de la croix, est remplacé par un Π, dont la haste du P constitue le jambage gauche; et l'alpha et l'oméga, au lieu de se relier aux deux autres lettres, restent indépendants. Frappé de la précision avec laquelle ce monogramme est composé, M. de Rossi se refuse à en attribuer l'anomalie à une négligence du lapicide et, dès lors, il en cherche l'interprétation. Sans se prononcer irrévocablement à cet égard, il pense, à raison de l'endroit où a été relevée l'épitaphe, que, le chrisme de gauche étant l'invocation commune Χριστός, le monogramme de droite pourrait être une invocation spéciale à la sainte éponyme du lieu : Πετρωνίλλα.

Il est certain que la tombe de la sainte avoisinait le *loculus* double d'*Adeodatus* et d'*Acutula.* Au moment même où il a exhumé la basilique ensevelie sous les pacages de Tor Marancia, M. de Rossi a fixé le point occupé par la sépulture de sainte Pétronille dans le couloir qui, des galeries souterraines, débouche obliquement au sommet de l'abside. Toutefois, l'aire d'un trapèze long de 2 mètres sur son flanc, large également de 2 mètres à sa base et de 0ᵐ,80 seulement à son sommet, devait sembler insuffisante pour avoir été affectée à un sarcophage vénéré et assiégé par la foule des fidèles; il y avait là un problème que je me suis permis de dénoncer, avec toute déférence, à mon illustre maître en archéologie(1). Mais cette difficulté que M. de Rossi prend la peine de rappeler lui-même en quelques mots dont la bienveillance m'honore autant qu'elle me touche(2), les travaux accomplis pendant l'hiver dernier en ont procuré la solution de la façon la plus satisfaisante et la plus décisive. Le couloir dont il s'agit était obstrué d'une muraille en mortier, construite pour consolider l'abside de la basilique, postérieurement à la translation du sarcophage de sainte Pétronille au Vatican. La Commis-

(1) *Revue archéologique,* 1875, juillet, p. 46.
(2) *Bull. di archéol. crist.,* 3ᵉ série, 2ᵉ année, p. 134.

sion d'archéologie sacrée, après avoir restauré l'édifice, a prescrit la démolition de ce contre-fort; par suite, le vide originairement ménagé a regagné toute son amplitude, et le passage étranglé a repris son véritable caractère, celui d'une niche sensiblement carrée, de 2 mètres de côté environ, ouverte, sur deux de ses faces opposées, vers les galeries du cimetière souterrain et vers l'abside de la basilique, et parfaitement disposée comme abri d'un sépulcre aux bords duquel la dévotion amenait incessamment les visiteurs. Ainsi les conditions matérielles de l'emplacement justifient la destination que lui avait, dès le principe, attribuée M. de Rossi.

Parmi les débris de toutes sortes qui encombraient cette niche, on a trouvé la statue d'un homme en toge à demi couché, grande comme nature et sculptée en ronde bosse sur le couvercle d'un sarcophage colossal. La tête est intacte et semble un portrait d'une complète vérité, exécuté avec grand soin, dans le style du iiie siècle. Rien n'indique d'ailleurs quel pouvait être ce personnage, dont les vêtements n'ont aucune marque de dignité consulaire ou sénatoriale.

Enfin une épitaphe, de l'an 391, rencontrée sous l'escalier par lequel on accédait à la basilique, témoigne que l'escalier n'existait pas à cette date et corrobore les preuves déjà tirées de plusieurs autres inscriptions, que la construction de l'église, antérieure à l'an 395, a été postérieure à l'an 391.

II

La grande zone des cimetières de Rome proprement dits ne dépasse pas un rayon de trois milles autour de la capitale. Mais en dehors de cette limite, un grand nombre de petites nécropoles disséminées dans toutes les parties de l'Agro romano forment, pour ainsi dire, un réseau dont les mailles se prolongent jusqu'aux cités suburbicaires. En voici une que les travaux du génie militaire pour la fortification de Rome ont inopinément rendue aux investigations des archéologues.

Au delà du cimetière de Domitille, la voie Ardéatine, vers son quatrième mille, est coupée par une voie antique qui, des trois églises *ad aquas salvias* ou, suivant les vocables modernes, de Saint-Paul aux Trois Fontaines, Santa-Maria Scala Cœli et Saints-Vincent-et-Anastase, se dirige vers la voie Appienne. Près de là, une petite église érigée sous le nom de la Nunziatella, en l'honneur de l'annonciation de la Vierge, domine la campagne. Le cimetière dont il s'agit

s'ouvre à peu de distance et on y descend par un escalier creusé
dans le tuf, qui conduit à une galerie principale, d'où l'on pénètre
dans un *cubiculum* orné de peintures. La voûte est décorée au centre
d'une image assise, peut-être celle du Sauveur, et aux quatre angles,
de figures orantes, deux masculines et deux féminines, accompagnées des brebis mystiques à leurs pieds. Sur les parois, fort endom-
magées, on discerne facilement la Multiplication des pains, le Paralytique, l'Aveugle guéri adorant le Seigneur. Ces fresques paraissent
du IIIᵉ siècle. Appartiennent-elles aux cryptes que Bosio et Boldetti
avaient signalées près de la Nunziatella et que l'on n'avait pu retrouver de nos jours? On ne saurait encore le décider. Mais, dès à
présent, M. de Rossi tient pour assuré que le *cubiculum* en question
n'est ni celui dont Bosio (1) donne la description, où dominait
l'image du Bon Pasteur portant la brebis sur ses épaules, ni celui
dont parle Boldetti (2), où tout était dévasté.

III

Rentrons dans les cimetières romains. La catacombe de Saint-
Sébastien nous réserve une surprise. En y déblayant une galerie,
on a dégagé un arcosolium embelli de peintures qui, de toute évidence, remontent à la fin du IVᵉ siècle (3). Elles sont plus anciennes
que la première moitié du Vᵉ siècle, époque à laquelle on cessa d'ensevelir dans les cimetières souterrains, car celles de la lunette ont été
détruites par le percement de *loculi*, sans laisser d'autres fragments
qu'un chrisme ☧ entre A (peut-être ꙍ par la négligence de l'artiste) et ꙍ. Elles sont plus récentes que le règne de Constantin,
comme le démontre la faiblesse de leur style. Or, au sommet de
l'intrados, entre une orante, à droite, et, à gauche, un Moïse frappant de sa baguette le rocher d'où jaillit l'eau vers laquelle se pré-
cipite un Hébreu, un buste du Christ imberbe et nimbé se détache
au-dessus d'une petite composition dont il n'existe aucun autre
exemple parmi les peintures des catacombes : l'Enfant Jésus nimbé
est étendu sur un lit de bois, semblable à une table, en avant des
têtes du bœuf et de l'âne.

La représentation de la Nativité manque aux monuments de la

(1) Bosio, *Roma sotterranea*, p. 283.
(2) Boldetti, *Osserv. sui cim.*, p. 552.
(3) *Bull. di archeol. crist.*, 3ᵉ série, 2ᵉ année, pl. I et II.

primitive Église. « Ce sujet, dit M. de Rossi, entra dans le cycle ordinaire des scènes évangéliques traitées par l'art chrétien quand le triomphe du Christ fut complet et officiel au sein du monde romain. » On l'aperçoit pour la première fois sur un sarcophage à date consulaire de 343 (1). Outre ce sarcophage qu'il a tiré de l'oubli, M. de Rossi en classe au iv⁰ siècle quelques autres où l'Enfant est figuré dans son berceau avec les deux animaux. Mais on ne possédait nulle fresque de la même époque qui eût trait à la naissance du Christ. Désormais cette lacune est comblée et l'arcosolium de la catacombe de Saint-Sébastien fixe la date à laquelle la peinture chrétienne s'est emparée d'un thème qui devait plus tard lui inspirer tant de chefs-d'œuvre.

IV

Ces questions de chronologie ont un grand intérêt pour l'histoire de l'art. J'en ai naguères abordé une ici même (2), et j'ai constaté, en m'appuyant sur la belle interprétation d'une fresque du cimetière de Cyriaque donnée par M. de Rossi, que sous le règne de Constantin les peintres ont commencé à associer l'image du Christ, Dieu vivant et éternel, à celle des personnages étrangers aux épisodes des livres saints. La peinture de Cyriaque représente une défunte accueillie par le Seigneur dans le royaume des cieux ; nombre de peintures du iv⁰ siècle nous montrent d'autre part les défunts introduits au paradis par des saints ou des martyrs (3). Mais, dans celles-ci, l'image du Christ est absente, comme les images des saints manquent dans celle de Cyriaque. Il restait donc aux artistes à réunir ces deux éléments, d'ailleurs homogènes, pour créer un tableau plus large et mieux entendu. La fresque d'un arcosolium que l'on vient de découvrir dans la catacombe de Santa Maria di Gesù, près de Syracuse, permet de déterminer l'avènement de ce progrès.

Au milieu d'un jardin fleuri, entre deux saints dont l'un, nimbé, est désigné par son nom ΠΕΤΡΟϹ, et dont l'autre, sans nimbe, est anonyme, mais rappelle le type ordinaire de saint Paul, le Christ

---

(1) De Rossi, *Inscript. christ.*, t. I, p. 51, n. 73.

(2) *Revue archéologique*, 1878, janvier, p. 43.

(3) La sculpture a souvent traité le même sujet ou des sujets analogues. Voir dans la *Revue archéologique*, 1877, décembre, p. 351, la savante étude de M. E. Le Blant sur le sarcophage de Syracuse, à laquelle M. de Rossi accorde la plus flatteuse approbation.

debout, jeune, presque imberbe, la tête ceinte d'un nimbe simple,
tenant un volume de la main gauche, fait de la main droite un geste
bienveillant à une jeune femme agenouillée, qui tend vers lui ses
bras; au-dessus de la tête de la jeune femme, morte à 25 ans, 8 mois
et 15 jours, l'inscription suivante indique son nom et son âge :
ΜΑΡΚΙΑ ΕΖΗϹΕΝ ΕΤΗ ΚΕ ΜΗΝΕϹ Η ΗΜΕΡΑϹ ΙΕ. On chercherait vainement, dit M. de Rossi, parmi toutes les peintures connues
des catacombes, soit à Rome, soit ailleurs, un pareil groupe. Aussi,
par dérogation à ses habitudes actuelles, le *Bullettino di archeologia
cristiana* reproduit-il celui-ci en chromolithographie. Le Christ a
une tunique et un manteau rouges, dont les plis sont accusés en
rouge plus vif. Les apôtres sont vêtus de tuniques et manteaux cen-
drés, ombrés en teintes verdâtres. Marcia porte une longue robe et
un manteau rouges, et, au bras gauche, un manipule blanc à clous
rouges. Toutes les figures, ébauchées à grands traits, sont lourdes ;
mais la substitution d'une suppliante agenouillée à l'orante tradi-
tionnelle anime la scène ; et, bien qu'embarrassée, l'ordonnance de
l'ensemble atteste un effort intelligent pour développer l'idée.

Le devant du sépulcre est orné de guirlandes au-dessous
desquelles deux poissons se dirigent en nageant vers un vase à deux
anses qui les sépare. L'intrados de l'arcosolium n'offre qu'un enche-
vêtrement de triangles coloriés. De chaque côté de la baie est simulé,
sur la paroi, un pilastre terminé en guise de chapiteau par le

chrisme A⳨ꙍ. Enfin la paroi elle-même était, sur un fond sombre,

chargée d'oiseaux et de fleurs, presque entièrement effacés, et d'une
inscription grecque dont MM. Tosi et Schultze ont infructueusement
essayé de restituer le texte complet. On distingue à la seconde ligne
ΤΗϹ ΔΟΥΛΗϹ ϹΟΥ ΜΑΡΚ(ιας), formule qui, dans le style liturgique et épigraphique en usage au vᵉ siècle, principalement chez
les Siciliens, appelle pour complément ὁ θεὸς μνήσθητι ; en effet, à la
première ligne, ce complément a laissé des vestiges évidents ; il
paraît même avoir été répété deux fois ; et, à la fin de la première
ligne, M. Schultze ayant lu ΜΙΝΗϹΘΗΤΕΙ ΚΑΙ, on doit supposer que
l'épitaphe énonçait d'abord le nom d'un premier défunt, comme le
renouvellement de la conjonction ΚΑΙ, en tête de la troisième ligne,
implique que le nom de *Marcia* était suivi de la mention d'un troisième défunt, auquel se rapporterait le nom tronqué qui commence la quatrième ligne, ΑΝΔΡΕΙ(ου?).

Quoi qu'il en soit, cette formule épigraphique, le chrisme

le nimbe autour de la tête du Christ et de saint Pierre, le style général des personnages, concurremment avec quelques inductions topographiques, décident M. de Rossi à attribuer la précieuse peinture
de la catacombe de Syracuse à la première moitié du v⁰ siècle. Le
vase à deux anses et les deux poissons, emblèmes de la béatitude
éternelle et des fidèles qui l'obtiennent, tracés sur le devant de la
tombe, appartiennent, à la vérité, à une symbolique qui dénoterait
une période plus reculée ; mais, suivant la judicieuse observation
de M. de Rossi, on ne doit pas oublier que l'emploi des symboles
primitifs s'est prolongé dans les provinces plus tard qu'à Rome, et
notamment que le poisson emblématique se retrouve encore sur les
épitaphes du v⁰ siècle.

M. de Rossi recommande à l'attention le manipule que *Marcia*
porte au bras gauche. Le manipule fut, à l'origine, la pièce d'étoffe
dont le pape Sylvestre, au iv⁰ siècle, prescrivit aux diacres de se cou-
vrir la main gauche pendant le saint sacrifice et dont l'art chrétien
voile souvent, en signe de respect, les deux mains de ceux qui
approchent du Seigneur ou des saints. Repliée, cette pièce d'étoffe
avait nécessairement la forme qu'elle prend sur le bras gauche de
Marcia. Mais l'arcosolium de la catacombe de Syracuse est le plus
ancien monument que connaisse M. de Rossi où elle soit représentée
sous cet aspect.

Louis Lefort.

INVENTAIRE DES BRONZES ANTIQUES [1]

DE LA

COLLECTION DU PAPE PAUL II

(1457-1471).

A diverses reprises déjà, ici même (1), comme dans la *Gazette des Beaux-Arts* (2), et dans d'autres recueils (3), nous avons eu l'occasion de signaler à l'attention du public un document qui offre une importance vraiment capitale pour l'histoire des collections d'art et d'archéologie du xvᵉ siècle : l'inventaire du cardinal Pierre Barbo, plus tard pape sous le nom de Paul II. Le texte même de e document, que nous avons découvert il y a plusieurs années dans les archives d'État de Rome, s'imprime actuellement pour la *Bibliothèque des Écoles françaises d'Athènes et de Rome*. Nous avons pensé qu'en attendant l'achèvement de cette publication les lecteurs de la *Revue archéologique* nous sauraient gré de leur en communiquer quelques extraits relatifs à l'antiquité classique. Le catalogue des bronzes réunis par le cardinal Barbo est à coup sûr une des parties les plus intéressantes de l'inventaire. Aussi est-ce par là que nous commencerons cette revue. Les descriptions sont généralement si précises qu'elles permettront facilement de retrouver ceux des objets qui existent encore.

Les bronzes de la collection Barbo étaient au nombre de 47, en

---

(1) *Revue archéologique*, septembre 1876, p. 173.

(2) Août 1876, pp. 175-176 ; juillet 1877, pp. 98-104 (les collections du cardinal Pierre Barbo).

(3) *Bulletin de l'Union centrale*, août 1876, p. 21 ; *Histoire générale de la Tapisserie*, section italienne, pp. 9, 10, etc , etc. — Voir aussi le rapport lu par M. Perrot à l'Académie des inscriptions, dans la séance du 10 novembre 1876, pp. 42-43.

y comptant 3 surmoulés. Ils se répartissaient comme suit : 16 statues
ou statuettes d'hommes et d'enfants, 12 de femmes, 13 bustes ou
bras, une tête de bœuf, un serpent. Les dimensions en étaient généralement assez petites ; plusieurs d'entre eux ne mesuraient qu'un
palme de haut, d'autres même ne mesuraient qu'un « sommesso »
(hauteur du poing avec le pouce levé). Le rédacteur de l'inventaire
indique avec beaucoup de soin l'état de chaque pièce ; il signale les
fractures, les restaurations, les traces de dorure, etc., etc. Il s'attache également au mérite de l'exécution. « Pulcherrimus », « sine
macula », « optimi operis de ære », ces mots reviennent plus d'une
fois sous sa plume. Malheureusement ceux de « non multum boni
operis » ne sont pas rares non plus. Ajoutons que l'évaluation est
généralement assez basse : elle varie entre un demi-florin et 15 flo-
rins.

L'inventaire, comme on le verra ci-dessous, a été rédigé en 1457.
Mais une main différente de celle du rédacteur primitif y a ajouté
après coup un grand nombre d'articles, entre autres la description
des bronzes.

Cette partie de la collection paraît par conséquent avoir été
formée postérieurement à 1457.

In nomine domini, amen. Anno a nativitate domini millesimo quadrin-
gentesimo quinquagesimo septimo, die vero lunæ decima octava mensis
jullii (sic), factum et inceptum fuit inventarium omnium bonorum, tam
pretiosorum, quam non pretiosorum, librorum et utensilium quorum-
cumque, equis exceptis, reve^ml in Christo patris et domini, domini Petri, miseratione divina tituli sancti Marci sanctæ romanæ Ecclesiæ pres-
byteri, Cardinalis Venetarum, per me Johannem Pierli publicum apostolica
et imperiali auctoritatibus notarium, in præsentia ejusdem reve^ml domini Cardinalis, in modum et formam qui sequitur : ...

Infra scribentur imagines et alia antiqua ænea, quæ habet card.
S. Marci.

Et primo Hercules nudus juvenis sine mediis cruribus, longitudinis
unius palmi, absque bracio dextro, cum veste ad spatulas, optimi operis de ære, est valoris 15 ducatorum.

Item Hercules, ut opinor, nudus, barbatus, integer, longitudinis unius
sumisi (1). Solum in manu dextra est fractura digitorum, cum tribus ro-

---

(1) Ce mot, qui manque dans le glossaire de Du Cange et dans celui de Dieffan-
bach, paraît identique au mot italien *sommesso* (hauteur du poing avec le pouce
levé).

lundis positis in ligatura capitis, et in unoquoque illorum est facta ✠, de ære, boni operis, est valoris 4 ducatorum.

Item Hercules, ut opinor, nudus, barbatus, integer, longitudinis minoris quam unius sumisi, cum duabus balotis (?) in manu sinistra, nec in eo est macula, deauratus optime, cum laurea et tribus foliis vitis in capite, de ære optimi operis, est valoris 8 ducatorum.

Item caput Herculis, ut opinor, barbati, cum oculis argenteis, satis magnum, absque colo, pulcerimum, cum ligatura in capite, optimi operis de ære, nec in eo est macula, est valoris 12 ducatorum.

Item caput Herculis barbati, cum oculis argenteis, et pectus satis magnum, pulcerimus (sic), sine macula, de ære optimi operis, est valoris 10 ducatorum.

Item Hercules, nudus, juvenis, cum pele (sic) leonis, minus quam unius sumisi, in bracio sinistro et in manu dextra tenet cornu, non multum boni operis, de ære, est valoris 3 ducatorum.

Item caput Herculis barbati cum ligatura, et pectus parvum pulcrum de ære alias deauratum, valoris 5 ducatorum.

Item senex barbatus stans, integer, solum digitis aliquibus fractis, et manum dextram tenens super femur, sinistram extensam, cum tibiis incrosatis, verum una illarum fracta est, s. cum plumbo aptata, et bene stat; in capite habet capelum acutum, de ære optimi operis, longitudinis unius sumisi, valoris 8 ducatorum.

Item ipse idem trajectatus optime de ære, valoris 5 ducatorum.

Item puer qui videtur exire ex quodam flore, et aparet ex genibus quasi supra cum girlanda de edere posita super spatula dextra, et des endit (sic) sub bracio sinistro, absque manibus (?), de ære, satis boni operis, valoris unius ducati.

Item mulier nuda, cum fractura tibiarum ambarum, quamvis major sit illa [fractura] quæ est in dextra, et cum fractura amborum braciorum, et cum parva fractura in pectore, cum ligatura in capite, de ære optimi operis, longitudinis unius palmi, est valoris 8 ducatorum.

Item mulier vestita integra, solum cum parva fractura in digitis manus dextræ; vestis interior est quasi laborata ad penas (sic) avium, sive sunt peles animalium, cum cornu in manu sinistra, cum ornamento muliebri in capite, et etiam in capite habet quasi cornu elevatum; de ære boni operis, longitudinis unius palmi, valoris 8 ducatorum.

Item mulier vestita integra; in manu dextra tenet parvum quod (sic), in sinistra cornu, cum duobus foraminibus in mamilis suis, cum ornamento muliebri in capite, longitudinis unius palmi, de ære satis boni operis, valoris 7 ducatorum.

Item mulier non integra, nisi a parte anteriori, vestita, cum habundantia frugum et fructuum in manu dextra, et in sinistra cornu, quasi sedens, de ære, boni operis, longitudinis unius palmi, valoris 5 ducatorum.

Item mulier integra, vestita, sedens, habens habundantiam fructuum

in sinu, absque braciis, cum ornamento muliebri in capite, non multum
boni operis dc œre, nec mag[na], valoris 3 ducatorum.

Item mulier integra, vestita, cum cornu in sinistra manu, et coperta
in capite cum suamet veste et cum ornamento muliebri in capite, de
ære, non multum boni operis, longitudinis minus quam unius palmi,
valoris 3 ducatorum.

Item mulier integra, vestita usque ad genua, valde parva, cum manu
dextra vult capere faretram quam habet ad spatulas, in sinistra tenet arcum, cum ornamento muliebri in capite, de ære, satis boni operis, valoris medii ducati.

Item caput parvissimum, a parte anteriori tantum (?) senis barbati cum
duobus cornibus in capite, de ære satis boni operis, valoris dimidii ducati.

Item mulier integra, tamen absque braciis, vestita, sedens cum ornamento muliebri in capite, de ære satis boni operis, longitudinis quasi
unius palmi, valoris 4 ducatorum.

Item mulier integra, vestita, ostendens mamellas suas, sedens et ex
transverso respiciens, quæ alias fuit deaurata, cum capilis sparsis, non
magna, cum scabelo sub se, boni operis de ære, valoris 4 ducatorum.

Item mulier solum usque ad ventrem vestita, tenens sub veste bracium destrum et elevans sinistrum cum linteo in capite, et submento
quod desendit ad bracium dextrum, et videtur quasi cingana (?), optimi
operis de ære, satis magna, valoris 8 ducatorum.

Item caput pulcrum mulieris magnum, cum modica parte pectoris
cum capilis ligatis simul, et ex illis fit ligatura capiti, et in pectore e. (sic)
ad ponendum lapidem, pro ornamento ligaturæ vestis, et circa colum est
panus (sic), de ære, boni operis, est valoris 10 ducatorum.

Item caput mulieris pulcrum, satis magnum, cum bireto muliebri in
capite, cum ornamentis in auribus suis, pendens magis ad latus dextrum
quam ad latus sinistrum, optimi operis, de ære, valoris 5 ducatorum.

Item unum bracium, magnum quantum est bracium pueri decem anno-
rum, sinistrum, pulcrum, cum manu et digitis integerimis, cum modica veste in superiori parte, de ære, optimi operis, valoris 8 ducatorum.

Item caput mulieris a parte anteriori tantum, quæ habet in capite cornua et aures vituli, satis boni operis de ære, valoris unius ducati.

Item caput bovis, cum oculis argenteis, non magnum, cum serpente
ad collum, satis boni operis, de ære, valoris unius ducati.

Item serpens parvus, circulatus, de ære, optimi operis, valoris medii
ducati.

Item juvenis usque ad pectus, cum capilis riciis, et cum ligatura vestis
in pectore, more antiquo, boni operis de ære, valoris unius ducati.

Item puer magnus, nudus, integer, non tamen a parte posteriori, qui

fuit alias deauratus, tenens in manu dextra baculum, et in sinistra frus-
trum baculi, cum ornamento puerorum ad colum et cum corda super
umerum (*sic*) destrum, descendens per pectus et veniens usque sub bracio sinistro, boni operis, de ære, longitudinis unius palmi et quasi cum
dimidio, valoris 10 ducatorum.

Item puer integer, parvus, altitudinis quatuor digitorum, pro parte nudus et pro parte vestitus, cum braciis sine digitis, cum ornamento
puerorum ad collum et in capite, de ære, boni operis, valoris 2 ducatorum.

Item caput pueri, cum integro pectore, sine braciis, et cum panis sub
mamilis, cum ligatura capilorum anteriorum, a parte posterioris (*sic*) non
est perfectum, de ære, boni operis, valoris 4 ducatorum.

Item puer parvissimus, integer, nudus, corizans, de ære, boni operis,
valoris unius ducati.

Item juvenis, pro parte vestitus, et pro parte nudus, tenens in manu sinistra quasi vas unguenti, satis boni operis de ære, longitudinis quasi
unius palmi, valoris 4 ducatorum.

Item juvenis vestitus, cum fractura pro parte braciorum, cum laurea
in capite et in pedibus, cum pele leonis, de ære, satis boni operis, longitudinis unius sumisi, valoris 5 ducatorum.

Item senex barbatus, nudus, solum cum modicis panis super bracio sinistro desendentibus usque ad femur sinistrum, cum ornamento in capite, corizans more agurenorum (?), de ære, longitudinis unius sumisi,
boni operis, valoris 6 ducatorum.

Item senex barbatus vestitus, sedens cum scabelo sub pedibus, cum
braciis pro majori parte fractis, cum duobus cornibus in capite, de ære,
longitudinis unius sumisi, boni operis, valoris 4 ducatorum.

Item caput parvum, sine colo, cum oculis argenteis, unius qui aparet
fatuus, cum naso torto, et habet foramen in capite, de ære optimi operis, valoris 3 ducatorum.

Item caput valde parvum senis barbati, optimi operis de ære, valoris
unius ducati.

Item juvenis, pro parte vestitus et pro parte non, tenens manum des-
tram supra caput, in qua habet cornu parvum, in sinistra quoddam vas,
non magnus, de ære, satis boni operis, valoris 2 ducatorum (1).

Item senex nudus integer, barbatus, manum dextram elevat, et in sinistra tenet fulmen, credo quod sit Jupiter, boni operis, longitudinis
quinque digitorum, de ære, valoris 3 ducatorum.

Item mulier integra, absque pede dextro, inducta usque ad genua,
subcinta (*sic*), absque manicis, et vestis cadit ex humero dextro; non boni
operis cum litteris in veste, de ære, valoris 2 ducatorum.

Item caput de ære senis barbati, magnum et crinitum, boni operis, de
ære, valoris 10 ducatorum.

_____

(1) En marge : « Tenens habundautiam sub pedibus. »

Item unum caput juvenis, ad formam capitis unius hominis, a parte posteriori fractum, de ære, valoris 10 ducatorum.

Juvenis nudus, cum veste pro parte super umero sinistro, et desendit super bracio sinistro et desendit usque ad terram, et stat inter tibias, in manu dextra tenet baculum scrupulosum, ut aparet est trajectatus, de ære, valoris 5 ducatorum.

Item juvenis, cum quasi totali fractura cervicis, absque braciis, et cum fractura tibiæ sinistræ, non boni operis, de ære, valoris 3 ducatorum.

Item angelus integer, cum veste absque manicis, subcintus cum alis, manum dextram elevat, et sub pedibus rotundum tene[t] quasi mundum, de ære, non boni operis, valoris 2 ducatorum.

Item puer tenens in manibus canem quem ponit ad faciem, et ridet, et sedet, trajectatus ab illo qui fuit d. Stephani de Porcarijs, valoris 1/2 ducati.

EUG. MÜNTZ.

ORIGINE PERSE

DES

MONUMENTS ARAMÉENS D'ÉGYPTE

(NOTES D'ARCHÉOLOGIE ORIENTALE).

—

PREMIER ARTICLE

—

A M E. Renan, membre de l'Académie française et de l'Académie des inscriptions, etc., professeur au Collége de France.

Monsieur et cher Maître,

Permettez-moi de placer sous votre haut patronage quelques observations sommaires relatives au groupe, encore peu nombreux, mais si important, des monuments araméens trouvés en Egypte. C'est encouragé, soutenu, guidé par vous, que j'ai osé aller jusqu'au bout dans la voie où je m'étais engagé et qui m'a conduit à attribuer à ces monuments une origine, une date et une signification historique sensiblement différentes de celles qu'on leur assignait en général jusqu'à ce jour. Vous avez bien voulu accorder aux résultats obtenus dans ce sens une approbation qui m'a rassuré moi-même sur leur valeur et qui engagera le public savant à les accueillir avec quelque confiance.

I. — PAPYRUS ARAMÉENS D'ÉGYPTE.

A côté des papyrus, si nombreux, écrits dans la langue et avec les caractères nationaux du pays, l'Egypte nous a conservé, naturellement en bien moindre proportion, d'autres textes écrits sur la même matière et appartenant aux idiomes des diverses races qui se sont succédé dans la domination ou dans l'occupation de l'antique terre des Pharaons. Nous avons des papyrus grecs, du plus haut intérêt, entre parenthèses, et des papyrus latins. Nous avons des papyrus coptes. Nous avons même des papyrus arabes qui remontent aux premiers temps de la conquête musulmane, antérieurement à l'invention du papier de coton. Nous avons enfin un certain nombre de papyrus dont l'écriture et la langue présentent tous les symptômes de l'écriture et de la langue araméennes.

Le compte des manuscrits de cette dernière classe est malheureusement bientôt fait :

1. Le papyrus de Turin.
2. Le papyrus I, *recto* et *verso*, de la collection Blacas.
3. Le papyrus II, *recto* et *verso*, de la collection Blacas.
4. Le papyrus du Louvre, *recto* et *verso*.
5. Le papyrus ou plutôt la mosaïque de papyrus du Vatican.
6. Le papyrus Babington.
7. Les fragments du Musée de Berlin.

Il conviendrait d'ajouter à cette liste un fragment provenant du musée Borgia, actuellement à la bibliothèque de la Propagande, à Rome (1), et deux autres recueillis par M. Mariette à l'époque où il faisait ses fouilles du Serapeum. Seulement ces trois fragments, demeurés inédits, ne sauraient jusqu'à nouvel ordre entrer en ligne de compte.

Il résulte d'une communication qu'a bien voulu me faire M. Mariette que les deux derniers doivent être au Louvre, où il les a envoyés il y a bien des années et où l'on n'a pu encore les retrouver !

Non-seulement ces papyrus sont, comme on le voit, en bien petit nombre, mais ils se trouvent, pour comble d'infortune, dans un état matériel déplorable. L'écriture a relativement peu souffert, mais nous ne possédons que des fragments sans suite, ne présentant que des sens incohérents.

Néanmoins, tels qu'ils sont, on en lit assez pour ne garder aucun doute sur leur nature araméenne. La question est de savoir à quel groupe d'Araméens habitant l'Egypte il convient de les rapporter. Jusqu'à ces derniers temps l'opinion généralement accréditée était celle qui voyait dans ces papyrus des écrits rédigés pendant la pé-

---

(1) Signalé ainsi que les deux suivants, par M. de Vogüé, *Syrie centrale*, **Inscriptions sémitiques**, p. 132. Cf. Bargès, *Papyrus égypto-araméen*, p. 2.

riode ptolémaïque et, ajoutaient d'aucuns, par des Juifs aramaïsants. Je crois que c'est là une double erreur et que l'âge et la provenance de ces intéressants débris sont tout autres.

II. — LE PAPYRUS ARAMÉEN DE TURIN.

Le point de départ du système que j'ai à proposer a été l'étude du papyrus araméen de Turin, dont la découverte excita, il y a une cinquantaine d'années, un si vif et si légitime intérêt (1).

Ce document précieux, qui nous offre, sans contredit, l'un des plus plus beaux et, ainsi que nous ne tarderons pas à en acquérir la preuve, l'un des plus anciens spécimens de la paléographie sémitique, est aussi l'un de ceux qui ont été le plus maltraités. Nous n'avons plus que le début des deux premières lignes.

La disposition de ces deux lignes, isolées à droite et en haut par une grande marge, montre clairement que nous avons affaire au *commencement* même du texte. Ce détail n'est pas indifférent, et il me servira tout à l'heure à appuyer une partie de mes conclusions.

Remarquons aussi dès maintenant que tous les mots, avantage inappréciable dans un texte sémitique, sont nettement séparés par de larges blancs. Donc pas d'hésitation possible dans les coupes.

Le déchiffrement et la traduction de ce fragment, abordés en premier lieu par Hamaker, furent ensuite repris par Gesenius. Voici la traduction de Hamaker (2) :

Deus, qui placaris sanctitate servorum tuorum et vita...
Circumiens sol et potens gratum sit (obsequium)....

Je ne cite que pour mémoire cette version, qui ne saurait résister à un examen sérieux, et je passe sous silence les commentaires à perte de vue qu'elle inspira à son auteur.

Le problème fit de grands progrès entre les mains de Gesenius (3), principalement sous le rapport du déchiffrement. La valeur de toutes

---

(1) Je joins à ces pages une reproduction du papyrus en question d'après l'ex-cellent *fac-simile* publié par M. Fabretti, et de beaucoup supérieur aux copies don-nées par Gesenius (*Monumenta*, pl. XXX, LXXIII, *a* et *b*) : Ariodante Fabretti, *Il Museo di antichità della r. Università di Torino*, 1872, pp. 56-57 et planche à la fin du volume. On sera certainement bien aise d'avoir sous les yeux un document qui, entre autres mérites, a, comme nous le verrons, celui de servir de commentaire authentique et direct au chapitre V du livre d'Esdras.

(2) Hamaker, *Miscell. phœn.*, p. 67 et suiv.; cf. pl. 3, n° 3.

(3) Gesenius, *Monumenta*, p. 233 et s.

les lettres, à une ou deux exceptions près, fut déterminée par lui avec
une remarquable rigueur, et sa transcription peut, sauf de légères
réserves, nous servir de base :

$$?\qquad\qquad (ר)\,(ה)$$
אל מראי מתדוישת עבדך פחים ש...

$$?\ (י)$$
חיא חדה ושרירא מראי יהוה|יק....

Gesenius traduit :

Deus, domine mi ! ex conculcatione servum tuum miserum e(ripe)
vita una est, et verax dominus meus est Jehovah ?....

Il prête à ce morceau un caractère liturgique et le considère
comme l'œuvre d'un adorateur de Jéhovah, c'est-à-dire d'un Juif.
Cette dernière considération a été pour beaucoup dans l'hypothèse,
fort en faveur jusqu'à présent, que les autres papyrus araméens d'E-
gypte étaient également pour la plupart de provenance juive.

Il est toujours prudent de se défier *a priori* de ces traductions de
haut style qui se produisent invariablement dans la période de tâ-
tonnements que doit traverser toute étude s'attaquant à une catégorie
nouvelle de monuments écrits.

Les débuts de l'épigraphie phénicienne, dont la certitude, sans
égaler encore celle de l'épigraphie grecque et latine, tend de plus
en plus à en approcher, fournissent des exemples bien frappants de
ce genre d'illusions. Mainte inscription phénicienne où, dans le
premier feu du déchiffrement, — feu qui ne va pas sans quelque
fumée, — l'on s'imaginait lire la mention de grands événements historiques, l'expression des doctrines religieuses les plus sublimes,
voire même de véritables poèmes, ont fini par se réduire, avec les
progrès de la critique, à quelque vulgaire dédicace, à quelque
humble épitaphe de personnages parfaitement inconnus. Tous ces
gros nuages se sont résolus en quelques gouttes d'eau.

A première vue, la traduction de Gesenius, quoique incomparable-
ment plus serrée et plus réservée que celle de Hamaker, produit
cette impression de septicisme. N'est-ce pas vraiment une étrange
fortune de tomber juste à point sur un fragment de papyrus sémitique qui semble une page arrachée au livre des Psaumes ! Les
probabilités ne seraient-elles pas bien plutôt de rencontrer parmi
ces papyrus des papiers d'affaires ? Nous avons l'analogie des papy-

rus grecs. D'autres papyrus, araméens comme le nôtre, et dont
j'aurai à reparler, sont indubitablement des pièces de comptabilité.

Ce premier sentiment de doute ne fait que se fortifier si l'on examine de plus près, en le comparant à la version suspecte, le texte
obtenu par le déchiffrement de Gesenius.

Je me bornerai à deux points.

1° L'emploi de אל pour exprimer le nom de la divinité est, comme
vous l'avez fait vous-même, Monsieur et cher maître, justement
remarquer, singulier dans un texte aussi foncièrement araméen. On
s'attendrait à la forme אלהא.

2° Le troisième mot (de la première ligne) que Gesenius lit מתדוישת
et traduit, non sans effort, par *ex conculcatione*, est tout à fait invraisemblable comme vocable sémitique. Il est nécessaire, pour l'expliquer tant bien que mal, d'avoir recours à une série d'hypothèses
d'une haute improbabilité. Et encore, pour arriver à cet expédient
si peu satisfaisant, il a fallu déjà faire de l'arbitraire dans le déchiffrement! Gesenius reconnaît lui-même que la cinquième lettre de ce
mot a, pour un œil non prévenu, l'apparence d'un *he*; mais comme
la présence de cette lettre conduirait à une forme radicalement impossible en araméen, aussi bien qu'en toute autre langue sémitique,
Gesenius se croit, par cela seul, autorisé à la traiter comme un *iod*.
C'est une pure pétition de principe. Nous verrons que le mot s'explique à merveille si on le lit tel qu'il est écrit, judaïquement. Il
faut bien se garder d'altérer en quoi que ce soit la physionomie
barbare qu'il affecte. La solution du problème est précisément contenue dans la donnée qui paraît en faire la principale difficulté.

En réalité le sens de ce fragment est tout à fait différent.

Si, au lieu de prendre le premier mot, אל, pour le nom sémitique de la divinité, on y voit tout simplement la proposition homo-
graphe et homophone אל qui veut dire *vers, à*, πρός, l'aspect, la nature et le mouvement de notre petit texte changent immédiatement
du tout au tout. La note religieuse, par laquelle il débutait et qui
semblait en être la tonique dominante, disparaît; il ne reste plus
qu'une simple indication pratique : l'*adresse à laquelle devaient
parvenir les lignes écrites sur cette feuille de papyrus, — à un tel....*

Ce point de départ admis, l'on aperçoit déjà le sens dans lequel
nous allons être entraînés. Obligés, dès le premier pas, de nous
séparer de Gesenius, nous verrons l'écart grandir à chaque mot, et
les conséquences auxquelles nous aboutirons nous prouveront que
nous n'avons pas fait fausse route.

Dans ce système, le second mot : מראי, *mon seigneur*, reste intact, avec la valeur que lui a attribuée Gesenius ; seulement sa fonction est tout autre. Ce n'est plus une invocation à la divinité, c'est tout bonnement le titre donné par politesse au destinataire de la lettre : *à monseigneur un tel*. Il est dès lors indiqué de chercher le nom de ce destinataire dans le mot suivant, celui dont la forme hétéroclite a tant exercé la sagacité de Gesenius :

מתרוהשת   M — T — R — W — H — CH — T.

Jamais un Sémite n'a pu porter un tel nom. C'est un nom *perse*. Ce nom est composé de deux éléments, dont le premier est évidemment *Mithra*; vous avez vu dans le second l'épithète *vahichta*, et comparé מתרוהשת aux formes grecques Μιθραύστης, Μιτρώστης, Μητρώστης (comp. Μιθροπαύστης, Τιτραύστης).

Le quatrième mot, עבדך, désigne l'expéditeur ou le signataire de la lettre : *ton serviteur*. Quant au cinquième mot : פחים, on a déjà deviné qu'il nous cache le nom de ce second personnage : *Pekhim* ou *Pakhim*. Nous obtenons donc pour la première ligne :

A monseigneur Mithrawahicht(a), ton serviteur Pakhim....

Ici je dois m'arrêter pour déclarer que cette lecture, à laquelle j'étais arrivé d'une façon tout à fait indépendante, a été proposée incidemment, il y a dix ans déjà, par un savant allemand, M. Merx, dans un article de la *Zeitschrift der deutschen morgenlændischen Gesellschaft* (1) qui m'est tombé depuis par hasard sous la main. On a peine à s'expliquer que cette interprétation, dont l'évidence saute aux yeux, n'ait point été, je ne dis pas aussitôt acceptée, mais au moins discutée en Allemagne; qu'un juge de la valeur de Lévy de Breslau, par exemple, n'ait même pas cru devoir y faire allusion lorsqu'il prit la peine de répondre (2) à certaines critiques dirigée contre lui par M. Merx dans l'article en question; que cette interprétation enfin, passée tout à fait inaperçue, soit demeurée jusqu'à présent à l'état de lettre morte pour tous ceux qui, depuis, ont eu l'occasion de s'occuper de notre papyrus.

Peut-être le voisinage de quelques autres idées fort risquées de M. Merx fit-il du tort à celle, si juste, qu'il avait jetée chemin faisant. Celle-ci était pourtant du bon grain qui méritait de tomber en

---

(1) *Zeitschrift der deutschen morgenlændischen Gesellschaft*, XXII, 696.
(2) *Id.*, XXIII, 282 (?).

bonne terre. M. Merx ne paraît pas du reste lui-même avoir soupçonné la portée de cette explication. Car ce n'est pas seulement le sens de la première ligne du papyrus de Turin qu'il avait trouvé ; il tenait entre ses mains, chose autrement intéressante, la clef historique et chronologique de tous les monuments araméens d'Egypte. Il est vraiment regrettable qu'il n'ait pas su en faire usage, car l'importance des résultats qu'il aurait alors obtenus aurait certainement forcé l'attention de la critique, et la solution générale que j'ai à mettre en avant aujourd'hui, acquise à la science dix ans plus tôt, eût épargné bien des incertitudes, bien des erreurs.

Cela dit, et en attendant que je montre les conséquences qu'il y a à en tirer, je poursuis la lecture de notre texte.

Il faut renoncer à combler la lacune qui a fait disparaître la seconde moitié de la première ligne.

Je passe à la seconde ligne (1), pour laquelle j'accepte intégralement le déchiffrement de Gesenius, tout en continuant de rejeter absolument sa traduction :

חיא חדה ושרירא

Je lis et je comprends ces trois mots : *vivant* (2), *joyeux* (3) *et fort*, et j'y vois une formule littéralement empruntée aux usages égyptiens ; c'est presque mot pour mot le : *vie, santé, force,* qui, dans les textes

---

(1) M. **Merx** s'abstient de suggérer quoi que ce soit pour la seconde ligne. Cette réserve est prudente, car la façon seule dont il lit le troisième mot : שדירא, montre qu'il aurait fait infailliblement fausse route s'il avait cru devoir entrer dans la voie des conjectures.

(2) C'est la *joie*, le bien-être physique qui résulte de la *santé*. Cf. le χαίρειν grec. On trouve fréquemment à côté de χαῖρε, dans les salutations des papyrus grecs, εὐτύχει, ὑγίαινε, ἔῤῥωσο, qui correspondent sensiblement aux termes de la formule égyptienne et à ceux de notre papyrus.

(3) La Bible offre plusieurs exemples de l'emploi du verbe חיה, *vivre*, dans des salutations, particulièrement adressées aux rois. Par exemple, Bethsabée à David (I *Rois*, 1, 31). Mais cela est le cas surtout dans le monde araméen : les Chaldéens à Nabuchodonosor (*Daniel*, 2, 4 ; 3, 9); la reine à Balthasar (id., 5, 10); les satrapes à Darius (id., 6, 7); Daniel au même (id., 6, 21) ; Néhémie à Artaxerxès (*Néhémie*, 2, 3). Nous avons, dans le *Pœnulus* de Plaute, la preuve que les Phéniciens se servaient aussi, dans leurs formules de salutation, de dérivés immédiats de la racine חיה ou חוה, *vivre*. *Avo*, bonjour ; *Avo donni*, bonjour, monsieur (V, 2, 34, 38); *Hau amma silli*, bonjour, ma mère ; *Hauon ben silli*, bonjour, mon fils (V, 3, 22). L'arabe *haiy, hiy*, a encore aujourd'hui, à côté des sens *vivant, vie*, celui de *salutation* (cf. *Tahiyè*).

égyptiens, accompagne constamment le nom du Pharaon, aussi bien que celui des personnages auxquels on doit le respect. C'est aussi une formule de salutation épistolaire, je n'en veux pour preuve que l'*ostracon* du Louvre IX, 9 (*Catalogue Deveria*), où on lit : « en saluant le cœur de son maître par *la vie, la santé, la force.* »

En égyptien les trois mots qui composent cette formule sont figu‑

rés symboliquement par trois signes : ☥ ⚱ ⌐ Il peut être intéres‑ sant pour les égyptologues, qui rendent ces trois emblèmes par trois substantifs, de savoir que les Araméens d'Egypte les traduisaient par des adjectifs (1).

Cette formule de triple salutation d'origine égyptienne, que les égyptologues ont l'habitude d'écrire en abrégé dans leurs traductions : V. S. F., s'applique-t-elle bien ici au destinataire de la lettre, ou bien au souverain dont le nom intervenait peut-être à titre incident dans la lacune de la première ligne ? Il est difficile de se prononcer sur cette question. Le V. S. F. s'emploie, en effet, surtout pour les Pharaons; cependant il n'était nullement interdit, comme on le voit par certaines lettres, de donner du V. S. F. à toute personne qu'on voulait honorer.

Après quoi vient le mot מראי que nous connaissons déjà : *mon‑ seigneur*. On pourrait considérer ce mot comme marquant la fin des compliments et le commencement réel de la lettre, l'entrée en ma‑ tière : ce serait une reprise. Le mot suivant, יהוי, qui semble bien

---

(1) On pourrait encore admettre que חיא est un substantif qualifié par les deux termes suivants: הדה ושרירא, *vie joyeuse (saine) et forte.* Cette dernière ma‑ nière de concevoir les trois éléments de la formule semble n'avoir pas été inconnue aux Egyptiens; je trouve du moins dans une note d'un mémoire de M. Grébaut (*Hymne à Ammon-ra*, p. xvi) les trois hiéroglyphes en question ainsi rendus : *la vie saine et forte.* Si telle était la véritable structure de notre phrase araméenne, on s'expliquerait plus facilement que l'état emphatique n'ait été exprimé que pour le substantif et pour le second membre de la locution qualificative, le premier for‑ mant avec le second une sorte de petit tout et partageant pour ainsi dire son sort grammatical.

Si la dernière lettre visible de la première ligne, lettre dont il n'existe plus que des traces, était un *chin* comme l'admet Gesenius, on serait naturellement tenté d'y voir le commencement du mot ושׁ᱑ם ou שׁלבמא faisant partie de la salutation. Mais à en juger d'après le *fac-simile* de M. Fabretti il est difficile de voir un *chin* dans ce caractère. Peut-être cette lettre, quelle qu'elle soit, appartient-elle à un mot déterminant, par exemple, la filiation, la condition, la résidence, etc., de Pakhim.

Cette supposition est rendue plus probable par le fait, qui sera établi plus bas, que cette pièce est une requête dont le signataire avait tout intérêt à faire exacte‑ ment connaître son identité.

être le verbe היה, הוה, *il est, qu'il soit,* ferait, dans cette hypothèse, partie de quelque phrase telle que : *qu'il soit (connu de toi), qu'il soit (présenté à toi),* analogue à la locution égyptienne employée en pareil cas : *il est que, il y a que* (1).

Cependant l'on pourrait aussi regarder les mots : י יהוי יאראב ... comme la continuation du préambule et des salutations qu'il renfermait. Si la troisième ligne, dont il ne reste plus que des traces imperceptibles fournies par les sommités des lettres, était, comme cela semble être au premier abord, écrite en caractères plus fins que ceux de l'en-tête, cette seconde conjecture s'accorderait assez bien avec cette distinction graphique. Encore pourrait-on dire que l'entrée en matière faisait partie intégrante du préambule et était, comme lui, écrite en caractères plus gros que le corps même de la lettre.

Ces questions de détail, et d'autres, ont assurément leur importance, et elles méritent une plus ample discussion. Mais comme elles ne touchent pas au fond même des choses, je m'abstiens de les discuter en ce moment, et je me hâte de passer aux conclusions d'ordre général qu'il convient de tirer de ce document, conclusions qui, si je ne m'abuse, sont d'une portée considérable pour l'histoire de l'Orient ancien.

Il demeure acquis, en somme, que nous avons devant nous une lettre écrite en araméen par un nommé Pakhîm à un nommé Mithrawahicht.

Réduit à cela, le résultat obtenu, quoique ne manquant pas d'un certain intérêt, ne signifierait pas grand'chose, et il eût été oiseux d'insister autant que j'ai cru devoir le faire sur les moyens employés pour l'obtenir. Quelques lignes y eussent suffi.

Mais il y a plus, beaucoup plus que cela.

Etant donnés seulement la suscription de la lettre, le nom du destinataire et le nom du signataire, il y aurait, il semble, une excessive témérité à prétendre déterminer le contenu de cette lettre.

Je crois cependant qu'il est possible d'en deviner sinon l'objet, au moins la nature, ce qui est déjà quelque chose.

Il est peu probable que nous ayons affaire à une lettre appartenant à la simple correspondance privée. Généralement c'étaient des *ostraka* qui servaient à cet usage journalier et familier (2) ; le papyrus était, je ne dis pas exclusivement, mais plus particulièrement

---

(1) Maspéro, *Du genre épistolaire,* p. 6.

(2) Il existe des *ostraka* araméens. J'en ai relevé deux au British Museum, avec écriture au recto et au verso. Ils sont malheureusement dans un pitoyable état de conservation. Ils proviendraient d'Eléphantine (?).

réservé aux documents revêtus d'un caractère plus ou moins officiel. L'écriture de notre fragment est extrêmement soignée. On y sent le *qalam* d'un scribe exercé ; l'on reconnaît même, dans la dilatation toute calligraphique de la première lettre de la pièce (l'*aleph*), l'élégance professionnelle du *sopher*-araméen habitué aux rubriques des expéditions officielles. Le format du papyrus, l'observance scrupuleuse des marges, l'emploi d'un protocole empreint d'un respect évident, tout tend à nous prouver que nous sommes en face d'une lettre d'un inférieur à un supérieur.

Ces indications achèvent de s'éclairer du jour le plus vif, si nous réfléchissons à la nationalité respective du destinataire et du signataire.

Le destinataire est un Perse. Ce premier fait est mis hors de doute par la physionomie iranienne de son nom *Mithrawahicht*. Et le signataire ? Pakhîm n'est pas un nom perse. Est-ce un nom araméen ?

Pakhîm, ou *Pekhîm*, pourrait à la rigueur avoir la signification primitive de *Noir*, *Lenoir*. Notre lettre étant rédigée *en araméen*, il paraît tout d'abord assez naturel de supposer qu'elle est écrite *par un Araméen*, et que cet Araméen porte un nom sémitique. Toutefois nous [verrons, dans un instant, que l'emploi d'un dialecte sémitique dans ce document n'implique pas nécessairement la nationalité sémitique du signataire, que cet emploi peut tout aussi bien, pour le moins, être motivé par la nationalité et le caractère politique du destinataire. Il nous est donc loisible, dans la mesure de cette restriction, de regarder le signataire de ce papyrus comme un Egyptien obligé de se servir de la langue araméenne pour des raisons historiques que je me réserve de fournir dans un instant.

Dans ce cas il est impossible de ne pas songer au nom égyptien si connu que les inscriptions et les papyrus gréco-égyptiens nous fournissent à profusion sous les formes :

Παχὸμ, Παχοὺμ, Παχούμιος, Πάχουμις, Παχύμης, Παχύμιος, Παχώμιος,

et qui est peut-être venu jusqu'à nous par l'intermédiaire du fameux saint de la Thébaïde : *Pacome* (1).

---

(1) Peut-être Παχών est-il une variante du même nom qui semble aussi se cacher dans les composés Παχομπαύς, Παχομπρὴτ, Παχόμχημις, Παχόμψαχις, etc.

La légère divergence vocalique qui existe entre la transcription grecque de ce nom égyptien et la transcription sémitique que nous avons ici est tout à fait négligeable. Elle est peut-être un effet de la tendance manifeste qu'a l'araméen à substituer le son *î* au son *où*: *qetîl* pour *qatoul* (hébreu). A ce compte le scribe araméen,

Mais comment se fait-il alors qu'un Egyptien écrivant à un Perse se serve d'une langue et d'une écriture tierces, de la langue et de l'écriture araméennes ?

Le bon sens indique que l'idiome employé doit être celui du destinataire. Or ce destinataire est un Perse ! C'est donc un Perse dont la langue est l'araméen ? Voilà qui est étrange. Mais cette étrangeté même est un trait de lumière. C'est que notre lettre n'est autre chose qu'une requête, qu'un placet adressé à quelque fonctionnaire, d'un ordre indéterminé, mais à un fonctionnaire appartenant à l'administration installée en Egypte par la conquête perse, administration *dont la langue était l'araméen.*

Nous savons pertinemment que toute la chancellerie de l'empire perse, et en particulier des satrapies occidentales, était *araméenne.* C'était un legs de l'organisation assyrienne. En Cilicie, en Lycie, en Syrie, etc., les bureaux étaient araméens. Les légendes des monnaies frappées en ces pays par les satrapes qui les gouvernaient au nom du grand roi étaient araméennes. Araméenne était la langue employée dans la correspondance de l'Etat et le libellé des édits royaux. Notre débris de papyrus nous prouve qu'il en était de même en Egypte, et que l'araméen y jouait le même rôle que dans le reste de l'empire.

Ainsi s'explique qu'un Égyptien adressant une supplique à un fonctionnaire perse soit obligé de se servir d'une langue qui n'est ni celle du vainqueur, ni celle du vaincu. Pakhîm avait dû, pour faire rédiger sa demande, avoir recours à l'intermédiaire d'un de ces *sopher* araméens introduits en Egypte par la domination achéménide. Le scribe prit une feuille de papyrus de format officiel et écrivit de son plus beau *qalam* dans les formes voulues, avec la rédaction de rigueur, la demande du pétitionnaire (1).

auquel notre Egyptien avait dû s'adresser pour faire rédiger sa lettre, devait être tenté de traiter le nom de *Pakhoum* de la même façon, et d'en faire un Pekhîm. M. Fr. Lenormant (*Essai sur la propagation de l'alphabet phénicien,* I, p. 331), qui n'a pas connu la traduction de M. Merx, restée en dehors du courant scientifique, et qui adhère encore à celle de Gesenius, a vu cependant avec raison dans פכהום un nom propre d'origine égyptienne. On trouvera dans son ouvrage (I, pl. XIX) une reproduction du *fac-simile* donné par M. Fabretti.

(1) Les personnes qui ont eu occasion de manier des pièces officielles émanées des chancelleries turques et persanes ne peuvent manquer d'être frappées de la ressemblance singulière qu'offre à première vue notre papyrus avec ces pièces. On croirait voir de loin un véritable firman. Et cette ressemblance a sa raison d'être. Les origines du *divan* moderne se perdent, l'on peut dire, dans la nuit des temps. Dans l'Orient la bureaucratie est immuable ; tous ceux qui l'ont successivement conquis

Que si l'on conservait des doutes sur la nationalité de Pakhîm ; si l'on se refusait à reconnaître dans son nom le nom égyptien que j'ai cru pouvoir en rapprocher ; si, en un mot, l'on tenait le signataire de notre lettre pour un Araméen, notre raisonnement n'en serait nullement affaibli ; bien au contraire : Nous aurions affaire non plus à la requête d'un Égyptien à un haut fonctionnaire perse, à un satrape peut-être, mais au rapport adressé à ce fonctionnaire par un employé subalterne de race sémitique appartenant à la même administration.

Et ce n'est pas là, dans un cas comme dans l'autre, une conjecture plus ou moins arbitraire. L'on peut pousser la démonstration jusqu'à l'évidence en comparant à cette pièce un document unique en son genre, un document biblique qui présente avec le nôtre les plus frappantes ressemblances. C'est la requête adressée au roi Artaxerxès par les autorités du pays de Samarie, à l'effet d'arrêter la réédification du temple de Jérusalem entreprise par les Juifs. Le livre d'Esdras (IV, 11) nous a conservé le texte de cette requête officielle, qui était, comme il nous le dit expressément, rédigée en *araméen*. Or le protocole de cette pièce est *identique à celui de notre papyrus*, il suffit pour s'en assurer de superposer les deux passages :

(Papyrus)	אל־ מראי מתרווהשרת	עבך	פחים.........
(Esdras)	על־ ארתחששתא מלכא	עבדיך	אנש עבר נהרה

(Papyrus)	חיא חדה ושריורא : מראי	יהוי י.....	
(Esdras)	וכענת :	ידיע להוא למלכא	

Nom et titre du destinaire :

A *Monseigneur* (1) *Mithrawahichta.*
Au roi *Artaxerxès.*

ont trouvé commode d'y conserver les mécanismes administratifs préexistants ; la machine gouvernementale marchait toute seule et les nouveaux maîtres n'avaient d'autre souci que de jouir des fruits de leur victoire. Les cadres eux-mêmes, le personnel qui les composait, ont dû à cela de survivre aux vicissitudes de l'histoire, en nous conservant à travers siècles toutes les traditions, toutes les routines du *qalam*. Le *katib* de nos jours descend en droite ligne du *sopher*.

(1) Pour l'emploi de מראי, *monseigneur*, en s'adressant à un haut personnage, dans le monde officiel perse, cf. *Daniel*, IV, 16, 21 (Daniel à Nabuchodonosor). Notre papyrus est ici bien intéressant, car il nous permet de contrôler ce passage biblique

Formule de respect précédant le nom des signataires :

> Ton 'serviteur (1).
> Tes serviteurs.

Noms des signataires :

> Pakhîm (le, ou fils de...?).
> Les hommes d'au delà du fleuve.

Salutation et souhaits de santé :

Vivant, joyeux (en santé) et fort (formule égyptienne V. S. F.) remplacé par כענת (= et caetera) (2).

Entrée en matière :

> Monseigneur, qu'il soit... (?) (3).
> Qu'il soit connu au roi.

Le parallélisme de ces deux documents, qui s'éclairent l'un l'autre,

---

d'une façon inespérée. On sait en effet que le *Ketib* porte à cet endroit מראי, tandis que le *qeri* donne מרי avec la suppression de l'*aleph*. Nous pouvons maintenant nous prononcer en connaissance de cause entre ces deux variantes et accorder, contrairement aux prévisions, la préférence à la leçon du *Ketib*. L'exégèse, comme on le voit, fera son profit de notre document rétabli dans son vrai sens.

(1) Cette tournure que l'on pourrait trouver un peu singulière selon nos idées occidentales : *à Monseigneur Mithrawahicht ton serviteur*, est tout à fait justifiée par le passage d'Esdras. Elle est d'ailleurs bien dans les habitudes sémitiques. On peut comparer la construction de l'inscription bilingue de Malte : *à notre seigneur* (*à Melqart*).... *tes serviteurs,* לאדנן...עדדך. Les personnes auxquelles on s'adresse doivent être considérées comme étant virtuellement au vocatif. Cette notion de l'allocution directe, notion qui s'est effacée dans notre *Monseigneur, Monsieur,* a toujours persisté dans les expressions correspondantes des langues sémitiques. Quant aux mots עבדד, عبدك, ils ont si bien la valeur du pronom de la première personne, *e, moi,* qu'ils se construisent avec le verbe à la première personne ; on dit très-bien en arabe : *ton serviteur je t'ai vu,* pour *je t'ai vu* (moi qui suis ton serviteur).

(2) Cf. la lettre à Darius : שלמא בלא (*Esdras,* V, 7) et comparez notre manière moderne d'abréger la formule : *j'ai l'honneur d'être, etc.*

(3) Si cette phrase est la continuation du compliment, et si la dernière lettre visible doit être prise pour un *qof,* on pourrait songer à יקירא (cf. *Esdras,* IV, 10).

est absolu (1). Cet accord provient de ce que tous deux ont été rédigés, au même moment peut-être, selon les protocoles uniformes de la correspondance officielle de l'empire achéménide. Rien ne saurait nous donner une idée plus exacte de l'aspect matériel de la lettre citée par Esdras que la requête adressée à Mithrawahicht. On ne pouvait souhaiter un commentaire plus direct de ce passage de la Bible, et il faut avouer que cette contribution inattendue à l'exégèse n'est pas le moindre intérêt de notre fragment de papyrus.

Mais, comme nous l'allons voir, ce n'est pas le seul.

Avant de montrer toute l'utilité que peut avoir ce premier résultat pour le classement et la saine interprétation des autres textes araméens d'Égypte, qu'il me soit permis de faire une réflexion incidente et de m'arrêter un instant pour tirer la morale de l'erreur que Hamaker, Gesenius, et ceux qui les ont suivis, ont commise sur le mot *Monseigneur*, en l'interprétant comme vocable divin : *Seigneur*, c'est-à-dire en prenant, non pas le Pirée pour un homme, mais un fonctionnaire, un satrape, pour un dieu.

Imaginons que l'erreur, au lieu d'être le fait de quelques savants, se soit opérée dans un milieu populaire. Voilà du coup une nouvelle divinité créée et la mythologie enrichie d'un *dieu Satrape!*

Or ce n'est pas là une hypothèse plus ou moins plaisante. Cette apothéose d'un préfet est une réalité. Nous touchons du doigt maintenant la genèse de ce singulier dieu du Liban, le dieu Σατράπης, mentionné dans l'inscription de Maʻâd, et les conclusions de mon mémoire sur cette divinité trouvent ici une confirmation des plus opportunes (2).

Évidemment il y a eu dans l'esprit populaire une confusion du

---

(1) La seule différence, — et elle est légère, — réside dans l'emploi de אל au lieu de על dans le papyrus. Les prépositions אל et על ont fini par se confondre, du moins dans l'araméen biblique, qui se sert systématiquement de על là, où l'on attendrait אל. Peut-être est-ce déjà le résultat de cette tendance qu'a l'araméen à échanger entre elles les gutturales. On ne peut songer à lire על sur notre papyrus; l'*aleph* est certain. L'emploi de אל en tête d'une suscription de lettre n'a d'ailleurs rien que de parfaitement régulier et logique : c'est tout à fait le الى d'une missive arabe. L'hébreu dit normalement : שלח אל, כתב אל. Notre papyrus nous apporte donc par surcroît, un fait grammatical intéressant, à savoir que la préposition אל était parfaitement connue à l'araméen ancien ; il convient désormais de la faire figurer dans les lexiques de cette langue.

(2) *Le dieu Satrape et les Phéniciens dans le Péloponnèse.* Notes d'archéologie orientale, 1878.

même genre entre un dieu et un fonctionnaire qui avaient le droit de porter l'un et l'autre le titre de מרא, *seigneur*. אדן et מרא c'est tout un. L'esprit étroit des sémites a toujours conçu ses *Baal* et ses *Moloch* comme des *maîtres* et des *rois* au sens humain de ces mots. Gouverneurs célestes et terrestres sont réciproquement moulés les uns sur les autres. Le dieu Satrape est un Adonis, un *Marna* libanais, un dieu *di primo cartello* qui, à l'époque de la domination perse, a pris le nom et le titre, qui a revêtu le caractère, les insignes même, d'un de ces rois au petit pied représentant, pour les hommes gouvernés par eux, l'autorité suprême, et apparaissant, dans leur omnipotence, comme l'image même de la divinité. La méprise piquante mais instructive de la critique moderne est donc à peu près ici, au fait historique, ce qu'une expérience de cabinet est à un phénomène de la nature.

CH. CLERMONT-GANNEAU.

(*La suite prochainement.*)

Au moment où je relis ces lignes, j'enregistre une nouvelle qui me fait espérer que la science va probablement s'enrichir d'un groupe de nouveaux papyrus araméens.

Je viens de voir, dans un des derniers numéros de l'*Academy* (7 septembre 1878), une lettre de M. E. T. Rogers, où il est question d'une importante trouvaille de papyrus faite pendant l'hiver de 1877, au Fayoum. Ces papyrus, d'une conservation inégale, étaient écrits en arabe, en copte, en grec. Quelques-uns portaient des caractères qu'on n'a jamais rencontrés jusqu'à ce jour sur papyrus et que M. Rogers croit être du *pehlevi*. Ce lot important a été acquis par M. C. Travers, consul d'Allemagne au Caire, qui a cédé à M Rogers quelques-uns des papyrus arabes. Deux de ces derniers sont exposés au Trocadéro.

Ces papyrus, où l'on a cru voir du *pehlevi*, ne seraient-ils pas des *papyrus araméens* ? L'on sait que l'écriture pehlevie est un dérivé relativement moderne de l'écriture araméenne, nous pouvons même ajouter hardiment aujourd'hui, de l'écriture araméenne telle qu'elle s'offre sur nos papyrus *araméo-perses*. Un œil non exercé peut facilement s'y tromper et prendre la fille pour la mère.

UN ENCOLPIUM DE MONZA

LU PAR LE R. P. GARRUCCI

Tous les mémoires d'érudition ne trouvent point place dans des recueils spéciaux ; les hommes d'un esprit actif en adressent souvent aussi à des publications de caractère mixte et que le plus grand nombre des travailleurs consulte rarement ; ces dissertations parfois peuvent passer inaperçues, au grand dommage du progrès des études, et c'est à ce titre surtout que j'appellerai l'attention du lecteur sur les revues d'archéologie données périodiquement dans *Civiltà cattolica* par le R. P. Garrucci. Avec une sagacité partout égale, le savant religieux aborde les points les plus variés de l'archéologie, fresques, sculptures, pierres gravées, verres peints, ivoires, mosaïques, monnaies, plombs figurés, épigraphie grecque et latine de tous les âges. Sa haute connaissance des textes, des monuments, se montre à chaque page dans ces études rapidement écrites au milieu de travaux de longue haleine, et il en est peu qui ne présentent, avec d'utiles redressements, des enseignements précieux.

Le dernier des articles signés par le savant napolitain en apporte un remarquable exemple.

Dans l'une des planches de ses *Memorie storiche di Monza* (1), le chanoine Frisi a publié un encolpium ovale formé d'une mince lame d'or gravée et émaillée. Sur la face principale est le Christ en croix, avec la légende ordinaire ICXC et ces mots inscrits grossièrement et d'une façon fautive : Πάτερ εἰς χεῖράς σου παραθήσομαι τὸ πνεῦμά μου. Au pied de la croix sont représentés debout la Vierge et saint

(1) T. I, tav. VI, i.° 1.

Jean, avec les légendes abrégées H MITHP COY, O YOYC COY (cf. *Joh.* xix, 26).

Au revers se lit cette inscription :

```
        ΦΕΥΓΑΠΕΜΕ
      ΚΡΡΑΔΙΗCΔΟΛΟΜ
     ΗΧΑΝΕΦΕΥΓΕΤΑΧΙ
    CΤΑΦΕΥΓΑ’ΡΕΜωΝΜΕ
   ΛΕωΨΟΦΙΡΥΡΒΕΛΙΑΡΚ
  ΜΟΡΕΧΑCΜΑCΜΑΔΡΑΚωΝΘΗ
 ΑΟΧΕΛΥCCΑΧΟΟCΒΑCΚΑΝ
 ΔΕΟΦΟΝΕΟΥΚΑΙΠΡΟΤΘΓΟΝΥ
  ΕΜΟΙCΕΠΕΛΥΓωΝΕΗΑCCΕΥC
 ΚΗΚΑΚCΗCΟΥΛΙCΚΑΙΘΑΝΑΤΥΑ
 ⳨Χ̄Ϲ̑ΑΝ:ΑΞΚΕΛΕΤΕCΕΦΥΓΙ
   ΕΝΕCΛΕΤΜΑΘΑΛΑCCΗCΕΙΕ
  ΑCΚΟΠΕΛωΝΕΓΕCΥ‘ωΚΑΙ
   ΗΝωΗΕCΕΟΝΟΠΒΡΟΙΟ
    ΚΑΤΑCΘΑΚΟΝΑΛΛ8
       ΠΟΕΙΚΕ
```

De ce texte évidemment en désordre, Frisi présente la traduction suivante (1) :

Fuge a meo corde dolemachinate fuge citissime a meis membris a vita mea fur serpens ignis Belial male prave abyssi draco fera..... et malum fascinum..... homicida et ante genua mihi te prosterne.... turpitudinis perniciei et mortis ⳨ *Christus redemptor rex jubet te fugere in profundum maris et in scopulum.... gregem sicut legionem olim..... fecit.*

La transcription donnée depuis dans le *Corpus inscriptionum græcarum* (2), et que je dois reproduire ici, ne contient pas moins de lacunes :

(1) T. I, p. 35.
(2) Nº 9065.

Φεῦγ' ἀπ' ἐμῆς κραδίης δολομήχανε φεῦγε τάχιστα
Φεῦγ' ἀπ' ἐμῶν μελέων ὄφι πῦρ Βελίαρ κακορέκτα
.... δράκων θὴρ ...... λύσσα ....
Βάσκανος ὀφθαλμοῦ κὰ προτογόνου μένος......
λυγρὸν ἐπασσυτέρης κακίης .... κὰ θανατοῖο
Χριστὸς ἄναξ κέλετέ σε φευγεῖν εἰς λετμα θαλάσσης
Ἐγέας σκοπέλων .... Ὠκαιανοῖο
Εἰς ἐονοπυρεῖν, ἀτασθαλον · ἀλλ' ὑπόεικε

Frisi et le savant allemand ne disent rien de l'origine de cette
pièce sur laquelle le Révérend Père Garrucci nous apporte une
pleine lumière, car son savoir approfondi dans la patrologie grecque
lui a permis de reconnaître ici la transcription barbare d'un petit
poème de saint Grégoire de Nazianze. C'est le début de l'*Epigramma*
qui porte pour titre Ἀποστροφὴ τοῦ πονηροῦ καὶ τοῦ Χριστοῦ ἐπικλή-
σις, et qui se lit au tome II, p. 952, du second volume de l'édition des Bénédictins :

Φεῦγ' ἀπ' ἐμῆς κραδίης, δολομήχανε, φεῦγε τάχιστα ·
  Φεῦγ' ἀπ' ἐμῶν μελέων, φεῦγ' ἀπ' ἐμοῦ βιότου.
Κλὼψ, ὄψι, πῦρ, Βελίη, κακίη, μόρε, χάσμα, δράκων, θὴρ,
  Νὺξ, λόχε, λύσσα, χάος, βάσκανε, ἀνδρόφονε ·
Ὃς καὶ πρωτογόνοισιν ἐμοῖς ἐπὶ λοιγὸν ἔηκας,
  Γεύσας τῆς κακίης, οὖλιε, καὶ θανάτου.
Χριστὸς ἄναξ κέλεταί σε φυγεῖν ἐς λαῖτμα θαλάσσης,
  Ἠὲ κατὰ σκοπέλων, ἠὲ συῶν ἀγέλην,
Ὡς Λεγεῶνα πάροιθεν ἀτάσθαλον · Ἀλλ' ὑπόεικε
  Μή σε βάλω σταυρῷ, τῷ πὰν ὑποτρομέει.

Comme on le voit, les fautes du graveur qui a reproduit ces dis-
tiques sont nombreuses, et de plus, le sens est tronqué, le premier
des deux derniers vers ayant été, faute sans doute de place, reproduit seul sur la lame d'or. Ainsi était devenu méconnaissable aux
yeux des premiers éditeurs le petit texte dont le savant Père a si
habilement retrouvé le prototype.
  Les mémoires que son activité répand ainsi de toutes parts inté-

ressent vivement, je le répète, l'étude de l'antiquité, et ce serait péché, comme disent les Italiens, que de ne pas les mettre aux mains de tous en les réunissant en volume, comme la France a su le faire, avec une généreuse intelligence, pour les écrits de Borghesi, comme l'Italie devrait le faire, à son tour, pour ceux de Cavedoni, si précieux et devenus si rares. La puissante Compagnie qui a l'honneur de compter parmi ses membres le R. P. Garrucci accomplirait, en réimprimant les mémoires épars de ce savant maître, une œuvre digne d'elle et que les amis de la science archéologique accueilleraient avec reconnaissance.

EDMOND LE BLANT.

Addition à l'article intitulé : *La Vierge au ciel representée sur un sarcophage antique* (*Revue archéologique*, décembre 1877, p. 353).

C'est d'après une photographie signée *D. J. Cavallari*, 1872, que j'ai fait reproduire, en héliogravure, le sarcophage de Syracuse, sarcophage dont, comme je l'ai dit, les figures sont rehaussées de couleurs. Une autre reproduction photographique que j'ai sous les yeux, et qui porte la signature *A. e T. Tagliarini*, fait ressortir une particularité presque invisible sur la première : des rameaux surmontés d'une fleur sont peints sur le fond entre les personnages. En y regardant de fort près, quelques-uns de ces rameaux se retrouvent sur ma reproduction entre la tête et le bras de Moïse recevant les tables de la loi, entre les deux jeunes hébreux placés près du buste de Nabuchodonosor. Nous voyons ainsi que les anciens n'enluminaient pas seulement les figures sculptées sur les sarcophages, mais que les fonds même des bas-reliefs se décoraient aussi de peintures.

Aux indications que j'ai données de sarcophages à sculptures peintes, je dois ajouter les suivantes : *Bulletin de l'Institut archéologique de Rome*, 1848, p. 22 ; Odorici, *Di un antico Sarcofago cristiano della città di Mantova*, p. 1, note 1.

E. L. B.

CONFÉRENCE

POPULATIONS PRIMITIVES DE LA GAULE

ET

DE LA GERMANIE (1)

Mesdames, Messieurs,

Vous avez tous entendu parler, plus ou moins, des découvertes dites préhistoriques. Les noms de Boucher de Perthes et d'Édouard Lartet sont certainement présents à votre souvenir. Le mouvement d'investigation, si heureusement inauguré par eux, ne s'est pas ralenti après leur mort. Les découvertes se sont de jour en jour multipliées, et constituent déjà, malgré leur date récente, un notable accroissement de nos connaissances, non-seulement dans le domaine des sciences naturelles, mais dans le domaine de l'histoire.

En quoi et dans quelle mesure ces découvertes peuvent-elles modifier nos idées touchant les populations primitives de la Gaule et de la Germanie? Tel est le sujet dont je vais avoir l'honneur de vous entretenir.

Que savions-nous jusqu'ici de la Gaule indépendante, je veux dire de la Gaule avant la conquête romaine? Ce que César nous en a dit : rien autre chose. Le fait étonne d'abord; il est cependant certain. Le premier historien ayant parlé avec quelques détails de la Gaule est le Grec Polybe (Polybe est mort 122 ans av. J.-C.). Antérieurement à Polybe, tout renseignement précis contemporain manque sur les Celtes et la Celtique, sur la Gaule et les Gaulois. Mais Polybe lui-même ne connaissait que la Cisalpine, les vallées des Alpes et le littoral des Alpes aux Pyrénées. Il voyait la Gaule, notre Gaule, uniquement du dehors, à travers les bandes guerrières qui, de son temps, depuis trois cents ans

---

(1) Cette conférence a été faite à la séance générale de l'Association scientifique de France, en avril 1878. — L'analyse en a été revue par l'auteur.

déjà, effrayaient l'Italie. La Transalpine n'avait point, pour lui, de limites déterminées. Les Transalpins habitaient le versant nord des Alpes, comme les Cisalpins en habitaient le versant sud. Il n'en sait pas davantage. Il n'avait certainement aucune notion des pays arrosés par la Loire et par la Seine.

Ce n'est pas moi qui l'affirme, Polybe a pris soin de vous le dire lui-même. Écoutez-le (liv. III, chap. xxxviii) : « Tout l'espace qui s'étend vers le nord au-dessus d'une ligne joignant l'Aude aux embouchures du Tanaïs nous est inconnu jusqu'ici. Ceux qui parlent de ces régions ou en écrivent n'en savent pas plus que nous-même et ne font que débiter des fables. Nous croyons devoir le déclarer : ταῦτα μὲν οὖν εἰρήσθω μοι. Ces régions, dit encore Polybe, n'ont pas de dénomination commune ; les nombreuses peuplades qui les habitent sont barbares. Cfr. III, 58. »

César, comme je le disais, est donc bien le premier qui nous ait donné sur l'intérieur de la Gaule transalpine des renseignements dignes de foi, des renseignements scientifiques. La Gaule des temps antérieurs nous est, scientifiquement, complétement inconnue. Les Grecs et les Romains avant César ont connu des Gaulois, ils n'ont pas connu la Gaule.

De grandes révolutions, de grands mouvements de peuples, dont l'expédition des Helvètes (ce dramatique récit par lequel débutent les *Commentaires de César*) et l'invasion de la rive gauche du Rhin par Arioviste sont comme les derniers flots, avaient pu s'accomplir trois, quatre ou cinq cents ans plus tôt, sans que les anciens en aient rien su. Ce que l'on a dit jusqu'ici de ces temps reculés a le caractère de simples conjectures, conjectures s'appuyant sur des légendes, puisque les Gaulois n'avaient pas d'histoire.

En présence des découvertes nouvelles qui se multiplient avec une étonnante rapidité, il est temps de faire table rase de ces hypothèses. Les faits nouveaux révélés par l'étude des antiques monuments couvrant le sol de notre patrie comblent, en partie, les lacunes de l'histoire écrite et en rectifient les erreurs. Il faut les faire parler.

En quoi consistent ces faits? Quelle est leur valeur comme documents historiques? Je vais essayer de vous le faire comprendre.

Nous nous occuperons surtout des monuments funéraires, des cimetières, des tumulus et des dolmens; accessoirement des *oppida* ou camps retranchés, dits le plus souvent camps de César, des habitations lacustres et des cavernes.

Vous n'ignorez pas l'existence des monuments désignés communément sous le nom de *monuments celtiques, dolmens, allées couvertes, roches aux fées.* La destination de ces monuments fut longtemps un mystère. On sait aujourd'hui que, sous leurs diverses formes, sauf de rares exceptions, ce sont des tombeaux : tombeaux de chefs, tombeaux de famille, tombeaux de tribus. Onze cents communes réparties entre soixante-huit départements possèdent encore, en dépit du temps et des hommes, un nombre considérable de ces tombeaux.

Le nombre des tumulus est infiniment plus grand. Le seul département du Doubs en compte plusieurs milliers.

Mais nos pères n'ensevelissaient pas seulement sous des monuments mégalithiques ou sous des tumulus, des tombelles, des murgers ; ils creusaient, comme nous, des tombes en terre. De vastes plaines étaient réservées aux sépultures constituant des champs sacrés. Plusieurs de ces grands cimetières ont été retrouvés. Plus de six mille tombes de cette espèce ont été déjà fouillées dans les départements de l'Aisne, de la Marne, de l'Aube. La Gaule souterraine nous livre ainsi les secrets du passé. Nos vieilles populations se lèvent, pour ainsi dire, de leur tombe, à l'appel de la Science, pour nous instruire. Ce muet enseignement des morts vaut assurément des textes.

La Gaule possède, en outre, d'antiques *oppida* ou camps, hauteurs fortifiées dont César nous a décrit les murailles à propos du siége d'Avaricum (*Bourges*). Quelques-uns de ces camps remontent aux époques les plus reculées. L'étude de ces lieux de refuge et de ce qu'ils contiennent est des plus instructives.

Ce n'est pas tout. En 1854, les eaux du lac de Zurich ayant considérablement baissé, de nombreux pilotis, de nombreux pieux furent mis à découvert. Au milieu de ces pilotis gisaient, dans le sable, des instruments et armes de pierre, des poteries, des ustensiles et outils en os ou en corne. Le Dr Keller, président de la Société des antiquaires de Zurich, reconnut que ces pilotis étaient le soubassement d'antiques cabanes, formant à quelque distance de la rive de petits villages. D'autres pilotis furent bientôt signalés dans les lacs de Neuchâtel et de Bienne. Seulement les armes et ustensiles n'y étaient plus uniquement en pierre ou en os : la plupart étaient en bronze, quelques-uns en fer. Ces habitations, ces villages, dont les historiens de la Gaule n'ont pas parlé, sont de nouveaux et précieux documents emmagasinés pour nous par la Providence.

L'Archéologie pénètre plus avant encore dans le passé !

A côté des populations sédentaires et antérieurement à leur établissement en Gaule, nos plaines, nos forêts, nos montagnes n'étaient pas désertes. Elles étaient parcourues par des nomades. Edouard Lartet et Henry Christy ont retrouvé les traces de ces nomades dans les cavernes. Boucher de Perthes a démontré qu'aux temps les plus reculés, dès que la Gaule a été habitable, ces mêmes nomades ou leurs frères aînés venaient chasser et pêcher sur les bords de nos grandes rivières. La présence des instruments en silex dont ils se servaient, constatée sur plus de cent points différents, dans les terrains d'alluvion de la Somme, de la Seine, de la Vienne, de la Charente, ne laisse plus aucun doute à cet égard.

Récapitulons : cimetières à inhumation, tumulus, dolmens et allées couvertes, oppida, habitations lacustres, cavernes, terrains d'alluvion, forment une série de sources de renseignements des plus riches et des plus variés. Les éléments d'une nouvelle histoire de la Gaule avant les Romains ne manquent donc pas. Quand ils seront réunis en plus grand nombre, et surtout scientifiquement classés, cette histoire sera bien près d'être écrite. Essayons de montrer comment peut se faire ce classement. Le bon sens nous dit qu'il doit être, à la fois, géographique et chronologique, surtout étranger à tout système préconçu.

Veuillez jeter les yeux sur la carte de la Gaule exposée à vos regards. Fixez votre attention sur les teintes rouges. Ces teintes représentent les départements où a été constatée l'existence de dolmens ou allées couvertes. L'intensité des teintes y indique le nombre relatif des monuments.

Considérez maintenant les teintes vertes. Ces teintes représentent la région des tumulus (1).

Si vous tirez une ligne de Marseille à Bruxelles en passant par Dijon, vous avez à très-peu près la limite des deux séries.

A l'ouest les dolmens dominent dans une proportion énorme.

A l'est les tumulus règnent sans partage. Les grands cimetières à inhumation connus jusqu'ici se rencontrent dans la même zone.

Cette distribution, nettement tranchée dans sa généralité, de monuments si divers de forme, quoique ayant même destination, n'est pas évidemment l'effet du hasard. Nous y saisissons l'indice certain de populations différentes, essentiellement différentes d'habitudes, de mœurs, probablement d'origine.

Ce premier classement, tout matériel, nous fait un devoir d'étudier chacune de ces deux zones à part. Commençons par la zone de l'ouest.

La projection d'un dolmen (le dolmen de Kerkoro) et d'un des alignements de Carnac (l'alignement de Kermario) fera tout d'abord comprendre l'importance de ces monuments (2).

Sous ces blocs entassés en forme de chambre, que trouvons-nous? Nous l'avons déjà dit : les dépouilles mortelles de nos ancêtres, des corps accroupis ou allongés, plus souvent accroupis, quand ils ne sont pas détruits par l'humidité des caveaux. Près de la tête du squelette, à ses pieds, autour de lui, gisent des poteries faites à la main, des silex taillés, des pointes de flèches, des haches en pierre polie, souvent en pierres très-dures, difficiles à travailler, quelquefois en pierres précieuses, en jadéite, sinon en jade oriental (3). Des colliers de perles où figurent des perles de callaïs, espèce de turquoise, et des perles d'ambre, s'y rencontrent également.

---

(1) Cette carte est exposée à l'Exposition universelle, dans les salles du ministère de l'instruction publique, commission de la topographie des Gaules.

(2) Des photographies de ces monuments ont été montrées aux assistants, projetées par la lumière électrique.

(3) Voir, dans le numéro de juillet de la *Revue*, l'intéressant travail de MM. Damour et Fischer sur les haches en jade et en jadéite.

Le gisement le plus rapproché de la callaïs, aujourd'hui connu, est le Caucase. L'ambre nous vient de la Baltique. Ces populations avaient donc des relations étendues.

Au milieu des objets de pierre se montrent quelquefois, mais très-rarement, des objets de bronze et d'or. Nous sommes en présence d'une civilisation funéraire méritant véritablement le nom de civilisation de la pierre. Je dis le mot *civilisation* avec intention.

Il ne faut pas confondre, en effet, la situation de la Gaule, à cet égard, avec celle des contrées du sud de l'Europe, avec celle de certaines contrées d'Asie. Partout, sans doute, en Europe, pour peu que l'on remonte un peu haut dant le passé, on trouve des outils de pierre. Cela prouve seulement que dans ces contrées ont existé, à l'origine, des populations ne connaissant pas l'usage des métaux ou ne s'en servant que très-exceptionnellement. Ces contrées étaient peuplées de sauvages, comme l'Amérique, comme l'Australie avant les invasions sémitiques et aryennes. Le fait n'a pas d'autre portée. On peut dire au contraire, à titre d'exception, qu'il y a eu, en Gaule, une civilisation de la pierre (1).

Non-seulement, en Gaule, les haches de pierre sont plus nombreuses, plus variées de forme et de matière, non-seulement on y remarque un art plus avancé de la taille et du polissage des minéraux; mais ces haches y sont associées, nous venons de le constater, à des rites funéraires exigeant un déploiement d'efforts extraordinaires, l'emploi de bras nombreux et disciplinés, dénotant chez ces populations la science du commandement, l'habitude d'obéir. L'exploration des monuments mégalitiques laisse l'impression qu'ils appartiennent à une organisation sociale très-forte.

Jetons de nouveau les yeux sur notre carte teintée. Au milieu des teintes vertes du sud-est nous remarquons deux petites taches rouges. Ces taches indiquent les villages lacustres des lacs de Constance et de Zurich, où les instruments de pierre dominent, comme sous les dolmens. (*M. Bertrand montre le dessin de deux haches emmanchées, presque identiques, l'une provenant de la région des dolmens, l'autre de l'une des habitations lacustres de la Suisse.*) — Des deux côtés c'est la même civilisation de la pierre.

Or, dans ces stations lacustres (2), à côté des haches emmanchées comme celles des dolmens et par les mêmes procédés, dans la même couche de vase, la couche archéologique, reposent de nombreux ossements d'animaux, compagnons de la population des cabanes, des végétaux à demi carbonisés, des étoffes, des graines. Ces végétaux, ces graines, ces étoffes, ces ossements nous apprennent que les hommes de

---

(1) Nous verrons tout à l'heure que cette civilisation a également existé dans le nord de l'Europe.

(2) Aux stations des lacs de Constance et de Zurich, il faut ajouter les petits lacs, invisibles sur une carte de petite échelle, de Moosseedorf, Wanwyll, Pfeffikon, etc.

la pierre polie, en Gaule, entretenaient autour d'eux le chien, le cheval, le porc, le mouton, la chèvre, le bœuf, c'est-à-dire les principaux animaux domestiques; qu'ils chassaient le chevreuil, le daim, le cerf, le sanglier, le renard, le bouquetin. Les vases en terre tombés au fond du lac, à cette époque, contiennent, les uns du froment, de l'orge, de l'avoine, des pois et des lentilles, les autres des cerises, des pommes, des graines de fraise et de framboise. On cultivait donc la terre autour des lacs. On se livrait à l'élevage des bestiaux. On était bien au-dessus de l'état sauvage.

Réunissons en faisceau ces renseignements divers, nous aurons les éléments d'un tableau animé, représentant un état social supérieur à celui de toutes les populations sauvages que nous connaissons. Un groupe de tribus élevant en l'honneur de ses morts des monuments religieux, comme ceux de Kerkoro, de Plouharnel ou de Gavr'Inis; dressant des pierres de souvenir, comme les alignements de Kermario et de Carnac, qui jadis avaient 3 kilomètres de long; bâtissant sur les lacs de solides villages dont les pilotis résistent encore à l'effort des vagues; tissant des étoffes de lin et d'écorce, possédant l'orge, le blé et les animaux domestiques : des hommes qui étaient à la fois laboureurs et pasteurs, sans négliger la chasse, méritent une place honorable bien au-dessus des sauvages, sur les premières marches de l'édifice symbolique qui représenterait la civilisation. J'ajouterai que pénétrer, malgré elles, chez des populations ainsi organisées, dut être longtemps un jeu dangereux.

Passons aux teintes vertes.

Zone des tumulus. — Les teintes vertes représentent la région des tumulus. Les deux zones ne diffèrent pas seulement par leur situation géographique, elles diffèrent non moins nettement par le caractère des monuments et des civilisations qu'elles représentent.

La construction intérieure des tumulus n'est plus mégalithique. (*M. Bertrand montre aux auditeurs la coupe d'un des tumulus de la Bourgogne.*) Le mobilier funéraire y est d'une tout autre nature que celui des dolmens. La hache de pierre polie, les colliers en callaïs ont disparu. A la place, que trouvons-nous? Des épées en bronze et en fer, des ceintures ou plastrons en bronze, des vases en bronze, des débris de boucliers de bois garnis de bronze et de fer, quelques casques, des colliers en fer, en bronze et en or, des bracelets et des anneaux de jambe également en or, en bronze et en fer, des épingles à cheveux et à vêtements, des débris de chars, quelquefois très-richement ornés.

Les dolmens nous ont révélé l'état de la Gaule avant l'introduction des métaux et durant l'époque de transition qui a séparé l'état ancien de l'état nouveau, la période de lutte entre la pierre et les métaux, car aucune grande révolution, même les plus légitimes, même les plus fécondes, ne se fait sans lutte. Avec les tumulus nous sommes en pleine civilisation indo-européenne.

Les anciens semblent n'avoir eu aucune notion de la civilisation des dolmens. La civilisation des tumulus offre, au contraire, l'occasion de nombreux rapprochements avec les monuments et les textes classiques, d'époques parfaitement connues. En passant d'une zone à l'autre, nous traversons donc véritablement deux mondes différents.

Avec les dolmens, nous nous trouvions au sein d'une civilisation extrahistorique, ce qui ne veut pas dire préhistorique dans le sens d'antérieure à toute histoire. Avec les tumulus, nous touchons par mille points aux civilisations de l'Assyrie, de la Grèce et de l'Étrurie. A un moment donné, que nous essayerons de préciser, les deux civilisations, la civilisation de la pierre et la civilisation des métaux se sont rencontrées, heurtées sur notre sol, suivant la ligne rouge indiquée sur notre carte.

L'importance de ces faits, incontestables dans leur généralité, n'échappera à personne. Nous pouvons considérer comme acquis les résultats suivants, absolument nouveaux, entièrement dus aux progrès de l'archéologie.

« Un groupe nombreux de populations jusqu'à un certain point civilisées, bien que ne travaillant pas les métaux (1), a occupé la Gaule à une époque reculée. Ce groupe a développé sa civilisation spécialement dans l'ouest du pays.

« A côté de ces populations de l'ouest et distinct d'elles de toute manière, un autre groupe apparaît en pleine ère historique, possédant et travaillant l'or, le bronze et le fer.

« Ce groupe a occupé d'abord exclusivement les contrées orientales de la France. Ces deux civilisations se sont juxtaposées et sont d'origines différentes. La seconde n'est point fille de la première. »

A quelles races historiques pouvons-nous rattacher ces deux groupes? Quel nom devons-nous leur donner? Pour le groupe des monuments mégalithiques, la question est encore insoluble. Nous sommes en face de populations innommées. Il n'en est pas de même du groupe des tumulus.

Veuillez jeter les regards sur la petite carte d'Europe distribuée aux membres de l'Association. Nous y avons marqué l'étendue géographique et la distribution des deux séries de monuments hors de France. L'intérêt de nos deux zones françaises grandit singulièrement du fait de leur prolongement, au dehors, dans le nord et à l'est. Les monuments mégalithiques (teintes rouges) s'étendent, en effet, à toutes les contrées du nord. L'Irlande, l'Angleterre, l'Ecosse, le Danemark, la Suède et les côtes méridionales de la Baltique en possèdent un grand nombre. C'est même dans le nord que les monuments de ce genre ont d'abord été étudiés.

Les tumulus (teintes vertes), les tumulus analogues à ceux de France, occupent à l'est, mais plus au sud, de l'autre côté du Rhin, une partie de

---

(1) Ce qui n'empêche pas que quelques objets de métal aient pu pénétrer chez ces populations par une voie de commerce et d'échange.

l'antique Germanie, où n'a jamais été signalé aucun monument mégalithique. Les deux zones, en dehors de France comme en France, restent
donc distinctes. La civilisation des dolmens conserve l'aspect d'une civilisation des extrémités de la terre habitée, ainsi qu'auraient dit les anciens.
La civilisation du fer, telle que les teintes vertes la dessinent, apparaît
comme un coin enfoncé au cœur de l'Europe entre la civilisation du
nord et de l'extrême ouest, *extremi hominum*, suivant l'expression de
Virgile, et la civilisation gréco-tyrrhénienne, gréco-romaine, plus complète et destinée à tout envahir et absorber après César.

Cherchons ce que l'étude détaillée du mobilier des tumulus et des
cimetières annexes (je veux parler des cimetières où se rencontrent des
objets analogues à ceux des tumulus) nous apprend sur le caractère et la
date de cette invasion des tribus aux épées de bronze et de fer. Car vous
ne doutez pas, je pense, en présence des faits énoncés et de la distribution des teintes, que nous ne soyons en face d'une première grande invasion armée, invasion orientale, dont l'histoire n'a pas parlé, ou dont elle
n'a dit qu'un mot recueilli par Timagène de la bouche des druides.
« Les druides rapportent qu'une partie de la population des Gaules est
indigène, et que l'autre est venue des îles lointaines et des contrées trans-
rhénanes. *Alias ab insulis extremis confluxisse et tractibus transrhenanis.* »

Cette invasion, vous l'avez deviné, est celle des Gaulois ou Galates, les
Galli des Romains. Vous allez être juges de cette affirmation. J'établis
provisoirement les deux propositions suivantes :

« 1° Les tumulus, principalement les tumulus à inhumation, sont des
tumulus gaulois.

« 2° Ces tumulus sont, en majorité, de l'époque des grandes invasions
gauloises en Italie, c'est-à-dire des IIIe et IVe siècles avant notre ère. »
(La prise de Rome est, comme vous le savez, de 390 ans av. J.-C.)

1° Les tumulus, nos *tumulus*, sont des tumulus gaulois.

Ouvrez Polybe, Diodore, Tite-Live, Strabon, Plutarque ; consultez les
monnaies gauloises et les monuments figurés. Qu'y trouvez-vous relativement aux caractères distinctifs de l'armement, du costume et du mobilier gaulois? Les Gaulois, à l'époque où ils descendirent armés en Italie,
les Gaulois de l'histoire, ainsi que s'exprimait déjà Strabon, avaient pour
armes offensives tout d'abord la longue épée à pointe mousse, frappant
de taille, non d'estoc ; un peu plus tard la petite épée ibérique à pointe
aiguë, la lance de fer échancrée ou, comme on dit, flamboyante ; pour
arme défensive, le bouclier oblong, en bois ou cuir, à umbo de fer ou
de bronze.

Les chefs, dans le principe, combattaient sur des chars. Le *torques*
était leur principale décoration, ce *torques* auquel Manlius, Manlius Tor-
quatus, emprunta son surnom 360 ans av. J.-C. La pièce principale du costume, la pièce originale, était le *sagum*, espèce de schall (non de blouse)
ou plutôt de grand plaid écossais, s'attachant sur l'épaule ou sur la poitrine
par une agrafe ou fibule. La vaisselle des Gaulois était de bronze. Après

la défaite des Boïens, les Romains remplirent leurs chariots de vases de ce métal. Comme signe de noblesse, une partie d'entre eux se rasaient, ne portant que la moustache.

Dans nos tumulus et nos cimetières nous trouvons : la grande épée de fer à pointe mousse, la petite épée ibérique à pointe aiguë, le *torques* et les armilles ou bracelets qui en étaient le complément, les garnitures et l'umbo du grand bouclier oblong, les débris du char de bataille, le rasoir, un fin rasoir de bronze élevé à la dignité d'ornement, de nombreux vases de bronze, d'une forme et d'une fabrication spéciales. Sur l'épaule et sur la poitrine du mort est la fibule ou l'épingle qui retenait le *sagum*.

On peut dire que les tumulus offrent le commentaire le plus complet des descriptions de Strabon, de Tite-Live, de Diodore et de Polybe.

Sur cette toile est représenté un trophée de *torques* (1). Voici le fac-similé en métal de la grande épée. Je n'ai pas besoin de pousser plus loin cette énumération, vous êtes certainement convaincus. Nos tumulus sont des tumulus gaulois.

J'ai ajouté que la majorité de ces tumulus étaient du ive ou du iiie siècle avant notre ère. Comment pouvons-nous dater ces monuments ?

Les rites funéraires de nos ancêtres voulaient, vous le savez, que le mort emportât dans l'autre monde tout ce qu'il avait possédé de plus cher ici-bas : la femme préférée était immolée sur la tombe du chef. On immolait aussi quelques-uns de ses serviteurs les plus fidèles.

Les Gaulois qui avaient fait les expéditions de Rome et de Delphes, les fameux Gæsates, ces mercenaires toujours prêts à entrer en campagne, moyennant salaire (Gæsates, dit Polybe, c'est-à-dire qui servent pour de l'argent, c'est le sens du mot dans leur langue), durent rapporter bien des dépouilles des pays lointains où ils guerroyaient. Quelques-unes de ces dépouilles furent vraisemblablement déposées auprès d'eux dans le tombeau. Or un vase, un bijou grec et étrusque se distingue facilement au milieu de l'originale grossièreté de l'art gaulois. Si nous trouvions un de ces vases, un de ces bijoux, s'il était du ive siècle (les bijoux étrusques se datent facilement par le style), le problème serait résolu. C'est ce qui est arrivé. Nous ne possédons pas un vase, nous en possédons une trentaine, et plusieurs bijoux.

Vous reconnaîtrez immédiatement la perfection de l'art étrusque dans le vase dont le dessin va être projeté devant vous. Ce vase sort du tumulus de Weisskirchen, sur la Sarre, près de Trèves, dans le Birkenfeld (2).

A Rodenbach, près de Spire, à côté d'un vase en bronze, de fabrique

---

(1) M. Bertrand montre des dessins de ces objets exécutés à grande échelle.

(2) On peut voir des fac-simile de ces vases au musée de Saint-Germain. — L'opposition entre l'art gaulois et l'art grec et étrusque apparaîtra d'ailleurs clairement aux yeux de qui voudra au *Trocadéro* (exposition historique de l'art ancien), comparer la première salle (temps primitifs de la Gaule), avec la salle numéro 2 (art grec et étrusque).

étrusque comme le précédent, était une coupe en terre, une de ces coupes élégantes de forme, dont un pays barbare n'aurait pas su imiter les fins contours ; puis des bijoux d'or, une bague, un bracelet du plus merveilleux travail.

Demandez maintenant à ceux qui font profession d'étudier et de connaître l'art étrusque et grec à quel siècle appartiennent ces vases, ces bijoux ? Ils répondront, sans hésiter : au IIIᵉ ou au IVᵉ siècle. Je pourrais vous citer bien d'autres découvertes aussi remarquables.

Le vase du tumulus de Durckheim, près de Spire, non loin de Rodenbach, était supporté par un trépied si semblable à l'un des trépieds étrusques du Musée grégorien, que les pièces de l'un s'appliquent à l'autre. Le mascaron d'un autre vase, le vase de Grœckwyl, près de Berne, représente la Diane ailée de Clusium, cette première ville étrusque prise et saccagée par les Gaulois en 391. Le style du vase répond parfaitement à cette date. Vous direz donc avec moi : les populations des tumulus de la rive droite et de la rive gauche du Rhin, des tumulus situés dans les plaines et les vallées continuant le versant nord des Alpes, comme les désigne Polybe, sont celles qui, au IVᵉ et au IIIᵉ siècle avant notre ère, ont fait trembler la Grèce et Rome.

D'où venaient ces populations ? Depuis quel temps occupaient-elles ces contrées ? L'Archéologie est en mesure de répondre, en partie, à ces questions. Nous croyons, en effet, aux deux propositions précédentes pouvoir en ajouter une troisième se formulant ainsi :

« Les Gaulois ou Galates, avant de s'établir en Gaule, avaient séjourné un temps plus ou moins long sur la rive droite du Rhin. »

Et en effet, si, après avoir fait un classement géographique des antiquités gauloises, nous les classons chronologiquement, à laquelle des deux rives du Rhin appartiennent les objets les plus anciens de forme et d'ornementation, ceux qui, par l'analogie qu'ils présentent avec certaines antiquités des contrées méridionales, doivent remonter au delà du Vᵉ siècle ? Ils appartiennent exclusivement à la rive droite. L'archaïsme de certains vases est patent. Je vais en mettre un spécimen sous vos yeux.

· Le motif d'ornementation par bandes parallèles, figurant des processions d'animaux, rappelle les vases de Rhodes et de Corinthe de la première époque, encore tout imprégnée, pour ainsi dire, de l'influence asiatique. Rien de semblable n'a jamais été trouvé en Gaule ; rien qui y ressemble, de près ou de loin, à l'occident de Paris ou d'Orléans, dans la zone des dolmens (1).

Nous avons donc réellement affaire à une invasion ayant procédé, comme toutes les invasions postérieures, de l'est à l'ouest, et dont le

_____

(1) On peut voir, au musée de Saint-Germain, le fac-simile d'un certain nombre de ces vases archaïques de provenance transrhénane.

point dominant de prospérité sur le Rhin coïncide à peu près avec la date de la prise de Rome.

L'Anthropologie, en ce qui la concerne, apporte à l'interprétation des faits, tels que nous les présentons, des arguments nouveaux. Le Dr Hamy, le savant collaborateur de M. de Quatrefages pour l'importante publication des *Crania ethnica*, a étudié dernièrement toute une série de squelettes provenant des tumulus. Écoutez ses conclusions; nous ne pouvions pas rencontrer une confirmation plus éclatante de nos conjectures :

« L'examen des débris osseux qui dans nos tumulus (il s'agit des tumulus de la Bourgogne) ont résisté à l'action destructive du temps, conduit exactement aux mêmes résultats que l'étude des armes et des ornements déposés avec les corps. Quelque mutilés que se présentent les squelettes, ils montrent, en effet, des formes et des proportions qui diffèrent essentiellement de celles des races antérieurement fixées en Gaule (race des dolmens, race des cavernes) et sont, au contraire, identiques à celles des peuples germaniques, telles que nous les ont fait connaître les nombreux sujets exhumés dans ces dernières années des tombeaux de la période mérovingienne. »

Cette identité des deux populations de la rive droite et de la rive gauche du Rhin dans les temps immédiatement antérieurs à la conquête romaine était déjà signalée par Strabon au commencement de notre ère (liv. VII, chap. ii, p. 290) :

« Après les Gaulois, dès qu'on a passé le Rhin, on trouve les Germains. Ils ne diffèrent des Gaulois qu'en ce qu'ils sont plus grands, plus blonds, plus féroces. Pour tout le reste, leur figure, leurs mœurs, leur manière de vivre sont celles que nous avons décrites en parlant des Gaulois (liv. V, chap. iv). C'est à juste titre, je pense, que les Romains leur ont donné le nom de *Germani*, comme s'ils voulaient dire véritables Gaulois; car c'est ce que signifie ce mot dans la langue des Romains. » Mauvaise étymologie, mais couvrant l'expression d'un fait très-vrai et très-important.

Que disait, en effet, Strabon dans ce ive chapitre de son livre V, auquel il nous renvoie? Que déjà de son temps, moins de cinquante ans après César, il fallait aller chercher sur la rive droite du Rhin les vieilles mœurs gauloises. On ne les trouvait plus en Gaule.

A ceux qui objectaient à Strabon que sa description de la Gaule était inexacte et ne répondait pas à la physionomie des populations de la rive gauche : « Il est vrai, répond-il, mais ce que je viens de dire des mœurs des Gaulois n'est pas moins fondé sur celles que l'*histoire attribue à leurs ancêtres* et qu'on voit encore, aujourd'hui, chez les Germains, car ces deux peuples ont une origine commune (1). »

(1) Il ne faut pas confondre ces Germains du sud de l'Allemagne avec les Germains du centre et du nord, qui ne commencèrent à être connus qu'après la conquête romaine et dont Tacite est le premier à nous avoir parlé.

Vous vous expliquez maintenant pourquoi la race était plus pure sur la rive droite. Là était la ruche d'où étaient partis les essaims établis en Gaule.

Cimetières gaulois. — L'étude des cimetières gaulois de nos départements de l'Aisne, de la Marne et de l'Aube, les seuls bien explorés jusqu'ici, conduirait au même résultat, aux mêmes conclusions, avec cette différence que ces cimetières paraissent un peu moins anciens que les tumulus. La grande épée ne s'y trouve plus. Elle est remplacée par la petite épée ibérique, définitivement adoptée par les Gaulois à l'époque des guerres puniques (200-220 av. J.-C.).

Toutefois les groupes sont encore purs, non mêlés à des étrangers. Ils conservent les vieilles mœurs. La vue d'une tombe vous donne l'idée de toutes les autres. (*M. Bertrand fait projeter sur une toile le dessin d'une des tombes du cimetière de Bussy-le-Grand, dans le département de la Marne*). Écoutez les réflexions que m'inspiraient ces cimetières en 1873, pendant que je faisais exécuter, à Reims, des fouilles au nom du Musée. Voici un extrait de mes notes : « Dans ces cimetières, point de mélange : chez tous, le costume, plus ou moins riche, est le même; les armes ont la même forme; la vaisselle mortuaire, le même caractère. Nous sommes manifestement en présence de clans fermés à tout ce qui n'est pas de leur sang, de leur religion, à tout ce qui est étranger à leurs traditions. Sur quatre ou cinq mille tombes déjà remuées, pas une seule incinération n'a été signalée. »

C'est bien là le caractère que doivent avoir des conquérants à une époque encore rapprochée de leur conquête.

L'Archéologie constate des faits analogues après la conquête franque, faits cette fois contrôlés par les chroniqueurs. Du Ve au VIIe siècle, pendant deux ou trois cents ans, les groupes francs ou mérovingiens restent homogènes, concentrés sur certains points où ils consolident leur domination, toujours identiques à eux-mêmes, se servant des mêmes armes, portant le même costume, les mêmes bijoux. Les cimetières mérovingiens, sur l'une et l'autre rive du Rhin, se ressemblent. L'unité est parfaite (1).

Une carte archéologique des cimetières *francs* de cette époque est le plus exact commentaire de l'histoire écrite. Là où les Francs se sont établis de prime abord, suivant les chroniqueurs, là sont les cimetières. La pureté de ces cimetières, leur originalité si je puis dire, dure deux ou trois siècles. Bien avant Charlemagne, ils ont complétement disparu : on n'en trouve plus trace. On trouve des cimetières chrétiens, on ne trouve plus de cimetières francs. Une révolution analogue a dû s'opérer chez les Gaulois.

---

(1) Voir les vitrines *mérovingiennes* à l'Exposition universelle (galerie de l'art ancien, au Trocadéro, salle IV) et notamment la vitrine classée par M. Benjamin Fillon.

A l'époque de César, les sépultures avaient changé de caractère. On incinérait, on n'inhumait plus (1). Il est probable que dans l'intervalle le druidisme avait dit son mot et, comme plus tard fit le christianisme, rapproché les vainqueurs des vaincus. La situation des druides vis-à-vis des *equites*, c'est-à-dire vis-à-vis de l'aristocratie militaire, à l'époque de César, situation si considérable qui leur livrait la religion, la magistrature, l'enseignement, rend cette conjecture vraisemblable.

L'Archéologie nous a permis de distinguer nettement dans la population gauloise, avant la conquête romaine, deux éléments bien tranchés et d'origines différentes : la vieille population des dolmens d'un côté, de l'autre les tribus auxquelles appartenait l'aristocratie armée dominant le reste de la nation réduite au temps de César, à une sorte d'esclavage. *Plebes pœne servorum habetur loco.* (Cæs., VI, 13).

Mais, avant la prise de possession de la Gaule par ces deux groupes, le pays, avons-nous dit, n'était pas désert. L'Archéologie nous montre des nomades parcourant nos plaines, nos montagnes, nos vallées, au nord-est en Belgique, à l'ouest en Poitou, au centre dans le Périgord, au sud-ouest dans les Pyrénées, au sud-est en Helvétie.

Un peu du sang de ces sauvages nomades a passé dans nos veines. La petite race des dolmens paraît remonter jusqu'à eux. Je dois donc en dire un mot, bien qu'à côté des autres groupes leur rôle historique soit assez pâle.

On peut diviser ces nomades en : nomades des cavernes ou nomades d'Édouard Lartet; — nomades des alluvions ou nomades de Boucher de Perthes.

Parlons d'abord des cavernes. Le fait que les populations primitives, dans nos humides climats, se soient souvent réfugiées dans les cavernes et en aient fait leur demeure, n'a rien en soi de singulier. La grande découverte de Lartet est d'avoir démontré que ces nomades vivaient en compagnie du renne (une partie, au moins, d'entre eux), et possédaient un étonnant instinct des arts du dessin.

La gravure au trait mise sous vos yeux (cette gravure est montrée éclairée par la lumière électrique), représentation d'un renne broutant, provient d'une caverne de la Suisse, à proximité de Schaffhouse, la caverne de Thaïngen. Son authenticité est hors de doute. Cette gravure est l'œuvre des chasseurs de renne, comme on les appelle. De semblables dessins dans un pareil milieu, et remontant à une époque, selon toute probabilité, de beaucoup antérieure à celle des dolmens, est un phénomène d'autant plus extraordinaire, qu'aucun indice d'un art semblable ne paraît plus dans la suite, ni sous les monuments mégalithiques, ni

(1) Nous sommes portés à croire que les Druides incinéraient.

dans les habitations lacustres, où l'ornementation est exclusivement linéaire et géométrique. Pour retrouver des dessins de plantes et d'animaux, il faut descendre jusqu'à l'ère gauloise. On comprend que de pareilles découvertes aient vivement frappé les esprits.

Je ne puis traiter ici la question si complexe des cavernes. Je ferai seulement trois observations concernant les cavernes à ossements travaillés et gravés; je ne parlerai pas des autres.

1° L'instinct artistique constaté chez nos nomades n'a aucun caractère de généralité. Il ne représente pas une des phases, une des étapes de l'humanité dans la voie du progrès. Les nomades possédant cet instinct sont numériquement et géographiquement très-restreints. Quinze cavernes, presque toutes situées dans nos départements méridionaux, en épuisent la liste.

2° La durée de cet art est strictement limitée au laps de temps, inconnu de nous, où des troupeaux de rennes broutaient dans nos vallées et nos montagnes. Avec ces troupeaux, c'est-à-dire avec les nomades pasteurs qui les entretenaient, a disparu toute trace de cet art troglodytique.

3° La disparition subite du renne, dont on n'a trouvé de vestiges ni sous les dolmens, ni dans les stations lacustres, n'est pas due à un exhaussement de la température en Gaule. La présence dans les cavernes, conjointement avec le renne, de presque tous nos animaux sauvages actuels, le cerf, le daim, le sanglier, le loup, le renard, le hérisson, le lièvre, le bouquetin, semble affirmer que le climat était, à l'époque qui nous occupe, sensiblement le même qu'aujourd'hui.

J'en conclus que c'est la civilisation, l'introduction dans nos contrées des animaux domestiques, antipathiques au renne, qui a chassé les nomades et dispersé leurs troupeaux. Troupeaux et nomades sont remontés vers le nord, d'où probablement ils étaient venus. Nous sommes en présence d'un fait local exceptionnel, non d'une phase normale du développement de la civilisation. Ce fait pourrait être beaucoup plus récent qu'on ne le suppose.

Nomades des alluvions. — Que dirai-je maintenant des nomades plus grossiers que j'ai appelés les *nomades de Boucher de Perthes*? Que dirai-je de l'homme antédiluvien, comme il le nommait? Je ne nierai point son antiquité : elle me paraît démontrée. Il vivait bien avant les nomades du renne, huit ou dix mille ans, si l'on veut, avant notre ère, soit. Je dirai seulement :

C'est un sauvage plus ancien que ceux que nous connaissons, mais rien qu'un sauvage, un sauvage comme ceux de la Nouvelle-Calédonie ou de l'Australie. « Les caractères de cette race (race de Canstadt), disent MM. de Quatrefages et Hamy dans les *Crania ethnica*, sont ceux des races les plus inférieures de l'humanité. Aucun sauvage de cet ordre n'existe plus en Europe. Les Australiens sont aujourd'hui dans le monde ceux qui s'en rapprochent le plus. » La découverte de ce sauvage n'a pas fait faire un pas à la difficile question de l'origine de la civilisation. Une

pareille race ayant disparu d'Europe, sans y avoir rien créé, peut intéresser l'anthropologiste ; quelle que soit sa date, elle mérite peu l'attention de l'historien. Y chercher un des types primordiaux de l'humanité
me semble une erreur.

D'où sortait cette race ? Combien de contrées avait-elle parcourues
avant d'échouer sur les rives inondées de la Somme, de la Seine, du
Rhin, de l'Arno ? Qui dira les transformations qu'elle avait subies durant
ses longues pérégrinations, si, comme le croit M. de Quatrefages, d'accord
avec la tradition, le berceau de l'humanité est en Orient ? A notre sens,
dans une histoire de l'humanité, les nomades de Boucher de Perthes ne
doivent pas tenir plus de place que les Alfourous ou les Tasmaniens.

Plus l'humanité est ancienne, plus ces réflexions sont vraies ; car
l'homme antédiluvien de Boucher de Perthes peut, dans ce cas, être très-
éloigné déjà du point de départ, aussi éloigné relativement, si la période
est très-longue, que l'Australien lui-même.

Les races de type analogue sont restées stationnaires ou ont disparu.
Cette race, en Australie, est aujourd'hui ce qu'elle était il y a dix ou
vingt mille ans (pour ne pas ménager les années). Comment expliquer
l'obscur problème de la civilisation si d'autres races n'ont pas été mieux
douées ?

De quelque manière que l'on conçoive l'origine des races, il est certain
qu'il y a eu dans l'humanité des groupes féconds et des groupes stériles.
L'historien, le philosophe, ne doivent pas les confondre. Les premiers
groupes réellement féconds ont paru en Orient, il ne faut pas l'oublier ; nous devons chercher en Orient l'origine de toutes choses : l'Europe ne fournira jamais les éléments d'une histoire primitive de l'humanité. La conscience des anciennes populations européennes leur avait
révélé cette vérité. A l'origine de tout progrès, elles plaçaient l'intervention d'une divinité. Elles avaient conscience de n'avoir rien créé.

Je me résume en reprenant le cours des faits dans leur ordre chronologique. A peine notre sol est-il habitable que l'homme y apparaît, sauvage, brutal, venu on ne sait d'où, et destiné à disparaître avec les bêtes
féroces auxquelles il disputait sa nourriture. Des nomades un peu moins
grossiers lui succèdent. Ils vivent comme tous les sauvages, se réfugiant,
suivant les saisons, dans les forêts ou dans les cavernes, chassant et
pêchant sans connaître aucun animal domestique, sans autres armes et
outils que les silex à éclats. Quelques-uns s'élèvent, cependant, peu à
peu au polissage de la pierre. D'autres, les derniers venus, vivant, à la
manière des Esquimaux, au milieu de troupeaux de rennes domestiqués,
acquièrent une singulière habileté dans l'art du dessin, météore qui
passe et disparaît dans cette nuit profonde sans laisser de traces du-
rables. Cette période primitive de la pierre éclatée et des débuts de la
pierre polie paraît avoir duré longtemps. Dans la plupart des contrées de l'Europe, notamment en Grèce, en Italie, dans la vallée du
Danube, elle s'est prolongée sans modifications sensibles, presque sans

progrès, jusqu'à l'arrivée des Orientaux, Sémites et Aryas, porteurs de la grande civilisation. La période intermédiaire a été courte.

En Gaule et dans l'extrême nord, en Danemark, en Suède, en Angleterre, en Irlande, entre les premiers temps de la pierre polie et l'arrivée des Aryas, se place la civilisation des dolmens, la civilisation des monuments mégalithiques, une civilisation originale et puissante, même avant l'introduction des métaux. En Danemark, à cette civilisation succède la civilisation du bronze. Chez nous (en Gaule), la fin de cette période est obscure. Les monuments, sur ce point, restent muets. Les habitations lacustres des lacs de Genève, de Bienne et de Neuchâtel, quelques rares cimetières à incinération, indiquent seuls une époque, probablement très-courte, où le bronze a dominé.

Quoi qu'il en soit, aux approches du vɪɪᵉ siècle, les Gaulois ou Galates, armés de l'épée de fer, la grande épée de fer, s'avancent d'Orient à petites étapes. Au ɪᵛᵉ siècle, ils sont en pleine possession des contrées orientales de la Gaule. Quelques groupes s'avancent jusqu'à Bourges et jusqu'à Dijon, d'autres occupent l'Auvergne.

Telle est, à grands traits, l'histoire abrégée de la Gaule vue à travers les fouilles.

Je n'ai pas besoin de vous dire que les cadres de ces tableaux si rapidement esquissés sont, dans ma pensée, essentiellement mobiles et peuvent, suivant la marche de la Science, s'élargir ou se rétrécir à volonté. Quelques-uns de ces cadres sont même encore vides, à côté d'autres déjà fortement ombrés. L'histoire de la Gaule à l'aide de l'archéologie est à faire : elle n'est pas encore faite. J'ai voulu seulement vous montrer le but, vous prouver qu'il pouvait être atteint.

Sur mon chemin, je n'ai point trouvé les Celtes. L'Archéologie ne les saisit point encore à l'état d'élément séparé ; à moins qu'ils ne soient représentés par les cités lacustres du bronze et les cimetières, les rares cimetières à incinération. Leur nom paraît répondre à un courant civilisateur plutôt qu'à une invasion armée, comme celle des Galates.

Malgré les lacunes forcées de cette énumération à vol d'oiseau, un fait, toutefois, ressort nettement de l'ensemble ; l'extrême diversité des races et des civilisations qui, superposées, mêlées, confondues, forment le fond de notre nationalité.

Au-dessous des Normands, des Francs, des Romains, à côté des Ibères et des Ligures du Midi, se placent les Gaulois, puis les hommes des dolmens et les nomades des cavernes, sans parler des insaisissables Celtes.

La série des civilisations n'est pas moins variée, depuis la civilisation des dolmens jusqu'à la civilisation chrétienne, en passant par le druidisme.

Toutes ces races, toutes ces civilisations revivent partiellement en nous. Le politique comme l'historien devra en tenir compte. Là se trouve l'origine d'instincts respectables, dangereux à froisser. L'esprit des hommes des dolmens, peut-être des cavernes, subsiste encore, voilé, mais vivace, au fond de nos campagnes de l'Ouest et du Midi. L'esprit druidique n'est pas mort partout, et l'instinct militaire des Galates se réveille souvent.

Je n'ai plus qu'un mot à dire et je termine. Je voudrais vous avoir fait sentir et comprendre l'utilité, la puissance de l'Archéologie pour la reconstitution du passé; mais je voudrais surtout que vous quittiez cette salle bien persuadés que, quelle que soit leur originalité, quelque surprise qu'elles aient d'abord légitimement excitée, les découvertes dont nous venons de parler ne troublent en rien l'économie, l'harmonie de l'histoire générale, telle que l'ont comprise les grands esprits de l'antiquité et des temps modernes, un Thucydide, un Polybe, un Voltaire, un Montesquieu.

Ces découvertes élargissent, redressent et éclairent les contours de l'histoire ancienne classique, elles n'en modifient pas le caractère.

ALEXANDRE BERTRAND.

(Extrait du *Bulletin de l'Association scientifique*.)

BULLETIN MENSUEL

DE L'ACADÉMIE DES INSCRIPTIONS

MOIS DE JUILLET.

M. Maximin Deloche commence la seconde lecture de son mémoire sur les invasions gauloises en Italie.

M. Edmond Le Blant lit une note concernant une coupe antique de bronze étamé sur laquelle se lit une inscription. Cette inscription, qui est circulaire, porte : SI · PLVS · MISERIS · MINVS · BIBES · SI · MINVS · MISE-RIS · PLVS · BIBES, sans que l'on puisse dire à quel mot commence la phrase. Quel sens doit-on attribuer à ces deux lignes ? La première pensée de ceux à qui fut communiquée cette légende a été d'y voir une invitation à la charité. En sous-entendant le mot *dederis* on traduit facilement : *Plus tu donneras aux pauvres, moins tu boiras ; moins tu donneras aux pauvres, plus tu boiras.* Mais est-ce bien là une formule qui convienne à une coupe dont le caractère est purement païen ? Les gravures qui occupent le fond ne laissent aucun doute à ce sujet. Il faut donc chercher une autre explication. M. Edmond Le Blant propose de voir dans *miseris*, non le datif de *miser*, mais une forme du verbe *mittere*, lancer, avec le sens de lancer les dés, *mittere talos*. La coupe dirait aux convives : *Plus tu joueras aux dés, moins tu boiras ; moins tu joueras, plus tu boiras.* On sait, en effet, que l'usage de jouer aux dés pendant les repas était familier aux anciens. Rien de plus naturel, dès lors, que de rappeler à ceux qui prenaient la coupe que le temps donné à la passion du jeu était perdu pour le plaisir dont la coupe est le symbole. Cette explication paraît très-vraisemblable.

M. de Wailly a fait remarquer que l'expression *plus 'minus mittere* pourrait aussi bien indiquer la quantité de points amenés par chaque joueur de dés. La coupe dirait à chacun : Tu boiras dans la proportion des points que tu auras obtenus. *Minus bibes si minus miseris ; plus bibes si plus miseris.* Ce serait une petite variante à l'interprétation de M. Edmond Le Blant.

M. Schliemann est admis à communiquer des observations sur les antiquités qu'il a recueillies à Mycènes. M. Schliemann est de plus en plus convaincu de l'extrême antiquité des sépultures découvertes par lui à Mycènes. Il croit même pouvoir affirmer que c'est en Egypte et dans l'ancien empire babylonien qu'il faut chercher l'inspiration première de l'art dont les objets recueillis à Mycènes sont une manifestation. M. Schliemann place au xvie ou xviie siècle avant J.-C. l'époque à laquelle il faut remonter pour constater ces analogies révélées, selon lui, par l'étude des cylindres de l'ancien empire de Babylone. — La question est toutefois encore loin d'être élucidée.

M. Ernest Desjardins lit au nom de M. Tissot un Mémoire sur la voie romaine qui conduisait de Kabes (Tacope) à la station militaire appelée *Castra hiberna*.

M. Carapanos est admis à communiquer le texte d'une nouvelle inscription inédite, provenant des fouilles de Dodone.

M. Albert Dumont rend compte, sommairement, dans une lettre, des résultats de l'exploration entreprise à Delos par un membre de l'Ecole française d'Athènes. On peut espérer que les découvertes annoncées permettront de restituer l'architecture intérieure du temple d'Apollon.

M. Bréal propose une nouvelle explication de l'inscription crétoise publiée en 1860 par M. l'abbé Thenon, inscription qui, jusqu'ici, n'avait produit que des interprétations peu satisfaisantes. Les nouvelles explications de M. Bréal semblent avoir fait faire un grand pas vers la solution définitive. M. Bréal y lit ce qui suit :

« L'héritier ne sera pas tenu d'obéir au testateur et de faire les legs selon les dispositions de celui-ci avant d'avoir donné son consentement. » Cette disposition correspond à ce que nous nommons le droit d'acceptation sous bénéfice d'inventaire. Il est très-intéressant de retrouver un pareil texte de loi sur un monument qui ne paraît pas remonter à moins de cinq cents ans avant notre ère.

A la suite du rapport déposé par la commission du prix Gobert, le prix a été décerné à M. Longnon, auteur de la *Géographie de la Gaule au sixième siècle*. Le second prix est décerné à M. Giry, auteur d'une histoire municipale de Saint-Omer.

La commission des antiquités de la France dépose également son rapport, dont voici les conclusions :

Quatre médailles sont décernées : 1° à M. Faguiez, pour son Histoire de l'industrie de Paris aux xiii° et xiv° siècles ; 2° à M. Corroyer, pour son Étude sur l'abbaye du Mont-Saint-Michel ; 3° à M. Julien Havet, pour son ouvrage sur les cours royales des îles normandes (1200-1677) et ses recherches relatives à la série chronologique des gardiens et seigneurs des îles normandes (1198-1660) ; 4° à M. l'abbé Hanauer pour ses études économiques sur l'Alsace ancienne et moderne.

Six mentions honorables ont été en outre accordées à MM. Sepet, Aurès, Le Men, l'abbé Dacheux, Guilbert et Luchaire.　　　　　　A. B.

NOUVELLES ARCHÉOLOGIQUES

ET CORRESPONDANCE

——— Dans notre dernier numéro, p. 64, nous avons donné le *fac simile* d'un graffite de Pompéi, avec lecture des quatre dernières lignes seulement. Deux mots nous avaient paru incertains dans les deux premières lignes. M. Edmond Le Blant nous en envoie la lecture. Le graffite complet doit, suivant lui, se lire ainsi :

. « Amoris ignes si sentires, mulio,

« Magi(s) properares ut videres venerem.

« Diligo puerum (*au-dessous* juvenem *barré*) venustum. Rogo, punge, iamus.

« Bibisti, iamus, prende lora et excute

« Pompeios..... ubi dulcis est amor

« Meus. »

La même lecture nous est envoyée sous la signature C. C. G., avec cette seule différence que le dernier mot de la première ligne serait *multo* au lieu de *Mulio*. Mulio nous semble être la bonne lecture. L'inscription contient plusieurs T, aucun n'affecte la forme d'un I.

Enfin un troisième corrospondant, en nous envoyant la même lecture des deux premières lignes, fait remarquer que la première donneune espèce de vers iambique, tandis que la seconde lui paraît échapper aux règles de la métrique. Il ajoute : « à la troisième ligne, *punge* me semble fort douteux. Il y a dans le texte *tunge*. Serait-ce *tange*, prends ma main ? ».

——— *La tombe d'un soldat romain à Strasbourg.* — Dans la séance tenue le 1ᵉʳ juillet par le comité de la Société pour la conservation des monuments historiques d'Alsace, M. le professeur Schmidt a rendu compte des fouilles exécutées sous les auspices de M. le chanoine Straub, au faubourg National, où l'on a découvert dans la maison Martin la dalle funéraire d'un soldat romain de la deuxième légion, alors que peu de temps auparavant la pierre tombale d'un autre soldat de la même légion avait été trouvée à Kœnigshofen.

Voici un extrait du rapport de M. Schmidt sur la nouvelle découverte :

«.... A Kœnigshofen j'appris par hasard qu'une pierre avec inscription
était encastrée dans les murs d'une maison du faubourg Blanc. Quelque
vagues et incertaines que fussent les données, j'en suivis immédiatement
la trace et fus enfin amené devant un monument romain, déterré en
1873 lors de la reconstruction de l'auberge de la Charrue, aujourd'hui
n° 60 de la rue du faubourg Blanc. L'ancienne maison, incendiée pendant le siége, était de plusieurs mètres en retrait de la rue ; l'alignement
permit au propriétaire, M. Martin, de surbâtir une partie du trottoir sous
lequel se trouvait le monument sépulcral.

Le monument porte l'inscription :

T · I V L I V S · T · F·

CAM · ALB · M

ILES · LEG · II · BIE

NI · AN · XXXV

H · S · E · (1)

La pierre a une hauteur de 1^m,50 et compte 53 centimètres en largeur.
Un fronton triangulaire, orné au centre d'une rose et de chaque côté de
palmettes avec une rose plus petite, surmonte l'inscription, entaillée
dans un cadre dont la moitié supérieure seulement est remplie par l'épitaphe. Le reste est vide ; on peut donc s'étonner que les caractères dimi-
nuent de proportion après la première ligne. Les lettres de celle-ci ont
sept centimètres de haut, celles de la deuxième n'en ont que six, et celles
des troisième et quatrième descendent même jusqu'à cinq. Les sigles H.
S. E. qui terminent l'inscription reprennent seuls leur valeur. En somme
la taille de la pierre est moins soignée, l'ornementation beaucoup plus
simple et les lettres moins régulièrement tracées que celles du monu
ment de Largennius.

Au point de vue historique la pierre a son importance. C'est le troisième monument de la deuxième légion trouvé sur cette ligne et on n'en
connaît que quatre dans l'ancienne Germanie supérieure. C'est aussi le
premier objet de provenance romaine d'une certaine valeur qui ait été
exhumé au nord de la route.

Le guerrier était enterré presque en face de l'établissement de Sainte-
Barbe, c'est-à-dire de l'ancien Michelsbühl, où les fouilles du siècle passé
ont mis au jour de si importantes antiquités sépulcrales. Nous avons ainsi
une preuve de plus que la rue du faubourg National correspond exactement avec la route militaire des Romains, dont les deux côtés devaient
être bordés de tombes aux abords de la ville. »

(Les Affiches, journal de Strasbourg.)

---

(1) Nous craignons que cette inscription n'ait pas été bien lue. Nous pensons qu'il
faut attendre, avant d'en donner la traduction, d'en avoir un bon estampage.

(Note de la Direction.)

—— Il nous est signalé de divers côtés un certain nombre de trouvailles d'antiquités faites récemment dans la banlieue de Colmar. Il peut être intéressant d'en prendre note.

La première se rapporte à une espèce de pavé que M. Reech a mis à nu près de sa tuilerie, située comme l'on sait sur le ban de Colmar, quoique formant corps avec le village de Horbourg. C'est une couche de cailloux roulés et de fragments de pierres brutes entremêlés de quelques morceaux de briques, posés à plat à plus de deux mètres sous le sol ; elle a une largeur d'environ trois mètres et paraît se diriger du N. E. au S. O. Elle est posée sur un fond de marne bleue et couverte d'un banc homogène et non remanié de lehm propre à la confection des tuiles. Une particularité signalée par M. Reech, c'est que ce lehm renferme par-ci par-là des fers de cheval entiers ou brisés. Cette circonstance, jointe [à la présence de morceaux de brique dans le pavé au-dessous du lehm, fait supposer que le dépôt s'est fait dans les temps historiques. Ici s'élève la question de savoir quelle différence existe entre ce lehm et le lehm d'Eguisheim, où il a été trouvé un crâne humain à une profondeur de $2^m,50$ cent. ?

La seconde concerne l'existence de quatre tumulus bien caractérisés, qui ont été reconnus tout récemment au lieu dit Oberalmend, dans l'Ober Aue. Il faut espérer que des fouilles faites avec précaution fourniront des objets qui auront leur place toute marquée au Musée Schœngauer. Un autre tumulus déjà connu, le Dachsbühl, a donné son nom à un canton considérable entre le Neuland et le Nickles. Des fouilles faites en 1845 dans ce canton, section E, n° 1085, par feu M. Hugot, ont mis à jour des fragments de tuiles romaines, des débris de poteries et du ciment romain mêlé à des blocs de pierre.

L'existence de tumulus et d'un établissement romain dans la zone de l'Aue rejette bien loin la supposition émise par Billing et répétée depuis à satiété, que ce canton a été canalisé et rendu propre à la culture par un ancien greffier syndic de Colmar, Jœrg Wiggram, qui vivait au xvi° siècle.

La manie des étymologies a conduit à ce beau résultat. Il se trouve en effet dans l'Aue un canton dit *Wickelsbrunnfeld*, vulgairement Nickles ; comme le sens de ce nom n'est pas facile à deviner, on a trouvé plus commode de l'appeler *Wickgrams Blum Feld*, à cause du grand mérite que Wickgram était censé avoir acquis par ses travaux.

(*Journal de Colmar*, Alsace.)

—— Nous lisons dans le dernier numéro de la *Revue savoisienne* le compte rendu suivant d'une séance de la Société florimontane :

« M. Revon expose le produit des fouilles exécutées sous un murger à Gruffy (1), et signale de nombreux fragments d'inscriptions provenant de la démolition de l'église de ce village. Ils sont promis au musée. (Musée d'Annecy.)

(1) Ce murger renfermait une belle plaque de ceinture en bronze, quatre anneaux

On connaissait déjà le fragment :

DOMITIA·C·F·MAR/////

Les autres paraissent se rapporter à la même inscription :

////S·PATRVO////   et   ////VA·SIBI·P/////

M. Allmer, à qui M. Revon a communiqué cette découverte, nous écrit :
« Le nom de *Domitia*, un des plus connus de la haute aristocratie romaine, le soin que prend la personne qui le portait de rappeler sa filiation, ce qui marque en elle une personne d'un rang supérieur, tout cela indique une inscription non banale.

« Probablement le personnage qualifié de *patruus*, à la mémoire duquel elle était consacrée, a joué dans ce pays-ci un rôle important comme fonctionnaire public ou municipal, ou comme grand propriétaire. L'essentiel, c'est de profiter de l'heureuse circonstance de la démolition de l'église pour tâcher de rassembler tout ce qu'on pourra retrouver du tombeau qui sans doute a existé autrefois sur cet emplacement.

« Déjà on peut lire :

« ..... *Domitia, Caii F(ilia), Mar........ S. Patruo.... . (vi)va sibi p(osuit,* ou *posterisque suis posuit).*

« *Mar....* est certainement le commencement du *cognomen*, soit *Marcella*, ou *Marcia*, ou quelque autre. La première partie de l'inscription devait contenir les noms et titres du personnage. »

—— La *Revue savoisienne* donne également la nouvelle suivante :

« Le capitaine Burton, qui fit, il y a vingt-cinq ans, un voyage à la Mecque, déguisé en musulman, a reçu les confidences d'un pèlerin sur l'emplacement de mines d'or et d'argent. Burton obtint du khédive le commandement d'une expédition pour aller reconnaître ces gîtes précieux. Dans l'ancien pays des Madianites, Burton a retrouvé les ruines de trente-deux villes et les restes de nombreux établissements métallurgiques, puis les gisements signalés d'or et d'argent, de soufre et de sel gemme.

M. de Lesseps attend des caisses renfermant des échantillons de minerais qu'il soumettra à l'examen de M. Daubrée. Il paraît que M. Mariette possède des papyrus mentionnant l'existence de nombreuses usines minérales dans le pays des Madianites. Le golfe d'Akabah, près duquel les découvertes ont été faites, n'est éloigné de Suez que d'une ou deux journées. »   .

---

de jambe, une vingtaine de bracelets, deux torques et deux fibules. Les dessins en ont été envoyés au musée de Saint-Germain par M. Revon.

(*Note de la Direction.*)

—— Nous lisons dans plusieurs journaux et nous publions sous toute réserve la nouvelle suivante :

« On sait que l'antiquité nous a laissé deux versions sur la mort du roi Cyrus, le vainqueur de Crésus ; selon les uns, il serait mort dans son lit ; selon d'autres, il aurait péri dans une bataille contre les Massagètes. Or, voilà que, ces jours derniers, une paysanne béchant la terre près de Michakoff, sur le Dniester, a découvert tout un trésor composé d'objets en or, d'une valeur, rien qu'au poids, de 250,000 fr. ; il s'y trouve une couronne, des coupes, des agrafes avec têtes de dragon, des sceptres, etc., objets qui, suivant le savant archéologue Praglowski, offrent une analogie étonnante avec l'art persan ; d'après lui, ce seraient là les insignes du roi Cyrus, qui auraient été enfouis là par ses serviteurs au moment où la bataille contre les Massagètes aurait été perdue. M. Praglowski prépare un grand travail pour établir les preuves de son opinion.»

—— Sommaire du numéro de juillet du *Journal des Savants* : *Reliques de Constantinople*, par M. E. Miller. *La Religion de* Zoroastre, par M. Barthélemy Saint-Hilaire. *Histoire de l'Europe pendant la Révolution française*, par M. H. Wallon. *Publications nouvelles sur Montesquieu*, par M. E. Caro. Nouvelles littéraires, etc.

BIBLIOGRAPHIE

Les tumulus de la Boixe. Rapport présenté à la Société archéologique et historique de la Charente, au nom de la commission des fouilles, par MM. Chauvet et Lièvre. Broch. in-8, 44 p., 6 planches.

Excellent rapport, décrivant avec soin des fouilles bien dirigées ; beaucoup de faits, peu de réflexions. Ce n'est pas un reproche que nous adressons aux auteurs. Les sociétés de province ne sauraient faire de travaux plus utiles. Plusieurs vérités ressortent de cette exploration, nous les indiquerons brièvement. Onze tumulus ont été fouillés dans un rayon de quelques centaines de mètres au sein de la forêt de Boixe. Tous étaient circulaires. Dimension moyenne, 15 mètres de diamètre sur $1^m,50$ de haut. Ces tumulus appartiennent exclusivement à la période durant laquelle dans les sépultures dominait la pierre polie. Ils ne recouvrent pas de monuments mégalithiques, mais plutôt des caveaux en pierres sèches, modification des véritables dolmens ou allées couvertes. — Chaque tumulus paraît avoir été un tombeau de famille. — Les corps y étaient accroupis. Parmi les objets déposés près des morts, la hache polie domine, mais les silex éclatés ne manquent pas ; toute une série de ces silex rappelle les silex des cavernes, en sorte que les tumulus de la Boixe présentent un mélange de l'industrie des deux périodes paléolithique et néolithique. Aucun instrument de métal ne s'est d'ailleurs rencontré dans les fouilles. Les poteries y sont rares et grossières. — Ces tumulus rentrent donc dans le grand groupe des tumulus de l'Ouest associé aux dolmens ; ils se distinguent nettement des groupes des contrées orientales de la Gaule, où les métaux se montrent toujours quand ils n'y dominent pas complétement. Les conjectures de M. Alfred Maury, qui voit dans les populations de l'Ouest, ayant élevé les dolmens, les vieilles populations refoulées par les invasions venues d'Orient dès une époque assez reculée, deviennent ainsi de plus en plus probables.   A. B.

ÉROS ET PSYCHÉ

GROUPE EN TERRE CUITE

Le joli groupe que nous publions dans la pl. XIX, appartient à la classe des terres cuites dites *d'Ephèse*, dénomination dont l'existence est contestée par quelques-uns de ceux qui connaissent le mieux les provenances les plus habituelles des contrées grecques. Ce qui est du moins certain, c'est que les figurines de cette classe, que la coupable industrie des faussaires commence à imiter sur une large échelle, ont pour origine une des localités de l'Asie Mineure. Le style en est très-caractérisé et, avec une exécution ronde et molle, malgré une certaine finesse, il rattache ces monuments de la plastique à l'école des sculpteurs éclectiques, qui eut son berceau à Athènes dans le dernier siècle de la République romaine, à l'école qui a produit la Vénus de Médicis et le prétendu Germanicus du Louvre.

M. Collignon a déjà décrit notre groupe dans son remarquable *Essai sur les monuments grecs et romains du mythe de Psyché* (1), d'après des notes de M. J. Martha. Mais il n'a pas été figuré. L'authenticité en est incontestable et il a conservé de nombreux vestiges de la dorure qui, à l'origine, le revêtait entièrement, comme toutes les terres cuites dites d'Ephèse. La planche est conforme aux dimensions de l'original.

L'artiste a représenté dans ce groupe *Eros* et *Psyché* debout, se présentant de face, enlacés dans les bras l'un de l'autre. Tous deux sont ailés. Éros pose sa main droite sur le sein de Psyché; celle-ci, de sa main gauche, retient la draperie qui enveloppe ses jambes et, formant nœud par devant, est retenue sur ses hanches. C'est

---

(1) P. 22 et 95, n° 30 *ter.*

l'agencement de draperie habituel dans presque toutes les représentations de Psyché.

Le même sujet se reproduit plus d'une fois dans les terres cuites. Ainsi un groupe de Tanagra, dans la collection de M. Camille Lécuyer, actuellement exposée au palais du Trocadéro, est particulièrement important en ce qu'il nous montre le *symplegma* d'Éros et de Psyché déjà figuré par les coroplastes au IIIe siècle avant notre ère. Les représentations de cette catégorie ont été trop négligées dans le catalogue de monuments, si complet et si bien fait en ce qui est des pierres gravées, des peintures et des marbres, que M. Collignon a placé à la suite de son essai. Les quelques terres cuites qu'il y énumère, à l'exception de celle que nous publions aujourd'hui, sont bien douteuses comme images du groupe d'Éros et Psyché ; il serait facile d'y donner des interprétations autres et beaucoup plus satisfaisantes. Mais, dans les monuments déjà publiés par la gravure, le savant membre de l'École d'Athènes aurait pu citer quelques représentations absolument certaines du mythe qu'il étudiait avec une érudition si ingénieuse. Tel est le groupe d'Armento dans la Basilicate, autrefois possédé par R. Barone (1) ; telle aussi la belle terre cuite de l'ancienne collection Janzé, originaire de la Grande Grèce, qui montre les bustes d'Éros et de Psyché échangeant un baiser (2), morceau remarquable par sa grande dimension. Les monuments non encore publiés fourniraient facilement un large supplément de catalogue, si on apportait quelque soin à leur recherche dans les collections publiques ou privées facilement accessibles à l'étude. Je me bornerai à signaler ici un petit groupe du même sujet, fort gracieux de composition, que l'on peut voir en ce moment à l'Exposition universelle, dans les vitrines de la collection Paravey.

C'est précisément la très-haute estime où je tiens le travail de M. Collignon, qui m'a fait juger nécessaire de signaler en passant le seul point où il me paraît présenter de sérieuses lacunes.

Fr. Lenormant.

---

(1) Minervini, *Monumenti antichi inediti posseduti da Raffaele Barone*, pl. II, n° 4. — M. Minervini dit que plusieurs répétitions de ce groupe ont été découvertes dans les tombeaux d'Armento.

(2) *Choix de terres cuites antiques du cabinet de M. le vicomte H. de Janzé*, pl. XLIII.

DU SYMBOLISME

REPRÉSENTATIONS DES PREMIERS CHRÉTIENS [1]

Souvent un fait rapporté par les Livres saints contient un sens symbolique; l'Évangile même l'atteste, alors qu'il montre une figure du Christ dans le serpent d'airain, dans Jonas englouti et rejeté par le monstre (Matth. xii, 40; Joh. iii, 14). Les Pères y insistent sans fin, et les monuments eux-mêmes apportent ici leur part de preuves. C'est ainsi que les œuvres d'art laissées par les premiers chrétiens nous montrent parfois un fidèle, une femme même, remplaçant, dans l'arche, Noé (2), ce grand type du croyant sauvé par le secours d'en haut; le poisson, image du Sauveur, étendu sous la courge où reposa le prophète Jonas (3); saint Pierre substitué à Moïse et frappant le rocher d'Horeb (4); le Christ figuré par un agneau (5), son monogramme brillant au ciel au lieu de l'étoile des Mages (6);

---

(1) Sauf quelques additions, ce mémoire est tiré de l'introduction d'un livre de M. Edmond Le Blant, que vient de publier le ministère de l'instruction publique. Le travail, intitulé *Etudes sur les sarcophages chrétiens antiques de la ville d'Arles* (petit in-folio, imprimerie nationale, 1878), est accompagné de trente-six planches auxquelles renvoient les numéros notés ici sans autre indication.

(*Note de la Rédaction.*)

(2) Garrucci, *Storia dell' arte cristiana*, t. II, p. 36 et 56 ; sarcophage au musée de Latran (De Rossi, *Museo cristiano Pio-Lateranense*, tav. XV, et Roller, *Les Catacombes*, pl. XLIX, sous presse).

(3) Garrucci, *Storia dell' arte cristiana*, t. I, p. 37, et tav. CLXXIV.

(4) De Rossi, *Bullett. di archeologia cristiana*, 1868, p. 3 ; coupe de Podgoritza. (*Etudes sur les sarcophages chrétiens de la ville d'Arles*, pl. XXXV.)

(5) Bosio, *Roma sotterranea*, p. 45.

(6) De Rossi, *Bullettino*, 1863, p. 76 ; 1866, p. 66 ; *Inscriptions chrétiennes de la Gaule*, n° 388.

Suzanne représentée par une brebis entre deux loups (1) ; le Seigneur et les Apôtres guidant la barque, image de l'Église (2).

Ce sont là des faits qui s'imposent, et qui ont facilement conduit à chercher un sens mystérieux dans chacun des sujets si variés dont se compose l'iconographie chrétienne des premiers âges. Sur ce terrain, les interprètes modernes n'ont point seulement fait appel à leur imagination ; les Pères eux-mêmes ont fourni le plus souvent les éléments des explications cherchées, et il doit sembler tout d'abord qu'avec l'appui, l'exemple de pareils guides, la sécurité soit entière. Quelques doutes pourtant me sont venus sur l'application trop absolue de cette méthode d'exégèse, et l'on me permettra de les exposer.

Sur la foi d'un texte du viiie siècle, une persuasion semble s'être établie : c'est qu'aux temps primitifs, l'Église a, pour parler ainsi, tenu la main de ses artistes, et que chaque particularité de leurs œuvres a, dès lors, son sens et sa valeur (3). J'hésite à le croire. Si les tableaux que ces hommes nous ont laissés témoignent souvent de la continuation de types dès longtemps en usage dans les ateliers, ils me semblent moins porter l'empreinte d'une direction imprimée par le clergé chrétien.

Est-ce à une influence de cette espèce qu'on peut attribuer tant de particularités en désaccord avec les données des Livres saints ? la présence d'un assesseur placé près de Pilate, bien que l'Évangile soit muet sur cette circonstance (4) ? les urnes de Cana plus ou moins nombreuses que ne le dit saint Jean (ii, 6) (5) ? David et Goliath figurés de même taille (6) ? Ève représentée avec une coiffure recherchée, des bracelets et un collier à médaillon (7) ? Lazare dans une édicule à fronton, élevée sur des marches, tandis que saint Jean parle d'une *spelunca* fermée par une pierre (8) ? le même person-

(1) Perret, *Catacombes*, t. 1, pl. LXXVIII.

(2) De Rossi, *Bullettino*, 1871, tav. VII.

(3) *Concil. Nic. II*, act. VI, an. 787 (Labbe, t. IV, p. 360) ; cf. Émeric David, *Hist. de la peinture au moyen âge*, éd. de 1842, p. 73, etc.

(4) Bottari, *Roma sotterranea*, tav. XLVIII, et ma planche IX.

(5) Sarcophages d'Arles, pl. V, VI, VII, et autres monuments de même nature.

(6) Tombeau à Marseille (ms. de Peiresc, Bibliothèque nat., fonds latin, n° 6012, fol. 99) ; un autre à Reims (D. Marlot, *Histoire de Reims*, t. I, p. 602).

(7) Bottari, tav. LX et XCVI ; Garrucci, *Vetri*, 2e éd., tav. II, nos 1 et 2 ; coupe de Podgoritza (pl. XXXV).

(8) Tous les sarcophages où figure ce trait de l'histoire évangélique. Voir, pour la forme réelle de la *spelunca* juive, le tombeau reproduit par M. Renan, *Mission de Phénicie*, p. 209.

nage, enveloppé d'un drap mortuaire et le visage à nu, malgré le
témoignage de l'Évangile, qui parle de ses membres serrés de bandelettes, à la mode égyptienne, et d'un linge couvrant la face du
mort (Job. xi, 44) (1)? les arcades monumentales figurées dans le
désert, derrière les Hébreux, au moment où ils viennent de passer
la mer Rouge (2)? le fumier, ou plutôt la cendre sur laquelle Job
était assis, remplacée par un siège élégant (3)? dans l'image si populaire du sacrifice d'Abraham, un gracieux autel de pierre taillée (4),
portant même parfois sur ses faces la patère, le *simpulum* païens (5),
alors que la Genèse nous montre le patriarche construisant de ses
mains l'autel au haut de la montagne (xxii, 9) et nécessairement de
pierres brutes (6)? le prophète désobéissant qu'un lion vient de tuer
sur la route (III *Reg.*, xiii, 24), enveloppé de bandelettes, comme
Lazare mort depuis quatre jours et pieusement enseveli par les
siens (7)? Daniel, au tribunal, siégeant sur une roche (8)? Une direction unique et raisonnée aurait-elle laissé représenter Marie, Marthe,
sa sœur, et d'autres personnages, tantôt plus petits, tantôt de même
taille que le Seigneur (9)?

Il est encore, à mon avis du moins, un trait qui doit être rappelé
ici. En parlant de la Lesché de Delphes, Pausanias fait observer que
le peintre a admis, dans sa composition, des personnages dont la
présence ne saurait s'expliquer (10). Je n'ai pas à juger si cette

(1) De Rossi, *Roma sotterranea*, t. II, pl. XIV, XV. Pour le visage à découvert,
voir les sarcophages.

(2) Bottari, tav. CXCIV.

(3) Fragment, p. 63 des *Etudes sur les sarcophages chrétiens d'Arles;* un autre
bas-relief au musée de Latran.

(4) Bottari, tav. XXVII, XXIX, XXXIII, XL, LXXXIV, LXXXIX. Sarcophages
d'Arles, pl. VI, VIII, etc.

(5) Bottari, tav. XV et XXVII ; Ferrario, *Monumenti di S. Ambrogio in Milano,*
tav. XV.

(6) Cf. *Deuteron.*, xxvii, 5; Appolon. Rhod. I, v. 402, 403 ; II, v. 694, 695.

(7) Odorici, *Mon. cristiani di Brescia*, tav. VI, n⁰ 13.

(8) Pl. VIII ; Bottari, tav. LXXXVIII, etc. Les marbres nous montrent aussi Dieu
le Père et la Vierge assis tantôt sur une roche (Sarcophages d'Arles, pl. VI et XXVI),
tantôt sur une *cathedra* (Bottari, tav. CXXXIII, CXXXVII ; De Rossi, *Bullettino,*
1865, p. 69 ; une tombe au musée de Latran).

(9) Sur le plus grand nombre des tombeaux, les sœurs de Lazare sont figurées de
très-petite taille à côté du Christ. Voir, pour les exceptions, le tombeau d'Arles,
pl. VII; Bottari, tav. XLII, XLIV. Dans les bas-reliefs d'un célèbre sarcophage du
musée de Latran (De Rossi, *Bullettino,* 1865, p. 69), nous trouvons, en même temps,
Adam et Ève grands et petits.

(10) Lib. X, c. xxv et xxvi. Cf. Lenormant, *La Lesché de Delphes,* p. 78; De
Witte, *Les miroirs chez les anciens*, p. 19, 20.

critique est ou n'est pas fondée, en ce qui touche l'œuvre de Polý-
gnote ; mais celles des sculpteurs chrétiens me semblent l'appeler à
juste titre.

Moïse, dit l'Exode, paissait, sur la montagne, les brebis de Jethro ;
il vit paraître le Seigneur dans le buisson ardent, et le Seigneur lui
dit : « N'approche pas, quitte ta chaussure, car tu es ici sur une
terre sainte. » Je comprends encore qu'à la rigueur, les marbres qui
reproduisent cette scène nous montrent, avec le chef des Hébreux,
un second personnage, bien que ce dernier n'y soit pas représenté
dans le buisson ardent (1) ; mais comment expliquer que l'artiste
groupe deux et même quatre figures à côté de Moïse (2) ? Pourquoi
une troisième avec Caïn et Abel offrant leur sacrifice à Dieu (3), et,
s'il s'agit d'Adam, comme plusieurs l'ont pensé, pourquoi sa présence
dans cette scène ? Pourquoi trois autres accompagnent-ils Daniel
dans la fosse aux lions, où il fut visité par l'Ange et Habacuc (4) ?
Pourquoi deux ou trois assistants auprès d'Abraham levant le couteau sur son fils (5) ? Pourquoi quatre et même six personnages dans
la scène qui montre nos premiers parents chassés de l'Éden (6) ? Je
sais que, par voie de conjecture, on peut chercher et apporter ici
des explications diverses ; mais on me permettra de m'en tenir à la
simple déclaration faite par le vieux Bottari devant un trait de cette
nature : « Quella figura che è allato a Mosè non vi ha che farè cosa
del mondo (7). » Ici, pour moi, l'erreur, la distraction des artistes,
sont évidentes, aussi bien que lorsqu'ils écrivaient **ABRAM** au-dessus
de la tête d'Adam et, sur un verre doré, **CRISTVS** à côté de la
figure d'un saint (8).

L'initiative individuelle, avec ses fautes, ses fantaisies, a eu, selon
moi, plus de part qu'on ne le pense dans l'exécution des bas-reliefs
chrétiens. Une autre sorte d'écarts que l'on ne peut méconnaître
suffit à le démontrer.

Le début d'un traité de Tertullien nous apprend que, malgré leur
conversion à la foi nouvelle, des artistes continuaient à mettre la

(1) Bottari, tav. XLI.
(2) *Gazette archéologique*, 1876, p. 93 ; Bottari, tav. LXXXIV. ˙
(3) Bottari, tav. CXXXVII.
(4) *Id.*, tav. LXXXIV.
(5) Planches V et VI.
(6) Bottari, tav. LI et LXXXVIII.
(7) T. I, p. 178 ; voir aussi p. 39.
(8) *Etudes sur les sarcophages d'Arles*, pl. XXXV ; Garrucci, *Vetri*, tav. XX,
n° 3 et p. 122.

main à la fabrication des idoles ; sculpteurs, peintres, graveurs, ciseleurs, brodeurs, modeleurs, encourent sur ce point ses remontrances(1). N'en eût-il pas été ainsi, les traditions d'atelier, la vue des images païennes qui frappaient à chaque instant les yeux, auraient suffi à influer sur l'exécution des sujets chrétiens que ces hommes avaient à reproduire. Cette influence s'est exercée dans une mesure considérable. De là, l'introduction fréquente de types familiers aux gentils : génies nus et ailés soutenant la tablette où se gravait l'épitaphe (2), ou dans une attitude funèbre et tenant des torches renversées (3); tritons (4), figures ornementales d'Atlas ou de Télamons (5); les vents (6), le ciel (7), les fleuves, la mer, représentés par des figures humaines conformes à celles qu'y employaient les idolâtres (8). Si le monstre qui engloutit Jonas n'est autre que celui d'Andromède (9), si l'on place Lazare dans un *heroum* païen, si des têtes de Méduse sont sculptées aux extrémités de l'un de nos sarcophages (10), si l'arche de Noé reproduit exactement le coffre dans lequel Danaé et Persée furent exposés sur la mer (11), je ne saurais m'empêcher d'y reconnaître l'action libre des artistes continuant une tradition d'école.

Ainsi donc, ignorance, erreurs commises, influence païenne large-

---

(1) *De idololatria*, c. vi, vii, viii. Cf. *Adversus Hermogenem*, c. t, et la note de Rigault.

(2) Pl. XVI, XIX, XX.

(3) Sarcophage de la chapelle sépulcrale des comtes de Toulouse (*Histoire générale de Languedoc*, t. III de l'édition Dumége).

(4) Sarcophages d'Arles, pl. II, fig. 1, et pl. IX, etc.

(5) Aurelio Fernandez Guerra y Orbe, *Monumento Zaragozano del año* 312.

(6) *Etudes sur les sarcophages d'Arles*, p. 11.

(7) *Ibid.*, p. 2 ; Bottari, tav. XV et XXXIII. Cf. *Museo Pio-Clement*, t. IV, tav. XVIII et XXXVIII ; Winckelmann, *Monumenti inediti*, tav. XLIII, etc.

(8) Sarcophages d'Arles, pl. XXI et note LI, représentant le passage de la mer Rouge. Autres tombes d'Arles et de Rome où figurent le même sujet et Élie enlevé au ciel. En ce qui touche cette dernière scène, il est difficile de ne pas reconnaître, dans le personnage mythologique couché sous les pieds des chevaux, une réminiscence du type adopté pour les bas-reliefs représentant l'enlèvement de Proserpine (Lasinio, *Sarcofagi di Pisa*, tav. CXXIX ; Millin, *Galerie mythologique*, pl. LXXXVI, etc.).

(9) Raoul Rochette, *Mémoires de l'Académie des inscriptions*, t. XIII, p. 111, 112 ; *Antiche opere in plastica del museo Campana*, tav. LVII ; Garrucci, *Monum. inediti dell' Inst. arch.*, t. VI, tav. XL, etc. Le même monstre se retrouve avec des figures mythologiques sur un médaillon contorniate (Sabbatier, *Méd. cont.*, pl. XII, n° 6).

(10) Le R. P. Minasi, *Revue catholique d'Aire et de Dax,* 30 mai 1874.

(11) Garrucci, *Vetri*, 2ᵉ éd., p. 27.

ment subie, voilà ce que l'on trouve chez ceux dont je vois souvent
interroger les œuvres jusque dans les derniers accessoires, comme si
chacun de ces traits devait avoir son importance et recéler quelque
enseignement mystérieux.

Si, comme nous n'en pouvons douter, une intention de symbolisme a parfois guidé les artistes, à coup sûr une pareille pensée ne
fut point constante en leur esprit. Les marbres sortis de leurs mains
me paraissent le démontrer. Un célèbre passage des Livres saints
nous fait voir Abraham apercevant, lorsqu'il levait le couteau sur
son fils, un bélier dont les cornes s'étaient embarrassées dans les
ronces (*Gen.* xxii, 13), et les Pères qui écrivirent au iv°, au v° siècle,
saint Augustin, saint Ambroise, saint Prosper d'Aquitaine, montrent
avec insistance, en cet endroit, une figure mystérieuse de la Passion
et du couronnement d'épines (1). Alors que cette explication, évidemment courante chez les fidèles, pouvait inspirer les sculpteurs
contemporains, nous les voyons le plus souvent figurer auprès
d'Abraham une victime sans cornes (2) et, à de très-rares exceptions
près, ne pas indiquer que le bélier est arrêté dans les ronces (3).

Un système d'explication inauguré, au début de ce siècle, par un
antiquaire romain, est venu agrandir le champ déjà si largement
ouvert aux interprétations tirées du symbolisme. La distribution des
sujets a été soigneusement étudiée, et l'on s'est appliqué à chercher
la raison d'être de leurs juxtapositions (4). Il a paru que, dans un
muet langage, le pinceau, le ciseau, exprimaient parfois des phrases
entières, et que des sentences évangéliques, rappelées par une
savante combinaison des scènes, revivaient dès lors comme inscrites
sur les monuments de l'art chrétien. C'est ainsi que la réunion, dans
une fresque de la Hongrie, des Mages, de l'Arche, de Jonas, dont les
types, pris au sens mystique, représentent la vocation des gentils,
le baptême, le salut et la résurrection, a semblé à un savant allemand

---

(1) S. August. *Civ. Dei*, XVI, 31 : « Quid ergo illo figurabatur, nisi Jesus Christus, antequam immolaretur, spinis judaicis coronatus ? » *In Ps.* xxx, § 9 : « Ille
postremo ipse aries Christum significavit. Quid enim est hærere cornibus, nisi quodam modo crucifigi ? » Voir encore : *Contra Faustum*, lib. XII, c. xxv ; *Contra
Maximium*, lib. III, c. xxvi ; *Sermo* ccclii, § 3. S. Prosp. Aquit. *De prom.* lib. I,
c. xvii : « Aries cornibus in vepre detentus spinis coronatum Christum ostendens. »
S. Ambros. *De Abraham*, lib. l, c. viii, § 77 ; Isychius presb. *In Levit.* lib. V, c. xi
(Bibl. PP. ed. Lugd. t. XII, p. 120).

(2) Bottari, tav. XV, XXIX, XL, LIX, CXI, CXCV.

(3) Pl. XXI; Bottari, tav. XXVII.

(4) Ratti, *Atti della pontificia Accademia di archeologia*, t. IV, p. 68 et suiv.

la claire traduction des mots du Christ : *Qui crediderit et baptizatus fuerit, salvus erit.* Je n'ose suivre une telle voie ; le système, peut-être excellent, dans lequel on s'engage de la sorte ne me paraît point encore suffisamment étudié ; la carrière qu'il ouvre aux conjectures est, selon moi, trop large et trop facile, partant pleine de périls pour ceux surtout auxquels l'expérience fait défaut, et je crains qu'une trop grande importance ne soit ainsi donnée, sans que d'ailleurs les textes anciens nous y autorisent, à la juxtaposition des sujets.

J'ai montré les erreurs commises par les artistes chrétiens, leur tendance à continuer les types figuratifs des idolâtres. Le degré de simplicité dont témoigne en même temps ce double trait ne me laisse guère croire, chez ces hommes, aux intentions raffinées qu'on leur prête au point de vue dont je parle.

Ce qui préoccupait le plus grand nombre d'entre eux, et je le remarque de même chez les sculpteurs des tombes païennes, c'était surtout une heureuse composition de leur œuvre, c'était l'ordonnance, l'agencement matériel des scènes à représenter.

Une première preuve de ce fait se montre dans les reliefs d'un marbre que nous verrons plus loin, et sur lequel, pour laisser voir les suivants de Pilate, le Christ a, contrairement à une règle constante, été représenté d'une taille inférieure à celle des personnages qui l'entourent (1).

Il en est encore d'autres marques.

Aux deux extrémités des sarcophages, on aimait à placer des objets de forme massive ou élevée qui les terminassent bien pour le regard, un rocher, par exemple, un édifice ; Moïse frappant la pierre d'Horeb, Lazare dans son *heroum*, voilà ce qui domine, et de beaucoup, parmi les motifs qui occupent les extrémités des tombeaux (2). Sur ceux qu'a publiés Bottari, la roche du désert termine treize fois le bas-relief, et par dix fois Lazare ressuscité forme le sujet extrême. D'autres scènes, il est vrai, occupent aussi cette même place, mais par deux, trois ou quatre fois seulement, et le plus grand nombre d'entre elles ne s'y trouve que par unité. Il en est de même en Gaule, où nous voyons, dans les conditions que je viens de dire, neuf figures de Lazare dans l'édicule, onze figures de Moïse frappant

---

(1) Pl. IX.

(2) Je ne parle ici que de la classe si nombreuse des sarcophages où les scènes se développent sans être divisées par ces arcades qui, en donnant un cadre à chaque tableau, en rendaient le classement plus indifférent au point de vue de l'effet matériel.

la róche, tandis qu'aucune des autres scènes familières à l'iconographie chrétienne n'y paraît plus d'une fois.

Ce même besoin de bien terminer le bas-relief pour l'œil du spectateur a fait également placer aux extrémités des sarcophages un siège dont l'occupant est tourné vers le centre du tableau. Là se trouvent, à Rome et en Gaule, le Créateur, la Vierge, Daniel jugeant dans le procès de Suzanne, Pilate, Job, saint Pierre dont le Christ lave les pieds, Hérode ordonnant le massacre des innocents, puis un vieillard lisant dont j'aurai à parler ailleurs (1). Parfois, comme on le verra plus loin sur des tombes d'Arles, deux personnages assis et tournés l'un vers l'autre occupent les bouts opposés du tableau (2).

L'intention de le terminer par des objets faisant pendant ne saurait ici être douteuse; elle se montre plus nettement encore sur un marbre chrétien presque inconnu, bien que deux copies en aient déjà été données : je veux parler du sarcophage déposé dans l'église de Lucq de Béarn (3). Le premier sujet placé·à gauche est la résurrection de

.

(1) *Etudes sur les sarcophages de la ville d'Arles*, p. 5.

(2) Pl. VIII et IX.

(3) Ce monument a été publié, en 1856, dans un livre de M. Cénac Moncaut, *Voyage archéologique et historique dans l'ancienne vicomté de Béarn*, p. 16, et récemment par M. Le Cœur, *Le Béarn*, pl. XLIV. Les deux copies, que j'avais sous les yeux en visitant le marbre original, laissent beaucoup à désirer; la figure de Marthe enveloppée de son vêtement et voilée, celles de Lazare, du paralytique et d'autres encore sont inexactement rendues; des têtes du deuxième plan ont été omises, ainsi que deux vases placés à terre aux pieds du Christ multipliant les pains; on n'a point indiqué qu'Abraham est vêtu d'une courte tunique exomide, et qu'entre lui et l'édicule se trouve, comme sur un sarcophage de Toulouse, une femme voilée. Le personnage qui arrête le bras d'Abraham est vêtu de long et tient un *volumen* roulé; un autel avec flamme se voit au bas de l'édicule. Contrairement à ce que montrent les dessins, où ces détails manquent, le *volumen* ouvert n'est aux mains d'aucun des acteurs des scènes représentées.

Presque toutes les têtes de ce bas-relief ont disparu.

Le petit côté de droite, très-mutilé, nous montre Daniel nu, exposé aux lions; par une dérogation au type consacré, il n'est pas figuré dans l'attitude de la prière, mais levant le bras droit vers un personnage vêtu du *pallium* et tenant un bâton; un autre, auquel il tourne le dos, se trouve à gauche. Les lions, fléchissant les pattes de devant, sont placés aux pieds de ces derniers et lèvent la tête vers eux.

La face de gauche représente, dit-on, Adam et Ève. J'aurais souhaité de la voir et d'apprendre de quelle façon le sculpteur, si peu soucieux de suivre les types reçus, avait traité son sujet; cette partie du marbre est, par malheur, appliquée contre la muraille.

Il eût été intéressant de donner ici un dessin exact du sarcophage de Lucq; mais le réduit entièrement sombre où il est enfoui, sous un amas de chaises, ne m'a pas permis d'en prendre une photographie. Espérons que, comme l'on a fait à Arles, on placera le monument dans un jour favorable, en l'utilisant comme autel ou comme

Lazare enveloppé de bandelettes et debout dans son édicule. A l'autre extrémité se voit le sacrifice d'Abraham, scène qui fournit un pendant exact à la première, le sculpteur y ayant introduit une autre édicule de même forme, dans laquelle apparaît le bélier dont parle la Bible. Rien ne s'oppose, à la rigueur, à ce qu'on reconnaisse ici, — ce dont je n'oserais toutefois me porter garant, — la marque d'une intention symbolique, par un rapprochement entre le saint Sépulcre et l'édicule du bélier, figure du Christ à l'heure de la Passion ; mais, quoi qu'il en soit à cet égard, la confrontation des œuvres dues aux sculpteurs des marbres funéraires, l'étude des coutumes de ces artistes, me montrent avant tout ici une preuve nouvelle de leur obéissance à une tradition d'atelier. Les païens, en effet, s'appliquaient de même à terminer leurs bas-reliefs funéraires par des groupes, des personnages qui se fissent pendant les uns aux autres. C'est ainsi qu'ils répétaient, aux deux extrémités des sarcophages, les images des Dioscures tenant leurs chevaux en main, des nymphes, des chars, des Néréides assises sur des Tritons, des lions dévorant des gazelles, des génies portant des corbeilles de fruits ou des torches renversées, des Victoires ailées, des caryatides, les figures de deux époux assis et tournés l'un vers l'autre (1).

Je relèverai encore, chez les chrétiens, d'autres indices d'une préoccupation de satisfaire, comme le faisaient les sculpteurs païens, aux convenances de l'agencement matériel.

Sur de nombreux sarcophages, les bustes des fidèles défunts se détachent dans un cadre ou un motif de forme arrondie, aux deux côtés duquel se développe la série des tableaux ; c'est ce que les antiquaires ont nommé l'*imago clypeata*. Au point où le bandeau supérieur du sarcophage rencontre la tête de ce cadre, il se produit à droite et à gauche un angle aigu ; pour en occuper le vide, il convient de chercher un objet de faible volume et qui, de plus, se place naturellement dans le haut de la scène. La main de Dieu sortant des nuages, pour arrêter le couteau d'Abraham ou pour remettre à Moïse les tables de la loi, remplit cette double condition, et c'est par

---

cuve baptismale, et que les amis de l'archéologie chrétienne pourront étudier et copier ce marbre, dont je n'ai vu nulle part le semblable.

(1) Voir, entre autres, Gori, *Inscriptiones in Etruriæ urbibus exstantes*, t. III, tav. X, XIV, XXV, XXVII, XXXI, XXXV, XXXVII, XLIII ; Garrucci, *Museo Lateran.*, tav. XXXI, XLII ; Casaño, *Del sotterraneo della cattedrale di Palermo*, tav. B, nᵒ 2 ; Peiresc, Bibl. nat., fonds latin, ms. nᵒ 8958, t. II, fol. 265 ; Visconti, *Mus. Pio-Clem.*, t. V, tav. XI, XXXIII ; Zoega, *Bassirilievi*, t. I, tav. XL.

exception seulement que cette main ne se rencontre point dans les angles dont je parle (1). Quant aux sujets qui avoisinent, l'artiste ne s'en est pas préoccupé. Là donc aussi tout a cédé aux convenances de la disposition matérielle, et si le sacrifice d'Abraham, l'épisode des tables de la Loi, ont été choisis, c'est que la forme de l'espace resté vide se prêtait à leur introduction. Les deux faits que je signale ne rendent pas, à coup sûr, inadmissible le système d'après lequel les scènes figurées sur les sarcophages auraient été groupées avec une intention symbolique; au moins montrent-ils que la place à remplir, le désir d'offrir au regard une disposition qui le satisfasse, ont été souvent et pour beaucoup dans le choix, dans l'agencement des groupes (2).

L'exemple donné par les Pères a conduit, je l'ait dit plus haut, à chercher dans chaque sujet, souvent même dans ses moindres accessoires, l'expression d'une pensée mystique. Les docteurs de l'Église ont, en effet, ouvert par leur méthode d'explication un large champ à l'exégèse conjecturale; je ne crois pas toutefois qu'on puisse suivre, sans quelque péril, la voie où ils se sont engagés. L'application de leur système a entraîné une double conséquence : accepter leurs interprétations, en imaginer d'autres de même nature. Ainsi a-t-on fait, en cherchant à pénétrer le sens des tableaux antiques, et si l'on a parfois mis en lumière des faits absolument hors de conteste, je crains que l'on n'ait pas toujours conclu avec autant de bonheur.

Pour qui veut, sans rien demander à sa propre inspiration, se borner à accepter, dans l'explication d'un sujet, celle qu'en ont donnée les Pères, une première difficulté surgit.

Des sens divers et nombreux ont, en effet, été souvent prêtés à une même scène.

---

(1) Pl. VI et VIII ; Buonarruoti, *Vetri*, p. 1 ; Bottari, tav. XLIX ; *Revue archéologique*, déc. 1877, pl. XXIII ; trois sarcophages au musée de Latran, photographiés de Parker, nos 2911, 2914, 2923.

(2) Il en est encore d'autres marques. Parmi les reliefs dont la disposition ne peut s'expliquer que par l'intention de placer des sujets en pendants, je ne dois pas oublier ceux des ampoules de terre cuite où saint Ménas est représenté debout, en prière, entre deux chameaux, bien qu'il ne soit parlé, dans les Actes, que d'un seul de ces animaux sur lequel le corps du martyr a été chargé (*Note sur une fiole à inscriptions portant l'image de saint Ménas ; Revue archéologique*, mai 1878, p. 305).

Une même recherche de pure symétrie se montre sur des sarcophages romains représentant les douze apôtres, groupes où les têtes barbues et les têtes imberbes alternent avec une constante régularité (Bottari, tav. XVIII, XXVIII et L).

S'agit-il des trois jeunes Hébreux jetés dans la fournaise, les docteurs de l'Église y ont vu à la fois le type :

De la résurrection ,

De l'Église militante,

Du martyre,

De la tyrannie qu'exercera l'Antechrist (1).

Daniel exposé aux lions et nourri par la main d'Habacuc a paru
figurer :

La résurrection,

L'eucharistie,

Le secours apporté par les prières aux âmes du purgatoire,

La passion du Christ,

L'exhortation à la constance dans le martyre.

Pour les Pères, Job sur son fumier représente à la fois :

Le Christ,

La résurrection,

Une exhortation à la patience.

Jonas rejeté par le monstre leur rappelle :

La résurrection,

Une image du Christ,

Un encouragement au martyre.

Les Hébreux traversant la mer Rouge figurent en même temps:

La rédemption,

Le baptême,

La pénitence,

Le démon vaincu dans Pharaon,

La foi guidant vers le paradis.

Le miracle du paralytique guéri contient une image :

De la résurrection,

De la pénitence,

De la rémission des péchés.

La vigne, c'est le symbole :

Du Christ,

De l'Église,

Des fidèles,

De la résurrection,

De l'eucharistie.

---

(1) Je ne rapporte pas ici, pour abréger, les justifications relatives à cet article et
aux suivants ; on en trouvera, au besoin, le plus grand nombre dans les livres de
Bosio, Buonarruoti, Bottari, et dans l'utile Dictionnaire du chanoine Martigny.

Voilà une part de ce que nous enseignent les Pères, et si je ne craignais pas de charger ces pages, j'étendrais facilement la liste des interprétations sans fin que chaque sujet a inspirées.

Au milieu d'une telle abondance d'explications parmi lesquelles il faut choisir, j'éprouve, je l'avoue, quelque embarras ; mais mon hésitation s'accroît, si, poussant plus loin la recherche, je veux interroger les Pères sur chacun des détails dont se composent les tableaux chrétiens.

Après m'être arrêté au triple sens contenu dans l'image de Jonas, j'apprends que la barque d'où il fut jeté figure l'Église, que l'antenne de cette barque représente la croix, que le poisson monstrueux est l'enfer, et que l'ombrage prêté par la courge au prophète rappelle les promesses de l'Ancien Testament.

. En parlant du rocher d'Horeb qui offre à la fois le symbole du Christ, du baptême et de la diffusion de la doctrine évangélique, je vois, chez le grand docteur d'Hippone, que si la pierre a, comme il l'explique, été frappée à deux reprises. c'est que deux pièces de bois formèrent la croix du Christ.

En rappelant que le miracle de Cana figure la transsubstantiation et le baptême, je note que les six urnes qui contenaient l'eau changée en vin représentent les six âges du monde.

La multiplication miraculeuse, image connue de l'eucharistie et de la bonté de Dieu qui nous nourrit, me montre, dans les cinq pains, les cinq livres du Pentateuque.

Devant la scène de l'hémorroïsse, qui est elle-même le type de l'*Ecclesia ex gentibus*, je me rappellerai que son sang a présagé celui des martyrs et que le bord de la robe du Christ est une figure de l'Église.

En même temps que le quadruple mystère dont j'ai déjà parlé, le passage de la mer Rouge mettra sous mes yeux, si je le prends par le détail, la croix dans le bois de la verge de Moïse, le Christ dans la colonne de flamme, dans la nuée, et, dans le *mare rubrum*, le baptême et le sang du Sauveur.

Le combat de David et de Goliath, reproduit sur nos sarcophages, me fera souvenir que le fait principal annonce la défaite du démon par la venue du Christ ; que le bâton de David est la croix, que sa pierre est le Seigneur lui-même, que le païen Goliath frappé au front représente le catéchumène sur le front duquel se fait l'onction de l'huile sainte.

Ici encore j'abrége, car, un illustre docteur l'a dit : « Quelque part que l'on creuse dans le champ biblique, des fleuves s'échappent en abondance (1), » et l'on remplirait des volumes des déductions tirées par les anciens de chaque fait de l'Écriture. Mais est-il possible, je le demande, d'étudier les monuments en tenant compte d'explications si diverses, si multiples, et dont le plus grand nombre nous éloigne, on vient de le voir, de l'idée funéraire, qui, selon toute apparence, a dû dominer les sculpteurs des tombes chez les chrétiens, comme elle a fait chez les païens (2)? Plus d'un trait de cette exégèse si compliquée est né d'ailleurs d'une pensée toute personnelle, peut-être de l'improvisation; c'est là souvent l'effort, j'ai presque dit le jeu, d'un bel esprit cédant à la mode du jour dans la recherche de la subtilité; ce qu'un docteur a pu écrire, un autre l'avait déclaré par avance inadmissible et presque ridicule, et j'en trouve à propos sur ma route un exemple relatif à la Drachme perdue, parabole qui, dans l'Évangile, vient après celle du Bon Pasteur.

Saint Augustin et avec lui saint Grégoire le Grand nous y montrent tout un appareil de symbolisme : « Celui qui est figuré par le Pasteur l'est aussi par la femme; c'est Dieu, c'est la Sagesse divine, et ainsi que la femme a perdu la drachme sur laquelle une image était empreinte, de même le péché éloigne du Créateur l'homme qui est fait à l'image de Dieu. La femme allume la lampe, parce que la sagesse d'en haut s'est incarnée dans l'humanité. La lampe est une lumière dans un vase d'argile; or, la lumière dans le vase, c'est la Divinité dans la chair. En effet, la Sagesse parle ainsi du vase de son corps : *Ma vertu s'est desséchée comme un vase de terre dans la fournaise.* Comme le vase se durcit dans le feu, ainsi la Passion a fortifié le corps de Jésus-Christ par la résurrection. La lampe allumée, la femme bouleverse la maison; et c'est ainsi que l'incarnation de la Divinité a bouleversé notre âme. La drachme est retrouvée alors, parce que le mouvement de la conscience rend à l'homme sa ressemblance avec le Créateur. Les amies, les voisines auxquelles la femme dit : « Félicitez-moi, » ne sont autres que les

---

(1) S. Chrysost. *De mutatione nominum*, hom., I, § 6.

(2) Les sujets à sens funéraire sont de beaucoup les plus nombreux dans les bas-reliefs des tombes païennes. C'est ainsi qu'on y voit le plus souvent représenter la mort d'Alceste, celle de Méléagre, de Phaéton, d'Actéon, d'Adonis, des enfants de Niobé; l'enlèvement de Proserpine, la barque de Charon, le voyage aux îles Fortunées, les génies tenant un flambeau renversé, le lion dévorant une gazelle, le Mercure psychopompe, Psyché qu'il entraîne, le papillon, symbole de l'âme, s'échappant du corps d'un mourant ; et, chez les Étrusques, les conclamations, le départ des âmes. Le nombre des représentations d'autres sortes est des plus restreints.

puissances célestes. Si elle possédait dix drachmes, c'est qu'il y a
neuf ordres d'anges, et que l'homme a été créé le dixième pour
achever le nombre des élus. Même après le péché, l'homme n'a pas
péri, parce que la Sagesse éternelle l'a régénéré en s'incarnant,
brillante par ses miracles comme la flamme dans le vase (1). »

A lire ce long commentaire, à entrevoir les déductions sans fin
dans lesquelles peut nous jeter l'imitation d'un tel modèle, je ne
saurais me défendre de songer à quelques mots qui, selon moi,
portent mieux l'empreinte d'une prudente raison; il s'agit d'un passage où Tertullien, traitant de la même parabole, condamne le
système de l'exégèse à outrance : « Demandera-t-on, dit-il, pourquoi le Seigneur parle de dix drachmes et pourquoi de balais? Ne
fallait-il point, pour faire comprendre que le salut d'un seul pécheur
réjouit Dieu, dire un nombre quelconque d'objets parmi lesquels
un seul s'était perdu? Ne fallait-il point montrer la femme cherchant par la maison, avec les balais et la lampe (2)? »

Alors donc que les Pères eux-mêmes ne s'accordent point entre
eux sur le sens prêté aux faits bibliques, il me semble parfois périlleux de les suivre sans aucune réserve, pour expliquer les monuments de l'antiquité chrétienne; plus périlleux encore est, je le
pense, de s'autoriser de leur exemple pour imaginer aujourd'hui
des interprétations auxquelles n'ont guère dû songer les artistes.
C'est beaucoup hasarder, à coup sûr, que d'écrire, comme je le vois
faire, que l'édicule funéraire de Lazare est une figure de l'Église
triomphante, parce que ses pierres exactement assemblées rappellent celles de la tour symbolique dont parle Hermas, dans le livre
du *Pasteur* (3); que sept fruits attachés à l'arbre du paradis, dans
une peinture antique, représentent les sept péchés capitaux (4); que
Jonas endormi sous la courge est un emblème de la confiance en
Dieu; que la gerbe d'épis et la brebis présentées à nos premiers parents, après le péché, figurent, l'une la punition prononcée contre
eux par le Seigneur, l'autre la délivrance promise.

De semblables hardiesses, je l'avoue, me causent quelque inquié-
tude, et je pourrais citer bien des exemples des fautes où elles ont
fait tomber. Un seul me suffira à montrer combien il est hasardeux

---

(1) S. August. *Sermo* CCLIX, § 2 (*Appendix*); S. Gregor. magn. *Homilia* XXXIV,
habita ad populum in basilica B. Johannis et Pauli, § 6.
(2) *De pudicitia*, c. IX.
(3) Lib. I, visio III.
(4) Buonarruoti, *Vetri*, p. 12.

dè faire appel, en expliquant les œuvres de l'art antique, aux seules
ressources de l'imagination. Il m'est fourni par une note que cite
M. Odorici, dans son intéressant travail sur les antiquités chrétiennes de Brescia.

La célèbre cassette d'ivoire que possède le musée de cette ville
réunit, dans un même bas-relief, l'image d'un jeune homme tenant
un bâton et une fronde, et celle d'un guerrier de haute taille qui
tombe à terre ; à côté est étendu un personnage enveloppé de bandelettes, comme Lazare au tombeau, et derrière lequel on a représenté un lion et un âne ; à l'extrémité, nous voyons un homme vêtu
du *pallium* et debout devant un autel où brille une flamme (1). Un
érudit qui, en d'autres occasions, a rendu de véritables services à
l'étude de l'antiquité chrétienne, s'est persuadé qu'il avait sous les
yeux un ensemble de tableaux mystiques, et voici son interprétation :

« Ces figures nous montrent, dit-il, l'humilité de la crèche : l'Enfant enveloppé de langes et près de lui l'âne seulement. Il n'en est
pas d'image plus simple. L'humble crèche a vaincu à la fois l'ido-
lâtrie, les persécutions, les hérésies. La première est figurée par
l'autel en feu, le personnage qui le montre du doigt et le lion que
les anciens plaçaient à la porte des temples ; je reconnais les persécutions dans le guerrier qui semble se précipiter sur l'enfant couché ; les hérésies, dans l'homme à demi nu qui tient en main le
flambeau de l'erreur. »

M. Odorici s'est sagement gardé de s'engager dans une telle voie ;
pour lui, comme pour tous, je le pense, il ne s'agit ici que de trois
tableaux bibliques : David renversant Goliath et tenant, en même
temps que sa fronde, non pas une torche, mais son bâton de pasteur ; le personnage que l'artiste, dans sa naïveté, a enveloppé de
bandelettes, pour bien marquer qu'il représente un mort, est le
prophète désobéissant qu'un lion vient de renverser de son âne et
de tuer sans le dévorer (III *Reg.*, xiii, 24); l'homme debout auprès
d'un autel semble être Élie sacrifiant, comme il est raconté peu
après, au même livre des *Rois* (III, xviii, 31-38).

Ainsi s'évanouit une conjecture ingénieusement imaginée sans
doute, mais au mépris des règles de la saine critique, puisque rien
n'en appuie les données, et dont l'exposé, je le pense, aurait causé
quelque surprise au sculpteur de l'ivoire de Brescia.

Un mot résumera ces pages. Nier l'introduction du symbolisme

---

(1) Odorici, *Monumenti cristiani di Brescia*, tav. VI, n° 13.

dans les œuvres antiques de l'art chrétien est, à coup sûr, bien loin de ma pensée. Ainsi que je l'ai dit plus haut, les monuments eux-mêmes suffiraient à établir le fait, si l'Évangile, le témoignage des Pères, ne nous menaient à le reconnaître; j'aurai d'ailleurs à signaler moi-même des exemples de l'application d'un système familier aux premiers fidèles. Ce sera toutefois seulement lorsque les faits s'imposeront par leur précision, leur concordance, et que la preuve d'une intention mystique se sera faite, pour ainsi dire, d'elle-même.

EDMOND LE BLANT.

INVENTAIRE

DES CAMÉES ANTIQUES

DE

LA COLLECTION DU PAPE PAUL II

(1457-1471)

Suivi de quelques autres Documents de même nature (1).

———

La collection de camées réunie par le cardinal Barbo compte à coup sûr parmi les suites les plus riches qui aient jamais été formées ; en 1457 déjà elle comprenait environ 240 pièces (2).

Fidèle à ses habitudes de luxe, le futur pape avait rangé ses camées dans des cadres en argent doré, ornés de ses armes et d'inscriptions métriques, dans lesquelles le nom de saint Pierre figurait, par une singulière association d'idées, à côté de celui de Bacchus. Il possédait en tout 67 de ces cadres : 23 d'entre eux renfermaient chacun un seul camée, 40 chacun 5 camées, 1 enfin 4 camées ; soit au total 227 numéros différents ; on remarque en outre 3 cadres renfermant chacun 5 bas-reliefs, qualifiés de sculptures. Plusieurs de ces derniers morceaux étaient formés de pierres de couleur (jaspe, jacinthe, grenat, etc.) ; d'autres, d'après les descriptions de l'inventaire, ne semblaient pas différer des camées proprement dits.

L'estimation de la collection tout entière montait à 4600 ducats, somme fort considérable pour l'époque.

———

(1) Voir la *Revue archéologique* du mois d'août 1878.

(2) Le cabinet de France possède environ 260 camées (voir le catalogue de M. Chabouillet) ; celui de Vienne, environ 200 (Sacken et Kenner, *Die Sammlungen des K. K. Münz und Antiken Cabinetes ;* Vienne, 1866, pp. 425 et ss.).

. Il ne serait pas impossible que les explorations entreprises à ce moment dans les catacombes, si longtemps délaissées et oubliées, eussent favorisé les projets du cardinal Barbo : nous savons en effet que jusqu'au siècle dernier les cimetières souterrains de Rome ont fourni une quantité vraiment prodigieuse de camées (1).

Après la mort de Paul II, une partie des trésors d'art qu'il avait réunis avec tant de patience et d'ardeur passa dans des mains dignes de les recueillir : celles de Laurent de Médicis. L'illustre patricien florentin acquit entre autres la fameuse calcédoine qui avait successivement figuré dans les collections de Niccolo Niccoli, du cardinal Scarampi et de Paul II (2). Il prenait ainsi une revanche éclatante sur ce pontife qui avait été si longtemps son rival, de même que celui de son père, et de son aïeul, le grand Cosme (3).

En même temps qu'il recherchait les chefs-d'œuvre de la glyptique antique, Paul II s'occupait de favoriser les travaux des graveurs en pierres dures contemporains.

On peut le considérer comme le véritable restaurateur d'un art si longtemps négligé en Italie. Ses mérites ont été proclamés par Vasari déjà (4). C'est bien à tort que Lastri a voulu faire honneur de cette initiative à Laurent le Magnifique (5). Celui-ci n'a pas pu fon-

---

(1) De Rossi, *Roma sotterranea*, t. III, pp. 580-582.

(2) « Del mese di settembre 1471, fui eletto ambasciatore a Roma per l'incoronazione di papa Sisto, dove fui molto onorato, e di quindi portai le due teste di marmo antiche dell' immagine di Augusto e di Agrippa, le quali mi donò detto papa, e piu portai la scudella nostra di calcedonio intagliata con molti altri cammei e medaglie, che si comperarono allora, fra le altre il calcedonio. » (*Ricordi* de Laurent le Magnifique, dans la *Laurentii Med. vita*, de Fabroni, t. II, pp. 57-58.) Cf. Vespasiano, *Vite*, éd. Bartoli, pp. 476-477.

(3) Une lettre encore inédite, de Charles de Médicis, nous montre que cette rivalité entre sa maison et le cardinal Barbo remontait au règne de Nicolas V :

« Delle medaglie faro ogni diligentia, ma come per altra vi dissi, egli cene una carestia maravigliosa, per rispecto di questo monsig^re di s° Marco. Piero scripse qua gia e più di 4 mesi a questi del bancho e a me se glene trovesse insino a 100, et anchora non credo n'ebbi avute 50 ; vero e che lui le voleva tucte d'argento. Io n'o forse 30 di rame, et anche non sono una perfecta cosa. Come le potro acompagnare con altretante buone vele mandero se io non vele portero questo Magio. Non altro per questo. A voi mi rachomando, che Christo vi guardi. Carolus. Romæ, 13 Martii 1455. » (Archives d'Etat de Florence, Carteggio Mediceo , filza IX, p. 133). Voir aussi, dans le *Carteggio* de Gaye (I, 163), une lettre, non datée, du même personnage.

(4) Ed. Lemonnier, IX, 236.

(5) « Questa scuola fu istituita circa l' anno 1458 da Lorenzo de Medici, protetta collo stesso impegno da Pietro, di lui figliuolo, c seguitata in Roma dal pontefice Leone X. » (*L'Osservatore fiorentino*, 3e éd., Florence, 1821, t. V, p. 81.)

der en 1458 l'école de gravure en pierres dures dont parle Lastri, car il ne comptait à cette époque que dix ans.

Gardons-nous bien cependant de tomber dans l'excès opposé et de croire que Paul II n'a eu qu'à frapper le sol du pied pour en faire sortir une légion de graveurs. Dès 1461, c'est-à-dire plusieurs années avant que le cardinal Barbo fût monté sur le trône, florissait à Foligno un graveur assez célèbre pour qu'un chroniqueur du temps lui fît l'honneur de lui consacrer une mention spéciale : Antoine de Pise (1).

Il nous a paru utile de rapporter, à la suite de l'inventaire des camées antiques de la collection Barbo, un certain nombre de documents inédits qui sont de nature à compléter l'histoire de la renaissance de la glyptique occidentale. Ce sont des pièces comptables relatives aux achats ou commandes de camées et d'intailles faits par Paul II à un maître dont le nom était jusqu'ici absolument inconnu, Juliano de Scipio, de Rome; quant à Gaspare de Tozoli, qui est également nommé dans ces documents, il est difficile de savoir s'il était artiste ou simplement marchand.

Nous terminons cette étude par la publication de deux pièces, également inédites, qu'il ne sera pas sans intérêt de rapprocher de l'inventaire Barbo. L'une est l'inventaire des camées de Boniface VIII (1295) d'après le manuscrit conservé à la Bibliothèque nationale (fonds latin, n° 5180). L'autre est un extrait de l'inventaire de Piero di Cosimo (le père de Laurent le Magnifique). Ce second document (1456) est antérieur d'une année à l'inventaire du cardinal Barbo (1457), et de huit années environ à un autre inventaire de Piero di Cosimo dont quelques fragments ont été publiés par Fabroni, dans sa *Magni Cosmi Medicei Vita*.

I

Hic inferius describuntur omnes cameyni, seu camei, videlicet sculpture antique cujuscumque generis et condicionis, eciam in argento sive in auro ligate, similiter eciam describuntur omnes alii lapides concavi, seu celati cujuscumque sculpture, seu celature.

---

(1) « Anno 1461 Antonius Pisanus gemmarum pretiosorumque **lapidum sculptor** claret. » (Palmieri, dans les *R. I. S.* de Tartini, t. I, p. 341.) — Ne serait-ce pas là cet Antonio da Pisa que Filarete cite à côté d'Isaie de Pise (Gaye, *Carteggio*, I, 204) et qui travaillait en 1458 à l'arc de triomphe de Naples (C. Minieri Riccio, *Gli artisti ed artefici che lavorarono in Castel Nuovo*; Naples, 1876, p. 6) ?

Et primo una tabula argentea deaurata per totum, in qua sunt quinque camey pulcherrimi quantum dici potest. In medio est caput unius imperatoris et secundum judicium peritorum est caput C. Galicule, quod nomen sculptum est in numismatibus ejus hoc modo : *C. Caesar*. A latere dextro desuper est cameus cum tribus pueris allatis qui laborant in arte cerdonis, et sunt nudi. A parte pur (1) dextra in inferiori parte est triumphus, videlicet sunt duo equi cum curru, et juvenis allatus super curru, et desuper sunt littere parvissime grece. A parte vero sinistra desuper sunt tres figure : primo est unus senex tenens nescio quid in manu; in medio est puerulus stans super lapidem; tertius est juvenis medie etatis sub arbore. Pur (?) in parte sinistra inferius est triumphus, videlicet currus super quem sedent due mulieres. Una sedet super aliam, trahunt currum duo leones pardi, et unus puerus (*sic*) allatus est prope ipsos leones. In ipsa tabula sunt arma ipsius Rev. Domini Cardinalis. A parte posteriori sunt tres versus, primus versus incipit *Petrus*, etc. 2us incipit *Bachus,* etc. 3us incipit *Horum*, etc. Ipsa tabula argentea deaurata, una cum ipsis quinque cameis, ponderat lib. 1, unc 4. Ipsa tabula cum suis quinque cameis est valoris 400 ducatorum (2).

Item una alia tabula argentea deaurata cum quinque cameis. In medio est cameus dupplicatus, due figure in uno latere, et due in alio. In anteriori vero parte est vir nudus pedibus et brachiis, pano (*sic*) coperiens femoralia et sedens, et mulier prope eum stans et tenens manu super sinistram spatulam, uni (?) cum armis ipsius D. Cardinalis, et in parte posteriori cum versibus ut supra.

In alio vero latere posteriori sunt due alie figure, videlicet vir nudus tenens lauream in manu dextra et in sinistra fulmen, prope eum est mulier induta cum scuto ad pedes, tenens eum (?) manu sinistra, et cum manu dextra coronat virum. A parte vero dextra anteriori est caput juvenis, et secundum judicium peritorum est caput Drusi. Inferius vero in parte dextra est caput Imperatoris videlicet.... (*en blanc*). In sinistra vero parte desuper est caput mulieris videlicet.... (*en blanc*), et inferius, pur in parte sinistra, est caput alterius mulieris cum pelle leonis in capite, et est amasia Herculis. Ipsa tabula una cum cameis ponderat lb. 1, unc. 2 1/2. Ipsa tabula cum cameis est valoris 250 ducatorum.

Item una alia tabula argentea deaurata in qua est solus unus cameus, videlicet triumphus. Duo equi cum curru super quem est juvenis, et est cameus valde pulcher et valde relevatus et magnus. In parte anteriori sunt arma ipsius domini cardinalis dupplicata. In parte vero posteriori

---

(1) C'est sans doute le mot italien « pur », « pure », pris dans le sens de également-ment.

(2) L'estimation primitive (500 ducats) a été réduite à 400 par une main différente de celle du rédacteur de l'inventaire primitif, peut-être par la main du cardinal Barbo lui-même.

sunt versus ut supra. Ipsa tabula cum cameo ponderat lb. 1, unc. 2 1/2. Ipsa tabula cum cameo est valoris 100 ducatorum.

Item una alia tabula argentea deaurata cum quinque cameis. In medio est caput Imperatoris, videlicet C. Galiculc, majus alio superiori. In parte dextra superius est Hercules nudus ligans Cerberum. In eadem parte subtus sunt due mulieres, una sedet tenens nescio quid in manu sinistra, alia stat ante eam habens racemum uve in manu. In parte vero sinistra desuper est mulier corizans, habens facem in manu. In eadem parte sinistra inferius sunt tres figure : mulier magna in medio, duo pueri in lateribus ; ille vero qui stat in parte sinistra stat super altare lapideum parvum habens hyrcum supra collum. Habet ipsa tabula in parte anteriori arma ipsius D. Card^{lis} et in parte posteriori versus ut supra, et ponderat ipsa tabula cum cameis lb. 1, unc. 1 3/4. Ipsa tabula cum cameis est valoris 150 ducatorum.

Item una alia tabula argentea deaurata, in qua sunt quinque camey. In medio est mulier seminuda sedens super lapidem, habens puerum supra genua, et pectinans eum. In parte vero dextra desuper est caput juvenis. Inferius vero est caput alterius juvenis, cum ligatura in capite. In parte vero sinistra desuper est caput valde antiqui viri barbati. Inferius vero est caput juvenis galleati et armati et sunt arma ejusdem D. Card^{lis} in parte anteriori. In parte vero posteriori sunt versus ut supra. Ipsa tabula cum cameis ponderat lb. 0, unc. 11. Ipsa tabula cum cameis est valoris 130 ducatorum.

Item una alia tabula argentea deaurata cum quinque cameis. In medio est caput juvenis valde pulcrum. In latere vero dextro desuper est juvenis nudus allatus, cum palma in manu, volvens se. Inferius vero est mulier vestita corisans et pulsans in cymbalo. In parte vero sinistra desuper est mulier nuda genu flectens cum uno pede supra altare lapideum, respiciens celum et habens deum Marthem in manibus. Inferius vero est sathirus senex tenens juvenculam semi nudam, que eundem sathirum respicit (? respuit ?), et sunt arma ejusdem D. Card^{lis} in parte anteriori, et in parte posteriori versus ut supra. Ipsa tabula cum cameis ponderat lb. 0, unc. 10. Ipsa tabula cum cameis est valoris 160 ducatorum.

Item una alia tabula argentea deaurata cum unico cameo in medio, et est mulier sedens super monstrum seminuda, elevans pannum vento. Monstrum vero est semiequus habens caudam piscis. In parte anteriori sunt arma ipsius domini cardinalis dupplicata, et in parte posteriori sunt versus ut supra. Ipsa tabula cum cameo ponderat lb. 0, unc. 11 1/2. Ipsa tabula cum cameo est valoris 50 ducatorum.

Item una alia tabula argentea deaurata in qua est unus cameus magnus, et est caput mulieris cum laurea et crinibus coloris crocei obscuri et sunt arma dupplicata ipsius D. Card^{lis} in parte anteriori et in parte posteriori versus ut supra. Ipsa tabula cum cameo suo ponderat lb. 1, unc. 2. Ipsa tabula cum cameo est valoris 50 ducatorum.

Item una alia tabula argentea deaurata, in qua est unus cameus magnus, videlicet triumphus. Duo equi cum curru et juvenis super curru. In parte anteriori sunt arma dupplicata ipsius D. Card^{lis} et in parte posteriori sunt versus ut supra. Ipsa tabula cum cameo ponderat lb. 1, unc. 1. Ipsa tabula cum cameo est valoris 80 ducatorum.

Item una alia tabula argentea deaurata cum quinque cameis. In medio est caput juvenis valde pulcrum, cum panno ad collum et cum bottono (?) ad formam rose. In latere dextro desuper est mulier vestita, puer nudus quasi baptizans eum cum candelabro antiquo. Inferius vero est senex indutus, habens in manu dextra vas et in manu sinistra tenens nescio quid. In sinistra vero parte desuper est mulier nuda sedens super pannos. Inferius vero est alia mulier vestita, in dextra tenens facem, in sinistra vero spicas grani. In anteriori parte sunt arma ipsius D. Card^{lis}, in posteriori sunt versus ut supra. Ipsa tabula cum cameis ponderat lb. 1, unc. 3/4. Ipsa tabula cum cameis est valoris 100 ducatorum.

Item una alia tabula argentea deaurata, in qua est unicus cameus magnus. Sunt due mulieres erecte, una est induta de veste crocea totaliter, etiam in capite; alia habet vestem inferiorem crocceam, superiorem vero nigram, etiam in capite, et duo venatores, unus sedens super lapidem cum cane super genua sua, habens galerum in capite; alius stat erigens unum pedem cum baculo in manu prope arborem, et sunt arma dupplicata in parte anteriori et in parte posteriori versus ut supra. Ipsa tabula cum cameo ponderat lb. 0, unc. 10. Ipsa tabula cum cameo est valoris 90 ducatorum.

Item una alia tabula argentea deaurata cum quinque cameis. In medio est caput pulcrum laureatum laurea nigri coloris. Secundum judicium peritorum est caput Scipionis qui delevit Cartaginem. In latere dextro desuper est mulier vestita corizans ac celum respiciens. Inferius est puer nudus allatus habens compedes in pedibus, firmans se cum brachiis et capite super facem. In sinistra vero parte desuper est senex seminudus sedens. Inferius vero est puer equitans delphinum [et] pulsans cytharam. In anteriori parte sunt arma ipsius Reve^{mi} Domini Card^{lis}, et in posteriori parte versus ut supra. Ipsa tabula cum cameis ponderat lb. 1. Ipsa tabula cum cameis est valoris ducatorum 75.

Item una alia tabula argentea deaurata, in qua est unicus cameus magnus, mulier sedens, semi vestita, habens cornu in manu, et vir nudus stans ante eam, habens nescio quid in manibus, et columpna est inter ambos in cujus summitate est quoddam vas. In parte anteriori sunt arma dupplicata ipsius card^{lis} et in parte posteriori sunt versus ut supra. Ipsa tabula cum cameo ponderat lb. 1, unc. 1/4. Ipsa tabula cum cameo est valoris 55 ducatorum.

Item una alia tabula argentea deaurata, cum quinque cameis. In medio est caput, secundum peritos est caput Octaviani pueri. In parte dextra desuper est deus Mars nudus cum scuto in manu sinistra, et in manu dextra tenet nescio quid, porrigens illud una cum gallea cuidam puero nudo allato. Inferius vero est juvenis habens coronam in capite, vestitus, nudis tamen brachiis et pedibus, ostendit timorem propter ventum vementem, qui ventus videtur elevare pannos a parte posteriori. In parte vero sinistra desuper est juvenis sedens super lapidem, habens baculum in dextra manu, et in sinistra tenet cordam, qua alligatus est canis prope eum. Inferius vero est puer allatus nudus, habens gallum in manu dextra et tenens nescio quid ad collum. In parte anteriori sunt arma card^{lis}, in parte posteriori versus ut supra, ponderat lb. 0, unc. 11 1/2. Ipsa tabula cum cameis est valoris 80 ducatorum.

Item una alia tabula argentea deaurata in qua est unicus cameus magnus : mulier sedens super lapidem et puerulus nudus est prope eam, et vir nudus...... stans et tangens arborem q(uæ)in medio amborum est, et super quam est unus puer ascendens et alius puer qui jam ascendit. In parte anteriori sunt arma dupplicata ipsius domini card^{lis} et in parte posteriori sunt versus ut supra ; ipsa tabula cum cameo ponderat lb. 1, unc. 1. Ipsa tabula cum cameo est valoris 50 ducatorum.

Item una alia tabula argentea deaurata, in qua sunt quinque camei. In medio est caput parvum Domiciani imperatoris, in latere dextro desuper est mulier seminuda, sedens super hyrcum, habens racemum uve in manu ; inferius vero est puer allatus nudus, quasi genuflectens, et est prope allas ipsius quoddam caput parvissimum, in sinistra vero parte desuper est juvenis nudus sedens in terra, habens prope dorsum scutum album quod tenet cum manu sinistra, manu vero dextra tenet aliud scutum nigrum super pedes. Inferius vero est mulier nuda, capilis sparsis, habens deum Marthem in manibus. In parte anteriori sunt arma ipsius D. Card^{lis}, et in parte posteriori versus ut supra. Ipsa tabula cum cameis ponderat lb. 1, unc. 6 1/2. Ipsa tabula cum camels est valoris 110 ducatorum.

Item una alia tabula argentea deaurata, in qua est unicus cameus magnus : homo nudus stans ac tenens in manu sinistra baculum, prope quem in terra est scutum, et est Deus Mars. In parte anteriori sunt arma dupplicata ipsius Reve^{mi} Domini Card^{lis} et in parte posteriori sunt versus ut supra. Ipsa tabula cum cameis ponderat lb. 1, unc. 2. Ipsa tabula cum cameo est valoris 46 ducatorum.

Item una alia tabula argentea deaurata in qua sunt quinque camey, in medio cujus est caput magnum et pulcrum crocei coloris obscuri, secundum opinionem peritorum est caput Hadriani Imperatoris. In parte vero dextra desuper est mulier sedens seminuda, cum puero in sinu, et est senex eciam sedens nudus, et arbor inter eos quam mulier manu sinistra tangit, et vir manu dextra, inferius vero est juvenis et senex sub vitte volentes luctare et habentes sub pedibus racemos uvarum. In parte vero sinistra desuper est mulier seminuda, jacens in terra, prope quam est senex rubri coloris cum barba et capillis albis, et est puer sine capite. Inferius vero sunt duo juvenes nudi rubei coloris genu flectentes, unico genu pro quolibet, et unus extrahit alteri spinam de pede. In parte anteriori sunt arma ipsius Rev. D. Card^lis et in parte posteriori sunt versus ut supra. Ipsa tabula una cum camels ponderat lb. 1, unc. 1 1/2. Ipsa tabula cum camels est valoris 70 ducatorum.

Item una alia tabula argentea deaurata in qua est unicus cameus magnus : mulier sedens super lapidem seminuda, habens vas revolutum ad pedes ejus, ex quo exit aqua, tenens in sinistra manu lucernam; prope eam est domus quedam parva super monticulum ex quo exit quedam arbor. Item alia mulier que ponit puerum parvulum nudum super leonem ad equitandum, habens in, sinistra manu racemum uve, elevans illum. Item et tercia mulier que cum corda ducit ipsum leonem. In ipsa tabula in parte anteriori sunt arma dupplicata ipsius Rev. D. Card^lis et in parte posteriori sunt versus ut supra. Ipsa tabula cum cameo ponderat lb. 1, unc. 1. Ipsa tabula cum cameo est valoris 46 ducatorum.

Item una alia tabula argentea deaurata in qua sunt quinque camei. In medio est caput Imperatoris secundum oppinionem peritorum Tiberii. In parte vero dextra desuper est mulier vestita, brachiis nudatis, tenens manum dextram super spatulas puerule, que puerula habet in manu sinistra lauream (1), in manu dextra quoddam vas. Inferius vero est puer nudus allatus tenens in manu sinistra arcum, dextra vero tangit nasum proprium. In sinistra vero parte desuper sunt duo juvenes seminudi, unus sedet et alius ante eum pulsat duas fistulas seu syntos (?). Inferius vero est Hercules juvenis nudus et allatus, cum pelle leonis, tenens in dextra manu clavam. In parte anteriori sunt arma ipsius D. Card^lis et in parte posteriori sunt versus ut supra. Ipsa tabula cum cameis ponderat lb. 1, unc. 4 1/2. Ipsa tabula cum camels est valoris 100 ducatorum.

Item una alia tabula argentea deaurata, in qua sunt quinque camei. In medio est juvenis armatus equitans equum et prosequens aprum cum lancea in manu, in dextra vero parte desuper est facies hominis turpissimi, seu caput. Inferius vero est caput juvenis cum gallea in capite. In sinistra vero parte desuper est eciam caput hominis turpissimi. Inferius vero est caput senis. In parte anteriori sunt arma ipsius Domini Card^lis, et in parte posteriori sunt versus ut supra. Ipsa tabula cum cameis ponderat lb. 0, unc. 10. Ipsa tabula cum cameis est valoris 60 ducatorum.

Item una alia tabula argentea deaurata, in qua est unicus cameus magnus : caput mulieris, secundum judicium peritorum caput Faustine Imperatricis. In parte anteriori sunt arma dupplicata ipsius Rev. D. Card^lis, et in parte posteriori sunt versus ut supra. Ipsa tabula cum cameo ponderat lb. 1, unc. 1 3/4. Ipsa tabula cum cameo est valoris 40 ducatorum.

Item una alia tabula argentea deaurata, in qua est unicus cameus magnus : Vir nudus habens ad spatulas et super brachium totum sinistrum et pro modica parte super brachium dextrum vestes suas. In parte ante-

---

(1) On pourrait également lire : *lancea.* Ces deux mots reviennent très-souvent dans le cours de l'inventaire, et il n'est pas toujours facile de les distinguer l'un de l'autre.

riori sunt arma dupplicata ipsius Rev. D. Card^us et in posteriori versus ut supra. Ipsa [tabula] cum cameo ponderat lb. 1, unc. 2 1/2. Ipsa tabula cum cameo est valoris 45 ducatorum.

Item una alia tabula argentea deaurata, in qua sunt quatuor camei, et in medio est turchina : mulier usque ad pectus vestita cum cingulo, habens vestes suas in capite. In parte vero dextra desuper est puer nudus allatus sedens in terra, tenens manum sinistram sub maxilla. Inferius vero est triumphus : duo equi cum curru et juvenis super curru. In sinistra vero parte desuper est puer allatus nudus sedens super pannos tenens duos circulos in manu sinistra. Inferius vero sunt duo capita senis et mulieris posita quasi in quadam fenestra. In parte anteriori sunt arma ipsius Rev. D. Card^us et in posteriori sunt versus ut supra. Ipsa tabula cum cameis et turchina ipsa optima ponderat lb. 1, unc. 3. Ipsa tabula cum cameis et turchina est valoris 70 ducatorum.

Item una alia tabula argentea deaurata in qua sunt quinque camei. In medio triumphus : duo boves trahentes currum super quem est mulier vestita tenens facem in manu. In parte vero dextra desuper est caput mulieris laureate laurea crocei coloris, et modicum de manu ejus sinistra videtur. Inferius vero est caput viri habentis lauream in capite de edere (?), et ex aspectu videtur fatuus. In parte vero sinistra desuper est juvenis crinatus crinibus croceis obscuri coloris, seu caput. Inferius vero est caput juvenis laureati. In anteriori parte sunt arma ipsius D. Card^lis et in posteriori sunt versus ut supra. Ipsa tabula cum cameis ponderat lb. 1, unc. 1/2. Ipsa tabula cum cameis est valoris 60 ducatorum.

Item una alia tabula argentea deaurata, in qua sunt quinque camei. In medio est caput Imperatoris, videlicet Anthonini Caracalla filii Severi Imperatoris, et est cum laurea crocei coloris. In parte vero dextra desuper est mulier equitans equum. Inferius vero est senex sedens super currum parvum quasi tubicinans et duo pueri nudi allati, unus ante, et alius post, ducunt eum. In parte vero sinistra desuper est triumphus fractus : duo equi et juvenis nudus cum flagello in dextra manu. Inferius vero sunt due mulieres nude sedentes super monstra marina, leones videlicet, a parte anteriori habentes caudam piscis. In parte posteriori est puer parvulus nudus et allatus, habens arcum in manu, est inter ipsas mulieres. In parte anteriori sunt arma ipsius Rev. Domini Card^lis, et in parte posteriori sunt versus ut super. Ipsa tabula cum cameis ponderat lb. 0, unc. 10 1/2. Ipsa tabula cum cameis est valoris 50 ducatorum.

Item una alia tabula argentea deaurata in qua sunt quinque camei. In medio est mulier jacens quasi nuda, et arbor est prope eam. In parte vero dextra desuper est caput juvenis. Inferius vero est caput senis, cum cornu in capute. In parte vero sinistra desuper est caput juvenis cooperturam capitis habens, in qua cellate sunt nonnulle stelle. Inferius vero aliud caput viri. In parte anteriori sunt arma ipsius Rev. D. Card^lis et in parte posteriori sunt versus ut supra. Ipsa tabula cum cameis ponderat lb. 0, unc. 11 1/2. Ipsa tabula cum cameis est valoris 40 ducatorum.

Item una alia tabula argentea deaurata in qua sunt quinque camey. In medio est caput juvenis pulcrum. In dextra parte desuper est mulier sedens, prope quam est puerulus nudus allatus tenens manum sinistram super spatulas ipsius mulieris, et ante ipsam mulierem est alia mulier stans et loquens cum ea. Inferius vero est senex nudus allatus inclinans se super vase quodam, et est arbor prope eum. In sinistra vero parte desuper est mons parvulus, in circuitu cujus sunt quatuor pueri nudi allati, diversa facientes. Inferius vero est puer nudus allatus sedens in terra et tenens manum dextram sub maxilla. In parte anteriori sunt arma ipsius Rev. Domini Card[hs], et in posteriori parte sunt versus ut supra. Ipsa tabula cum cameis ponderat lb. 0, unc. 10 1/2. Ipsa tabula cum cameis est valoris 54 ducatorum.

Item una alia tabula argentea deaurata in qua est unicus cameus magnus : homo nudus stans et tenens pannos ad dorsum, habens in sinistra manu caput Meduse, quod caput reverberat in scuto quod jacet in terra prope columpnam, et ipse habet allas in pedibus et est Mercurius, habet que capillos crocei coloris. In parte anteriori sunt dupplicata arma ipsius Rev. D. Card[hs] et in parte posteriori sunt versus ut supra. Ipsa tabula cum cameo ponderat lb. 1, unc. 3/4. Ipsa tabula cum cameo est valoris 44 ducatorum.

Item una alia tabula argentea deaurata, in qua sunt quinque camei. In medio est caput mulieris habentis lauream de edere crocei coloris. In parte vero dextra desuper est mulier nuda, fracta usque ad ventrem. Inferius vero sunt duo pueri nudi allati, unus stat super alium ut possit capere racemum uve. In sinistra vero parte desuper est mulier quasi nuda, fracta, sine pedibus. Inferius vero est vir et mulier vestiti ambo. In parte anteriori sunt arma ipsius Rev. Domini Card[hs] et in parte posteriori sunt versus ut supra. Ipsa tabula cum cameis ponderat lb. 1. Ipsa tabula cum cameis est valoris 60 ducatorum.

Item una alia tabula argentea deaurata in qua sunt quinque camey. In medio est Hercules nudus, cum pelle leonis, habens clavam in manu, volens verberare mulierem quasi nudam et sedentem, et puer nudus trahens Herculem ne mulierem verberet. In parte vero dextra desuper est caput juvenis. Inferius vero est caput mulieris, in cujus capite et in pectore est plurimus ornatus. In parte vero sinistra desuper est caput viri, secundum opinionem peritorum Claudii Imperatoris. Inferius vero est caput juvenis cum ornatu in capite. In parte anteriori sunt arma ipsius Rev. Domini Card[hs], et in parte posteriori sunt versus ut supra. Ipsa tabula cum cameis ponderat lb. 0, unc. 9 1/2. Ipsa tabula cum cameis est valoris 44 ducatorum.

Item una alia tabula argentea deaurata, in qua est unicus cameus magnus, caput Herculis cum pelle leonis in capite. In anteriori parte sunt arma dupplicata ipsius Rev. Domini Card[hs], et in posteriori parte sunt versus ut supra. Ipsa tabula cum cameo ponderat lb. 1, unc. 2. Ipsa tabula cum cameo est valoris 34 ducatorum.

Item una alia tabula argentea deaurata, in qua sunt quinque camey. In medio est rex sedens super tronum, habens pannum ad spatulas, qui sustentatur in duabus columpnis, et duo viri in lateribus assistentes eidem regi et ipse rex tenet in manu dextra ceptrum. Creditur quod sit rex Salomon. In parte vero dextra desuper est caput senis. Inferius vero caput mulieris. In parte vero sinistra desuper est caput senis. Inferius vero caput mulieris. In anteriori parte sunt arma ipsius Rev. Domini Cardinalis et in parte posteriori sunt versus ut supra. Ipsa tabula cum cameis ponderat lb. 1, unc. 3. Ipsa tabula cum cameis est valoris 45 ducatorum.

Item una alia tabula argentea deaurata in qua sunt quinque camey. In medio est caput mulieris, in collo cujus et naso aliqualiter nigrescit. In parte vero dextra desuper est mulier seminuda, sine pedibus, habens in sinistra manu avem quam ostendit puero quem in manu dextra tenet, qui puer est sine corpore et pedibus. Inferius vero est puer equitans delphinum. In sinistra tenet frenum et in dextra flagellum. In sinistra vero parte desuper est puer nudus allatus equitans hyrcum diversi coloris. Inferius vero sunt duo pueri luctare volentes. In parte anteriori sunt arma ipsius Rev. Domini Card^{lis} et in parte posteriori sunt versus ut supra. Ipsa tabula cum cameis ponderat lb. 0, unc. 10. Ipsa tabula cum cameis est valoris 68 ducatorum.

Item una alia tabula argentea deaurata, in qua sunt quinque camey. In medio est mulier sedens seminuda, tenens nescio quid in manibus, et juvenis nudus rectus tenens in dextra manu gladium, trahensque mulierem per capillos, et in sinistra tenet scutum. In dextra vero parte desuper est senex habens barbam valde prolixam. Inferius vero est senex qui assimulatur Antonio Pio Imperatori. In sinistra vero parte desuper est caput mulieris que assimulatur Faustine Imperatrici. Inferius vero est caput mulieris habentis lauream de edere crocei coloris. In anteriori parte sunt arma ipsius Rev. Domini Card^{lis}, et in posteriori parte sunt versus ut supra. Ipsa tabula cum cameis ponderat lb. 1, unc. 3. Ipsa tabula cum cameis est valoris 52 ducatorum.

Item una alia tabula argentea deaurata, in qua sunt quinque camey. In medio est caput Herculis juvenculi crocei coloris, et habet ligaturam pellis leonis ad collum. In parte vero dextra desuper est puer nudus allatus, defferens cornu plenum. Inferius vero est cynus (cicnus) portans puerum nudum allatum, sub quibus est vas cum coopertorio suo : hoc est raptus Ganimedis. In sinistra vero parte desuper est puer nudus allatus habens baculum in manu. Inferius vero est puer equitans delphinum et dextera ejus tenet caudam ipsius delphini. In parte anteriori sunt arma ipsius D. Card^{lis} et in posteriori versus ut supra. Ipsa tabula cum cameis ponderat lb. 1, unc. 4. Ipsa tabula cum cameis est valoris 50 ducatorum.

Item una alia tabula argentea deaurata in qua est unicus cameus magnus, et est triumphus : duo equi trahentes currum super quem est juvenis. In parte anteriori sunt arma dupplicata ipsius Rev. Domini Cardinalis, et in parte posteriori sunt versus ut supra. Ipsa tabula cum cameo ponderat lb. 1, unc. 2. Ipsa tabula cum cameo est valoris 40 ducatorum.

Item una alia tabula argentea deaurata, in qua sunt quinque camei. In medio est caput senis barbati cum capillis prolixis, pulcrum. In dextra vero parte desuper est griffo cum allis crocei coloris. Inferius est bua (1) picta. In sinistra vero parte desuper est falconus (sic) super leporem commedens cerebrum ejus. Inferius vero est quoddam animal rubei coloris. In parte anteriori sunt arma ipsius Domini Card[lis]. In parte vero posteriori sunt versus ut supra. Ipsa tabula cum cameis ponderat lb. 0, unc. 10. Ipsa tabula cum cameis est valoris 42 ducatorum.

Item una alia tabula argentea deaurata, in qua sunt quinque camey. In medio est mulier nuda cum modicis panis ad coscias, pedes habet fractos, tenet in manu vas et illud vacuat et in quatuor lateribus sunt capita quatuor mulierum. In parte anteriori sunt arma ipsius Domini Card[lis]. In posteriori vero parte versus ut supra. Ipsa tabula cum cameis ponderat lb. 1. Ipsa tabula cum cameis est valoris 46 ducatorum (2).

Item una alia tabula argentea deaurata in qua sunt quinque sculpture diversorum lapidum. In medio est caput de prasmate, cum laurea ejusdem coloris, et est caput Vitelli Imperatoris. In dextra vero parte desuper est leo allatus in cameo habens faciem mulieris. Inferius vero sunt due coturnices celestris et rubei coloris. In sinistra vero parte desuper est leo de jaspide croceo. Inferius vero est leo de cameo jacens et dormiens. In parte anteriori sunt arma ipsius Domini Card[lis]. In posteriori sunt versus ut supra. Ipsa tabula cum cameis ponderat lb. 1, unc. 1/1. Ipsa tabula cum cameis est valoris 42 ducatorum.

Item una alia tabula argentea deaurata in qua sunt quinque camey. In medio est puer nudus allatus, jacens super delphinum. In dextra vero parte desuper est caput mulieris cum crinibus crocei coloris. Inferius vero est caput mulieris cum vello in capite, crocei coloris. In sinistra vero parte desuper est caput viri laureati laurea crocei coloris. Inferius vero est caput sine collo laureatum laurea alba. In parte anteriori sunt arma ipsius Domini Card[lis] et in posteriori versus ut supra. Ipsa tabula cum camels ponderat lb. 1, unc. 6. Ipsa tabula cum cameis est valoris 55 ducatorum.

Item una alia tabula argentea deaurata in qua sunt quinque camey. In medio est caput senis seu satyri barbati, cum hedera in capite crocea. In dextra vero parte desuper puer nudus allatus, jacens super facem. Inferius vero est puer non integer allatus. In parte vero sinistra desuper est

---

(1) Mot d'une lecture douteuse. Peut-être « uva ».

(2) Ce paragraphe a été ajouté après coup et substitué à la description primitive qui a été effacée.

mulier nuda trahens capillos, seu lacerans ambabus manibus. Inferius vero est media mulier tangens mammam propriam nuda (*sic*), in pectore habens nescio quod animal prope eam. In parte anteriori sunt arma ipsius D. Card^{us}. In parte vero posteriori versus ut supra. Ipsa tabula cum cameis ponderat lb. 1, unc. 1 1/2. Ipsa tabula cum cameis est valoris 55 ducatorum.

Item una alia tabula argentea deaurata in qua sunt quinque camey. In medio est cignus concubans cum Leda. In dextra vero parte desuper est caput mulieris, inter capillos habet allas. Inferius est caput Imperatoris, videlicet Neronis. In sinistra vero parte desuper est caput Imperatoris Octaviani provecte etatis, inferius vero est caput mulieris crinibus sparsis. In anteriori parte sunt arma ipsius Rev^{mi} D. Card^{us}. In posteriori parte sunt versus ut supra. Ipsa tabula cum cameis ponderat lb. 1, unc. 5 3/4. Ipsa tabula cum cameis est valoris 60 ducatorum.

Item una alia tabula argentea deaurata in qua est cameus unicus magnus, caput Imperatoris...... (*en blanc*), laureati laurea crocei coloris. In anteriori parte sunt arma ipsius D. Card^s. In posteriori parte sunt versus ut supra. Ipsa tabula cum cameo ponderat lb. 1, unc. 2. Ipsa tabula cum cameo est valoris 30 ducatorum.

Item una alia tabula argentea deaurata in qua sunt quinque camey. In medio est caput juvenis cum crinibus crocei coloris, et inter crines habet allas et serpentes pro crinibus, et est caput Alexandri Magni Macedonis. In dextra vero parte desuper est puer nudus allatus sustenstans se super facem. Inferius vero est puer nudus allatus tenens caput senis barbati in manibus. In sinistra vero parte desuper est puer nudus allatus pulsans in cythara. Inferius vero est puer alatus nudus elevans braccia. In anteriori parte sunt arma ipsius D. Card^{us}. In posteriori sunt versus ut supra. Ipsa tabula cum cameis ponderat lb. 1. Ipsa tabula cum cameis est valoris 40 ducatorum.

Item una alia tabula argentea deaurata, in qua est unicus cameus magnus, vir et mulier sedentes super pellem leonis et amplexantes se, et est Hercules cum amasia sua. In parte anteriori sunt arma dupplicata. In parte posteriori sunt versus ut supra. Ipsa tabula cum cameo ponderat lb. 0, unc. 11 1/1. Ipsa tabula cum cameo est valoris 26 ducatorum.

Item una alia tabula argentea deaurata, in qua sunt quinque camei. In medio est caput mulieris habentis capillos multos crocei coloris. In dextra vero parte desuper est puer genu flectens et habens avem prope se rubei coloris. Inferius vero est canis jacens et dormiens, nigri et albi coloris. In sinistra vero parte desuper sunt duo galli parvi preliantes ad invicem. In anteriori parte sunt arma Card^{us}, in superiori vero parte est cervia albi et crocei coloris, inferius vero est cervia albi et crocei coloris. In posteriori sunt versus ut supra. Ipsa tabula cum cameis ponderat lb. 1, unc. 5. Ipsa tabula cum cameis est valoris 42 ducatorum.

Item una alia tabula argentea deaurata in qua sunt quinque camey. In medio caput Imperatoris cum laurea crocei coloris, et est caput Constantini Imperatoris. In dextra vero parte desuper est juvenis nudus tenens inclinatus manu dextra pedem sinistrum, sinistra vero manu tymonem. Inferius est senex sedens et in cithara pulsans, habens vestem crocei coloris. In sinistra vero parte desuper est vir nudus, modicum barbatus, habens duo cornua seu pennas in capite, et in dextera tenens nescio quid. Inferius vero sunt due mulieres sedentes. In parte anteriori sunt arma ipsius Domini Card*. In posteriori sunt versus ut supra. Ipsa tabula cum cameis ponderat lb. 0, unc. 10 1/1. Ipsa tabula cum cameis est valoris 40 ducatorum.

Item una alia tabula argentea deaurata in qua sunt quinque camey. In medio sunt pueri quatuor pescantes nudi. In parte vero dextra desuper est caput mulieris habentis vellum in capite maculatum rubeo. Inferius vero sunt duo capita, unum albi coloris, et aliud crocey coloris. In sinistra vero parte desuper est caput juvenis et inferius est etiam caput alterius juvenis. In parte anteriori sunt arma ipsius Domini Card*, in posteriori sunt versus ut supra. Ipsa tabula cum cameis ponderat lb. 0, unc. 11. Ipsa tabula cum cameis est valoris 42 ducatorum.

Item una alia tabula argentea deaurata in qua sunt quinque camey. In medio est juvenis puer alatus usque ad pectus, cum ligatura capitis crocei coloris, optimum. In parte vero dextra desuper est manus trahens aurem et littere sunt grece in circuitu signifficantes : recordaberis. Inferius sunt littere grece. In sinistra vero parte desuper sunt littere iste (?) *felicit. augusta.* Inferius vero sunt littere grece. In parte anteriori sunt arma ipsius D. Card*. In posteriori sunt versus ut supra. Ipsa tabula cum cameis ponderat lb. 1, unc. 3. Ipsa tabula cum cameis est valoris 40 ducatorum.

Item una alia tabula argentea deaurata in qua sunt quinque camei. In medio est bos crocei coloris magnus. In dextra vero parte desuper est coturnix rubea alba. Inferius est bos parvus, crocei coloris, et bos parvus albus. In sinistra vero parte desuper est anitra rubei, celestris et crocei coloris. Inferius vero est cervia albi et celestris coloris. In anteriori parte sunt arma ipsius D. Card*, et in posteriori sunt versus ut supra. Ipsa tabula cum cameis ponderat lb. 1, unc. 1/2. Ipsa tabula cum cameis est valoris 36 ducatorum.

Item una alia tabula argentea deaurata in qua est unicus cameus magnus duorum capitum, unum est super aliud, illud quod est inferius est crocei coloris et videtur caput mulieris, et illud quod est superius est nigri coloris et videtur caput viri cum pelle leonis in capite et est caput Herculis cum sua amasia. In anteriori parte sunt arma dupplicata et in posteriori sunt versus ut supra. Ipsa tabula cum cameo ponderat lb. 1, unc. 5 1/1. Ipsa tabula cum cameo est valoris 42 ducatorum.

Item una alia tabula argentea deaurata in qua est cameus unicus magnus, et est equus magnus albus inclinans caput ad terram. In parte anteriori sunt arma ipsius D. Card* dupplicata, in posteriori sunt versus ut supra. Ipsa tabula cum cameo ponderat lb. 1, unc. 4. Ipsa tabula cum cameo est valoris 32 ducatorum.

Item una alia tabula argentea deaurata in qua sunt quinque camey. In medio est caput senis satiri, in dextra parte desuper est cignus portans puerum : raptus Ganimedis. Inferius est vacca cum filia parva. In parte sinistra desuper est sperverius habens sub pedibus coalliam. Inferius est coturnix parva rubei, albi et nigri coloris. In anteriori parte sunt arma ipsius D. Card^{lis}, in posteriori versus ut supra. Ipsa tabula cum cameis ponderat lb. 0, unc. 9. Ipsa tabula cum cameis est valoris 28 ducatorum.

Item una alia tabula argentea deaurata in qua est cameus unicus magnus in quo est mulier sedens seminuda, et puer nudus prope eam, et senex nudus firmans se super columpnam, et arbor est in medio eorum, et in anteriori parte sunt arma dupplicata ipsius Rev^{mi} Domini Card^{lis}, et in parte posteriori sunt versus ut supra. Ipsa tabula cum cameo ponderat lb. 1, unc. 4. Ipsa tabula cum cameo est valoris 46 ducatorum.

Item una alia tabula argentea deaurata in qua sunt quinque camei. In medio est cameus magnus, monstrum marinum, homo senex nudus usque ad ventrem habens caudam piscis, in manu dextra tenet temonem, et mulier nuda sedet super brachium ejus sinistrum, que mulier trahit capillos suos ambabus manibus, et ipse senex tenet cum manu sua sinistra pannum, et puer nudus allatus stans super caudam ipsius senis et tenens etiam eundem pannum in manibus, et puerulus parvus allatus natat prope ipsum senem. In parte vero dextra ipsius tabule desuper est caput imperatoris, videlicet Antoninus Caracala. Inferius vero est caput mulieris. In sinistra vero parte desuper est caput mulieris, secundum me Sabine imperatricis. Inferius vero est caput juvenis, habens capillos crocei coloris. In parte anteriori sunt arma ipsius Rev^{mi} Domini Card^{lis}, et in parte posteriori sunt versus ut supra. Ipsa tabula cum cameis ponderat lb. 1, unc. 6. Ipsa tabula cum cameis est valoris 80 ducatorum.

Item una tabula alia argentea deaurata in qua est cameus unicus magnus, videlicet caput mulieris album cum pectore, peroptimi operis, cum capillis prolixis, cum girlanda in capite de sardonio, in qua girlanda sunt appositi sex rubini parvi, et septimus est in pectore appositus. In spatula vero sinistra est de sardonio et valde modicum ad aurem et in anteriori parte sunt arma dupplicata ipsius Rev^{mi} Domini Card^{lis} et in parte posteriori sunt versus ut supra. Ipsa tabula cum cameo pondera lb. 1, unc. 6. Ipsa tabula cum cameo est valoris 100 ducatorum.

Item una alia tabula argentea deaurata, in qua est cameus unicus magnus fractus per medium, in quo est currus super quem sunt vir et mulier seminudi et puerulus allatus ad rotas currus, et etiam super currum est arbor, et duo juvenes discalcati trahunt currum, et in medio est puer allatus tenens in manu sinistra quasi frena illorum, et in dextra habet fassem (sic) ardentem projiciens illam ad eos, et est Cupido, deus amoris, et est peroptimi operis. In parte anteriori sunt arma dupplicata ipsius Rev^{mi} Domini Card^{lis}, et in parte posteriori sunt versus ut supra. Ipsa tabula cum cameo ponderat lb. 1, unc. 5 1/3. Ipsa tabula una cum cameo es valoris 100 ducatorum.

Item una alia tabula argentea deaurata in qua est cameus unicus magnus cum pectore, in quo est caput hominis cum capillis sardonii et super caput ejus est rosa cum ligatura alba capitis quasi stola, et cum sardonio in pectore. In parte anteriori sunt arma dupplicata ipsius Rev^mi Domini Card^lis et in parte posteriori sunt versus ut supra. Ipsa tabula cum suo cameo ponderat lb. 1, unc. 4. Ipsa tabula cum cameo est valoris 60 ducatorum.

Item una alia tabula argentea deaurata in qua sunt quinque sculpture. In medio est cameus magnus, homo senex nudus stringens cum brachiis collum leonis et est Hercules. In duabus partibus superioribus sunt duo capita duorum puerorum in jacinto et in duabus partibus inferioribus sunt duo capita duorum puerorum in granata suryana. In anteriori parte sunt arma unica ipsius Rev^mi Domini Card^lis et in parte posteriori sunt versus ut supra. Ipsa tabula cum sculpturis ponderat lb. 1, unc. 1 1/2. Ipsa tabula cum sculpturis est valoris 60 ducatorum.

Item una alia tabula argentea deaurata in qua sunt quinque sculpture. In medio est caput Neronis peroptimi [operis] in cornyola, et in quatuor lateribus sunt quatuor camey quatuor capitum quatuor puerorum. In parte anteriori sunt arma unica ipsius Rev^mi Domini Card^lis, et in parte posteriori sunt versus ut supra. Ipsa tabula cum suis sculpturis est valoris 60 ducatorum.

Item una alia tabula argentea deaurata in qua est unicus cameus magnus in quo est homo senex nudus tenens in sinistra manu vas et in dextera clavam et pellem leonis ad spatulas, et ad pedes duos pueros parvulos, et est Hercules. In parte anteriori sunt arma dupplicata ipsius Rev^mi Domini Card^lis, et in posteriori parte sunt versus ut supra. Ipsa tabula cum cameo ponderat lb. 1, unc. 7 1/1. Ipsa tabula cum cameo est valoris 64 ducatorum.

Item una alia tabula argentea deaurata in qua sunt quinque camey. In medio est cameus in quo est juvenis cum pectore nudo cum capillis riziis et aliqualiter prolixis. A parte vero dextra, tam supra quam infra, sunt capita rubea duorum senum cum barbis et capillis albis de cameo. A parte vero sinistra, tam supra quam infra, sunt capita duarum mulierum, etiam de cameo, caput superius habet pellem leonis et caput inferius habet capillos de sardonio nigro et croceo cum parva alla alba. In parte anteriori sunt arma unica ipsius Rev^mi Domini Card^lis et in parte posteriori sunt versus ut supra. Ipsa tabula cum suis cameis ponderat lb. 1, unc. 3. Ipsa tabula cum suis camels est valoris 70 ducatorum.

Item una alia tabula argentea deaurata in qua sunt quinque camey. In medio est caput mulieris habentis faciem albam de cameo, capillos et pectus rubeos de corniola, et vellum in capite album de cameo, et est unus (?) lapis simul certe res mirabilis. In parte vero dextra desuper est mulier discalciata (sic), in manu sinistra tenens scutum, in dextra vero tenens vestes. In parte vero inferiori dextra est mulier habens brachium dextrum nudum et partem pectoris adherens cuidam columpne, et pulsans in quodam instrumento. In parte vero sinistra desuper est mulier vestita tenens juvenem nudum inter brachia. In parte vero inferiori sinistra est mulier nuda tenens pannum ad spatulas cum manibus, habens ancerem ad pedes suos. In parte anteriori sunt arma unica ipsius Rev^mi Domini Card^lis et in parte posteriori sunt versus ut supra. Ipsa tabula cum suis quinque cameis ponderat lb. 1, unc. 6. Ipsa tabula cum suis cameis est valoris 52 ducatorum.

Item una alia tabula argentea deaurata in qua sunt quinque camei. In medio est caput crocei coloris, caput Antonini Imperatoris, cum laurea. In parte vero dextra desuper sunt duo pueri allati nudi volentes frangere palmam unam, et propter hoc quasi contendentes. Inferius vero est puer allatus nudus sedens et pulsans in quodam instrumento. In parte vero sinistra desuper sunt tres pueri nudi allati ludentes ad invicem. Inferius vero est mulier sedens super quoddam animal tenens serpentem in manu dextra, et est fracta. In anteriori parte sunt arma unica ipsius Rev^mi Domini Card^lis, et in posteriori parte sunt versus ut supra. Ipsa tabula cum cameis ponderat lb. 1, unc. 6. Ipsa tabula cum cameis est valoris 72 ducatorum.

Item una alia tabula argentea deaurata in qua sunt quinque camey. In medio est caput mulieris cum capillis prolixis et sparsis super spatulas cum girlanda de edere (*sic*) in capite crocey coloris. In parte vero dextra desuper est rusticus tenens baculum in manu dextra, et super spatulas mutonem. Inferius vero est vir nudus cum paucis pannis ad spatulas, habens quasi cor in manu dextra. In parte vero sinistra desuper est mulier nuda habens pannos ad spatulas corizans et tenens nescio quid in manu sinistra. Inferius vero est juvenis nudus tenens vas ambabus manibus ad bibendum. In parte anteriori sunt arma unica ipsius Rev^mi Domini Card^lis, et in parte posteriori sunt versus ut supra. Ipsa tabula cum cameis ponderat lb. 1, unc. 4 3/4. Ipsa tabula cum cameis est valoris 54 ducatorum.

Item una alia tabula argentea deaurata cum quinque cameis. In medio est cameus in quo est vir nudus sedens et tangens mammas mulieris fracte, et post spatulas viri est puer, et in quatuor partibus ipsius tabule sunt quatuor capita quatuor mulierum cum capillis sardonii crocei coloris. In parte anteriori sunt arma unica ipsius Rev^mi Domini Card^lis et in parte posteriori sunt versus ut supra. Ipsa tabula cum cameis ponderat lb. 1, unc. 1/1. Ipsa tabula cum camels est valoris 52 ducatorum.

EUG. MUNTZ.

(*La suite prochainement.*)

UNE INSCRIPTION BYZANTINE

DE THESSALONIQUE

Dans l'ouvrage bien connu de Texier sur l'architecture byzantine se trouve le fac-simile de l'inscription suivante, au-dessus de la porte de la mosquée de Kazandjilar Djamji, jadis une église chrétienne :

✝ Ἀφιερώθη ὁ πρὶν βέβηλος τόπος εἰς ναὸν περίβλεπτον τῆς Θεοτόκου παρὰ Χριστωφόρου τοῦ ἐνδοξοτάτου βασιλικοῦ πρωτοσπαθαρήου (sic) καὶ

KΑΠΝΟΑΓΒΑΡΔΙΑC

καὶ τῆς συνβίου αὐτοῦ Μαρίας καὶ τῶν τέκνων αὐτῶν Νικηφόρου Ἄννης καὶ Καταχαλῆς μηνὶ Σεπτεμβρίῳ IN IB ἔτει ϛλϞϛ ✝

M. Texier traduit ce texte de la manière suivante : « Ce lieu, autrefois profane, a été changé en un temple magnifique de la Mère de Dieu par Fe, le très-célèbre Basilique, premier porte-épée, sous l'invocation de Saint Bardias, etc.

Il serait superflu de relever ici une à une toutes les erreurs : la traduction de Χριστωφόρος par « feu » et de βασιλικός par Basilicus rentrent plutôt dans la catégorie des curiosités littéraires. Il faut noter particulièrement les difficultés que l'auteur a rencontrées dans l'explication du passage :

KΑΠΝΟΑΓ ΒΑΡΔΙΑC

qui a manqué enrichir le panthéon de l'Église orientale, déjà trop peuplé, d'un nouveau saint. Aussi l'auteur avoue franchement qu'il n'a pu retrouver cet « ἀνύπαρκτον ὄνομα » dans aucun des martyrologues et synaxaristes.

M. Kirchhoff (*Corp. I. Gr.*, nº 8705) aussi n'est pas parvenu à déchiffrer ces hiéroglyphes.

Dans son excellent mémoire sur une mission au mont Athos (1), M. Bayet a rétabli le nom de Christophore : il assigne sa place au βασιλικός comme adjectif auprès du protospathaire, mais il explique une partie du passage obscur comme nom de famille, Βαρδίας, en laissant le champ libre à ses successeurs de découvrir la charge du Καταπονολόγου, titre jusqu'à présent inconnu de la Sublime Porte byzantine.

L'explication n'est pas difficile pour ceux qui ont parcouru un peu la littérature byzantine. On lit couramment : κατεπάνω Λαγουβαρδίας, et on traduit le passage : « par Christophe, général de brigade impérial et capitaine de la Longobardie ». Il faudra se rappeler que le nom de Longobardie était employé à l'époque de Charlemagne pour toute l'Italie. Plus tard, dans les chancelleries byzantines, on désignait par le même nom toutes les parties de l'Italie méridionale, qui avaient été reconquises par les fondateurs de la dynastie macédonienne, et qui sous le misérable régime des impératrices de la même maison et de leurs successeurs passèrent aux mains des Normands (1071). Aujourd'hui encore, une partie du ci-devant Catepanikion byzantin porte le nom de Capitanata.

La forme de Λαγουβαρδία se retrouve dans les écrits de Constantin le Porphyrogénète sur les thèmes et sur l'administration de l'empire.

De thematibus lib. I, ed. Bonn. p. 60 :

ἐνδέκατον θέμα Λογγιβαρδίας : ἡ δὲ Λογγιβαρδία δισσοῖς ὀνόμασι κέκληται, παρὰ μέν τισι Λογγιβαρδία τοῦτ' ἔστι πολυγένεια, παρὰ δέ τισι Λαγοβαρδία κτλ.

De admin. imp., cap. 27, il emploie constamment la forme de Λογουβαρδία, ce qui probablement n'est qu'une faute de copiste pour Λαγουβαρδία. *De caerimon. aul. byz.*, ed. Bonn., p. 661, Λαγουβαρδία.

Sur deux sceaux en plomb de mon cabinet, il y a Λαγουβαρδία et Λαγυβαρδία.

Ainsi donc, l'inscription du Kazandjilar Djamii reproduit exactement l'orthographe officielle, qui prévalait dans les bureaux de Byzance, tandis que les savants et ceux qui affectaient un langage plus choisi se servaient du terme Λογγιβαρδία.

La date « Ind. xij septembre 6537 » nous reporte, d'après l'observation très-juste de M. Bayet, à la fin de l'année 1028, et non à 1029,

_____

(1) Pages 58-59, nº 103.

comme le dit M. Kirchhoff. La douzième indiction commence exactement avec le mois de septembre 1028. D'ailleurs nous possédons un
autre témoignage sur le capitanat de Christophe, dans les mémoires
du protospathaire Lupus. D'après lui, en 1029, avant la mort de
l'empereur Constantin, Eustathius vient à Bari avec ses fils Basi-
lisque et Mandatoras, pour décerner la dignité de catepano à
Christophe et pour ramener Oreste et Bugien à Constantinople (Muralt, *Chronogr. Byz.*, p. 601). Le chroniste, en disant «avant la mort
de Constantin », est dans le vrai, mais il se trompe pour le chiffre
de 1029, car Constantin VIII, le successeur de Basile II, mourut en
1028, au mois de novembre.

Il paraît que Christophe était déjà présent en Italie, car son
installation eut lieu à Bari même, en vertu d'un mandat impérial
(ferman), apporté par le « mandatoras » : forme de la langue vulgaire (néogrecque) pour μανδάτωρ (comme ἄνδρας pour ἀνήρ). Je ne puis
constater ici, à Constantinople, s'il s'agit d'une altération dans le texte
de Lupus ou bien d'une traduction inexacte du texte latin de la part
de M. Muralt, qui fait figurer le mandateur comme le nom d'un des
fils d'Eustathius. Les mandateurs, du reste, sont des employés de la
cour byzantine qui apportaient les ordres émanant directement de
l'empereur : analogues aux *hramanatars* des rois persans, les aides-
de-camp de Saint-Pétersbourg et les *capidjis* de la Sublime-Porte.

La construction d'une église en l'honneur de la sainte Vierge
(Hodegetria?), comme ex-voto, paraît très-naturelle au début d'une
carrière aussi dangereuse que celle d'un capitaine de Longobardie.
Les combats incessants avec les Sarrasins, les Normands et une
population toujours séditieuse l'exposaient continuellement à des
périls manifestes.

J'ajoute la description de deux plombs byzantins qui se rapportent à la même époque et qui justifient l'explication proposée pour
l'inscription :

1° Jean, patrice, protospathaire et stratège de Lagoubardie.

Recto. — Croix double sans ornements, sur quatre gradins. Autour
du bord entre les doubles grènetis : ✠ KEROHΘHTWCWΔ...

✠ IѠAN..
ΠΑΤΡΗΚ,Β,Α,
.ΠΑΘΑΡ,SCT
.ΑΤΗΓ,ΤΙC
ΛΑ.ΟΥ.

'Ιωάν(νη) πατριχ(ίω), β(ασιλιχῶ) πρωτοσπαθαρ(ίω) · χαὶ στρατηγ(ῷ) τῆς Λα(γ)ου(βαρδίας).

Il y a une grande analogie entre l'inscription de l'église et ce plomb, pour ce qui est du remplacement de l'ῃ par un ὺ et *vice versa* : nous avons πατρηχίω et ἀσπαθαρήου, τις συμβίου, et τις Λαγουβαρδίας. Le type du sceau est celui employé pendant les X° et XI° siècles. Je n'hésite pas à l'attribuer au capitaine Jean surnommé Bojoannes, qui est appelé Bugianus par les chroniques de Bari et du protospathaire Lupus, et qui fut déposé lors de l'installation de Christophe, en septembre 1028.

2° Théodore, commerciaire de Lagoubardie.

Recto. — Sainte-Vierge des Blaquernes, buste de face. Lég. ΜΡ ΘΥ.

⊹ΚΕ..

ΤѠСѠ...

.ΘΕΟΔ...

.ΕΡΚΗ...

ΛΑΓΥR

ΑΡΔ.

Κύριε (βοήθη) τῷ σῷ (δούλῳ) Θεοδ(ώρῳ Κομμ)ερχι(αρίῳ τῆς) Λαγυβαρδ(ίας).

·Même époque que le précédent.

Dr A. MORDTMANN jr.

MONETA CASTRENSIS

EMPLOYÉE EN AFRIQUE PENDANT LA GUERRE CONTRE TACFARINAS

(ANNO URBIS CONDITÆ 778, ANNO CHRISTI 20).

Il y a quelques années, j'avais entrepris l'étude des contremarques si fréquentes sur les monnaies romaines des derniers temps de la République et sur celles du Haut Empire. Des circonstances imprévues m'ayant malheureusement détourné de ce genre de recherches, je ne m'en préoccupais plus, lorsqu'un heureux hasard a fait tomber entre mes mains une pièce empreinte d'une contremarque des plus significatives; aussi mon goût pour les énigmes de cette nature s'est-il incontinent réveillé. Ai-je cette fois trouvé le mot cherché? Je l'espère; on va d'ailleurs en juger.

Voici d'abord la description de la pièce dont il s'agit. C'est un sesterce de cuivre offrant les types suivants :

C. GALLIVS. C. F. LVPERCVS. IIIVIR. A. A. A. F. F. Dans le

champ, **S. C.** Une longue contremarque rectangulaire dónt la fin seule a mordu sur le métal, et dont on ne lit que les lettres **RON**, empiète sur le C représentant le mot **CONSVLTO.**

℞. **OB.** (CIVIS) **SERVATOS** dans une couronne de chêne accostée de deux branches de laurier; le mot **CIVIS** inscrit au centre de la couronne a été recouvert et entièrement effacé par la même contremarque que j'ai signalée ci-dessus, mais qui cette fois est très-nette et se lit **APRON.**

Cuivre, 35 millimètres de diamètre.

Ce sesterce a été frappé par le triumvir monétaire Caius Gallius Lupercus, fils de Caius, issu d'une famille plébéienne, et qui exerça ces fonctions sous Auguste, à une date qui malheureusement n'est pas déterminée. Cherchons donc à interpréter la contremarque qui nous donne le nom Lucius Apronius (1).

Dès l'an de Rome 767, 14 de J.-C., un chevalier romain du nom de L. Apronius était un des amis de Drusus et faisait partie de l'entourage le plus intime de ce prince, de sa cohorte, comme dit Tacite (*Annalium* lib. 1, c. 29).

L'année suivante ce personnage accompagnait Germanicus dans l'expédition destinée à venger le désastre de Varus; et lorsque Germanicus se porta subitement contre les Cattes, il laissa Lucius Apronius « ad munitiones viarum et fluminum »; celui-ci fut donc chargé de protéger et d'assurer les communications du corps expéditionnaire. (Tacite, *Ann.* lib. 1, c. 56.)

La part importante que Lucius Apronius prit à cette mémorable campagne lui valut les insignes triomphaux.

« Decreta eo anno triumphalia insignia A. Cœcinæ, L. Apronio, C. Silio, ob res cum Germanico gestas. » (Tac. *Ann.* l. 1, c. 72.) (A. U. C. 768, A. C. 15.)

Plus tard (A. U. 773, A. C. 20) nous retrouvons notre L. Apro-

---

(1) Nous connaissons bien un Apronius qui fut IIIvir monétaire d'Auguste, en même temps que Cornélius Sisenna, Valérius Messala et Asinius Gallus. Des monnaies signées de ce dernier attribuent à Auguste la puissance tribunitienne, qui lui fut décernée pour la première fois en 23 av. J. C. La magistrature en question est donc tout au plus contemporaine de cette année 23 et peut-être postérieure. D'un autre côté, les IIIvirs monétaires cessèrent vers l'an 12 av. J. C. d'inscrire leurs noms sur les monnaies qu'ils faisaient frapper. Je ne pense donc pas qu'il soit permis de confondre cet Apronius avec celui qui a contremarqué de son nom la monnaie émise par C. Gallius. D'ailleurs je crois qu'il est sans exemple qu'un triumvir monétaire ait osé contremarquer de son nom une monnaie signée d'un autre IIIvir monétaire.

nius à la tête de l'armée chargée de comprimer l'insurrection de Tacfarinas et des Numides.

L. Apronius avait succédé à Camillus dans le commandement de
cette armée.

Une cohorte, ayant honteusement lâché pied devant l'ennemi, avait
laissé massacrer son chef Decrius.

« Quæ postquam L. Apronio, nam Camillo successerat, comperta,
magis dedecore suorum quam gloria hostis anxius, raro ea tempes-
tate et e vetere memoria facinore, decumum quemque ignominiosæ
cohortis sortis ductos, fusti necat. Tantumque severitate profectum,
ut vexillum veteranorum, non amplius quingenti numero, easdem
Tacfarinatis copias, præsidium cui Thala nomen adgressas, fuderint.
Quo prælio Rufus Helvins, gregarius miles, servati civis decus retulit, donatusque est ab Apronio torquibus et hasta. Cæsar addidit
civicam coronam. « Quod non eam quoque Apronius, jure procon-
« sulis, tribuisset » questus magis, quam offensus? Sed Tacfarinas,
perculsis Numidis et obsidia adspernantibus, spargit bellum, ubi
instaretur, cedens, ac rursum in terga remeans, et dum ea ratio
barbaro fuit, irritum fessumque Romanum impune ludificabatur;
postquam deflexit ad maritimos locos, illigatus præda, stativis castris
adhærebat; missu patris, Apronius Cæsianus cum equite et cohor-
tibus auxiliariis, queis velocissimos legionum addiderat, prosperam
adversum Numidas pugnam facit, pellitque in deserta. » (Tac. *Ann.*
lib. III, c. 21.)

Huit ans plus tard L. Apronius (A. U. 781, A. C. 28) était propréteur de la Germanie inférieure (Tac. *Ann.* lib. IV, c. 73). Déjà
notre personnage avait été nommé consul *suffectus* dès l'année 8
de l'ère chrétienne.

C'est très-certainement ce L. Apronius qui a fait appliquer son
nom en contremarque sur le sesterce que j'ai décrit plus haut, et
c'est en Afrique, pendant la guerre contre Tacfarinas, en l'an 20 de
notre ère, que cette contremarque a été employée. Qui sait si le
choix du type **OB** (*civis*) **SERVATOS** n'est pas en relation quelconque avec les récompenses qui furent accordées à Rufus Helvius,
lorsque après la levée du siège de Thala « servati civis decus retulit »?
En général les récompenses dont on gratifiait les soldats en souvenir de leurs belles actions comportaient une rémunération en espèces
sonnantes. Peut-être donc L. Apronius a-t-il fait placer son nom
sur des sesterces destinés à Rufus Helvius, et auxquels la présence
de cette contremarque devait attribuer une valeur supérieure à celle
d'un simple sesterce. Dans tous les cas, que l'on admette ou non

cette hypothèse, un peu hasardée, j'en conviens, il n'en reste pas
moins certain que nous avons sous les yeux une véritable *moneta
castrensis* employée par le proconsul L. Apronius pendant la guerre
contre Tacfarinas, en l'an 20 de notre ère. En cela il ne fit que
suivre l'exemple de Tibère, qui a si souvent contremarqué de son
nom les monnaies d'Auguste lui-même, pendant les grandes expéditions militaires qu'il dirigeait, afin sans doute de subvenir aux
besoins de ses armées.

F. DE SAULCY.

MONNAIE ET BULLE DE PLOMB

INÉDITES

DE TERRE - SAINTE

A la séance du 17 juillet 1878 de la Société des antiquaires de France, j'ai présenté deux monuments inédits dont la connaissance offre un vif intérêt pour l'histoire des Francs de Syrie au moyen âge.

I

La première et la plus précieuse de ces épaves des croisades est un denier d'argent anonyme que je dois à l'obligeance infatigable de M. Pérétié de Beyrouth, et qui m'est arrivé quelques semaines seulement après l'achèvement de mon *Corpus* de la numismatique de l'Orient latin; il aurait pu y prendre place au premier rang des pièces hors ligne par l'importance et l'originalité de leurs types et de leurs légendes. Voici la description de cette monnaie vraiment extraordinaire :

✠ SEPVLCHRI : DOMINI
   La grande rotonde du Saint-Sépulcre.
℟. ✠ DRAGMA ACCONEN
   Croix pattée cantonnée d'un annelet au 2e canton.

Ce denier, de très-bon argent, pèse 2 gr. 10. Au droit figure iden-
tiquement le même édifice que sur les deniers aujourd'hui assez
communs et sur les oboles infiniment plus rares du roi Amaury Ier
de Jérusalem, édifice qu'on voit également sur la grande pièce
d'argent, presque introuvable, frappée au nom de Jean de Brienne.
Dans un article de la *Revue numismatique* de 1856, consacré à
l'étude des monuments de Jérusalem représentés sur les deniers des
rois latins du XII° siècle, le marquis de Vogüé a le premier
identifié cet édifice d'un aspect si particulier avec la rotonde même
du Saint-Sépulcre. « Les pièces d'Amaury, dit le savant membre de
l'Institut, ont pour type un édifice circulaire, supporté par des
arcades et couvert par un toit conique dont les poutres vont aboutir
à un cercle ouvert. Je donne le dessin de ce type d'après un denier
de Jean de Brienne ; le beau module de cette pièce permet de mieux
comprendre les détails de l'édifice qui y est représenté comme sur
la monnaie d'Amaury. Il est impossible, malgré la grossièreté de
l'exécution, de ne pas reconnaître ici la rotonde du Saint-Sépulcre,
telle qu'elle existait avant l'incendie de 1808, avec son rang d'arcades soutenues par des colonnes, sa galerie supérieure et sa cou-
verture en bois ouverte au centre. « En cet endroit, dit le pèlerin
« déjà cité, là où li monumens (le Saint-Sépulcre) estoit li moustiers
« tous roons, et si estoit ouvres par dessure, sans couvertures. »
Outre cette mention succincte dont l'intérêt est d'être contemporaine des médailles dont nous nous occupons, il existe dans toutes
les nombreuses relations de voyages du XII° au XVIII° siècle des
descriptions bien connues de tout le monde, qui ne laissent aucun
doute sur la forme primitive du monument. Cette forme générale et
les éléments principaux de la disposition intérieure sont reproduits
évidemment sur la pièce, autant que le permettaient l'exiguité du
champ et l'inhabileté des artistes. »

J'ai reproduit à dessein tout ce passage de l'article du marquis
de Vogüé, car la pièce que je publie actuellement en est une confirmation éclatante. En effet, ce même monument des monnaies royales
hiérosolymitaines que M. de Vogüé avait reconnu être le Saint-Sépulcre, ce monument, dis-je, figure sur mon denier avec la légende
Sepulchri Domini pour (*Moneta*) *Sepulchri Domini*, qui ne peut laisser subsister aucun doute ! La sagacité n'avait donc pas fait défaut
au savant académicien ; l'on ne saurait même prétendre qu'il ait été
conduit à cette affirmation par la comparaison avec l'unique représentation contemporaine et *certaine* du Saint-Sépulcre connue jusqu'ici, je veux parler de celle qui figure sur le sceau de l'église du

Saint-Sépulcre, publié jadis par Paoli et reproduit par le marquis de Vogüé à la page 184 de ses *Églises de la Terre-Sainte*. Le type de l'édifice célèbre, qu'accompagne ici la légende fort explicite : *Sanctissimi Sepulchri*, est, en effet, cette fois sensiblement différent, l'artiste ayant négligé, probablement à dessein, la grande coupole, dont les dimensions fort réduites sont peu en rapport avec celles du sujet central auquel il a, par contre, donné tous ses soins. Ce sujet central n'est autre, en effet, que l'édicule même du Saint-Tombeau qui formait, on le sait, le centre de tout l'édifice, et qui n'a pu être indiqué sur un champ aussi restreint que celui des diverses monnaies dont je parle en ce moment. Le denier que je publie a donc, je le répète encore, une importance considérable, puisqu'il vient affirmer définitivement l'identification de l'édifice des deniers hiérosolymitains énumérés plus haut avec la coupole du Saint-Sépulcre, identification qui avait été devinée par le marquis de Vogüé.

Mais ce n'est pas à ce point de vue seulement que cette pièce anonyme est curieuse, et la légende du revers : *Dragma Acconen(sis)*, est également fort intéressante. D'abord le mot *dragma* en lui-même, remplaçant *denarius* sur une monnaie médiévale, est une nouveauté. Je crois qu'il n'existe aucun autre exemple de cette désignation inscrite sur une monnaie du moyen âge, pas même sur une de celles frappées en Orient, où le nom de *drachme* et ses différents dérivés s'étaient conservés depuis l'époque du monnayage hellénique. Les mots *drachme*, *dragme* et *drahan*, *dragan*, etc., qui en dérivent, se retrouvent fréquemment, en effet, comme synonymes de *denier* dans les divers chroniqueurs et historiens des croisades, y compris Joinville ; j'en citerai cet unique exemple : dans les *Assises*, là où le manuscrit de Venise dit *denier*, celui de Munich dit *drachme*. Le mot *drachme* servait aussi à désigner la pièce d'argent ou *taccolin* des rois Roupéniens de la Petite-Arménie. Mais, je le répète, jamais on n'avait vu le mot *dragma* figurer sur une monnaie des Francs d'Orient. Du reste, en dehors de cette désignation insolite, le fait seul que le nom de la monnaie figure dans la légende est une chose à remarquer. On connaît la rareté extrême de ces sortes d'indications sur les monnaies du moyen âge. Parmi toutes celles des Latins d'Orient, je ne connais comme présentant cette particularité que le denier des comtes de Jaffa avec la légende : *Denarius Joppensis*, de la collection Vogüé, et la pougeoise : *Puge(sia) d'Accon*, frappée à Acre par le comte Henri de Champagne.

La désignation de l'atelier monétaire a également ici son importance; comme la pougeoise d'Acre, comme les pièces d'or et d'argent à légendes arabes fabriquées dans cet atelier vers 1250, par les monétaires vénitiens, cette *drachme* si précieuse a certainement été frappée dans la vieille Ptolémaïs à une époque où les Francs n'étaient plus en possession de la ville sainte, et où Saint-Jean d'Acre était devenue la première cité du royaume latin de Jérusalem; certainement ce petit monument numismatique correspond aux dernières années du xiie siècle, à cette époque si importante pour l'histoire de cette ville, lorsque les Francs, concentrés à l'abri de ses murailles, se préparaient à reprendre l'offensive, quelques années à peine après les grands désastres du règne de Guy de Lusignan.

Cet atelier latin de Saint-Jean-d'Acre, si intéressant, dont nous commençons à connaître un certain nombre de produits, paraît avoir fonctionné dans des circonstances très-diverses. La pougeoise du comte Henri est datée par le fait même de la présence du nom de ce prince dans sa légende; elle a dû être frappée entre les années 1192 et 1197. Les pièces d'or et d'argent des Vénitiens portent les dates des années 1250 et suivantes. Pour la pièce que je publie, ce fait capital est à relever qu'elle est anonyme. Or, grâce toujours à M. de Vogüé, nous connaissons déjà une autre pièce anonyme frappée également à Acre, ou du moins sous les murs de cette ville, bien que le nom d'*Accon* ne figure pas dans sa légende; je veux parler de la pièce si curieuse, mentionnée par M. de Saulcy dans sa *Numismatique des Croisades* et dont M. de Vogüé a donné une ingénieuse interprétation dans la *Revue numismatique* de 1865 (p. 296). Les légendes en sont, d'une part : **MONETA REGIS**, et au revers : **REX IERLM**. Je renvoie le lecteur aux pages de M. de Vogüé; il y verra sur quels arguments le savant académicien s'est basé pour attribuer avec une grande apparence de raison cette pièce d'aspect insolite à l'époque même du fameux siège de Saint-Jean-d'Acre par les chrétiens de Syrie unis aux armées des rois de France et d'Angleterre, «à cette période pendant laquelle, la royauté restant indécise entre Guy de Lusignan et Conrad de Montferrat, les droits régaliens furent officiellement exercés par les Ordres militaires, ce qui explique l'absence de tout nom royal dans la légende ». Après avoir relu M. de Vogüé, je demeure convaincu que le denier que je publie appartient à cette même période et que son émission a été le résultat des mêmes événements. En effet, il est anonyme comme celui de M. de Vogüé, ce qui indique presque certainement une vacance; en outre, il porte une indication de plus, celle de lieu, qui va nous permettre de préciser encore plus exactement le moment même de sa fabrication. En effet, si l'on admet avec M. de Vogüé que la monnaie à légende *Moneta regis* a été frappée dans le camp même des croisés, « dans cette ville de bois qui s'éleva si rapidement sous les murs d'Acre assiégée et constitua pour un moment le royaume de Jérusalem tout entier avec les débris de ses services publics », pourquoi ne pas admettre d'autre part que le denier également sans nom de prince, mais qui porte celui d'*Accon*, a été frappé dans les mêmes lieux, mais cette fois *dans les murs mêmes* d'Acre reconquise, durant le court espace de temps qui s'est écoulé entre la prise de la ville par les armées chrétiennes confédérées, et cette assemblée du 28 juillet 1191 qui mit fin à un état de choses provisoire, en confirmant les droits du roi Guy. Je crois, pour ma part, qu'il est possible d'attribuer à la fabrication de la monnaie que je publie cette date du mois de juillet 1191, qui vit renaître en Syrie la fortune des chrétiens si longtemps compromise. Si le Saint-Sépulcre de Jérusalem figure sur cette monnaie frappée à Acre, comme du reste sur celles du roi Jean de Brienne qui ne posséda jamais Jérusalem et qui a certainement dû monnayer également dans la nouvelle Ptolémaïs, il faut songer, avec M. de Vogüé, « que les princes francs de Syrie, bien que chassés de Jérusalem et résidant à Acre, y conservèrent toutes les formules de la royauté, de même que tous les établissements religieux, réfugiés à Acre et même à Chypre après le désastre commun, gardèrent les noms qu'ils portaient en Terre-Sainte, et s'appelèrent comme au temps de la domination latine, l'abbaye du *Temple Domini*, l'abbaye du *Saint-Sépulcre*, etc. » « Il n'est pas plus étonnant, ajoute encore M. de Vogüé, de voir sur ces monnaies le type du Saint-Sépulcre, que d'y lire la légende *Rex de Jerusalem* : je dirai plus, ce type éminemment caractéristique semble être de la part des rois dépossédés une protestation contre l'invasion, et un maintien de leurs droits dans l'infortune et dans l'exil. »

Je rappellerai en terminant que la représentation de la coupole du Saint-Sépulcre figure également à côté de celles de la Tour David et du Temple, au revers de certaines bulles de plomb des rois de Jérusalem, bulles dont M. de Vogüé a publié un exemplaire magnifique au nom du roi Amaury Ier, dans la *Revue numismatique* de 1864 (page 276, pl. XIII, n° 1).

II

La seconde pièce inédite communiquée par moi à la Société des antiquaires est une bulle de plomb d'un abbé de Terre-Sainte. On connaît le petit nombre des monuments de cette nature appartenant aux Latins d'Orient qui sont parvenus jusqu'à nous; la découverte d'un d'entre eux offre toujours un certain intérêt. Ici, il s'y joint ce fait particulier que le titulaire de cette bulle est un prélat dont le nom n'avait pas encore été retrouvé; Du Cange et son annotateur actuel, M. Rey, ne l'ont point signalé; il n'est également pas mentionné dans les quelques recueils de documents publiés dans ces dernières années. Ce prélat nouveau, c'est Jean, abbé de Notre-Dame de Josaphat; voici la description de la bulle de plomb qui porte son nom :

✠ · S : IOHANNIS : ABBATIS ·

L'abbé de face à mi-corps, bénissant de la main droite, tenant la crosse de la gauche.

℞. ✠ SEPVLCRVM · BEATE · MARIE ·

L'église de Notre-Dame de Josaphat figurée par un petit édifice de forme arrondie, surmonté d'une coupole divisée en trois segments suivant la hauteur; sur les côtés de l'édifice central on aperçoit deux pans de murailles ou contre-forts latéraux surmontés chacun d'une petite coupole sphérique.

Non-seulement cette bulle appartient à un prélat jusqu'ici inédit, mais c'est encore la première qu'on ait retrouvée d'un abbé de Notre-Dame de Josaphat. Paoli n'en a fait figurer aucune dans les quelques planches qu'il a consacrées aux bulles et sceaux de l'Orient latin. Le plomb que je publie actuellement a donc une réelle importance; il en aurait une bien plus grande assurément, si l'on pouvait considérer le petit édifice du revers comme une image contemporaîne de l'église du tombeau de la Vierge; malheureusement on sait ce qu'ont de purement conventionnel la plupart de ces représentations sur les sceaux ou les monnaies du moyen âge, bien que le cas contraire se présente précisèment pour quelques pièces de l'Orient latin. Une infinité de sceaux d'ordre religieux portent des représentations d'édifices passées à l'état de type conventionnel et qui n'ont qu'un rapport bien éloigné de ressemblance avec l'église ou le couvent dont ils portent le nom. Je viens de relire le chapitre que M. de Vogüé a consacré à l'église de la vallée de Josaphat, dans ses *Églises de la Terre Sainte* (je parle, bien entendu, de l'église souterraine qui est le monument véritable, et non du porche extérieur, seule partie visible à la surface du sol); j'y vois bien que cette église souterraine à laquelle les croisés donnèrent, vers le premier quart du XIIe siècle, la forme qu'elle a conservée jusqu'à nos jours, se compose d'une seule salle, beaucoup plus longue que large, terminée à ses deux extrémités par une abside demi-circulaire, *couverte par des voûtes en berceaux et des voûtes d'arête;* tout ceci pourrait se rapporter sans trop de difficulté au type qui figure au revers de la bulle de l'abbé Jean, mais ce sont en somme des ressemblances trop lointaines et d'ordre trop général pour qu'on puisse leur accorder une grande importance. Quant au porche extérieur, il a, dit M. de Vogüé, la forme d'un gros cube de maçonnerie de 8 mètres environ en tout sens. Le sommet est plane et ne paraît jamais avoir supporté de voûte.

On sait que l'abbaye de Notre-Dame de Josaphat ou de la Vallée de Josaphat, desservie par des moines noirs de Cluny, était jointe à l'église dont je viens de parler, érigée sur le sépulcre de la Vierge et communément connue sous le nom de Tombeau de la Vierge. L'abbaye dépendait immédiatement du patriarche de Jérusalem; il portait mitre, crosse et anneau, et devait 150 sergents de service de guerre. La reine Mélissende, fille d'Amaury et femme de Foulques d'Anjou, fut enterrée dans cette église.

Les *Familles d'outre-mer* de Du Cange citent quelques abbés de Notre-Dame de Josaphat ou du Val Josaphat : Baudouin, Hugues en 1116, Gildoin en 1120, Robert en 1135 et 1137, Pierre après 1156, N... en 1244, Henri en 1248. On peut dorénavant ajouter à ces noms celui de l'abbé Jean.

G. SCHLUMBERGER.

CONGRÈS ARCHÉOLOGIQUE DE KAZAN

(EN AOUT ET SEPTEMBRE 1877)

COMMUNICATIONS
RELATIVES AUX QUESTIONS PRÉHISTORIQUES (1)

---

1. M. LE COMTE OUVAROF : *Découverte d'os de mammouth et d'armes de pierre, près de Mourom (gouvernement de Vladimir).*

Déjà au congrès de Kief(2) on avait exposé des os de mammouth trouvés à Gontsi, gouvernement de Poltava : ces débris s'étaient rencontrés dans la même couche de terre que des coquillages caractérisant la période glaciaire, et dans cette même couche gisaient également des silex, des couteaux, des pointes de flèches et autres produits de l'industrie primitive. M. Kaminski avait fait sur cette découverte un rapport qui avait été fort remarqué. M. le comte Ouvarof a rendu compte au congrès de Kazan d'une trouvaille semblable. Dans le district de Mourom, ce pays qui fut autrefois le centre de la nation finnoise, aujourd'hui disparue, des Mouromiens, près du village de Karetcharovo, si célèbre dans les chansons épiques sur Ilia de Mourom, la berge d'un ravin, s'étant éboulée, laissa apparaître des os de mammouth ; ils gisaient dans une couche d'argile jaune de quatre mètres à peu près d'épaisseur et qui se trouvait immédiatement au-dessous de l'humus noir, ou *tchernoziom*. Ces os étaient des dents, des fragments de mâchoires, d'omoplates, de vertèbres, de fémurs; l'un des os longs avait été brisé dans le sens de la longueur et la face interne en avait été raclée. Auprès de ces débris se rencontraient six couteaux de silex, des racloirs, et les *nucleus* d'où les couteaux avaient été tirés. Dans les ravins du voisinage on trouvait également des os de mam-

---

(1) Cet article est extrait des rapports, encore inédits, adressés à M. le ministre de l'instruction publique par M. A. Rambaud, chargé de mission à Kazan. — La première partie du rapport paraîtra dans la *Revue des missions.*

(*Note de la Direction.*)

(2) Voir, sur le congrès de Kief, le rapport de M. Louis Léger à M. le ministre de l'instruction publique et l'article de M. Alfred Rambaud, dans la *Revue des deux mondes* du 15 décembre 1874.

mouth et de rhinocéros *tichorrhinus*. Ces gisements étaient situés sur
la rive la plus élevée, c'est-à-dire sur la rive droite de l'Oka; sur la rive
inférieure, qui est parsemée de *bougry* ou dunes de sable, on trouve également des outils de pierre, également en silex, mais consistant surtout
en armes, flèches, pointes de lance, etc., en immense quantité.

Le comte Ouvarof (1) a essayé de tirer de ces faits quelques conclusions
sur la race d'hommes qui habitait, à l'âge préhistorique le plus ancien,
le sol mouromien. En considérant que les instruments de guerre et de
chasse sont rassemblés dans les dunes de la rive basse, il en infère que
là était leur lieu d'habitation. Dans le ravin de Karatcharovo, on n'a
trouvé que des instruments servant dans les repas, tels que couteaux,
racloirs, pour dépouiller et nettoyer les os, même un petit vase en os,
indice du premier éveil des arts manuels. C'est donc là que les hommes
de l'âge de pierre se réunissaient pour dévorer la chair des mammouths
qu'ils avaient tués; les os dispersés indiquent que l'animal a été dépecé;
certains os ont été brisés avec le marteau de pierre et portent encore la
trace des racloirs.

Ces conclusions n'ont soulevé qu'une objection, de la part de M. Radlow.
Le célèbre et savant voyageur, se fondant sur les observations qu'il a pu
faire chez les Ostiaks et autres indigènes sibériens des bassins de l'Obi et
de l'Iénisséi, incline à penser que leurs devanciers de l'âge de pierre
n'avaient pas de demeures fixes, qu'ils allaient à l'aventure avec leurs
armes de chasse et leurs autres instruments, et qu'ils se fixaient un instant
là seulement où les amenaient les hasards de la chasse et les repas qui
suivaient une chasse heureuse.

La découverte du comte Ouvarof nous remet devant les yeux quelqu'une
des scènes de l'âge de pierre; elle nous montre les chétifs êtres humains,
dans les sables ou les ravins de l'Oka, s'attaquant aux géants pachydermes,
les mammouths et les rhinocéros, les abattant avec de mauvaises flèches
en silex, s'assemblant autour de l'animal abattu pour une orgie de vian-
de, et dépeçant ces énormes bêtes avec des couteaux de pierre, fabriqués parfois sur place, comme le montre la présence de *nucleus*. La
scène nous apparait bien dans son ensemble; mais la circonstance que
telle espèce d'armes ne s'est pas retrouvée dans le ravin, tandis qu'elle
se rencontre dans les *bougry*, ne permet pas de préciser les détails. Il est
probable que ces chasseurs de mammouth avaient aussi des haches ou des
marteaux de pierre; pourtant on n'en a pas encore signalé dans les ravins
de Karatcharovo.

2. M. Stakenberg : *Armes de pierre dans les marais de la Petchvra.*

Dans les grandes plaines de l'Europe orientale s'est conservée, plus
longtemps que dans l'Europe occidentale, la vie nomade, la vie de chas-

(1) Président de la Société archéologique de Moscou et des Congrès archéologiques
de Russie.

seurs errants, que mènent encore aujourd'hui certaines tribus du versant
de la mer Blanche ou des bassins sibériens; plus longtemps aussi s'y est
maintenu l'état de civilisation qui correspond à cette vie nomade; l'âge
de pierre s'y est continué bien des siècles après qu'on eut pu le considérer comme terminé dans le reste de l'Europe. Au temps de Tacite, les
Finnois n'avaient encore ni bronze, ni fer (1). Il n'est pas étonnant que
les armes de pierre se rencontrent en si grand nombre sur presque tout
le territoire russe, qui, à l'origine, fut un territoire aux trois quarts finnois.

« Les armes de pierre, dit M. Stuckenberg dans un des mémoires présentés au congrès, sont répandues presque partout en Russie. Elles se
rencontrent si souvent pour ainsi dire, sous la main, elles sont si connues
du peuple, que tout voyageur peut compter hardiment recueillir toute
une collection de *flèches de pierre* ou de *flèches de tonnerre*, pour peu qu'il
prenne la peine de s'adresser aux paysans. »

« Malheureusement, continue M. Stuckenberg, si l'on procède de cette
façon, on ne pourra que constater ce fait : la rencontre d'armes de pierre
dans telle ou telle localité; mais on ne pourra ni se rendre compte des
conditions dans lesquelles a été faite telle ou telle trouvaille, ni recueillir
des données certaines sur le lieu de leur gisement. Il est inutile de consulter sur ce point les paysans; leur manière de voir n'est rien moins que
scientifique; ils sont convaincus, en effet, que ces flèches de pierre
tombent du ciel par les temps d'orage. »

M. Stuckenberg a pris à tâche de recueillir ces armes de pierre, mais en
rendant un compte exact de leur gisement. Pas d'archéologie sérieuse
sans géologie. Il faut d'abord établir la nature du sol, la succession des couches du sol : à ce prix seulement la découverte de ces objets, en somme
très-communs et presque vulgaires, pourra conduire à des données scientifiques. Aussi a-t-il joint à son mémoire une carte géologique du pays situé à l'ouest de la Petchora, au nord de son affluent la Soula : il est arrosé
par de petits fleuves tels que la Volontcha et l'Indiga, dans le large
estuaire de laquelle se jettent la grande Chtchéliki et la petite Chtchéliki,
et dont les sources sont alimentées par de nombreux lacs et marécages.
M. Stuckenberg distingue avec soin les terrains appartenant aux sept variétés suivantes : 1° gneiss, granit, diorite; 2° schiste argileux; 3° calcaire
silurien; 4° pierre meulière; 5° dolérite; 6° calcaire devonien; 7° argile
iourienne.

(*La suite prochainement.*)

---

(1) Tacite, *Germanie :* « Sola in sagittis spes, quas, inopia ferri, ossibus asperant. »

BULLETIN MENSUEL

DE L'ACADÉMIE DES INSCRIPTIONS

MOIS D'AOUT.

M. Paulin Paris offre à l'Académie une étude nouvelle qu'il vient de publier sur la *chanson d'Antioche*, dont la valeur et l'authenticité avaient été récemment contestées. Il entre à cet égard dans d'intéressants détails, propres à démontrer l'importance historique et l'originalité de ce document.

M. Clermont-Ganneau est admis à lire un mémoire relatif à l'interprétation des scènes figurées sur la célèbre coupe d'argent, d'origine orientale, découverte à Préneste en 1876, et dont il a été déjà plusieurs fois question au sein de la Compagnie. On sait que cette coupe porte au centre une inscription phénicienne. M. Clermont-Ganneau voit dans les neuf tableaux figurés sur la coupe une suite de scènes liées entre elles et que l'on pourrait intituler *une journée de chasse ou la piété récompensée*. La scène se passerait en Afrique et l'action serait divisée en plusieurs actes accomplis entre le départ pour la chasse et le retour : entre l'aller et le retour se trouvent la halte et le sacrifice. Un des personnages de cette histoire est un singe, une espèce de gorille, aux coups duquel le chasseur échappe, grâce à la protection de la divinité à laquelle il vient d'adresser ses prières.

M. Maximin Deloche termine la seconde lecture de son grand travail sur les invasions gauloises dans la haute Italie. Ce travail est destiné au recueil des mémoires de l'Académie. Il est malheureusement trop étendu pour que nous puissions en faire ici l'analyse.

M. Victor Duruy communique un chapitre inédit du premier volume de son *Histoire romaine*. Il est intitulé : *l'Empire au milieu du troisième siècle*.

L'Académie a fait, dans le cours du mois, deux pertes sensibles. A la séance du 9 août, M. Laboulaye, *président*, annonçait la mort de M. de SLANE. Huit jours après décédait le doyen d'âge de l'Institut, M. NAUDET, secrétaire perpétuel honoraire de l'*Académie des inscriptions*. M. Naudet était né le 8 décembre 1786. Il avait publié successivement : une *Histoire des changements operés dans l'administration de l'Empire romain de Dioclétien à Julien* (1817), ouvrage couronné par l'Institut et qui valut à l'auteur son admission à l'Académie ; une *traduction de Plaute* restée classique (1836), une *Histoire de la conjuration d'Etienne Marcel contre l'autorité royale*, et divers mémoires dont le dernier, témoignant de la verte vieillesse de son auteur, date à peine de deux ans. M. Naudet jouit jusqu'à la fin à l'Académie d'une autorité incontestée.   A. B.

NOUVELLES ARCHÉOLOGIQUES

ET CORRESPONDANCE

———

—— Nous recevons de M. le Dʳ Lauth, de Munich, une rectification touchant la découverte des fables d'Esope en démotique. M. Lauth avait déjà signalé le même fait en 1868. M. Brugsch ignorait certainement la découverte de M. Lauth.

Voici un extrait de la lettre de M. Lauth :

« Monsieur le Directeur,

« Dans le numéro de juillet, M. E. Revillout vous a communiqué la *fable du Lion et de la Souris*, ce qui constituerait, d'après son avis, une découverte très-importante de M. Brugsch.

« Or, dès 1868 j'annonçais à l'Académie de Berlin que le papyrus de Leyde I, 384, contenait des fables, et je publiai dans les comptes-rendus des séances de notre Académie un article intitulé : *La Fable en Egypte* (*Die Thierfabel in Aegypten*). Je choisissais même pour exemple, comme M. Brugsch, la *fable du Lion et de la Souris*. M. Brugsch n'est donc pas le premier qui ait fait ladite découverte, et j'en réclame la priorité.

« Veuillez agréer, Monsieur le Directeur, etc.   Dʳ Lauth. »

Munich, 17 octobre 1878.

M. Lauth profite de l'occasion pour nous envoyer à son tour la lecture du *graffito* de Pompéi. Sa lecture est la même que celle que nous avons déjà donnée dans notre dernier numéro. Cette coïncidence dans la lecture du document proposée par divers archéologues distingués ne permet guère de douter de son exactitude.

M. Lauth lit, comme nous, *punge* au quatrième vers. On sait qu'un de nos correspondants proposait *tange ;* il suppose que le *graffito* était écrit sur le mur d'un cabaret ; cela semble en effet très-probable.

—— Plusieurs découvertes importantes appartenant à la période mérovingienne ont été récemment communiquées à la Société des antiquaires de France. M. Frédéric Moreau père, dont tous les archéologues connaissent la belle collection, continuant les fouilles si heureusement commen-

cées par lui au cimetière antique d'*Arcy-Sainte-Restitue* (Aisne), a rencontré
en juillet dernier, à quelques jours d'intervalle, plusieurs tombes d'une
richesse exceptionnelle. Il est probable que la partie du cimetière fouillée
actuellement par M. Moreau était réservée aux chefs. Les dessins mis sous
les yeux de la Société des antiquaires par M. Alexandre Bertrand, chargé
de les présenter à ses confrères au nom du propriétaire des objets, ne
peuvent guère laisser de doute à cet égard. Ces dessins reproduisent trois
belles épées mesurant (soie et poignée comprises), l'une 97, la seconde
87, la troisième 83 centimètres de long. La première de ces épées est une
des plus longues qui aient été signalées jusqu'ici. La poignée en était très-
riche. Une mince lame d'or y adhère encore : l'entrée du fourreau était
garnie d'une plaque d'argent doré, ornée de verres de couleur, analogue
à celle de l'épée de Chilpéric et de l'épée de Pouan appartenant au musée
de Troyes et actuellement exposée dans les galeries du Trocadéro (salle
IV); l'extrémité des fourreaux était montée en argent. Une des plaques
recueillies porte comme ornement des entre-lacs. — Dans l'une des sépultures, à côté de l'épée se trouvait un *angon*, arme particulière aux *Francs*.
(L'angon rappelle le *pilum* romain, mais en diffère par quelques détails.)
Cet angon, d'une longueur égale à l'épée la plus longue, $0^m,97$, est d'une
parfaite conservation; c'est le plus complet que l'on connaisse. — Les
tombes ne paraissent pas avoir contenu de bijoux. Les objets signalés par
M. Moreau comme accompagnant les épées et l'angon sont : un *umbo* de bouclier, un couteau, une *francisque* ou hache, et des plaques de ceinturon en
fer. — Les dessins de l'épée et de l'angon ont été déposés au musée de
Saint-Germain.

Presque à la même époque un jardinier de Jouy-le-Comte (Seine-et-Oise)
découvrait dans un champ lui appartenant un sarcophage en pierre
contenant le squelette d'un personnage de rang au moins aussi élevé que
celui des guerriers de M. Moreau, bien qu'il n'appartînt pas à l'ordre
militaire. La sépulture, en fait d'armes, ne renfermait en effet qu'un couteau de fer ; mais une bague en or ciselé du plus beau travail, quatre
magnifiques fibules ou agrafes en argent doré dont deux ornées de grenats
et de pierres fines, une épingle en argent avec tête ajourée en filigranes
d'or, et plusieurs fils d'or provenant d'un vêtement ou d'une ceinture, ne
permettent pas de mettre en doute la richesse du défunt. Tous ces bijoux
sont d'une perfection de travail tout à fait rare et fourniront un sujet
d'étude fort intéressant. On peut les faire remonter au sixième ou septième
siècle de notre ère. Ils ont été acquis par le musée de Saint-Germain.

———— A M. le Directeur de la *Revue archéologique* :

« Monsieur,

J'ai l'honneur de vous informer que M. Moutié, président de la Société
archéologique de Rambouillet, vient de me communiquer les résultats
d'une fouille faite accidentellement à Valenton, canton de Boissy-Saint-
Léger, arrondissement de Corbeil (Seine-et-Oise), qui a donné les résultats
suivants :

Dans une sablière de cette localité, auprès de laquelle on reconnaît encore les vestiges d'un fossé de 0ᵐ,80 de profondeur, avec parement gazonné, ou a trouvé, sous une pierre plate, sans aucune inscription, les restes d'un corps humain, à chacun des bras duquel était passé un anneau de bronze massif, de 50 mill. d'ouverture et d'une épaisseur de 12 mill. entièrement fermé; cinq fibules en bronze, dont une d'un joli dessin, étaient disséminées çà et là parmi les ossements.

Un collier ou *torques* en bronze, fort élégant, avec ornement trilobé sur trois points également espacés de sa circonférence, de 13 mill. de diamètre intérieur, et de 8 mill. d'épaisseur, porte les traces visibles de deux soudures, ce qui pourrait faire supposer que cet ornement a été soudé sur l'individu qui le portait. Un ornement ou parure de collier en bronze, en forme d'anneau méplat, de 10 mill. de diamètre intérieur, paraît devoir être la pièce principale d'un collier de perles plates en os, dont on n'a retrouvé que quelques exemplaires.

Enfin, une épée en fer, de la largeur de la main et d'une longueur de 60 à 70 centimètres, se trouvait placée le long du squelette; en l'enlevant, le terrassier n'a pu retirer qu'une lame ou arête de cette arme, qui a encore 40 cent. de long sur 20 mill. de large.

Cette fouille a été faite par un habitant de Valenton, fort ignorant des matières de la science archéologique, et je pense que beaucoup de menus objets, tels que les grains de collier en os, auront échappé à son attention; cependant il a mis de côté les os du bras, fortement colorés en vert, qui retenaient encore les bracelets.

Tous ces objets font partie de la collection de M. Moutié, qui les a mis à ma disposition pour les dessiner, et je me propose d'en envoyer des reproductions à la Commission de la topographie des Gaules dans un délai très-rapproché.

Veuillez agréer, etc.   P. L. Guégan. »

—— Sommaire du numéro d'août du *Journal des Savants* : *Histoire des Tasmaniens*, par M. de Quatrefages. *L'Imagination*, par M. Ch. Lévêque. *Les Plaidoyers de Démosthéne*, par M. E. Egger. *Lettres inédites de Joseph Lagrange*, par M. J. Bertrand. *Un ancien texte de loi en dialecte crétois*, par M. Michel Bréal. *De l'orthographe suivie par M. Ribbeck*, par M. Ch. Giraud. Nouvelles littéraires. Revue des livres nouveaux.

BIBLIOGRAPHIE

Les Médaillons de l'empire romain depuis le règne d'Auguste jusqu'à Priscus-Attale, par W. Froehner. 1 vol. in-4°, Rothschild, Paris, 1878.

La Monnaie dans l'antiquité, Leçons professées dans la chaire d'archéologie près la Bibliothèque, en 1875-1877, par François Lenormant. 2 vol. in-8, Paris, Lévy-Maisonneuve, Rollin et Feuardent.

Deux ouvrages d'inégale proportion mais fort intéressants, chacun dans son genre ont récemment paru sur la numismatique antique. L'un a pour titre *les Médaillons de l'empire romain* et pour auteur M. W. Frœhner, ancien conservateur du Louvre, connu des archéologues par sa belle publication de la colonne Trajane. L'autre est le commencement d'une œuvre de longue haleine qui doit comprendre huit parties et embrasser, dans l'abondance et la variété des questions qu'elle soulève, l'histoire complète de la monnaie dans l'antiquité. Son auteur est M. François Lenormant, qu'il n'est pas besoin de présenter aux lecteurs de cette *Revue*. Les deux premiers volumes que M. Lenormant vient de publier sont les leçons qu'il a professées à la Bibliothèque nationale, de 1875 à 1877. On lui saura gré sans doute d'avoir bien voulu faire profiter le public de ses conciencieuses et savantes recherches.

I

On sait en gros la différence des médailles ou médaillons et des pièces de monnaie. Celles-ci sont instruments d'échange, valeur représentative des choses, destinées aux usages du commerce et à la circulation courante. Celles-là sont des ornements, des offrandes, des ex-voto, des bijoux, des signes commémoratifs d'événements plus ou moins importants. On ne risque guère de confondre une médaille et une pièce de monnaie moderne, encore que l'une et l'autre soient de même métal, de la même épaisseur et du même modèle. Pour les médailles antiques et particulièrement pour celles qui ont été frappées dans l'empire romain, la distinction n'est pas toujours facile à faire. Les médailles, en effet, sont parfois de même taille que les monnaies; les effigies et les symboles sont les mêmes sur les unes et sur les autres, et aussi fort souvent les inscriptions. On peut croire que la gravure des médailles était plus précieuse, plus fine et mieux soignée que celle des monnaies. Mais quand la médaille est plus usée et la pièce de monnaie dans un meilleur état de conservation, la supériorité de l'exécution et la valeur du style semblent avoir passé de l'une à l'autre, et ce *criterium*, excellent pour deux monuments en égal état, devient fort douteux. Le signe même S. C. qui signifie *senatus consulto*, et qu'on trouve en général sur la monnaie romaine de bronze, n'est pas pour M. Frœhner un indice sûr et irréfragable qui permette de distinguer la monnaie du médaillon.

Cependant dans le plus grand nombre des cas la confusion n'est pas possible ; la grandeur du module, l'épaisseur des tranches, le style de la gravure, la nature des inscriptions, les bordures ou sertissures dans lesquelles parfois le monument est encadré, les trous de suspension ou les bélières, d'autres indices encore, attestent clairement aux numismates les moins exercés que telle pièce est une médaille et non une monnaie. Il paraît bien que la suite de monuments que publie et qu'explique M. Frœhner n'ont jamais été des pièces frappées pour la circulation commune et les besoins du commerce.

Ces monuments-monnaie ou médaillons sont de grande importance pour l'histoire, et nul aujourd'hui ne saurait raconter l'empire romain sans les consulter. Nombre de données nous sont fournies par les seuls témoignages numismatiques. Ces témoignages, en certains cas, suppléent au silence des historiens ; d'ordinaire ils permettent de les compléter et de les éclaircir. Nous y puisons des dates précises d'événements connus. Les représentations figurées que portent les médailles, intéressantes déjà au point de vue de l'art, sont encore utiles et parfois précieuses par certaines indications qu'on y voit gravées. On y peut trouver souvent comme un commentaire, et, si l'on peut dire, une *illustration* vivante des récits trop souvent arides des chroniqueurs de l'empire romain.

Rien de plus instructif, par exemple, que d'étudier parallèlement aux récits de Dion, d'Hérodien et de Lampride la suite des médailles de Commode. Sous aucun règne, au moins dans le livre de M. Frœhner, elles ne sont plus nombreuses et plus variées. On y peut découvrir la philo-sophie du règne. La tête du prince explique ses actes. Cette tête longue, étroite, en pointe, sans place pour un cerveau de dimension ordinaire, est une tête d'idiot. Les symboles que les médaillons présentent surtout dans les dernières années du règne, l'arc, le carquois et la massue, et la tête de lion servant de coiffure au prince, indiquent bien qu'après le penseur mélancolique Marc Aurèle l'empire avait échoué aux mains d'un gladiateur.

M. Frœhner nous a donné dans la suite des médaillons de Commode plusieurs exemplaires du monument numismatique où un buste de femme casquée et armée de la *pelta* de l'Amazone est conjugué avec la tête de Commode. Il nous paraît, à propos de ces médaillons, trancher bien vite et bien dédaigneusement l'ingénieuse et vraisemblable hypothèse de ceux qui ont vu dans cette figure de femme la représentation idéalisée de celle que Commode appelait l'Amazone, sa favorite Marcia. M. Frœhner ne voit dans cette figure qu'une image de Rome. Il allègue que Marcia n'avait pas le droit de battre monnaie à son coin, et que « c'est là le point qu'il eût fallu établir avant tout». Nul ne prétend que Marcia eut ce droit. Mais ne peut-on pas dire que la fantaisie de Commode faisait loi, et que nul ne pouvait l'empêcher d'associer à son image sur des médaillons (il ne s'agit pas de pièces de monnaie) le buste de la femme qu'il aimait et qu'il traitait presque comme une impératrice? Et d'un autre côté les monétaires, pour flatter le goût du prince, ne pouvaient-ils pas, sûrs en cette circonstance de lui plaire, accoupler à son effigie la tête de sa maîtresse, sous l'apparence de la déesse Roma? Il ne s'agit pas ici du droit de Marcia, mais du droit de Commode. Son bon plaisir le mesurait. C'était un principe que l'empereur qui faisait la loi était au-dessus des lois, et Septime Sévère étonnait sans doute plus d'un courtisan, en protestant qu'il voulait vivre sous leur niveau : *Licet legibus soluti sumus, attamen legibus vivimus.* Ces scrupules tardifs chez Septime Sévère ne semblent pas avoir fort troublé l'esprit de Commode. Il eut, comme on sait, de plus fortes fantaisies, et le sénat ne broncha que quand il fut sûr qu'il était mort.

Si, par exception, il est possible çà et là de disputer sur quelques interprétations ou jugements de M. Frœhner, on doit louer sans réserve l'abondance, la variété, l'excellent choix des types de médaillons qu'il a publiés et surtout la bonne exécution des vignettes gravées qui les mettent sous les yeux du lecteur. Il y a tel de ces médaillons d'Antonin, de Marc Aurèle, de Faustine la Jeune, dont la gravure nous paraît tout à fait remarquable. A ce titre le livre de M. Frœhner peut être de grande utilité aux peintres traitant des sujets où figure quelque empereur romain.

II

Parmi les monuments numismatiques de l'antiquité, M. Frœhner n'a voulu considérer que les médaillons proprement dits, et particulièrement ceux de l'époque impériale romaine. Cette classe de monuments est justement celle que M. F. Lenormant a laissée de côté dans son ouvrage. C'est la monnaie de l'antiquité tout entière, la monnaie proprement dite qu'il étudie, et non les médailles. Malgré cette exclusion, son cadre est encore plus vaste. L'ouvrage qu'il a entrepris et dont il vient de donner les deux premiers volumes n'est rien moins que le renouvellement de celui qu'Eckhel a publié au siècle dernier sous le titre de *Doctrina nummorum Veterum.* Mieux que personne M. F. Lenormant sait ce que vaut le livre du savant viennois. Il rend pleine justice à la sûreté de son éru-

dition, à la précision et à l'exactitude de ses jugements, à l'excellence de
sa méthode, à l'admirable pénétration de son esprit. Mais quoi! la science
en général et l'archéologie en particulier ont fait d'immenses progrès
depuis un siècle. Le sens critique s'est affiné. Le nombre des monuments
figurés successivement exhumés s'est accru considérablement. Nombre
de textes qui étaient lettre morte pour Eckhel et ses contemporains ont
cessé de compter parmi les mystères et les énigmes indéchiffrables. La
Doctrine d'Eckhel présente aujourd'hui quantité de lacunes et de *desiderata*.
M. F. Lenormant les a énumérés fort exactement dans sa préface. Après
avoir marqué les points de vue et les questions nouvelles dont les recherches des savants, depuis Eckhel, ont enrichi la numismatique, il écrit :
« Tous ces progrès qui ont si largement agrandi le champ des études, et
en partie renouvelé la face de la science, se sont opérés, comme il
arrive toujours, d'une manière fragmentaire, dans des travaux qui ont
porté sur des points spéciaux et déterminés. Aucun ouvrage n'est venu
jusqu'ici les coordonner et les résumer dans une vue d'ensemble. On a
publié des monographies soigneusement étudiées sur telle ou telle question particulière, des descriptions des collections publiques ou privées,
et surtout un nombre presque infini de dissertations dans les revues
spécialement consacrées à l'étude des médailles, dans celles dont le
cadre embrasse tous les rameaux de l'archéologie et dans les différents
recueils académiques de l'Europe. C'est là qu'il faut aller chercher les
faits nouveaux qui ont enrichi la science, et son état présent. Mais le
nombre, la variété, l'étendue des publications à consulter rendent les
recherches pénibles même pour les savants spéciaux, qui sur chaque
sujet ont toujours à craindre que quelque mémoire important n'ait fini
par leur échapper..... C'est l'absence de tout traité général de numismatique résumant les progrès consommés depuis Eckhel, et le sentiment
de l'utilité pratique que présenterait un tel livre, quelque imparfaite
qu'en fût la réalisation, qui m'ont enhardi à publier les leçons que pendant deux années consécutives j'avais consacrées à l'étude des médailles
dans la chaire d'archéologie près la Bibliothèque nationale. »

On comprend maintenant l'objet du livre de M. F. Lenormant. C'est
comme une édition nouvelle, à près de cent ans de date, de l'ouvrage
d'Eckhel, un traité didactique et complet de la monnaie dans l'antiquité ;
depuis les temps les plus reculés jusqu'au seuil du moyen âge.

Maître de son plan, bien qu'il n'en ait réalisé qu'une partie, M. F. Lenormant l'explique au début de son premier volume d'une façon lumi-
neuse. Il étudiera d'abord dans la monnaie : la matière, c'est-à-dire
les métaux employés, leurs valeurs respectives et leurs alliages ; la loi,
c'est-à-dire les règles de droit public qui aux diverses époques et dans
les différents pays ont déterminé la possession et l'exercice du privilége
d'émission monétaire par telle ou telle forme de la puissance publique ;
enfin la forme, c'est-à-dire les types et les légendes, les surfrappes,
les contre-marques. M. F. Lenormant dans cette section a fait rentrer

très-heureusement ce qui se rapporte aux écritures et ce qui constitue
la paléographie monétaire proprement dite. C'est là la partie systématique qui constitue les prolégomènes généraux de l'ouvrage d'Eckhel.

La deuxième partie est la partie historique. Nous en avons des modèles
dans d'importantes monographies comme l'*Histoire de la monnaie romaine*
de Mommsen et la publication de J. Brandis sur les systèmes monétaires
de l'Asie antérieure jusqu'au règne d'Alexandre le Grand. Mais cette histoire générale, qui compose en somme un fort important chapitre de
l'histoire économique, administrative et commerciale des sociétés antiques,
manquait. C'est ce que M. F. Lenormant nous promet dans les volumes
suivants.

Les deux volumes parus n'achèvent pas encore la première de ces
deux vastes parties. Ils sont nourris de faits, et de lecture attachante pour
tous ceux qui s'intéressent à l'antiquité; ils font souhaiter que l'ouvrage se
continue et s'achève dans le même esprit. Si la suite répond à ce commencement ce sera un bon et solide ouvrage, et presque un classique en cette
difficile matière. Pour le sujet traité jusqu'ici les planches n'étaient pas
nécessaires. Mais l'étude de la forme des monnaies ne saurait se faire
sans des dessins exacts et très-multipliés. M. F. Lenormant sait trop
bien l'importance de ce point pour qu'on ait besoin de le lui rappeler.

B. A.

**Recherches archéologiques sur les colonies phéniciennes établies
sur le littoral de la Celtoligurie**, par M. l'abbé J. J. L. BARGÈS. In-8 de
160 pages, enrichi de 8 planches. Paris, Leroux, 1878.

L'auteur ayant pris soin de nous faire connaître dans quelques pages
d'avant-propos le plan de son ouvrage, nous ne saurions mieux faire que
de les résumer rapidement ici.

M. l'abbé Bargès a tâché de condenser tout ce qui a été dit ou écrit sur
les établissements phéniciens dans le midi de la Gaule, en utilisant, complétant ou corrigeant les renseignements dispersés chez différents auteurs, et souvent dans des livres peu accessibles au grand public. Après
avoir passé en revue les localités réputées de fondation phénicienne et
formulé son opinion sur l'origine vraie ou supposée de chacune d'elles,
il indique à grands traits le mouvement commercial qui s'était produit
entre les Gaulois et les colonies phéniciennes établies au milieu d'eux.

Le premier chapitre est consacré à la légende de l'Hercule tyrien, dans
lequel il faut voir, non un personnage fabuleux, mais la personnification
symbolique de l'histoire du peuple qui le considérait comme son dieu et
son protecteur. Les chapitres suivants forment une série de notices sur
chacune des principales colonies phéniciennes, Illiberis, Ruscino, Naibo,
Heraclea, Nemausus, Caccabaria, Alonis, Portus Herculis Monoeci, Locus
Gargarius, et Massalia, à laquelle M. l'abbé Bargès accorde une attention particulière, en raison des stèles et autres monuments phéniciens
qui y ont été découverts.

Sans prétendre suivre l'auteur dans les considérations philologiques que lui suggère l'étude des noms de ces diverses localités, je me borne à signaler l'étymologie nouvelle qu'il propose pour celui du Portus Herculis Monoeci. Ce dernier mot dérive, suivant lui, de l'hébreu *menihh*, phénicien *monihh*, *monehh*, participe hiphil du verbe *nouhh*, « *quiescere* » ; *Hercules Monoecus* serait donc un Hercule Tranquillisateur.

Si cette étymologie est fondée, elle me paraît devoir être retenue pour devenir l'objet d'un rapprochement avec le nom de *Hercules Pacifer*, qui se lit sur des monnaies de quelques empereurs romains, L. Vérus, Postume, Probus, Maximien-Hercule, Dioclétien et Carausius. On sait que Postume professait une dévotion toute particulière pour Hercule, dont les divers exploits, figurés aux revers d'une curieuse suite de monnaies de ce règne, forment une véritable galerie mythologique, *Hercules Erymanthinus*, *Hercules Macusanus*, *Hercules Deusoniensis*, *Hercules Arcadius*, *Hercules Argivus*, *Hercules Cretensis*, *Hercules Libycus*, *Hercules Nemaeus*, *Hercules Pisacus*, *Hercules Thracius* ; dans notre hypothèse, *Hercules Pacifer* = *Hercules Monoecus* serait pour la Gaule ce qu'est pour l'Espagne le *Hercules Gaditanus* qui fait partie de la même suite monétaire.

Le dernier chapitre traite du commerce des Phéniciens et des Carthaginois avec les Celtoligures, et entre dans quelques détails sur l'exploitation des mines d'or et d'argent et sur le transit de l'étain callaïque. On y trouve aussi quelques notions sur le trafic du corail, du coquillage à pourpre et des plantes tinctoriales propres à la Gaule, telles que la garance, la gaude, le tournesol.

L'auteur conclut en attribuant aux Phéniciens une influence civilisatrice sur les tribus sauvages de la Ligurie pendant quatre ou cinq siècles, jusqu'à l'arrivée des navigateurs grecs venus de l'Archipel ionien et des côtes de l'Asie Mineure, lesquels finirent par supplanter leurs devanciers sur tous les points du littoral méditerranéen. Massalia tomba entre leurs mains, et après la destruction de Carthage par les Romains, le commerce de la Méditerranée appartint presque exclusivement aux habitants de la nouvelle Phocée, qui le partagèrent avec ceux d'Alexandrie.

Le livre de M. l'abbé Bargès doit être particulièrement signalé aux personnes qui s'adonnent aux questions de géographie historique et d'archéologie nationale ; elles le liront avec l'intérêt qui s'attache à tous les travaux du savant professeur d'hébreu à la Sorbonne ; j'ajoute que l'apparatus scientifique y a été dissimulé avec tant d'art que le lecteur même le plus étranger aux études sémitiques peut en faire largement son profit, sans être astreint à la moindre initiation spéciale.

R. M.

Matériaux pour une étude préhistorique de l'Alsace, par le docteur BLESCHER et le docteur FAUDEL. In-8, 99 pages, 16 planches. Colmar, 1878.

Cette brochure, qui contient uniquement la statistique des objets de *pierre* recueillis en Alsace, est une *première partie* qui sera suivie de la statistique des objets de bronze et de fer de provenance alsacienne. Les objets sont brièvement décrits, le plus souvent dessinés. Les collections

où ils se trouvent sont soigneusement indiquées, ainsi que le lieu
d'origine. C'est là un travail éminemment utile, pour lequel on doit des
remerciements aux docteurs Fauvel et Bleicher, car c'est un travail ingrat
que de vrais amis de la science désintéressée pouvaient seuls entreprendre. Les auteurs n'ont certainement pas conduit leur œuvre à bien
sans beaucoup de peine et de temps. Ce courage est d'autant plus méri-
toire qu'aucune idée systématique n'a présidé à cette enquête. Les auteurs heureusement ont été récompensés de leur patience. Du groupement des faits sont sorties des conclusions inattendues et d'un grand
intérêt déjà malgré leur caractère provisoire.

Ces conclusions sont les suivantes :

Relativement à la fréquence des instruments de pierre, l'Alsace se divise en quatre zones ou régions.

Les collines du Sundgau et celles du Bas-Rhin : *riches.*

Les collines sous-vosgiennes : *assez riches.*

La plaine : *pauvre.*

La montagne : *très-pauvre.*

Dans la première de ces régions il existe plusieurs groupes de localités
où les haches de pierre sont très-abondantes et qui présentent entre elles
de grandes analogies sous le rapport topographique et géologique. L'un
de ces groupes, reconnu dans le Sundgau, circonscrit un plateau de diluvium rhénan, entrecoupé de nombreux étangs. Tous les autres situés
dans le Bas-Rhin sont établis sur des rideaux de collines recouvertes de
lehm, anciennes berges du Rhin ou des rivières vosgiennes. Les terrains
d'alluvions, anciens ou modernes, qui s'étendent au delà, sont absolument dépourvus d'instruments de pierre, tandis qu'on y voit de nombreux tumulus.

Il semble donc permis d'admettre que les habitants primitifs de l'Alsace s'établirent de préférence sur les collines à proximité d'étangs et
surtout des cours d'eau, et sur le terrain du lehm ; que les parties basses,
aujourd'hui couvertes d'alluvions, étaient encore inondées à cette époque
et par conséquent inhabitables ; — que plus tard, les eaux s'étant reti-
rées, elles ont été habitées ; mais seulement lorsque l'usage du bronze et
du fer était déjà répandu.

Quoique les auteurs ajoutent qu'ils présentent *ces conclusions* sous toute
réserve de ce que pourront y ajouter, pour les confirmer ou les détruire,
les faits nouveaux qui se produiront ultérieurement, ces conclusions n'en
sont pas moins dignes d'une sérieuse attention et nous avons cru devoir
les mettre sous les yeux de nos lecteurs.   A. B.

PIERRES GRAVÉES ARCHAIQUES

La *Revue* a déjà publié un certain nombre de pierres gravées archaïques (1); de récentes découvertes ayant ramené l'attention sur ce sujet, il peut être intéressant de signaler à la curiosité des savants quelques pierres du même genre qui se trouvent dans les collections anglaises, et particulièrement celles où le sujet représenté par le graveur se laisse comprendre et déterminer. En effet, c'est là un cas qui se présente très-rarement; il est tout à fait l'exception, sur la quantité de ces pierres aujourd'hui recueillies dans nos musées. Quelles que soient les conclusions à tirer de ce fait, le fait lui-même n'est pas douteux.

Dans toutes les pièces que nous décrivons ci-dessous et qui sont figurées sur la planche XX, la gravure est en creux.

1. Cornaline brûlée, de forme ronde, trouvée en Crète et maintenant la propriété de l'amiral Spratt. Elle représente Prométhée, les mains liées derrière le dos, présentant le flanc au vautour qui l'attaque en face. Sa tête est diadémée; il a la barbe pointue qui caractérise l'art archaïque; mais il est à remarquer que l'ampleur de ses formes s'écarte fort de la sécheresse et de la maigreur qui caractérisent d'ordinaire le même art. Un vase archaïque du musée grégorien, au Vatican, offre une représentation analogue de Prométhée, mais avec certaines différences de détail (2). Il y est figuré avec Sisyphe. Sur ce vase, Prométhée est jeune et imberbe et il a de longs cheveux flottants. Il est lié, à la fois par les poignets et par les chevilles, à un pilier auquel il est adossé, disposition que rappelle un passage d'Hésiode (*Théogonie*, 521) :

δῆσε δ' ἀλυκτοπέδῃσι Προμηθέα ποικιλόβουλον
δεσμοῖς ἀργαλέοισι μέσον διὰ κίον' ἐλάσσας.
Καὶ οἱ ἐπ' αἰετὸν ὦρσε τανύπτερον.

---

(1) Voir 1874 (t. XXVII, pl. IV, f. 44, et XXVIII, pl. XII). Nous renvoyons surtout à l'introduction de l'article de M. le comte de Gobineau, dans le tome XXVII.
(2) Gerhard, *Griechische Vasenbilder*, pl. LXXXVI.

2. Musée britannique. Stéatite qui provient d'Athènes ; mais a-t-elle été trouvée à Athènes même ou bien dans une des îles grecques ? Nous l'ignorons. Le travail est très-grossier ; il manque de quelques-uns des caractères que réunit d'ordinaire la glyptique primitive. Quant au sujet, on a cru y reconnaître Prométhée et le vautour ; mais l'attitude de la figure principale n'est pas celle d'un personnage enchaîné. Il ne serait donc pas impossible que l'artiste ait voulu représenter l'aigle enlevant Ganymède ; pourtant l'oiseau semble plutôt attaquer qu'emporter une proie.

3. Jaspe vert, de forme circulaire, au Musée britannique, faisant partie de la collection Blacas. Le dessin représente peut-être Latone, au moment qui précède l'apparition de l'île de Délos sortant de la mer pour la recevoir. Elle est debout sur l'eau, indiquée par des lignes ondulées, et elle est entourée de cygnes sacrés qui sont ici représentés par deux individus de cette espèce. Que cette explication soit adoptée ou non, il est au moins certain que nous avons là un sujet tiré de la mythologie. Je n'ai pas réussi à savoir d'où provenait cette pierre.

4. Hématite, trouvée en Crète, appartenant au Musée britannique. Deux figures d'animaux devant lesquelles marche un homme.

5. Cornaline, provenant de Crète, maintenant au Musée britannique. Combat de deux guerriers, dont l'un a un bouclier long semblable à celui qui se voit sur les sculptures assyriennes.

6. Agate, acquise dans l'archipel grec, par M. Newton, pour le Musée britannique. Guerrier tuant avec une lance une chèvre sauvage de Crète.

7. Hématite (Musée britannique). Un taureau et une figure d'homme dont les jambes recouvrent le flanc du taureau. On peut se demander si la figure d'homme, ici et dans le n° 4, et en relation avec les animaux de manière à former un sujet emprunté soit à la mythologie, soit à la vie réelle. Ce peuvent être des symboles indépendants ou des personifications avec un sens local, comme les figures que l'on voit souvent sur les monnaies.

9. Cristal de roche, provenant de Ialysos (Musée britanique). Taureau ; en avant, un palmier ; dessous, un bouclier. Ici encore nous avons la réunion de symboles séparés comme il s'en trouve sur les médailles. L'attitude du taureau rappelle celle du taureau des médailles de Sybaris.

A. S. MURRAY.

INVENTAIRE

DES CAMÉES ANTIQUES

DE

LA COLLECTION DU PAPE PAUL II

(1457-1471)

Suivi de quelques autres Documents de même nature (1).

Suite et fin (2)

II

1471. 30 novembre. — Veduto quanto dimanda maestro Juliano de Scipio et examinato el suo conto diligentemente, et in prima domanda uno cammeo grande cum testa de donna cum lo pecto del qual ne domanda ducati LVIII, che tanti li ne volse dar Batistino Venitiano et miser Anello da Napoli li ne volse dare ducati LIIII, el quale cammeo dise esser ogi presso al Reverendissimo Cardinale de Mantua. Item adimanda uno calcedonio cum testa de Alexandro, el quale extima ducati 80, che tanti ne trovo da Jacobo Branchaleone da Napoli el quale similiter dixe che al presente ha el dicto cardinale de Mantua. Item domanda uno cammeo grande cum una Faustina amantata, la quale lo extima ducati XXXV, et tanti li ne volse dare Scipio, et non li volse venderli, el qual cameo dixe esser stato ne le mane de Monsignore de Trivisio, et al presente esser nelle mane de Monsignore da Mantua a relatione de Domenico de Piero : Item domanda uno cameo grandicello cum testa de Tiberio et bello : Item uno cammeo cum testa et lettere greche in una praxina cum uno intaglio d'uno gallo et uno corno de abondantia : di quali tre camei adimanda ducati XXV, che tanto li costorono a lui, et halli paghati a Braxio Cifone da Tivoli per le mane de uno (1) judeo da Tivoli et lo cammeo de la testa de Tiberio dixe

---

(1) Mot d'une lecture douteuse. Peut-être *meo*.
(2) Voir le numéro de septembre.

che la tene il sopradicto Monsignore de Mantua. Item domanda uno cammeo cum uno megio Christo et uno nichilo cum uno lione che jace, de quali domanda ducati quindesi. Item adomanda ducati cento per factura et lavoratura del cammeo che venne de Franzia per lo tempo de mesi cinque per (*sans doute* : lui) et per uno garsone alle spexe de papa Paulo che stettero rechiusi in palatio ad lavorare. Item domanda per lavoratura del zaphirio de la navicella per resto de ducati XLta che fo facto el pacto de quali ne hebbe ducati XX, resta altri ducati XX. Item per factura et lavoratura d'una corniola cum la testa de papa Paulo cum lo regno in testa et fo facto pacto ducati cento et la dicta corniola ha Domenico de Piero. Item domanda per manifactura d'alcune altre cose minute le quali extimano ducati XV; che saria in tuto le sopradicte summe ducati quatro cento quaranta octo. Et da l'altra parte troviamo dicto Juliano haver ne le mane uno vaso non fornito azuro de lapislazari, dui peccii de diaspro, uno pezo de cammeo in petra non lavorato, uno cammeo rotto, li quali tuti s'estimano ducati LXXV. Pare a noi sia utile lassarli dicte petre per prelio et stima de ducati cento. Anchora el prefato Juliano de Sipio non volendosi pagarli li contrascripti cammei li quali lui ha dato a papa Paulo se li repigliarebbe de bonavoglia, zoe el calzedonio cum testa d'Alexandro, e lo cammeo cum testa de donna et pecto, el cameo de Faustina amantata, e lo cammeo cum testa de Tiberio, et nichilo ello cammeo rosso cum mezo Christo et nichilo cum lione, li quali tutti cammei quando seli rendessero si sballarebbe della summa che lui domanda in tuto ducati cento octanta octo, preterea siamo de parere noi miseri Antonio et misere Nic. (?) chierici de camera infrascripti che scomputandosi al prefato Juliano le due partite nel modo se dice de sopra che in sul pagamento de ducati CLX, che restarebbe haver el prefato Juliano fosse obligato a refare le lettere che sono in la navicella de zafirro che dicesseno Sixtus papa quartus et si(militer) si piacesse a Nostro Signore refacesse le lettere de la corniola del regno similiter nel nome de Sixtus papa quartus et cum dicta obligatione se li pagasseno per resto ducati CLX. Sin autem el sopradicto parere nostro non havesse luogo cum la restitutione de cammei et la excomputatione dele cose se trova in mane como de sopra se dice in la partita prima per fl. cento, dicemo che veduto et calcolato el concto et credito predicto de Julliano sopradicto el dicto Juliano creditore de ducati IIII. c. XLVIII, per attestatione de monsignore de San Mareo, monsignore de Feltro, d. Piero Luxardo, Domenico de Piero, misser Progna et pur altri, etc., etc. — M. 1471-1477, ff. 76 v°, 77.

1471. 13 décembre. — Juliano Scipii de Urbe creditori dicte camere ratione diversorum cameorum et aliorum ejusmodi signorum datorum et venditorum eidem domino Paulo (II).... florenos auri d. c 100 in deductionem majoris summe dicti sui crediti. — Ibid. fol. 6 v°.

1472. 18 janvier. — Honorabili viro Juliano Scipii de Roma predicte camere usque ab eisdem temporibus (Pauli II) ratione cammeorum et aliarum hujusmodi rerum predicto domino Paulo datarum creditori...

flor. auri d. c. 100 pro residuo et complemento ejusmodi sui crediti. — Ibid. fol. 17 v°.

1472. 19 janvier.—Veduto et diligentemente examinato quanto adimanda Gaspare de Tozoli : troviamo dicto Gasparc dever havere per uno cammeo et una corniola cum due teste et per metaglie (sic) d'argento et ramo date alla fe : re : de papa Paulo ducati de camera XII. como del valore d'esse rc ha facto fede Juliano de Sipio et Thomasini de Fresi da Roma. — Ib. fol. 82.

1472. 28 janvier.— Gasparri Tozzoli de Urbe ejusdem camere (creditori) ratione certarum corniolarum ac cammeorum et ejusmodi aliarum rerum per ipsum datarum fe. re. domino Paulo pape II... florenos d. c. 12 pro totali solutione dicti ejus crediti. — Ibid. fol. 19.

III

In nomine domini amen. Istud est inventarium de omnibus rebus inventis in thesauro sedis apostolicæ, factum de mandato sanctissimi patris domini Bonifacii papæ octavi; sub anno domini miles° ducent° nonag° quinto; anno primo pontificatus ipsius.

Item unam crucem de arg. laboratam de opere fili, cum uno capite camei in medio et pluribus zaffirellis, granatellis, praxin. et VI perlis per brach. cum pede rotundo deaurato, q. videtur non fuisse suus; pond. VI m. (Fol. 49.)

Item unum annulum pontif. cum uno zaffiro ubi est facies sudarii sculpta, cum 4 granatis, 4 perlis gross., pond. 1 unc. et dimid. et 4 den. perven. (?). (Fol. 62 v°.)

Item unum annulum pontif. cum uno cameo in medio in quo sunt multæ imagines albæ in campo nigro, circa quem est unus circulus de balascis... (Fol. 65 v°.)

Item unum annulum pont. cum uno cameo in quo est una figura hominis jacentis et una stans ad caput et alia ad pedes ipsius cum una arbore in campo nigro, circa quem est unus circulus de smaragdis. (Fol. 66.)

Item unum annulum cum uno cameo magno in quo est media imago mulieris tenentis unum florem in cujus summitate est unum caput, pond. 2 unc. et 3 quart. et 1 den. proven.

Item unum annulum cum uno cameo in medio, in quo est unum caput cum barba protensa in campo nigro.

Item unum alium annulum cum uno cameo oblongo, in quo est unum caput, quasi album, cum una garlanda, in cujus circuitu sunt 6 smaragldi. (Fol. 66 v°.)

Item unum annulum cum uno cameo nigro in quo est unum caput cum uno circulo ubi sunt IX smaragldi.

Item unum annulum pont. cum uno cameo parvo in medio, in quo est imago Virginis cum filio in campo nigro, circa quem est unus circulus de parvis smaragldis.

Item unum annulum parvum, cum uno parvo cameo nigro in quo est unus homo cum panno supra se, circulus cujus est de perlis. (Ibid.)

Item unum annulum amplum, cum una carniola azurina in qua est unus leo qui tenet unam bestiam sub se, pond. 1 unc., minus 1 den. (Fol. 69.)

Item unum annulum cum uno lapide qui est ab uno capite quasi rubeus, in medio albus, et in pede quasi croceus, in quo est sculptus Hercules, pond. dim. unc. et 1 den. (Fol. 70.)

Item decem annulos cum X cameis diversorum colorum et formarum cum diversis sculpturis, pond. 2 unc. et 1 quar. et dimid. et 1 den. (Ibid.)

Item unum annulum de argento cum uno nlchilo inciso, pond. dim. quar. et 3 den. (Fol. 70 v°.)

Item unum dorsale pretiosum cum esmaltis ad imagines regis, ad cruces albas, cum lapidibus diversis et perlis per totum, et cum uno cameo in medio in quo est sculpta quædam facies. (Fol. 194 v°.)

IV

IHC.MCCCCLVI. Qui apresso si scriverra per inventario tucte le cose che sono propie di me Piero di Cosimo de Medici, le quali mi truovo questo di XV di Settembre anno sopradecto.

Gioie et simile cose.

Uno chorno di unicorno leghato in oro.

Una choppa di cristallo col choperchio legbato in ariento.

Uno ghobellecto di cristallo leghato in ariento.

Una chopa di porciellana leghata in oro.

Una choppa di diaspro leghata in oro con rubini et perle.

Uno vaso di diaspro leghato in ariento.

Uno bocchale di diaspro con coperchio leghato in ariento.

Uno bicchieri di diaspro con manichi e coperchio leghato in ariento.

Una tavolecta di pietra fine con reliquie leghata in ariento.

Medaglie 300 d'ariento.

Medaglie 53 d'oro.

Medaglie 37 d'ottone vantagiate.

Uno anello leghatovi un chammeo con una testa di Chamilla.

Uno anello leghatovi un chameo con una testa di Proserpina.

Uno auello leghatovi chammeo et corniuola con una testa d'un Fauno(1).

Una corniuola con fighure leghate in oro.

Una corniuola con fighure mezo pesce, leghato in oro.

(1) En marge de ces trois articles est écrit : « di rilievo leghate in oro. »

Uno niccholo con una testa di Vespasiano leghato in oro.

Uno sardonio con una testa leghato in oro (1).

Una amatista con una testa di femina in cavo leghato in oro.

Uno chammeo con 2 fighure, leghato in oro.

Un chameo con 2 fighure in campo rosso leghato in oro.

Un chameo con 2 fighure in campo rosso leghato in oro.

Un chammeo colla storia di Dedalo leghato in oro.

Uno chameo con una testa di relievo, leghato in oro.

Uno chameo con una... testa rilievata, leghato in oro.

Uno sigello con uno ametista leghato in ariento.

Una testa del duca di Melano leghato in ariento.

Uno chameo con due fighure, una grande et una (2) pichola leghato in oro.

Uno chalcedonio con una testa di tutto rilievo di Trajano, leghato in oro.

Uno chammeo con due fighure grande et due picchole leghato in oro.

Uno chollare di perle, etc., etc. (Suit la liste d'un certain nombre de bijoux et de pierres précieuses que rien ne permet de rattacher à l'antiquité.)

Eug. Muntz.

(1) En marge de ces quatre articles est écrit : « in chavo tucte queste. »

(2) Ces quatre articles ont été ajoutés après coup par la même main.

EXAMEN

DES

MONNAIES CONTENUES DANS UNE TIRELIRE

DU XVᵉ SIÈCLE

Cette tirelire, devenue, il y a quelques années, la propriété de M. Hoffmann, ne contenait que 39 pièces, dont l'énumération va suivre :

CHARLES VI.

	Nombre de pièces.
Florettes, ou gros de 20 deniers tournois........	11
Blancs de 10 deniers tournois, à l'écu..........	15
Petits blancs de 5 deniers tournois, à l'écu......	4

HENRI V ROI D'ANGLETERRE, SOI-DISANT ROI DE FRANCE.

Florettes aux léopards (avant le traité de Troyes).	2

JEAN-SANS-PEUR, DUC DE BOURGOGNE.

Blancs de 10 deniers tournois, à l'écu..........	4
Id. id. , à l'écu couronné.	1

PHILIPPE LE BON, DUC DE BOURGOGNE.

Blancs de 10 deniers tournois, à l'écu couronné..	2
Total....	39

Voici la description de ces différentes monnaies :

FLORETTES DE CHARLES VI.

Paris.

1. Croisette *bastonnée* (1) au-dessus d'un annelet. **KAROLVS** ⦂ **FRANCORV** ⦂ **REX.** Trois fleurs de lis, 2 et 1, sous une couronne rehaussée de feuilles d'ache et de perles ; pas de point entre les fleurs de lis.
   ℞. Croix bastonnée au-dessus d'un annelet. **SIT** ⦂ **NOME** ⦂ **DNI** ⦂ **BENEDICTV.** Croix fleurdelisée, cantonnée de couronnes aux 1ᵉʳ et 4ᵉ cantons.
   Poids 2,90. Diamètre 27 mill.

Troyes.

2. Croisette bastonnée. **KAROLVS** ⁂ **FRANCORV** ⁂ **REX.** Même type. Un point entre les deux fleurs de lis supérieures.
   ℞. Croisette bastonnée. **SIT** ⁂ **NOME** ⁂ **DNI** ⁂ **BENEDICTV.** Même type, mais les couronnelles aux 2ᵉ et 3ᵉ cantons.
   Poids 3,05. Diamètre 25 mill. 1/2.

3. ✠ **KAROLVS** ⦂ **FRANCORV** ⦂ **REX.** Même type, avec point entre les deux fleurs de lis supérieures. Le 1ᵉʳ O long.
   ℞. ✠ **SIT** ⦂ **NOME** ⦂ **DNI** ⦂ **BENEDICTV.** Type du n° 2. O long.
   Poids 2,90. Diamètre 27 mill.

4. Mêmes type et légende qu'au n° 3.
   ℞. ? **SIT** ⁑ **NOME** ⁑ **DNI** ⁑ **BENEDICTV.** Les couronnes aux 2ᵉ et 3ᵉ cantons. O long.
   Poids 2,90. Diamètre 25 mill.

5. Fleur de lis. **KAROLVS** ⦂ **FRANCORV** ⦂ **REX.** Point entre les deux fleurs de lis supérieures. Les O ronds.
   ℞. Fleur de lis. **SIT** ⁑ **NOME** ⁑ **DNI** ⁑ **BENEDICTV.** Couronnes aux 1ᵉʳ et 4ᵉ cantons. O rond.
   Poids 2,85 et 2,90. Diamètre 26 et 27 mill.

Châlons.

6. Fleur de lis. **KAROLVS** ⦂ **FRANCORV** ⁑ **REX.** Même type,

---

(1) On appelle croix *bastonnée*, la croix dont la barre horizontale est d'égale épaisseur sur toute son étendue.

avec gros point entre les deux fleurs de lis supérieures, et les perles de la couronne évidées. O ronds.

℞. Fleur de lis. SIT NOME ⁝ DNI ⁝ BENEDICTV. Les couronnes aux 2° et 3° cantons. O rond.
Les deux premières lettres sont pointées.
Poids 3,10. Diamètre 27 mill.

Indéterminé.

7. Pièce sans point secret apparent. Fleurs de lis, au lieu de croisettes; rangée de trois points entre les mots. Point entre les deux fleurs de lis supérieures; O long et O rond à pile; O long à croix; couronnes aux 2° et 3° cantons.
Poids 3,20. Diamètre 27 mill. Pièce usée.

Indéterminé (peut être Nevers ou Dijon).

8. Deux croissants superposés et tournés à gauche. KAROLVS ⁝ FRANCORV ⁝ REX. L'R de KAROLVS est pointé; point entre les 2 fleurs de lis supérieures et perles de la couronne évidées.
℞. Mêmes croissants. SIT ⁝ NOME ⁝ DNI ⁝ BENEDICTV. Les couronnes aux 2° et 3° cantons; sous celle du 2° canton, un point.
Poids 2,50. Diamètre 26 mill.

Troyes,

9. Rosette. KAROLVS ⁝ FRANCORV ⁝ REX. Couronne fleurdelisée; point entre les trois fleurs de lis. Un croissant sous l'R de FRANCORV.
℞. Croix de Saint-André. SIT ⁝ NOME ⁝ DNI ⁝ BENEDICTV. Couronne aux 2° et 3° cantons. Un annelet sous le 2° E de BENEDICTV.
Poids 2,15. Diamètre 26 mill. 1/2.

Rouen.

10. Rosette. KAROLVS ⁝ FRANCORV ⁝ REX. Couronne fleurdelisée; pas de point entre les fleurs de lis. L'V de FRANCORV est pointé.

℟. Croix de Saint-André. SIT ⸙ NOME ⸙ DNI ⸙ BENEDICTV.
Couronne aux 2ᵉ et 4ᵉ cantons. L'V de BENEDICTV est pointé.
Poids 2,20. Diamètre 25 mill.

BLANCS A L'ÉCU, DE 10 DENIERS TOURNOIS.

Paris.

1. ✠ KAROLVS : FRANCORV : REX. Ecu de France, sans
point entre les fleurs de lis ; les points qui séparent les mots
sont ainsi faits ⸖.
   ℟. ✠ SIT : NOME : DNI : BENEDICTV. Croix cantonnée de
2 couronnes et 2 fleurs de lis.
   Poids 3,00. Diamètre 26 mill.
2. Même pièce avec un point entre les trois fleurs de lis ; la croix
est cantonnée de 2 fleurs de lis et 2 couronnes.
   Poids 2,90. Diamètre 26 mill.

Rouen.

3. ✠ KAROLVS : FRANCORV: REX. Point entre les trois fleurs
de lis.
   ℟. ✠SIT:NOME : DNI : BENEDICTV. 2 couronnes et 2 fleurs
de lis.
   Poids 3,05. Diamètre 26 mill. 1/2.

Troyes.

4. ✠ KAROLVS : FRAИCORV : REX. Pas de point entre les
fleurs de lis.
   ℟. ✠ SIT:NOME : DNI : BENEDICTV. 2 couronnes et 2 fleurs
de lis.
   Poids 3,05. Diamètre 26 mill.
5. ✠ KAROLVS : FRANCORV : REX. Un point au sommet de
l'écu, et un point entre les trois fleurs de lis.
   ℟. ✠ SIT : NOME: DNI : BENEDICTV. 2 couronnes et 2 fleurs
de lis ; point au bas de la croix.
   Poids 2,95 et 3,05. Diamètre 28 mill. et 26 mill.
6. Croisette bastonnée, mêmes types et légendes.
   Poids 2,90 et 3,10. Diamètre 27 et 25 mill.

Montpellier ?

7. ✠ KAROLVS „ FRANCORV ⠿ REX. Point entre les trois fleurs de lis.

℟. ✠ SIT ⁖ NOME ⠿ DNI ⟆ BENEDICTV. 2 fleurs de lis et 2 couronnes.

Poids 3,05. Diamètre 25 mill. 1/2.

Un deuxième exemplaire n'a pas d'annelet sous l'N de NOME ni de point entre les fleurs de lis.

Romans.

8. ✠ KAROLVS ⠿ FRANCORV ⠿ REX. Un petit point entre les trois fleurs de lis.

℟. ✠ SIT ⠿ NOME ⠿ DNI ⠿ BENEDICTV. 2 couronnes et 2 fleurs de lis.

Poids 3,00. Diamètre 26 mill.

Angers.

9. ✠ KAROLVS ⠿ FRANCORV ⠿ REX. Pas de point dans l'écu.

℟. ✠ SIT ⠿ NOME ⠿ DNI ⠿ BENEDICTV. 2 couronnes et 2 fleurs de lis.

Poids 2,70. Diamètre 26 mill.

Toulouse.

10. ✠ KAROLVS ⠿ FRANCORV ⠿ REX. Pas de point entre les fleurs de lis.

℟. ✠ SIT ⠿ NOME ⠿ DNI ⠿ BENEDICTV. 2 couronnes et 2 fleurs de lis.

Poids 3,05. Diamètre 25 mill.

Tours.

11. ✠ KAROLVS ⠿ FRANCORV ⠿ REX. Point entre les trois fleurs de lis.

℟. ✠ SIT ⠿ NOME ⠿ DNI ⠿ BENEDICTV. 2 couronnes et 2 fleurs de lis.

Poids 3,05. Diamètre 26 mill. 1/2.

Saint-Quentin.

12. ✠ KAROLVS ⁏ FRANCORV ⁏ REX. Pas de point dans l'écu.
℞. ✠ SIT ⁏ NOME ⁏ DNI ⁏ BENEDICTV. 2 couronnes et 2 fleurs
de lis.
Poids 3,05. Diamètre 27 mill.

PETITS BLANCS A L'ÉCU, DE 5 DENIERS TOURNOIS.

1. KAROLVS Ө FRANCORVM Ө REX. Ecu de France, sans
point entre les fleurs de lis.
℞. ✠ SIT Ө NOME Ө DNI Ө BENEDICTV. Croix cantonnée
au 2ᵉ d'une fleur de lis et au 3ᵉ d'une couronne. Pas de point
secret.
Poids 1,50. Diamètre 23 mill.

Troyes.

2. ✠ KAROLVS Ө FRANCORV Ө RE Ө. Même type.
℞. ✠ SIT Ө NOME Ө DNI Ө BENEDICT. Fleur de lis au
1ᵉʳ canton et couronne au 4ᵉ.
Poids 1,50. Diamètre 23 mill. Pièce très-usée.
3. ✠ KAROLVS Ө FRANCORV Ө REX. Annelet en tête de
l'écu, et point entre les trois fleurs de lis.
℞. ✠ SIT Ө NOME Ө DNI Ө BENEDICTV. Fleur de lis au 1ᵉʳ
et couronne au 4ᵉ canton.
Poids 1,50. Diamètre 23 mill.
4. Même pièce, avec la croisette bastonnée, FRANCORV et
BENEDICTV, et un annelet au pied de la croix.
Poids 1,40. Diamètre 23 mill.

FLORETTES D'HENRI V, ROI D'ANGLETERRE.

Rouen.

1. Croisette bastonnée. HENRICVS ⁏ FRANCORV ⁏ REX. 3 fleurs
de lis, 2 et 1, sous une couronne soutenue par deux léopards ;
point entre les trois fleurs de lis.
℞. Croisette bastonnée. SIT ⁏ NOME ⁏ DNI ⁏ BENEDICTV. Croix
fleurdelisée évidée en cœur, avec H dans le cercle évidé. Elle

est cantonnée au 1er canton d'une couronne et au 4e d'un léopard.

Poids 3,00 et 2,85. Diamètre 27 mill. 1/2 et 26 mill.

BLANCS DE JEAN-SANS-PEUR, DUC DE BOURGOGNE.

1. ✠ IOHANES ∴ DVX ....NDIE. Ecu écartelé de France et de Bourgogne ; un point à la pointe de l'écu.
℞. ✠ SIT NOME DNI BENE.....TV. Croix cantonnée de 2 fleurs de lis et 2 lions. Entre les mots, 2 croissants tournés à droite.
Poids 2,75. Diamètre 27 mill.

Un deuxième exemplaire a le mot DVX, ainsi : DVX, et au ℞ il y a un point au-dessus de la fleur de lis du premier canton. Points à la pointe de l'écu.
Poids 2,70. Diamètre 27 mill.

Un troisième exemplaire a un petit point au-dessous de la croisette et un petit point adhérent à la pointe de l'écu.
Poids 2,90. Diamètre 27 mill.

Un quatrième exemplaire a entre les mots, à pile, deux trèfles superposés, et n'a pas de point à la pointe de l'écu.
Poids 2,85. Diamètre 27 mill. 1/2.

FLORETTES DE JEAN-SANS-PEUR.

1. Fleur de lis. IOHANES (trèfle) DVX BOVRGVNDIE (sic). Ecu écartelé de France et de Bourgogne, et timbré d'une couronne rehaussée de fleurs de lis et de trèfles.
℞. ✠ SIT : NOME : DNI : BENEDICTV. Croix fleurdelisée, cantonnée au 2e d'une fleur de lis et au 3e d'un lion.
Poids 2,80. Diamètre 25 mill.

FLORETTES DE PHILIPPE LE BON.

1. ? PHILIPVS : DVX : BVRGVNDI. Ecu écartelé de France et de Bourgogne, timbré d'une couronne rehaussée de fleurs de lis et de 2 perles évidées.
℞. ? SIT : NOME : DNI : BENEDICTV. Même croix qu'à la florette du duc Jean.
Poids 2,50. Diamètre 24 mill.

2. (Rose) PHILIPVS (trèfle) DVX (trèfle) BVRGVNDIE. Ecu écart.

telé de France et de Bourgogne, et timbré d'une couronne de la même largeur que l'écu et rehaussée de feuilles d'ache et de trèfles.

℞. ✠ SIT? NOME? DNI ⁹ BENEDICTV. Croix fleuŕdelisée, cantonnée au 2ᵉ d'une fleur de lis, et au 3ᵉ d'un lion. Poids 2,30. Diamètre 23 mill.

Maintenant que nous avons décrit minutieusement toutes les pièces constituant le petit pécule renfermé dans notre tirelire, nous allons nous efforcer de tirer toutes les conséquences qui découlent de la composition même de ce modeste trésor, dont celui qui l'avait formé n'a jamais pu jouir, Dieu seul sait par suite de quelle circonstance.

Voyons d'abord ce que nous révèlent les florettes ou gros de 20 deniers tournois.

Sur 11 pièces de cette espèce, il en y a sept frappées à Troyes, une à Rouen, une à Châlons et une à attribution indéterminée, et enfin une à Paris. Pas une seule de ces florettes n'a été émise par le Dauphin après son évasion de Paris, effectuée dans la nuit du 29 mai 1418; toutes sortent des ateliers royaux, ou d'ateliers qu'Isabeau de Bavière avait donnés en janvier 1417 au duc de Bourgogne pour en jouir à sa guise pendant une année, et dont, le 25 mars 1418, le Roi, qui était en démence, confirma le don, très-probablement sans savoir ce qu'il faisait.

La florette, ou gros de 20 deniers tournois, avait été créée le 10 mai 1417, sur le pied 40ᵉ, à 8 deniers de loi et de 80 au marc.

Le 17 du même mois, le Roi autorisa le Dauphin à frapper dans les hôtels des monnaies delphinaux les mêmes espèces qui se fabriquaient au Royaume, mais sous la réserve que les boîtes de ces monnaies seraient jugées à Paris, par les généraux maîtres.

Le 21 octobre 1417, la monnaie fut mise sur le pied 60ᵉ; la florette fut alors à 5 deniers 8 gr. de loi, et de 80 au marc; la différence de cette nouvelle espèce consista dans l'emploi de la croisette bastonnée.

Le 14 juillet 1417, les ateliers de Dijon et de Châlons furent fermés.

Du 16 mai 1417 au 11 mai 1418, les boîtes de la monnaie de Troyes furent portées à Dijon pour y être jugées. Le duc de Bourgogne jouissait donc en toute liberté de la concession qui lui avait été faite.

Les ateliers monétaires, objet de la concession en question, étaient

ceux de Troyes, de Châlons, de Mâcon et de Dijon ; très-certainement le terme de cette concession fut prorogé, puisque nous trouvons, dans le registre de fabrication de la monnaie de Troyes, les
indications suivantes qui concernent des espèces différentes de celles
qui s'émettaient dans les ateliers royaux.

1° Du 25 mai 1418 ou 18 octobre suivant, il a été émis 241,000
florettes, à 5 deniers de loi et de 80 au marc, sur le pied 64°, qui ne
fut pas employé au royaume.

2° Du 22 octobre 1418 au 21 mars suivant, sur le pied 60°, il a été
émis 506,000 gros à 5 deniers 8 gr. de loi et de 80 au marc. Cette
monnaie avait été émise au royaume par suite de l'ordonnance du
21 octobre 1417.

3° Du 12 avril, avant Pâques, au 28 avril 1419, il a été émis
164,000 gros à 4 d. de loi et de 80 au marc, sur le pied 80°, non
employé au royaume.

Le 7 mars 1418, la monnaie fut mise sur le pied 96° par ordonnance royale, et la florette à 3 d. 8 gr. de loi et de 80 au marc fut
distinguée des autres par l'emploi de la fleur de lis au lieu de croisette.

A Mâcon, le 3 juin 1419, les 4, 6 et 8 juillet, il fut émis 192,000
florettes à 4 d. de loi et de 80 au marc, sur le pied 80°, dont nous
venons de signaler la fabrication à Troyes, du 12 avril 1418, avant
Pâques, au 28 mai 1419.

Le 21 novembre 1419, il y fut émis 79,000 florettes à 3 d. 8 gr.
de loi et de 80 au marc, sur le pied 96° ordonné au royaume.

Enfin le 21 février 1419, il y fut émis 96,000 florettes à 3 d. de loi
et de 80 au marc, sur le pied 106° et 2/3.

Notons que dès le 18 juin 1419, à Saint-Quentin, la fabrication de
florettes sur le pied 96° fut ordonnée.

Le 11 juillet 1419, l'ordre était donné aux ateliers de Troyes,
de Châlons, de Mâcon, de Tournai et de Saint-Quentin de frapper les
florettes à la fleur de lis, à 3 d. 8 gr. de loi, sur le pied 96°.

Le 20 avril on frappait à Mâcon des florettes sur le pied 128°, auxquelles on mit, en tête des légendes, des rosettes à cinq pétales, au
lieu de fleurs de lis (le gros était à 2 d. 12 g. de loi et de 80 au marc).

Le 6 mai 1420 une ordonnance royale mit la monnaie sur le pied
160°. Le gros devait être à 2 d. 12 gr. de loi et de 100 au marc.
Il fut frappé du 6 mai 1420 au 11 février suivant ; sa différence con-
sistait en ce que la couronne était rehaussée de fleurs de lis au lieu
de feuilles d'ache, et que la rosette, conservée à pile, était remplacée
à croix par une croix de Saint-André (l'ordre d'employer ces différences fut donné à Mâcon le 18 mai 1420).

Le 10 août 1420 la monnaie de Tournai fut close, et la création de l'atelier d'Arras fut décidée. On devait mettre sur les gros de cet atelier un point entre **R** et **E** de **REX** et entre **I** et **C** de **BENE-DICTV** (16es lettres, point de Tournai).

Le 9 août 1420 le Roi donna à bail pour six mois toutes ses monnaies, à 16 associés à la tête desquels était Guillaume Sanguin. Les monnaies affermées étaient Paris, Tournai, Saint-Quentin, Châlons, Troyes, Mâcon, Nevers, Auxerre et Arras (à défaut de Tournai).

Nous savons que par Guillaume Sanguin il a été frappé à Mâcon 833,000 gros à 2 d. 12 gr. de loi et de 100 au marc (pied 160e).

Le 26 juin 1421 la florette ne valut plus que 5 deniers tournois, et elle fut criée à ce taux dans Paris, le 3 juillet 1421.

Le 20 mai 1421, elle était définitivement décriée à Paris.

Le 1er septembre 1422, un mandement des généraux maîtres attribua aux doubles tournois que l'on frappait alors les points secrets suivants :

A Châlons,	sous la 1re lettre.		
Auxerre,	id.	2^e	id.
Mâcon,	id.	3^e	id.
Arras,	id.	4^e	id.

Il est plus que probable que l'emploi de ces points secrets est de beaucoup antérieur au 1er septembre 1421. Les points sous les trois premières lettres appartenaient d'ancienneté aux ateliers delphinaux, et dès que la lutte du Dauphin contre Isabeau, les Anglais et les Bourguignons commença, on ne dut se faire aucun scrupule à Paris d'usurper les points secrets usités en Dauphiné. Ce furent les ateliers de Châlons, d'Auxerre et de Nevers qui profitèrent de cette usurpation.

Résumons ce qui est relatif aux florettes qui étaient contenues dans la tirelire.

Les n°s 1 et 2 sont de l'émission du 21 octobre 1417, à 5 d. 8 gr. et de 80 au marc, sur le pied 60e.

Le n° 2, frappé à Troyes, l'a été au profit du duc de Bourgogne, du 22 octobre 1418 au 21 mars suivant, au nombre de 306,000.

Des n°s 3 et 4, également frappés à Troyes, le premier (n° 3) appartient probablement à l'émission sur le pied 64e, faite au profit du duc de Bourgogne, du 25 mai au 18 octobre 1418, au nombre de 241,000, à 5 d. de loi et de 80 au marc.

Peut-être le n° 4 est-il un spécimen de l'émission sur le pied 80°
faite encore au profit du duc de Bourgogne, au nombre de 164,000,
du 12 avril 1418, avant Pâques, au 28 avril 1419.

Les n°ˢ 5, 6 et 7 ont la fleur de lis au lieu de la croisette. Ce sont
donc des spécimens de la monnaie 96°, à 3 d. 8 gr. et de 80 au marc,
émise jusqu'à la création de la monnaie 128°, avec rosettes au lieu
de fleurs de lis en tête des légendes, et ordonnée le 11 juillet 1419,
à Troyes, Châlons, Mâcon, Tournai et Saint-Quentin.

Le n° 5 est de Troyes (deux exemplaires) ; le n° 6 est de Châlons ;
quant au n° 7, je ne sais à quel atelier l'attribuer, mais la présence
d'un O long et d'un O rond à pile, et d'un O long à croix, me fait
supposer qu'il s'agit d'une pièce frappée au profit du duc de Bourgogne.

Le n° 8, qui porte 2 croissants au lieu de croisette, avec le point
sous la 3ᵉ lettre à pile et l'annelet sous la 4ᵉ, puis la 13ᵉ lettre, à
croix, peut encore être une florette émise par le duc de Bourgogne,
probablement à Dijon, pendant la durée de la concession royale faite
au duc.

Le n° 9, frappé à Troyes, avec la rosette et la croix de Saint-André,
et la couronne fleurdelisée, appartient à la création de la monnaie
160°, ordonnée le 6 mai 1420 (à 2 d. 12 g. de loi et de 100 au marc).

Le n° 10, frappé à Rouen, est encore un spécimen de la monnaie 160°.

Le 26 juin 1421 le cours de la florette fut réduit des trois quarts,
et cette monnaie avait déjà cessé d'être frappée au royaume.

Aucune des florettes contenues dans la tirelire ne peut être postérieure au 26 juin 1421.

Passons aux blancs à l'écu, de 10 deniers tournois.

Ces blancs sont au nombre de 15 :

Il y en a 2	frappés	à Paris (n°ˢ 1 et 2),
1	id.	à Rouen (n° 3),
5	id.	à Troyes (n°ˢ 4, 5 et 6),
2	id.	à Montpellier (n° 7),
1	id.	à Romans (n° 8),
1	id.	à Angers (n° 9),
1	id.	à Toulouse (n° 10),
1	id.	à Tours (n° 11),
1	id.	à Saint-Quentin (n° 12).

Total... 15

Résumons maintenant l'histoire des blancs et des demi-blancs à l'écu.

Le 11 mai 1384 une ordonnance royale crée, sur le pied 25ᵉ, le blanc à l'écu de 10 deniers tournois, à 6 deniers de loi et de 75 au marc.

Le 26 septembre 1388, ordonnance créant le petit blanc à l'écu, de 5 deniers tournois, à 6 d. de loi et de 150 au marc (pied 25ᵉ).

Le 14 octobre 1388, le type du petit blanc est modifié ; au lieu de 2 couronnes et 2 fleurs de lis, il n'y aura plus dans les cantons de la croix qu'une couronne et une fleur de lis.

Le 4 juillet 1389, suivant Leblanc, est créé, sur le pied 27ᵉ, un blanc à l'écu, à 5 d. 12 g. de loi et de 74 et 1/4 au marc. Ce qui est positif, c'est qu'à Crémieu, du 14 juillet 1389 au 16 septembre 1397, il a été frappé des blancs de 10 deniers tournois à 5 d. 12 g. de loi et de 74 et 1/4 au marc (Leblanc dit à tort 74 1/2 au marc, et c'est 74 1/4 qui donne le pied 27ᵉ) au nombre de 3,611,000.

Le 11 septembre 1389, l'usage des points secrets est établi par l'ordonnance qui crée la monnaie 27ᵉ, c'est-à-dire les blancs de 10 deniers tournois, à 5 d. 12 g. de loi et de 74 1/4 au marc. Tous les O de cette nouvelle monnaie seront ronds.

A Crémieu, du 28 février 1389 au 22 janvier 1394, il a été émis 502,000 petits blancs à 5 d. 12 gr. de loi, et de 148 1/2 au marc, avec tous les O ronds.

A Troyes, du 13 septembre 1395 au 22 novembre 1405, il a été émis 249,000 blancs à l'écu, à 5 d. 12 g. de loi et de 74 1/4 au marc, plus 119,000 petits blancs sur le même pied et au même titre.

Le 18 novembre 1398, ordre de mettre aux grands et petits blancs frappés à Sainte-Menehould un point dans l'O de **KAROLVS** et dans l'O de **NOMEN**.

Le 27 octobre 1399, ordre d'y mettre 2 petits sautoirs après **KAROLVS** et après **SIT**.

Le 2 septembre 1402, ordre d'y mettre une croisette au-dessus d'un sautoir au lieu des deux sautoirs.

Le 29 avril 1405, ordre de mettre la monnaie sur le pied 29 1/2. Les blancs seront à 5 d. 6 de loi et de 76 1/2 au marc.

La différence de ces nouveaux blancs consistera en un point placé sous les croisettes. (C'était une monnaie sur le pied 29ᵉ et 1/6 environ.)

Le 8 août suivant, ordre d'arrêter la fabrication de ces grands et petits blancs, de refondre ceux qui n'étaient pas encore délivrés, et de rechercher, pour les retirer et les détruire, tous ceux qui étaient déjà en circulation. Ordre de reprendre la fabrication de la monnaie 27°.

Le 20 août 1407, ordre à Dijon de mettre, aux grands et petits blancs, 2 points sous les 13es lettres.

Le 20 octobre 1411, la monnaie est mise sur le pied 32°.

Le grand blanc à l'écu sera à 5 d. de loi et de 80 au marc.

Le petit blanc sera à 5 d. de loi et de 160 au marc.

La différence consistera en ce que le point secret sera percé, au lieu d'être clos.

Le 5 novembre 1411, ordre à Paris de mettre un point percé sous la croisette, et à Sainte-Menehould, de mettre une croisette au-dessus d'un point percé, au lieu de la croisette au-dessus d'un sautoir.

Le 20 juin 1413, ordre de cesser la fabrication des blancs à l'écu.

Le 4 juin 1414, ordre de reprendre la fabrication des grands et petits blancs, sur le pied 32°.

Le 23 septembre 1415, ordre à l'atelier de Lyon, nouvellement créé, de mettre un trèfle, au lieu de croisette, en tête des légendes.

Le 10 mai 1417, la monnaie 40° est créée; le grand blanc sera à 4 d. de loi et de 80 au marc; le petit blanc à 4 d. de loi et de 160 au marc.

La différence de ces nouvelles monnaies consistera en un point clos placé dans l'écu, entre les deux fleurs de lis supérieures, et un autre point clos placé sous le pied de la grande croix.

Le 21 octobre 1417, la monnaie 60° est créée.

Le grand blanc sera à 2 d. 16 gr. de loi et de 80 au marc.

Le petit blanc sera à 2 d. 16 gr. de loi et de 160 au marc.

La différence de ces monnaies consistera dans l'emploi de la croisette bastonnée.

A Troyes, du 11 mai 1418 au 20 octobre suivant, il a été émis au profit du duc de Bourgogne 353,000 blancs de 10 deniers tournois, à 2 d. 12 gr. de loi et de 80 au marc, sur le pied 64°.

Les 18 juin 1418, 10 novembre et 22 janvier 1418, il y a été émis 66,000 petits blancs à 2 d. 16 g. de loi et de 160 au marc, plus, les 14 décembre, 3 janvier, 23 février et 3 mars 1418, 144,000 grands blancs à 2 d. 16 gr. de loi et de 80 au marc, conformes à l'ordonnance royale du 25 octobre 1417, créant la monnaie 60°.

Le 7 mars 1418, la monnaie 96° est créée; elle comporte des grands et petits blancs.

J'ignore absolument quelle a été la différence de ces blancs.

L'atelier de Marvejols est créé le 16 février 1418; on y mettra 2 croisettes superposées entre les deux premiers mots des légendes.

Le 27 décembre 1419, ordre à Saint-Quentin de mettre une fleur de lis, au lieu de croisette, aux grands et petits blancs, à 2 d. 16 gr. et de 80 et 160 au marc, sur le pied 60°.

A Troyes, du 11 mai 1418 au 20 octobre suivant, il a été émis des grands blancs à 2 d. 12 gr. de loi et de 80 au marc (pied 64°).

A Troyes, du 14 septembre au 3 mars 1418, il a été émis des grands blancs à 2 d. 16 gr. et de 80 au marc (pied 60°).

A Troyes, du 9 avril 1420, après Pâques, au 6 mai suivant, des grands blancs sur le pied 96° (si la taille de 80 au marc était conservée, ce qui est plus que probable, ce blanc devait être à 1 d. 16 g. de loi).

Le 17 janvier 1419 il est ordonné à Paris de frapper des petits blancs à 2 d. de loi et de 168 au marc, avec tous les O longs; ils étaient sur le pied 84°.

Le 26 juin 1421, le grand blanc est mis à 2 d. ob. ts., au lieu de 10 deniers tournois, et le petit blanc à 1 denier parisis.

Classons maintenant les grands et petits blancs contenus dans la tirelire, et nous tirerons ensuite les conséquences qui découlent de leur examen.

Les nos 1 et 2 sont de Paris ; ils ont été émis en vertu du mandement du 5 novembre 1411; mais le n° 2 est d'une émission antérieure à celle du n° 1. Ce sont des spécimens de la monnaie 32° créée le 20 octobre 1411.

Le n° 3, de Rouen, appartient également à la monnaie 32° créée le 20 octobre 1411.

Le n° 4, de Troyes, est également de la monnaie sur le pied 32°.

Le n° 5, frappé à Troyes, appartient à la monnaie 40°, créée le 10 mai 1417 (2 exemplaires).

Le n° 6, de Troyes, est un spécimen de la monnaie 60° créée le 21 octobre 1417.

Le n° 7, frappé probablement à Montpellier, appartient à la monnaie 32°, du 20 octobre 1411.

Le n° 8, frappé à Romans, appartient à la monnaie 27° qui a été créée le 11 septembre 1389, en même temps que l'emploi des points secrets a été ordonné.

Le n° 9, d'Angers, est de la monnaie 32°, créée le 20 octobre 1411.

Le n° 10, de Toulouse, est de la monnaie 27° du 11 septembre 1389.

Le n° 11, de Tours, est de la monnaie 32° du 20 octobre 1411.

Enfin le n° 12, de Saint-Quentin, appartient aussi à la monnaie 32°.

L'atelier le plus largement représenté est donc encore cette fois celui de Troyes.

Pas un de ces blancs ne peut être postérieur au 26 juin 1421.

Passons aux petits blancs de 5 deniers tournois.

Voici le résumé de leur histoire :

Ils furent créés le 26 septembre 1388, à 6 d. de loi et de 150 au marc (pied 25°). Ils avaient 2 couronnes et 2 fleurs de lis dans la croix.

ı Le 14 octobre 1388, ils ne durent plus avoir qu'une couronne et une fleur de lis dans la croix.

Le 11 septembre 1389, ordonnance créant la monnaie 27e ; le petit blanc, qui aura les O ronds et le point secret, sera à 5 d. 12 gr. de loi et de 148 1/2 au marc.

A Troyes, du 13 septembre 1395 au 22 novembre 1405, il en a été point émis 249,000.

Le 18 novembre 1396, ordre à Sainte-Menehould de mettre un dans l'O de **KAROLVS** et dans celui de **NOMEN**.

Le 27 octobre 1399, on y mettra 2 sautoirs superposés après **KAROLVS** et après **SIT**.

Le 2 septembre 1402, on y mettra une croisette au-dessus d'un sautoir, au lieu des 2 sautoirs.

Le 29 avril 1405, ordonnance créant la monnaie 29e 1/2, avec petit point sous les croisettes.

Le 8 août 1405, ordre d'arrêter cette fabrication, et d'en refondre tout ce qui ne sera pas délivré ou pourra être retiré de la circulation ; on reprendra la fabrication de la monnaie 27e.

Le 20 octobre 1411, création de la monnaie 32e, avec le point secret percé ; le petit blanc sera à 5 d. de loi et de 160 au marc.

Le 5 novembre 1411, à Paris, on mettra un point percé sous la croisette, et à Sainte-Menehould, une croisette au-dessus d'un point percé, au lieu de la croisette au-dessus d'un sautoir.

Le 20 juin 1413 l'émission des blancs à l'écu est suspendue.

Le 4 juin 1414, ordre de reprendre la monnaie 32e, les petits blancs y compris.

Le 23 septembre 1415, on mettra à Lyon un trèfle en tête des légendes.

Le 10 mai 1417, création de la monnaie 40e, Le petit blanc sera à 4 d. de loi et de 160 au marc. Il y aura pour différence un point clos en tête de l'écu, et au pied de la grande croix.

Le 21 octobre 1417, création de la monnaie 60e. Le petit blanc sera à 2 de 16 gr. de loi et de 160 au marc. Il aura la croisette bastonnée.

A Troyes, les 18 juin, 10 novembre et 22 janvier 1418, il a été émis 66,000 petits blancs à 2 d. 16 gr. de loi et de 160 au marc.

Le 7 mars 1418, la monnaie 96ᵉ est créée. J'en ignore la différence.

Le 16 février 1418, l'atelier de Marvejols est créé. On y mettra 2 croisettes superposées entre les deux premiers mots des légendes.

Le 27 décembre 1419, ordre à Saint-Quentin de mettre une fleur de lis, au lieu de croisette, aux petits blancs sur le pied 60ᵉ.

Le 17 janvier 1419, ordre à Paris de frapper des petits blancs à 2 d. de loi et de 163 au marc, avec tous les O longs (c'était une monnaie sur le pied 84ᵉ).

Le 26 juin 1421, le petit blanc ne courra plus que pour 1 d. parisis.

La tirelire ne contenait que quatre petits blancs à l'écu, de Charles VI.

Le nº 1, sans point secret apparent, n'appartient pas moins à la monnaie 27ᵉ, ordonnée le 11 septembre 1389, qui a duré jusqu'au 20 octobre 1411; peut-être cette pièce a-t-elle été frappée à Paris.

Les nᵒˢ 2, 3 et 4 sont sortis de la monnaie de Troyes.

Le nº 2 appartient à la monnaie 27ᵉ.

Le nº 3 est un spécimen de la monnaie 40ᵉ ordonnée le 10 mai 1417.

Et le nº 4, un spécimen de la monnaie 60ᵉ créée le 21 octobre 1417, dont il a été émis 66,000 à Troyes, du 18 juin au 22 janvier 1418.

On voit que la prédominance, quant au nombre, de l'atelier de Troyes, est encore plus marquée cette fois, puisque sur 4 pièces il y en a 3 qui sortent de cet atelier.

FLORETTES D'HENRI V, ROI D'ANGLETERRE, SOI-DISANT ROI DE FRANCE.

Les deux exemplaires identiques de cette monnaie sont tous les deux à la croix bastonnée, et ne portent pas le titre de **HERES FRANCIE**. Ils ont donc été frappés entre le 12 janvier 1419, date de la création du type aux deux léopards supportant la couronne, et le 16 juin 1420, date de l'introduction dans la légende du titre d'héritier de France, par suite du traité de Troyes.

Ainsi l'enfouissement de la tirelire dont il s'agit est certainement antérieur au mois de juin 1420.

BLANCS DE JEAN-SANS-PEUR, DUC DE BOURGOGNE.

C'est en 1419 que le duc Jean-Sans-Peur fut assassiné sur le pont de Montereau : les 4 blancs de ce prince, enfermés dans la tirelire, sont donc antérieurs à cette date.

FLORETTE DE JEAN-SANS-PEUR.

Cette florette présente la fleur de lis, mise à pile en place de la croisette, par imitation de la florette royale sur le pied 96°, créée le 7 mars 1418 (1419 n. st.). Cette pièce a donc été frappée dans les mois écoulés entre le 7 mars 1418 et la date de l'assassinat du duc.

FLORETTES DE PHILIPPE LE BON, DUC DE BOURGOGNE.

Ces florettes, au nombre de deux, portent à pile la rosette caractéristique des florettes sur le pied 128°, à 2 d. 12 g. de loi, de 80 au marc, frappées à Mâcon le 20 avril 1420, et de celles sur le pied 160°, à 2 d. 12 gr. de loi et de 100 au marc, ordonnées le 6 mai 1420. Le poids de nos deux florettes bourguignonnes les assimile forcément à une pièce de 100 au marc, et ne permet pas de les rapprocher d'une monnaie qui était taillée de 80 au marc.

Remarquons que le n° 1 présente la couronne rehaussée de fleurs de lis et le n° 2, la couronne rehaussée de feuilles d'ache. Ce n° 2 est donc antérieur au n° 1. Il y a là sans doute l'indice d'une émission spéciale au monnayage du duché de Bourgogne.

Dès le 26 juin 1821, où le cours de la florette fut abaissé à 5 deniers tournois, et, à plus forte raison, depuis le 3 juillet 1421 où elle fut définitivement décriée et privée de la circulation, il n'y eut plus lieu, je pense, de continuer l'émission des florettes ducales.

De tout ce qui précède, nous pouvons conclure hardiment, 1° que le propriétaire de la tirelire dont nous venons d'étudier le contenu était un Champenois, habitant une localité plus voisine de Troyes que de tout autre atelier monétaire ; 2° qu'il rejetait scrupuleusement de son petit trésor toute monnaie émise par le Dauphin, et acceptait en revanche les monnaies du roi Henri V d'Angleterre ; 3° qu'il n'a plus rien déposé dans sa tirelire, pour quelque raison que cela ait eu lieu, vers le moment où le funeste traité de Troyes fut signé.

Paris, 19 septembre 878

F. DE SAULCY.

PRÉSIDENCE DU SÉNAT

DURANT LA RÉPUBLIQUE ROMAINE

Le Sénat est le conseil public qui assiste les magistrats suprêmes dans l'administration de l'État (1).

La tradition qui remonte à l'origine même de Rome (*mos majorum*) veut que le chef de l'État, avant d'arrêter une décision importante, consulte le Sénat et se conforme autant que possible à son avis (2).

Aussi les magistrats qui ont la direction du gouvernement, ont-ils parmi leurs pouvoirs le *jus agendi cum patribus* (3). Ils ont le droit de convoquer le Sénat, *senatum vocare* (4), *convocare* (5),

---

(1) Liv., II, 23, § 11; V, 39, § 12; VI, 6, § 15. Sall., hist. fr. 1, or. Phil., § 6. Cic., ad fam., XII, 2, § 3; ad Att., II, 23, § 2; p. Rosc. Amer., 52, § 151; ad fam., III, 8, § 4 : « *publicum orbis terrae consilium* ». Cf. Cat., 1, 4, § 9; p. Sest., 19, § 42; Phil., III, 14, § 36; VII, 7, § 19; p. Mil., 30, § 90; Ps. Cic., de dom., 28, § 73.

(2) Auct. Rhet. ad Her.nn., IV, 35, § 47 : « *Senatus officium est consilio civitatem juvare; magistratus, opera et diligentia consequi voluntatem senatus.* » Cf. Cic., de orat., II, 39, § 165 : « *Aut senatui parendum de salute reipublicae fuit, aut aliud consilium instituendum, aut sua sponte faciendum; aliud consilium, superbum; suum, arrogans. Utendum igitur fuit consilio senatus.* » P. Sest., 19, § 42 : « *Senatum sine quo civitas stare non posset.* » Cf. [Sall]. Epist. ad C. Caes. de rep. ordin., II, § 10 (Gerl. I, 276) : « *Ubi plebes senatui, sicut corpus animo, obedit ejusque consulta exsequitur, patres consilio valere decet, populo supervacanea est calliditas.* »

(3) Cic., de leg., III, 4, § 10.

(4) Liv., III, 9, § 6; 38, § 10; VIII, 33, XXII, 9, 55; XXVI, 1, 8; XXXII, 26, XXXVI, 39, XLII, 9, XLIV, 20, etc. Cic., ad Q. fratr., II, 3, § 2; ad Att., I, 14, § 5; Phil., III, 8, § 20; ad fam., V, 2, § 3; X, 12, § 3, 28, § 2, etc. Ps. Cic. de dom., 5, § 11.

(5) Cic., ad fam., X, 12, § 3, Verr., II, 1, 49, § 129; Catil., II, 6, § 12; p. Sull., 23,

cogere(1), de le présider (*habere*) (2), de lui soumettre des rapports (*referre, relationem facere de aliqua re*) (3), de demander l'avis des sénateurs (*consulere*) (4) et leur vote (*discessionem facere*) (5), et de rédiger l'avis de la majorité (*senatus consultum facere, perscribere*) (6).

Sous la Royauté, le Sénat était le conseil royal qui, sous la présidence du roi (7), délibérait sur toutes les affaires importantes (8) et spécialement sur les questions religieuses, financières et internationales (9). Ce qui d'après les anciens a caractérisé le gouvernement tyrannique de Tarquin le Superbe, c'est qu'il régnait selon son bon plaisir, sans demander en rien l'avis du Sénat (10).

Pendant l'absence du roi, la présidence du Sénat compétait au préfet de la ville (11); pendant la vacance du trône, à l'interroi (12).

Du temps de la République, le *jus agendi cum patribus* a appartenu, parmi les magistrats extraordinaires, aux *X viri legibus scribundis*, aux *tribuni militum consulari potestate*, au *dictator* et au *magister equitum*, à l'interroi, et au *præfectus urbis*; parmi les ma-

---

§ 65; Phil., I, 1, § 1; III, 1, § 1; etc. Sall., Cat., 50. Val.Max., III, 2, § 17; V, 10, § 3, etc.

(1) Liv., III, 38, § 13. Cic., ad fam., V, 2, § 3; XII, 28, § 2; ad Q. fr., II, 12, § 1; Phil., I, 2, § 6; de fin., III, 2, § 7; etc. Val. Max., VIII, 7, § 2. Lucan., Phars., III, 104, etc.

(2) Gell., N. A., XIV, 7, § 2, § 4, § 9; VI (VII), 21, § 2. Cic., Brut., 60, § 218, etc. Caes., B. C., I, 2, 5. Liv., III, 29, § 4; V, 55; XXXI, 47; XXXIII, 22; XXXIV, 55, etc. Fest. v. *religioni*, v. *senacula*.

(3) Cic., ad fam., I, 1, § 3; X, 28, § 1; XVI, 11, § 3; ad Q. fratr., II, 13, § 3; ad Att., IV, 2, § 4; XIV, 14, § 3; Verr., I, 15, § 44; II, 2, 39, § 59; Cat., II, 12, § 26; etc. Liv., II, 31; IX, 8, 42; XXII, 1, XXIII, 22; XXVI, 23, 27, 28; XXX, 21; XXXIII, 21; XXXIX, 5, etc. Suet., Caes., 28.

(4) Gell., N. A., XIV, 7, § 2, § 4; XV, 11, § 1. Suet., de rhet., 1. Cic., Cat., III, 6, § 13, etc. Liv., II, 26, 28; III, 38, § 6; IV, 21, § 9; VIII, 2, XXII, 1, 55, XXIII, 24, etc.

(5) Cic., ad fam., I, 2, § 2; Phil., XIV, 7, § 21, etc. Caes., B. G., VIII, 52-53.

(6) Gell., N. A., XIV, 7, § 4. Cic., Phil., II, 36, § 91; XIV, 2, § 5. Caes., B. C., I, 5.

(7) Liv., I, 32, etc. Dionys., II, 14, IV, 30, etc.

(8) Cic., de rep., II, 8, § 14; Tusc., IV, 1, § 1; in Pis., 10, § 23; Phil., III, 1, § 9. Sall., Cat., 6. Dionys., II, 12, 14, etc. Liv., I, 49.

(9) Liv., I, 9, 31, 32. Dionys., II, 35; III, 26, 32. — H. Genz, Das patricische Rom, p. 73-76, Berlin 1878.

(10) Liv., I, 49. Dio Cass., fr. 11, § 2.

(11) Tac., Ann., VI, 17.

(12) Liv., I, 17.

gistrats ordinaires, aux consuls, aux préteurs, et depuis le milieu du IVᵉ siècle avant J. C. (1) aux tribuns (2).

L'on voit que depuis le IVᵉ siècle la présidence du Sénat compétait à plusieurs collèges de magistrats qui étaient simultanément en fonctions, et dont les titulaires pouvaient être et étaient d'ordinaire tous ou en majeure partie à Rome.

Partant, pour que l'exercice de ce droit ne donnât lieu à aucun conflit, il devait exister un certain ordre de priorité non-seulement dans le droit de convoquer le Sénat, mais encore dans celui de le présider et de le consulter. Cet ordre était le suivant : le dictateur, le maître de la cavalerie, les consuls, les préteurs, les tribuns de la plèbe, l'interroi, le préfet de la ville (3).

Puisque le Sénat est le *consilium publicum*, qui assiste les magistrats dans le gouvernement de l'État, la présidence de ce corps consultatif appartient en premier lieu à celui ou à ceux qui, à Rome, en vertu de leurs pouvoirs ou intérimairement, exercent le pouvoir exécutif.

Après l'expulsion de Tarquin le Superbe le pouvoir administratif et exécutif fut transféré du roi viager à deux consuls annuels. Les consuls, *présents à Rome*, sont de droit les présidents ordinaires du Sénat (4). Le Sénat est essentiellement leur conseil (5).

Mais comment la dualité du consulat se conciliait-elle avec l'unité qui semble requise pour présider à un nombreux corps délibérant? Les deux consuls pouvaient, il est vrai, convoquer et consulter le Sénat de commun accord; mais aussi il pouvait y avoir entre eux désaccord ou hostilité, et d'ailleurs la conduite de la délibération ne pouvait être exercée, ce semble, que par un seul. Anciennement,

---

(1) Voyez plus loin.

(2) Varron cité par Gell., N. A., XIV, 7, § 4. Il omet cependant le *magister equitum*. Voyez plus loin. Cf. Cic., de leg., III, 4, § 10.

(3) Varron, cité par Gell., N. A., XIX, 7, § 4, après avoir énuméré tous ces magistrats, à l'exception du *magister equitum*, dans l'ordre indiqué, ajoute : « *quotiensque usus venisset ut omnes isti magistratus eodem tempore Romae essent, tum quo supra ordine scripti essent, qui eorum prior aliis esset ei potissimum senatus consulendi jus fuisse ait.* » Sur le droit et le rang du maître de la cavalerie, voyez plus loin.

(4) Cf. Liv., XXXIV, 55 : « *Nam neque senatus haberi neque res publica administrari poterat sacrificando expiandoque occupatis consulibus.* »

(5) Cic., ad fam., XII, 30, § 4 : « *Orbus senatus, consulibus amissis* »; de or., III, 1, § 3 : « (L. Crassus)... *deploravit casum atque orbitatem senatus cujus ordinis a consule, qui quasi parens bonus aut tutor fidelis esse deberet, tanquam ab aliquo nefario praedone diriperetur patrimonium dignitatis* »; p. Sest., 19, § 42.

comme le pouvoir exécutif alternait tous les mois entre les deux
consuls, la présidence effective et le droit de priorité appartenaient
naturellement au consul *penes quem fasces erant* (1). Mais dans la
grande époque de l'histoire romaine l'exercice alternatif des faisceaux n'était plus observé. Quelles étaient pendant cette période
les règles suivies par les deux consuls pour la présidence du
Sénat?

Il se présentait exceptionnellement qu'un seul consul fût présent
à Rome. En ce cas, c'est lui naturellement qui est le président ordinaire du Sénat (2).

D'ordinaire les deux consuls restent à Rome pendant les premiers
mois de l'année, et se rendent ensuite dans leurs provinces.

En règle générale, ils agissent de commun accord, pendant qu'ils
sont à Rome, et soumettent au Sénat des rapports communs (*relatio
communis*) sur les affaires d'intérêt général, *de republica, de admi-
nistratione belli, de provinciis exercitibusque* (3), ou sur d'autres
questions importantes (4). En ce cas, quel était celui des deux consuls qui présidait à la délibération? Il semble qu'il n'y avait pas de
règle fixe qui décidât de cette question. Les deux consuls s'enten-
daient sans doute à ce sujet (5).

(1) Cf. Liv., IX, 8 (321 av. J.-C) : « *Quo creati sunt die, eo... magistratum inie-
rant, solemnibusque senatusconsultis perfectis de pace Caudina rettulerunt. Et
Publilius, penes quem fasces erant, dic, Sp. Postumi,* » etc. Tandis que la *relatio*
était commune, c'est le consul Publilius qui préside, parce qu'il a les faisceaux. De
même chez Denys, VI, 57, en 493, le consul le plus âgé, c'est-à-dire celui qui obtient le premier les faisceaux, préside la première séance du Sénat (ib., 49). —
Mommsen, Roem. Staatsr., I, 36, n° 2 (2ᵉ éd.).

(2) Liv., XXII, 1, (217) ; XXVI, 26 (210); XXXI, 47 (200); XXXVI, 39 (191);
XXXVIII, 42 (188); XXXIX, 19 (186); XLII, 9 (173), 28 (172); XLV, 1 (168),
20, cf. 17 (167). Val. Max., III, 2, § 17 (133) : Mucius Scævola, pendant que son
collègue Piso est en Sicile (Drumann, II, 182). App., B. C., I, 25 ; Diod. Sic., XXXIV,
28 ; Plut., C. Gracch., 14 (121) : Opimius, pendant que son collègue Fabius étai
absent. (App.,l. l. Du Rieu, de gente Fabia, p. 404.) De même en 118, Q. Marcius
Rex, sans aucun doute pendant l'absence de son collègue (Val. Max., V, 10, § 3).
En 43 Pansa, pendant que Hirtius poursuivait Antoine (Cic., Phil., VII, 1, § 1;
VIII, 1, § 1 ; IX, 1, § 3 ; X, 1 § 1 ; XIV, 2, § 5).

(3) Liv., XXI, 6 (218) ; XXIII, 32 (215); XXVI, 1 (211), 27-28 (210); XXX, 27
(202) ; XXXII, 8 (198); XXXVIII, 42 (187) ; XL, 36 (180); cf. XLIV, 20 (168); XLV,
16 (167), etc.

(4) Question des *Bacchanalia* en 186, Corp. inscr. lat , I, p. 43.—Triomphe, Liv.,
XXVIII, 9 (207), cf. XXXIII, 22 (197).

(5) Dans la question des *Bacchanalia,* où il y avait eu *relatio communis* (n° pré-
céd.), c'est le consul Sp. Postumius Albinus qui préside à la délibération (cf. Liv.,
XXXIX, 14).

Sur les questions qui le concernaient plus spécialement, chaque consul soumettait au Sénat des *relationes* propres (1).

Un consul ne peut empêcher son collègue ni de convoquer le Sénat, ni de lui soumettre un rapport(2). Un conflit n'est donc possible que lorsque les deux consuls veulent consulter le Sénat, chacun séparément, dans la même séance. Que si les deux consuls sont en bons rapports, ils s'entendront à l'amiable sur l'ordre de priorité de leurs *relationes*. Mais s'ils sont en désaccord (3), la question de priorité peut donner lieu à un conflit, dont nous ne connaissons pas la solution légale.

Comme nous l'avons dit plus haut, jusqu'à l'époque de Sylla les deux consuls étaient généralement absents de Rome pendant la majeure partie de l'année, de sorte que la présidence effective du Sénat appartenait le plus souvent au magistrat qui remplaçait les consuls absents, au préteur urbain (4).

Depuis l'époque qui suit la dictature de Sylla, les consuls restent d'ordinaire à Rome pendant toute l'année de leur magistrature. Ce sont donc eux qui depuis Sylla jusqu'à César ont présidé presque toutes les séances du Sénat. Pendant cette époque encore ils font des *relationes* tantôt en commun (5), tantôt séparément (6).

---

(1) Cf. Liv., XXVIII, 39 (205) : « *Referente P. Scipione senatusconsultum factum est ut quos ludos inter seditionem militarem in Hispania vovisset, ex ea pecunia quam ipse in aerarium detulisset faceret* »; XLIV, 19 (168) : « *Cum in exspectatione patres fuissent, maxime quidnam consul de Macedonia, cujus ea provincia esset, referret, nihil se habere Paulus quod referret* »; 21 : « *Tunc de bello referre sese L. Aemilius dixit.* » Sall., Jug., 28 (111) : « *Senatus a Bestia* (auquel était échue la Numidie, ib. 27) *consultus est placeretne legatos Jugurthae recipi moenibus.* » Nous ne sommes pas suffisamment renseignés sur l'histoire de l'époque pour savoir pourquoi le sénatus-consulte *de Samus* en 135 (Le Bas et Waddington, inscriptions d'Asie min., nos 195-196), ou la *relatio de Carbonis seditione* en 92 (Cic., de leg., III, 19, § 42), ou encore celle sur le serment imposé par la *lex Appuleia* en 100 (App., B. C., l, 30), furent faites respectivement par un seul consul.

(2) Voyez plus loin.

(3) Cf. Liv., XXXVIII, 43 ; XLII, 10.

(4) Voyez plus loin.

(5) Par ex. en 72 (Cic., Verr., II, 2, 39, § 95), en 57 (Cic., ad Att., IV, 2, § 4 ; Ps. Cic., de dom., 3, § 7 ; 27, § 70 ; p. red. ad Quir., 6, § 15 ; de har. resp., 7, § 13), en 55 (Plut., Cat. min., 42), en 49 (Caes., B. C, I, 1), en 44, après le meurtre de César (Flav. Jos., Ant. jud., XIV, 10, § 10), en 43 (Cic., Phil., V, 12, § 34). Cf. Cic., ad fam., VIII, 8, § 5 : (S. C. de 51) « *Ut L. Paulus C. Marcellus coss... de consularibus provinciis ad senatum referrent* »; Phil., VIII, 11, § 33 (en 43) : « *Uti C. Pansa, A. Hirtius consules, alter ambove... ad senatum referant* »; XI, 12, § 31, etc.

(6) En 78, S. C. *de Asclepiade* sur la *relatio* de Q. Lutatius Catulus (Corp. inscr

Dans le premier cas ils désignent de commun accord celui d'entre eux qui conduira la délibération et présidera au vote (1). Que s'ils font des rapports individuellement, le conflit de priorité peut se présenter. Mais, pour cette période comme pour la période précédente, nous ne savons pas quelle était en cette occurrence la règle suivie. Le cas s'est même présenté dans cette dernière époque de la République que, les deux consuls étant en désaccord politique, celui qui se sentait le moins puissant s'abstenait en quelque sorte de toute fonction publique, et laissait à son collègue la présidence exclusive du Sénat (2).

Les consuls étaient donc de droit les présidents ordinaires du Sénat. Mais dans le cours du v° et du iv° siècle avant Jésus-Christ le consulat fut remplacé à différentes reprises par des magistratures extraordinaires. Ce furent en 451 et en 450 les *X viri legibus scribundis*, et pendant un certain nombre d'années entre 444 et 366, les *tribuni militum consulari potestate*. Ces magistrats extraordinaires exerçaient tous les pouvoirs consulaires; ils avaient donc aussi la présidence du Sénat (3). La présidence effective appartenait de droit à celui d'entre les collègues qui avait les faisceaux (4).

I, 111); en 70, *relatio* de Pompée *de tribunicia potestate* (Cic., Verr., I, 15, § 44); en 63 (Cic., p. Mur., 25, § 51; Cat., III, 6, § 13), en 58 (Cic., p. Sest., 11, § 26); en 57 (Ps. Cic., de dom., 5, § 11; Cic., ad fam., I, 1, § 3); en 54 (Cic., ad Q. fr., III, 12, § 1); en 51 (Cic., ad fam., VIII, 8, § 5-6; Suet., Caes., 28); en 49 (Cic., ad fam., XVI, 11, § 3; Caes., B. G., VIII, 53); en 44 (Cic., ad Att., XIV, 14, § 3).

(1) Ainsi en 49, après une *relatio de republica* faite en commun par les deux consuls (*referunt consules de republica*, Caes., B.C., I, 1), c'est le consul L. Lentulus qui expose la question (*L. Lentulus consul senatui reique publicae se non defuturum pollicetur, si...* etc; Caes., ib.), qui préside à la délibération (*hi omnes convicio L Lentuli consulis correpti exagitabantur*, ib. 2) et au vote (*Lentulus sententiam Calidii pronuntiaturum se omnino negavit*, ib.).

(2) Ce fut le cas en 59, cf. Suet., Caes., 20 : «*Lege autem agraria promulgata. obnuntiantem collegam [M. Calpurnium Bibulum], armis foro expulit [Caesar consul], ac postero die in senatu conquestum, nec quoquam reperto qui super tali consternatione referre aut censere aliquid auderet..., in eam coegit desperationem ut, quoad potestate abiret, domo abditus nihil aliud quam per edicta obnuntiaret* (pendant huit mois, Plut., Pomp., 48; cf. Vell. Pat., II, 44, § 5, App., B. C., II, 12). *Unus ex eo tempore omnia in republica et ad arbitrium administravit* (Caesar). » Il présida donc seul les séances du Sénat qui eurent lieu pendant cette partie de l'année. Cf. Suet., Caes., 21-22. Plut., Pomp., 48. Voyez plus loin.

(3) Varr., cité par Gell., N. A., XIV, 7, § 5; cf. Liv., III, 38, § 6; V, 20; VI, 1, § 9; 6, § 15.

(4) Pour les décemvirs, voyez Dionys., X, 57 : «εἷς μὲν αὐτῶν τάς τε ῥάβδους καὶ τὰ λοιπὰ παράσημα τῆς ὑπατικῆς εἶχεν ἐξουσίας ὃς βουλήν τε συνεκάλει καὶ δόγματα ἐπεκύρου.» Pour les *trib. mil. cos. pot.* cf. Liv., VI, 6, § 15.

Dans des circonstances extraordinaires l'administration suprême est confiée à un *dictator*, avec suspension de l'indépendance administrative des consuls. Le dictateur, chef de l'État, est de droit le président du Sénat (1).

En l'absence du dictateur, le *magister equitum* est le chef *ad interim* du gouvernement et le président du Sénat (2).

En l'absence du dictateur et du *magister equitum*, ces mêmes fonctions reviennent aux consuls ; en l'absence des consuls, à un *præfectus urbi* (3).

Depuis l'institution de la préture en 367, le préteur est le chef intérimaire du gouvernement et le président du Sénat, quand aucun des magistrats que nous venons d'énumérer n'est présent à Rome (4).

(1) Varr. cité par Gell., N. A., XIV, 7, § 4 ; cf. Liv., II, 31 ; XXII, 9, 59 ; XXX, 40 ; Dionys., VI, 21 ; Plutarch., Cam., 32 ; Flav. Jos., Ant. jud., XIV, 10, § 6. s. f.

(2) Bien que Varron (Gell., l. l.) ne mentionne pas ce magistrat parmi ceux auxquels compète le *jus habendi senatum*, ce droit ne peut lui être contesté. Il lui est attribué expressément par Cicéron (de leg., III, 4, § 10), par un S. C. du temps de la dictature de César (Flav. Jos., Ant. Jud., XIV, 10, § 6, s. f.), et par des exemples historiques (cf. Liv., VIII, 33, en 325 sénat convoqué par Fabius, *mag. eq.* ; VIII, 36, en 325 « *Dictator praeposito in urbe... magistro equitum* » ; XXIII, 24, 25, en 216 sénat présidé par le *mag. eq.* Ti. Sempronius Gracchus ; Dion Cass., XLII, 27, en 47 sénat présidé par Antoine, *mag. eq.*). Il y a plus. Quoique inférieur en rang aux consuls et aux préteurs (voyez mon ouvrage sur le *Sénat de la République romaine*, tome I, p. 66-67), le *magister equitum*, en sa qualité de délégué du dictateur et de chef intérimaire du gouvernement, avait comme président du Sénat la priorité sur ces mêmes magistrats. Cela résulte spécialement du S. C. de la dictature de César, qui mentionne comme présidents ordinaires le dictateur et le *magister eq.* avec omission des consuls et des préteurs. Aussi en 216, tandis que M' Pomponius Matho, préteur faisant fonctions de préteur urbain, préside le Sénat pendant l'absence du *mag. eq.* (Liv., XXIII, 20, 22, 24), il lui cède la place dès le retour du *mag.* (ib., 24-25).

(3) Tac., Ann., VI, 17. Gell., N. A., XIV, 7, § 4 ; cf. Liv., III, 9, § 6 ; 29, § 4. — Depuis l'institution de la préture, l'ancienne préfecture de la ville disparaît. En effet la *praefectura feriarum latinarum causa* que nous rencontrons encore dans les siècles postérieurs et sous l'Empire ne peut guère être assimilée à l'ancienne préfecture. Voyez le *Sénat de la République romaine*, t. I, p. 583, n° 6. Le *praefectus feriarum latinarum causa* avait-il le droit de présider le Sénat ? Junius Gracchanus dit non. Varron et Ateius Capito disent oui (Gell., N. A., XIV, 8). Ce désaccord des auteurs anciens prouve que la controverse n'avait qu'un intérêt théorique ; qu'en fait, pendant les fêtes latines, il n'y avait jamais lieu de convoquer le Sénat. Sinon la controverse eût été impossible, la question aurait dû être résolue en droit ou de fait.

(4) Liv., VIII, 21 (341): « *Cum Ti. Aemilius praetor senatum consuluisset* » ; X, 21 : en 296, « *summae rerum praetor P. Sempronius praeerat.* » Ib. 45 : en 293, « *legationes sociorum a M. Atilio praetore in senatum introductae.* »

Enfin, depuis l'augmentation du nombre des préteurs, c'est le *prætor urbanus* qui remplace les consuls absents, préside le Sénat (1), et sert d'intermédiaire entre le Sénat et les consuls (2).

Or, comme jusqu'à l'époque de Sylla les consuls ne restaient ordinairement à Rome que les premières semaines ou les premiers mois de l'année, pour se charger ensuite du commandement militaire en Italie ou en province, il en résulte que le président ordinaire du Sénat pendant toute cette époque était généralement le préteur urbain (3). Cependant il y a cette observation à faire que les consuls, présidents de droit, convoquent et consultent le Sénat presque journellement, tandis que le préteur urbain, président plu-

---

(1) Cf. Cic., ad fam., X, 12, § 3 : « (en 43) *Ut statim ad Cornutum praetorem urbanum literas deferremus qui quod consules aberant consulare munus sustinebat. Senatus est continuo convocatus.*» Cf. Lucan., Phars., III, 106 :

> Non proxima lege potestas
> Praetor adest.....

(pour présider le Sénat en 49 après le départ des consuls.)

(2) Liv., XXII, 33 : « *Ab eodem praetore* [urb.] *ex. S. C. litterae ad consules missae ut... »; XXV, 41 : « Senatus decrevit ut P. Cornelius praetor* (urb., XXV, 2) *litteras ad consules mitteret* » ; XXVII, 4, XXXII, 31, XXXV, 24, XLII, 8.

(3) Liv., XXII, 7 : « *Senatum praetores per dies aliquot retinent, consultantes,*» etc. C'est en 217, pendant l'absence des consuls et après la bataille de Thrasimène. Il ne peut s'agir ici que des préteurs urbain et pérégrin, les autres exerçant des commandements militaires; mais la présidence effective appartenait, sans aucun doute, au préteur urbain; cf. 33. De même en 216, après la bataille de Cannes, P. Furius Philus et M' Pomponius, respectivement préteur urbain et pérégrin (Liv., XXII, 35), « *senatum... vocaverunt ut...* (ib. 55) ». Philus présida sans doute; mais il échangea peu après la *sors urbana* contre le commandement de la flotte (ib. 57), et Pomponius qui la réunit à la juridiction pérégrine, fut dès lors, en l'absence du consul, du dictateur et du *magister equitum*, le président du Sénat (XXIII, 20, 22, 24; voyez plus haut).— Cf. XXIII, 48; XXV, 1, 19; XXVI, 21 (en 211 : « *a C. Calpurnio praetore* (urb., XXV, 41) *senatus.... datus est*» au proconsul Marcellus) ; 23, XXVII, 4; XXX, 17, 21; XXXII, 26, 31; XXXIII, 21, 24; XXXIV, 57; XXXV, 24; XXXVI, 21, XXXVII, 46; XXXVIII, 44; XXXIX, 5; XLII, 8; XLIII, 1, 4, 6 (Maenius, *praetor* en 170, probablement urbain, car son collègue, M. Raecius, ne l'était pas; Liv., XLIII, 9). S. C. *de Thisbaeis* (t. I du Sénat, p. 249). Liv., XLV, 35, 44. S. C. *de philos et rhetor.*, de 161, chez Suet., de rhet. 1, et Gell., N. A., XV, 11, § 1 (où le préteur M. Pomponius est sans doute le préteur urbain), S. C. *de Tiburtibus* (L. Cornelius, probablement préteur urbain de 159, t. I, p. 250). Polyb., XXXIII, 1 (A. Postumius, préteur probablement urbain de 155 ; cf. Cic., Ac. pr., II, 45, § 137)· Polyb., XXXV, 2, App., B. Mithr., 6; Jos., Ant. Jud., XIII, 9, § 2 (voyez t. I, p. 252); XIV, 8, § 5 (t. I, p. 251). App., B. C., I, 88 ; cf. Liv., Ep. LXXXVI (L. Junius Brutus Damasippus, prét. urb. en 82). En 43, le préteur urbain Cornutus : Cic., ad fam., X, 12, § 3, 16, § 1. Voyez surtout le Pseud. Cic., ad Brut., II, 7 : Des lettres d'Antoine et de Brutus sont remises au tribun Servilius; celui-ci, bien qu'il ait le *jus referendi*, les transmet au préteur urbain pour en donner lecture au Sénat.

tôt *ad interim* et par délégation, réunissait le Sénat moins souvent, et attendait généralement jusqu'à ce qu'il y eût quelque mesure urgente à lui soumettre (1). Aussi, si les questions à débattre étaient d'une grande importance, le Sénat décidait parfois de les différer jusqu'au retour d'un ou des deux consuls (2).

Pendant la vacance des magistratures curules, l'administration de l'État et la présidence du Sénat compétèrent anciennement à l'interroi ; plus tard, depuis que le *jus referendi ad senatum* leur fut concédé, aux tribuns de la plèbe.

Le droit de convoquer, de présider et de consulter le Sénat appartient donc essentiellement aux magistrats ou au collège de magistrats qui est à Rome le chef ordinaire du gouvernement.

Agissant en cette qualité, ces magistrats ont la priorité sur toute *relatio* des autres magistrats qui jouissent également du *jus referendi*. Ni la convocation du Sénat, ni la présidence et la consultation, ni le vote du Sénat, ne peuvent être empêchés en ce cas que par l'*intercessio tribunicia*.

En effet, faisant fonctions de chefs du gouvernement, les magistrats n'ont à côté d'eux à Rome aucun magistrat supérieur qui puisse, en vertu d'une *major potestas*, leur défendre de convoquer et de consulter le Sénat.

D'autre part, la *par potestas* implique le droit d'intercéder contre les sénatus-consultes ; mais elle ne peut empêcher aucun acte qui se rapporte à la convocation et à la présidence du Sénat. Le consul peut intercéder contre le sénatus-consulte fait par son collègue; il ne peut lui défendre ni de convoquer le Sénat, ni de le présider, ni de lui faire un rapport, ou de lui demander son avis et son vote (3).

---

(1) Cf. Cic., ad fam., XII, 28, § 2 : « *Si absentibus consulibus unquam nisi ad rem novam cogeretur senatus* » ; cf. X, 10, § 1.

(2) Cf. Liv., XXX, 23 : « *Cum de re majore quam quanta ea esset consultatio incidere non posset, non videri sibi absente consulum altero ambobusve eam rem agi satis ex dignitate populi Romani esse* »; XXXI, 2 : « *Consultatio de Macedonico bello integra ad consules qui tunc in provinciis erant rejecta est.* »

(3) Plusieurs exemples historiques prouvent la vérité de ce principe. Liv., XLII, 10 : « (en 172) *patres referri de Liguribus renovarique senatusconsultum volebant, et consul Aelius referebat. Popillius et collegam et senatum pro fratre deprecabatur : prae se ferens, si quid decernerent, intercessurum, collegam deterruit.* » Evidemment, si Popillius avait eu le droit d'empêcher la *relatio* de son collègue Aelius, il n'eût pas dû recourir à la menace d'une intercession future. Un cas analogue est raconté chez Liv., XXXVIII, 43 (187). Le consul Flaminius soumet au Sénat la question d'Ambracie. Son collègue, M. Lepidus, lui dit au Sénat: « *ego nec de Ambraciensibus nec de Aetolis decerni quicquam absente M. Fulvio patiar.* »

Le chef du gouvernement ne peut donc être empêché dans l'exercice de ce droit que par l'intercession des tribuns.

Tout tribun, du moins aux derniers siècles de la République, a le pouvoir non-seulement d'empêcher une *relatio* à faire par un de ses collègues (1) ou par un autre magistrat (2), mais encore celui d'interdire toute séance du Sénat(3). Le dictateur seul n'est pas soumis à cette intercession tribunicienne (4).

Dans les séances du Sénat, convoquées par les chefs du pouvoir exécutif, après que ceux-ci ont épuisé leur ordre du jour, les autres magistrats présents, auxquels compète le *jus referendi*, peuvent à leur tour, et d'après l'ordre de priorité, indiqué plus haut, soumettre des rapports au Sénat (5), et pré-

---

Lepidus n'empêche pas la délibération du Sénat, mais il menace d'annuler la décision. Cf. Liv., III, 33 : (452) « *Sestius collega invito ad patres retulerat.* » Aussi faut-il l'accord des deux consuls pour empêcher qu'une *relatio* ne soit faite au nom du pouvoir exécutif. Cf. Liv., XXX, 40 (201) : « *Cn. Lentulus cos... negare itaque prius quicquam agi passuum quam sibi provincia Africa decreta esset, concedente collega.* » A propos du conflit de César et de Bibulus en 59, Appien (B. C., II, 10-11) prétend, il est vrai, que César ne convoqua plus le Sénat, et il ajoute même que la convocation ne pouvait pas se faire par *un seul* des deux consuls : « οὐδ' ἐξῆν τῷ ἑτέρῳ τῶν ὑπάτων συναγαγεῖν αὐτήν. » Il y a là une erreur évidente. Quoi qu'en disent Appien (l. l.) et Dion Cassius (XXXVIII, 4), César convoqua et présida le Sénat plus d'une fois même pendant l'époque de son dissentiment avec Bibulus (Suet., Caes, 21, 22 ; cf. Plut., Pomp., 48).

(1) Ascon., p. 32 : « .... *T. Munatius tribunus plebis referri ad senatum de patriciis convocandis non sunt passi* »; cf. Dion. Cass., XXXVIII, 16, 30, § 4, XL, 64, L, 2.

(2) Liv., XXXIII, 22 (197) : Les deux consuls font une *relatio* commune sur le triomphe. Deux tribuns, « *ut separatim de triumpho agerent consules postularunt ; communem se relationem de ea re fieri non passuros ... victique perseverantia tribunorum consules separatim rettulerunt* ». Ce sont encore les tribuns qui sont spécialement visés dans ce paragraphe d'une *senatus auctoritas* de 51 : « *Senatum existimare neminem eorum qui potestatem habent intercedendi impediendi, moram afferre oportere quominus .... ad senatum referri ... possit* » Cic., ad fam., VIII, 8, § 6.

(3) Polyb., VI, 16 : «ἐὰν εἷς ἐνίστηται τῶν δημάρχων.... οὐδὲ συνεδρεύειν ἢ συμπορεύεσθαι τὸ παράπαν. » On ne cite cependant guère d'exemples de l'exercice de ce droit excessif, si ce n'est l'édit de Ti. Gracchus : « διαγράμματι τὰς ἄλλας ἀρχὰς ἁπάσας ἐκώλυσε χρηματίζειν » (Plut., Ti. Gracch., 10), à la suite duquel édit le *jus referendi* ne pouvait être exercé.

(4) Voyez mon *Droit public romain*, p. 250.

(5) Cicéron résume l'ordre du jour d'une séance de 43 dans les termes suivants : « *De Appia via et de Moneta, consul; de Lupercis tribunus plebis refert* » (Phil., VII, 1, § 1), et il termine l'avis qui lui a été demandé sur la première *relatio* par ces mots-ci, adressés au consul Pansa : « *Quibus de rebus refers, P. Servilio assentior* » (ib. 8, § 27). Partant, la *relatio* consulaire précède celle des tribuns

sider à la demande d'avis (1) et au vote sur ces rapports (2).

Cependant, si ces magistrats ont une *potestas* inférieure à celle des chefs du gouvernement présents, ceux-ci peuvent empêcher leurs *relationes*.

Le consul présent peut interdire une *relatio* d'un préteur (3); le dictateur, celle du *magister equitum*, d'un consul ou d'un préteur.

Les magistrats ordinaires qui, sans être à la tête de l'administration de l'État, avaient le *jus referendi*, sont les préteurs et les tribuns.

Le nombre des préteurs s'augmenta, comme l'on sait, à diverses époques. Il y en eut deux depuis 242, quatre depuis 227, six depuis 197, enfin huit depuis Sylla (4).

La *potestas prætoria* comprenait le *jus agendi cum patribus*. Cela est attesté positivement par les anciens (5) et confirmé par des exemples historiques (6).

Cependant, si l'on excepte le préteur urbain, agissant, en l'absence des consuls, comme chef intérimaire du pouvoir exécutif, les préteurs ont usé fort rarement du droit de soumettre des rapports au Sénat; et il n'y a pas un seul exemple positif d'une réunion du Sénat convoquée par des préteurs pendant que des magistrats supérieurs étaient présents à Rome (7).

Voyez aussi App., B. C., II, 30, et Cic., ad fam., X, 16, §1. — Dans une séance de 56, un tribun prétendait intervenir au milieu d'un vote sur une *relatio* consulaire, et faire voter d'abord sur la *relatio* qu'il avait proposée lui-même antérieurement sur la même question; mais cette prétention souleva une opposition unanime : « *ejus orationi vehementer ab omnibus reclamatum est; erat enim et iniqua et nova.* » Cic., ad fam., I, 2, § 2.

(1) Dans une séance de décembre 57, après que le tribun Lupus a fini, le tribun Racilius se lève et fait rapport *de judiciis*. C'est lui aussi qui demande l'avis des sénateurs sur son rapport. Cic., ad Q. fratr., II, 1, § 2.

(2) Cic., ad fam., l, 2, § 2 : « *Quum Lupus tribunus plebis, quod ipse de Pompeio retulisset, intendere coepit ante se oportere discessionem facere quam consules.* » Caes., B. G., VIII, 52 : « *Etiam per se* (C. Curio, tr. pl.) *discessionem facere coepit.* »

(3) Voyez plus loin.

(4) Voyez mon *Droit public rom.*, p. 261-262.

(5) Varr., cité par Gell., N. A., XIV, 7; cf. Cic.,p. leg. Man., 19, § 58 : « *De quo legando spero consules ad senatum relaturos : qui si dubitabunt aut gravabuntur, ego* (Cicero praetor designatus) *profiteor me relaturum* »; ad Att., III, 15, § 6 : « *Domitius* (praetor) *dixit se relaturum* »; XIV, 10, § 1 : « *Meministine me clamare illo ipso primo Capitolino die senatum in Capitolium a praetoribus vocari?* » Sur le passage de Dion Cassius, LV, 3, d'où l'on pourrait tirer une conclusion opposée, voyez plus loin.

(6) Voyez plus loin.

(7) En théorie cependant ce droit leur appartenait. Cf. Cic., Phil. XIV, 10, § 1.

Deux considérations expliquent ce fait qui peut étonner au premier abord.

D'abord, la compétence spéciale des préteurs qui étaient en fonctions à Rome ne comportait guère l'immixtion du Sénat.

Ni le préteur urbain dans la juridiction civile, ni le préteur pérégrin dans la juridiction pérégrine, ni depuis Sylla les préteurs présidents des tribunaux criminels permanents, n'avaient souvent l'occasion de soumettre à l'avis du Sénat des questions qui fussent de leur ressort judiciaire.

Aussi les *relationes* soumises au Sénat par les préteurs se rapportent-elles à la politique générale ou à des demandes de récompenses honorifiques. Tantôt le préteur pérégrin (1) participe à la *relatio de republica* faite par le préteur urbain remplaçant les consuls; tantôt un préteur provincial soumet au Sénat une demande de triomphe (2). Il arrive aussi qu'un sénatus-consulte désigne le titulaire d'un département prétorien déterminé pour faire rapport sur des questions spéciales (3).

Au dernier siècle de la République, alors que les consuls restaient en fonctions à Rome pendant toute l'année, il serait difficile de mentionner plus de trois exemples de *relationes* prétoriennes.

Ce fut, en 58, la *relatio* faite par deux préteurs sur la légalité des actes du consul César sorti de charge (4); en 54, la *relatio* du préteur Caton sur les mesures à prendre contre la corruption électorale (5); et enfin, en 44, le sénatus-consulte fait sur la *relatio* du préteur Cinna en faveur du rappel de deux tribuns exilés (6).

La seconde cause du nombre si restreint de *relationes* prétoriennes

---

(1) Liv., XXII, 7, 55.

(2) Liv., XXXI, 47 (200) : « *L. Furius* (préteur de la Gaule, t. I du Sénat, p. 312, n°17) *senatum in aede Bellonae habuit,*» pour une demande de triomphe. On ne sait pas quel était en 178 le département du préteur M. Titinius qui soumet au Sénat la *relatio* sur la demande de triomphe de deux ex-gouverneurs d'Espagne (Liv., XLI, 6, cf. t. I, p. 345, n° 197).

(3) Liv., XXXIII, 21 : « (en 197) *decreverunt patres ut comitiis praetorum perfectis, cui praetori provincia Hispaniae obvenisset, is primo quoque tempore de bello Hispaniae ad senatum referret.*» Le S. C. *de Bacchanalibus*, voté en 186 sur la *relatio* des consuls, décide qu'à l'avenir toute autorisation de célébrer le culte bacchanal doit être demandée au préteur urbain qui est chargé de soumettre chaque demande à la décision du Sénat. Corp. inscr., I, p. 43. Liv., XXXIX, 18.

(4) Suet., Caes., 23 : « *C. Memmio Lucioque Domitio praetoribus de superioris anni actis referentibus.* »

(5) Plut., Cat. min., 44 : « Ἔπεισε δόγμα θέσθαι τὴν σύγκλητον ὅπως κ. τ. λ. »

(6) Nic. Dam., vit. Caes., 22 : « Κίννας δὲ στρατηγῶν Καίσαρα παραιτησάμενος δόγμα ἐκύρωσε κατιέναι τοὺς ἀπελαθέντας δημάρχους κ. τ. λ. »

se trouve dans le droit des consuls qui, en vertu de leur *major potestas*, pouvaient empêcher ces *relationes*. Il nous semble rationnel d'admettre que le préteur urbain, faisant fonctions de consul, possédait ce même droit d'interdiction à l'égard de ses collègues. C'est pour cela même, sans doute, qu'il s'appelle *prætor major* (1).

Il paraît même que les consuls, pour prévenir l'immixtion des préteurs dans les affaires d'administration générale, les invitaient par édit à s'abstenir de toute *relatio*, ou du moins de certaines *relationes* qu'ils spécifiaient (2).

Il ne peut être dérogé au droit de la *major potestas* que par un ordre du peuple. Si une loi ou un plébiscite ordonne à un préteur de faire au Sénat un rapport sur une question déterminée, les consuls ne peuvent empêcher l'exécution de ce mandat du peuple (3).

Les tribuns de la plèbe n'ont pas eu dès leur institution le droit de présider le Sénat. Magistrats de la plèbe, ils étaient de droit exclus du Sénat, conseil patricien des consuls patriciens. L'entrée même de la salle leur était interdite. Pour suivre les délibérations du Sénat, ils s'asseyaient sur leurs *subsellia* devant les portes ouvertes de la salle (4). Cependant il était permis au président d'inviter, s'il y avait lieu, les tribuns à entrer dans la salle et à participer à la délibération (5).

---

(1) Fest., p. 161 : « *Praetorem autem majorem urbanum : minores ceteros.* »

(2) Cf. Cic., p. leg. Man., 19, § 58. Cicéron, préteur désigné, s'engage, si les consuls s'y refusent, à *referre de Manilio legando* : « *Neque me impediet cujusquam, Quirites, inimicum edictum... neque, praeter intercessionem, quidquid audiam...* » Voyez aussi l'explication du scoliaste Gronov. (p. 442 Or.) : « *Edictum proposuerat ut nemo referat de Pompeio ut ipse hoc bellum experiatur.* » Dion Cassius, en énumérant certaines réformes introduites par Auguste en 9 av. J.-C , dit entre autres (LV, 3, § 6) : « Καὶ γὰρ ἐκεῖνοι (οἱ στρατηγοὶ) ἀγανακτήσαντες ὅ τι μηδεμίαν γνώμην, καίτοι τῶν δημάρχων προτετιμημένοι, ἐς τὴν βουλὴν ἐσέφερον, παρὰ μὲν τοῦ Αὐγούστου ἔλαβον αὐτὸ ποιεῖν. » Si les préteurs n'ont obtenu le *jus relationis* que par Auguste, c'est qu'ils ne le possédaient pas antérieurement. Or cela est contredit par l'histoire, Dion Cassius ne s'exprime donc pas exactement. Il est probable qu'Auguste égala, au point de vue du *jus relationis*, les préteurs aux tribuns, c'est-à-dire qu'il enleva aux consuls le droit d'empêcher les *relationes* prétoriennes.

(3) Un exemple intéressant d'une telle procédure est relaté chez Tite-Live, XLII 21. En 172 les consuls refusent obstinément de faire une *relatio* demandée par le Sénat. Deux tribuns proposent à la plèbe un plébiscite, en vertu duquel le préteur urbain soumet la *relatio*, pendant que les consuls sont encore présents à Rome : « *ex eo plebiscito C. Licinius praetor* (t. I, p. 354, n° 277) *consuluit senatum.....* »

(4) Voyez t. I du *Sénat de la République*, p. 46, nos 1-2.

(5) Zonar., VII, 15 (D. II, 131) : « Εἶτα καὶ εἰς ἐκαλοῦντο ἐντός. » — C'est aussi la théorie admise par Denys d'Halicarnasse dans le récit de l'histoire romaine de 492 à 457, cf. VII, 15, 25, 39, IX, 51, X, 2, 9, 13, 30, 31 (456 : « τὸν μὲν γὰρ ἔμπροσθεν

C'était pour les consuls le meilleur moyen de s'entendre avec les tribuns sur les décisions à demander au Sénat, et de prévenir leur *veto*.

Bientôt après, probablement depuis que le nombre des tribuns fut porté à dix, en 457 (1), les tribuns obtinrent le droit formel d'assister aux séances du Sénat et d'y parler. Mais il fallut encore plus d'un siècle, ce semble, avant qu'ils fussent investis du *jus agendi cum patribus*. Quand et par quelle loi ce droit leur fut-il octroyé (2)? C'est ce qu'il est difficile de préciser.

Le premier exemple de l'exercice de ce droit par les tribuns, que l'histoire romaine mentionne, date du commencement de la seconde guerre punique, c'est-à-dire de la fin du III° siècle avant J.-C. (3).

D'autre part les Annales de Tite-Live et de Denys d'Halicarnasse permettent d'affirmer que jusqu'à la fin du V° siècle, du moins dans l'opinion de ces historiens, ce droit ne leur compétait pas encore (4).

χρόνον..... βουλὴν δὲ συνάγειν ἢ γνώμην ἀγορεύειν οὐκ ἐξῆν αὐτοῖς »). Sur l'opinion de Tite-Live, voyez plus loin.

(1) Telle semble du moins être la théorie de Denys d'Halicarnasse. Immédiatement après avoir mentionné l'augmentation du nombre des tribuns (X, 30), il parle d'un accroissement de pouvoir obtenu par les tribuns (X, 31) : « τὸν μὲν γὰρ ἔμπροσθεν χρόνον..... βουλὴν δὲ συνάγειν ἢ γνώμην ἀγορεύειν οὐκ ἐξῆν αὐτοῖς, ἀλλ' ἦν τῶν ὑπάτων τοῦτο τὸ γέρας οἱ δὲ τότε δήμαρχοι πρῶτοι συγκαλεῖν ἐπεβάλοντο τὴν βουλήν. » Il s'agit ici de deux droits qui auparavant n'appartenaient pas aux tribuns : le droit de convoquer le Sénat, et celui d'y parler. Le premier, ils essayèrent de se l'arroger (ἐπεβάλοντο), mais la tentative ne réussit pas. Car, comme Denys le dit plus loin, ce sont les consuls et non les tribuns qui convoquèrent le Sénat (ib., 31-32). D'ailleurs, comme nous le démontrerons tout à l'heure, le *jus relationis* n'est échu que plus tard aux tribuns. Si donc les tribuns ont fait à cette époque une conquête, ce ne peut être que le droit d'assister au Sénat et d'y parler. En effet, depuis lors, chez Denys, les tribuns assistent au Sénat, sans qu'il soit besoin d'une autorisation spéciale (X, 32, 33, 34, 52 ; XI, 54, 57). Quant à Tite-Live, il ne fait aucune mention des étapes successives de la puissance tribunicienne dans ses rapports avec le Sénat. Depuis 462 il suppose les tribuns participant aux séances du Sénat (III, 9, § 11; 10, 13, § 7, cf. 21, 69, IV, 1, § 6, etc.), sans qu'il soit question de ce sujet dans les annales des années précédentes.

(2) Gell., N. A., XIV, 7, § 4, en mentionnant le droit, n'indique pas l'époque de son origine. De Gell., l. l., XIV, 8, il résulte seulement qu'il était antérieur au *plebiscitum Atinium* (t. I, p. 231). Zonar., VII, 15 (D. II, 131) ne donne non plus aucune indication de temps : « τοῦ χρόνου δὲ προϊόντος καὶ τὴν γερουσίαν ἀθροίζειν καὶ..... ἐπετράπησαν. »

(3) Liv., XXII, 61 (216) : « *Ab cognato Scribonii tribuno plebis de redimendis captivis relatum esse.* »

(4) Chez Denys, en l'an 445 (XI, 54, 57), les consuls soumettent au Sénat la *relatio* sur des projets de plébiscite. Évidemment, si dans l'opinion de Denys les tribuns avaient eu le *jus referendi*, il leur aurait attribué la *relatio*. Tite-Live, dans l'his-

L'histoire romaine du ıv° siècle avant J.-C. n'est connue que par
le récit si concis de Tite-Live, et celle du ııı° siècle jusqu'en 218
est, à vrai dire, presque entièrement ignorée. Les Annalistes ne
mentionnent pendant cette époque aucun fait précis qui suffise pour
déterminer l'époque exacte de l'origine du *jus referendi* des tribuns.

Jusqu'aux lois liciniennes, en 367, les tribuns ne semblent pas
avoir joui du *jus referendi*. Du moins, chez Tite-Live, dans le récit
des luttes intestines qui précédèrent le vote de ces lois, et qui
eussent fourni aux tribuns bien des occasions de faire des propositions au Sénat, il n'est question nulle part d'une *relatio* des tribuns.
Sont-ce les lois liciniennes qui leur ont octroyé ce droit? Il n'existe
en faveur de cette opinion aucun argument positif.

Mais le *jus referendi* devint absolument nécessaire aux tribuns,
depuis que la *lex Publilia Philonis* de 339 décida que les plébiscites
seraient soumis à la *patrum auctoritas* préalable(1). En effet, si les
rogationes tribuniciennes doivent être approuvées par le Sénat avant
d'être proposées au vote de la plèbe, il convient que les tribuns puissent
soumettre personnellement leurs propres projets de loi à l'approbation du Sénat. A défaut de ce droit, l'initiative législative des tribuns eût été illusoire, et subordonnée aux caprices des présidents
ordinaires du Sénat, consuls, dictateur ou préteur urbain.

Nous sommes donc d'avis que le *jus agendi cum patribus* fut
reconnu aux tribuns à la suite de la *lex Publilia Philonis* de 339.

La *relatio* tribunicienne se fait soit au nom d'un seul tribun(2), soit
au nom de plusieurs collègues (3). En ce cas ils chargent l'un
d'entre eux de présider à la délibération(4).

Si plusieurs tribuns veulent soumettre au Sénat des rapports en

---

toire de 441 (IV, 12), rapporte : « *neque ut de agris dividendis plebi referrent consules ad senatum, pervincere potuit* (Poetilius, tr. pl.). » Partant, Poetilius n'avait,
pas lui-même le *jus referendi*. En 420, ce sont des interrois qui président le Sénat
(Liv., IV, 43, § 8-9). Or, depuis que les tribuns ont obtenu le *jus referendi*, ils ont
eu la priorité sur l'interroi.

(1) Tel fut à notre avis le contenu de cette *lex Publilia*. Nous développerons cette
opinion dans le tome II du *Sénat de la République romaine*.

(2) Liv., XXII, 61, XXVII, 5. Plut., C. Gracch., 6. Cic., de or., III, 1, § 2; p. Sest.,
II, § 26, 31, § 68; ad Q. fr., II, 1, § 2; ad fam., I, 1, § 3, 2, § 2; Phil., VII, 1, § 1, etc.

(3) Au nom de 5 (Cic., ad fam., X, 16, § 1), au nom de 8 (Cic., p. Sest., 32, § 70),
au nom de tout le collège (Cic., ad fam., X, 28, § 2; cf. Phil., III, 15, § 37).

(4) En décembre 44, le collége des tribuns convoque le Sénat et lui fait rapport
de praesidio ut senatum tuto consules kal. jan. habere possint. (Cic., ad fam., X,
28, § 2 ; Phil., III, 5 § 13). La délibération semble avoir été conduite par le tribun
Servilius. Cf. Cic., Phil., III, 15, § 37 : « *referente M. hoc Servilio collegisque ejus.* »

nom individuel dans la même séance, ils sont obligés également de
s'entendre sur l'ordre de priorité(1). Car il suffit de l'opposition d'un
seul pour interdire toute *relatio* quelconque (2).

La *relatio* tribunicienne ne peut être empêchée par les magistrats
d'autres collèges (3).

Quel usage les tribuns ont-ils fait du *jus referendi?*

Jusqu'à l'époque des Gracques les tribuns ont usé de leur droit
avec une extrême modération. Ils se sont généralement abstenus de
soumettre au Sénat des affaires qui étaient de la compétence des
chefs du gouvernement, des consuls ou du préteur urbain (4). Même
dans les plébiscites par lesquels ils déléguaient au Sénat la décision
d'une question déterminée, ils ne se réservaient pas la *relatio*, mais
ils l'accordaient aux consuls ou au préteur urbain (5).

Aussi mentionne-t-on pendant cette époque fort peu de *relationes*
tribuniciennes (6), et ne se rencontre-t-il aucun exemple d'une convocation du Sénat faite par des tribuns pendant que les consuls ou
le préteur urbain étaient à Rome.

Depuis l'époque des Gracques les *relationes* tribuniciennes sont
plus nombreuses, et elles empiètent plus fréquemment sur le
domaine de l'administration et de la politique générales (7).

---

(1) Dans une séance de décembre 57, le tribun Lupus parle sur une question
agraire, et, après avoir terminé son discours, il renonce à demander l'avis du Sénat.
Alors un autre tribun, Racilius, se lève et fait rapport *de judicis*, Cic., ad Q. fr.,
II, 1, § 2.

(2) Voyez plus haut.

(3) Cf. Cic., p. Sest., 32, § 70 : « *Pisone et Gabinio (coss.) repugnantibus..... tri-
bunis plebis octo referentibus.*» Cf. ad fam., X, 16, § 1.

(4) Cf. Liv., XXXIV, 55 : en 193, « *nam neque senatus haberi neque respublica
administrari poterat sacrificando expiandoque occupatis consulibus.* » Donc les
tribuns n'interviennent pas, malgré que les consuls soient empêchés. En 187 le proconsul Manlius remercie les tribuns d'être si bien disposés à son égard : « *ut non
solum silentio comprobarent honore mmeum, sed referre, etiam si opus esset, vide-
rentur parati esse,* » c'est-à-dire si le préteur urbain avait refusé (Liv., XXXVIII, 47).
En 138 le tribun C. Curiatius met tout en œuvre pour obliger les consuls à faire
rapport au Sénat sur l'achat de froment (Val. Max., III, 7, § 3); il ne fait pas
rapport lui-même.

(5) Liv., XXXVIII, 54 (187) : *Rogatio* tribunicienne « *uti de ea re (de pecunia
capta ablata) Ser. Sulpicius praetor urbanus ad senatum referat....* » ; XLII, 21
(172): « *ex eo plebiscito C. Licinius praetor [urb.] consuluit senatum.* »

(6) C'est en 216 la *relatio de redimendis captivis* (Liv., XXII, 61), et en 210 la
relatio du tribun M. Lucretius sur un désaccord entre le Sénat et le consul
M. Valerius (Liv., XXVII, 5).

(7) *Relationes* de C. Gracchus en 123 (Plut., C. Gracch., 6), en 91 *relatio* du tribun Drusus « *de illo ipso quod consul in eum ordinem tam graviter in concione esset*

Mais même pendant cette période les tribuns font généralement leurs rapports dans des séances convoquées par les chefs du pouvoir exécutif et au tour que la coutume leur assigne.

Si l'on excepte les interrègnes, pendant lesquels les tribuns faisaient fonctions de chefs du pouvoir exécutif, on ne mentionne guère que trois fois des séances du Sénat convoquées par des tribuns(1), et toutes trois dans des circonstances extraordinaires(2).

Aux trois derniers siècles de la République, parmi les magistrats ordinaires, ce sont donc les consuls, les préteurs et les tribuns de la plèbe qui ont le droit de saisir le Sénat d'une question. Aussi les dépêches destinées à être communiquées au Sénat portent-elles en tête l'adresse des magistrats de ces trois collèges(3), et quand le Sénat, par une décision solennelle, charge les magistrats de veiller au salut de la République, il s'adresse spécialement aux consuls, préteurs et tribuns(4).

---

invectus » (Cic., de or., III, 1, § 2); en 67, *relatio* du tribun Cornelius « *ne quis legatis exterarum nationum pecuniam expensam ferret* » (Ascon, p. 56); en 58 (1er juin), *relatio* du tribun Ninnius *de republica* (Cic., p. Sest., 11, § 26, 31, § 68; Ps. Cic., p. red. in sen., 2, § 3; cf. Dion. Cass., XXXVIII, 3, § 4); plus tard, *relatio* de huit tribuns sur le rappel de Cicéron (Cic., p. Sest., 32, § 70; ad Att., III, 23, § 4; Ps. Cic., p. red in sen., 2, § 4, 11, § 29; de dom., 26-27, § 70); en déc. 57, *relatio* du tribun Racilius *de judiciis* (Cic., ad Q. fr., II, 1, § 2); en 56, *relatio* du tribun Lupus sur l'affaire de Ptolémée Aulète (Cic., ad fam., I, 1, § 3, 2, § 2); en 50, *relatio* du tribun Curion sur la question de César (App., B. C., II, 30; Caes., B. G., VIII, 52); en déc. 44, *relatio* des tribuns *de praesidio ut senatum tuto consules kal. jan. habere possint* (Cic., Phil., III, 5, § 13); en 43, *relatio* d'un tribun *de Lupercis* (Cic., Phil., VII, 1, § 1), et de cinq tribuns *de literis Planci* (Cic., ad fam., X, 16, § 1).

(1) Coelius écrit dans une lettre de 51 (Cic., ad fam., VIII, 10, § 2) : « *consules autem quia verentur ne illud senatusconsultum fiat ut..... omnino senatum haberi nolunt*, etc. » Si les consuls, pour empêcher qu'un S. C. ne se fasse sur la *relatio* des tribuns, se refusent à convoquer le Sénat, cela n'a de sens que si les tribuns n'avaient pas l'habitude de prendre l'initiative de la convocation.

(2) En 91, *vocatu Drusi*. Ce tribun de la plèbe avait convoqué le Sénat à la suite des invectives que le consul Philippus avait proférées dans une *concio* contre le Sénat lui-même (Cic., de or., III, 1, § 2). En 49, après le départ des consuls de Rome, et à l'arrivée de César, deux tribuns convoquèrent le Sénat pour que César pût y exposer ses griefs contre Pompée (Dio Cass., XLI, 15, § 2.; cf. Caes., B. C., I, 32). En décembre 44, après le départ d'Antoine, les tribuns convoquent le Sénat : « *de praesidio ut senatum tuto consules kal. jan. habere possint* » (Cic., ad fam., X, 28, § 2, XI, 6, § 2; Phil., III, 5, § 13, 15, § 37, IV, 6, § 16).

(3) Cic., ad fam., X, 8, XII, 15, XV, 1, 2; cf. ad Att., XVI, 4, § 1: « *Tantum addi placuit, quod erat coss. solum, ut esset praett. tribb. pleb. senatui, ne illi non proferrent eas, quae ad ipsos missae essent.* »

(4) Cic., ad fam., XVI, 11, § 3 ; ad Att., X, 8, § 8, etc.

Les magistrats ordinaires et extraordinaires dont nous avons parlé jusqu'ici, avaient seuls le *jus vocandi, habendi, consulendi senatum* (1). Ce droit ne compétait ni aux censeurs (2), ni aux édiles curules ou de la plèbe, ni aux questeurs (3), ni aux promagistrats.

Le promagistrat, proconsul ou propréteur, qui désire faire au Sénat une communication ou une demande, doit prier un magistrat compétent de lui accorder une audience du Sénat (*dare senatum*) et de se charger du rapport sur sa demande (4). La même procédure est observée par les collèges de prêtres (5), les sénateurs non magistrats (6),

(1) Gell., N. A., XIV, 7 : « *neque alii praeter hos jus fuisse dicit* [Varro] *facere senatusconsultum.* »

(2) Ils ne sont mentionnés ni par Gell. (l. l.), ni par Cicéron (de leg., III, 4, § 10) parmi les magistrats qui ont le *jus referendi*, et il n'est nulle part question d'un S. C. fait sur leur *relatio*, à moins qu'on n'interprète en ce sens Liv., XXXVIII, 28 : (189) « (*Censores*,) *Campani ubi censerentur, senatum consuluerunt. Decretum uti Romae censerentur.* » Mais il est plus naturel d'admettre que Tite-Live s'exprime ici par concision pour dire : « *senatum ut consuleret a praetore urbano petiverunt.* » Cf. Liv., XLV, 15 : «*petentibus (censoribus) ut ex instituto... tempus prorogaretur.* »

(3) Tite-Live, dans le récit de l'an 439 (IV, 13, § 8), raconte : « *L. Minucius praefectus annonae... rem compertam ad senatum refert.* » De même Zonar., VII, 20 (Dind. II, 145): « εἰσήγγειλε τῇ βουλῇ τὸ πραττόμενον. » Sans nous arrêter ici au degré de valeur historique qu'il faut attribuer à cette *praefectura annonae* de 439, nous ferons remarquer que Tite-Live et Zonar. (Dion Cassius) emploient parfois les termes *referri*, εἰσηγεῖσθαι, dans le sens plus général de *deferre, faire une communication*. Ce qui est ici le cas. Cf. Liv., ib., 14, § 4 : « *crimenque a Minucio delatum ad senatum.* »

(4) Liv., XXVI, 21, XXVIII, 38, XXXVIII, 44, XLI, 6, XLII, 21. Plutarque (Syll., 30) raconte de Sylla, alors que celui-ci n'était que proconsul : « ἐκάλει τὴν σύγκλητον εἰς τὸ τῆς Ἐννοῦς ἱερόν. » Cette expression inexacte a sans doute son origine dans la concision de la phrase latine que l'auteur grec a traduite. Ainsi César, parlant de la séance du Sénat de 49, où comme proconsul il justifia sa conduite, dit simplement : « *Coacto senatu injurias inimicorum commemorat* » (B. C., I, 32), sans ajouter que cette séance fut convoquée par deux tribuns de la plèbe : « Καὶ τῆς γερουσίας οἱ ἔξω τοῦ πωμηρίου ὑπό τε τοῦ Ἀντωνίου καὶ ὑπὸ τοῦ Λογγίνου παρασκευασθείσης.» Dio Cass., XLI, 15, § 2.

(5) Dio Cass., XLIV, 15, § 3-4, parlant de l'année 44, dit : « τῶν ἱερέων τῶν πεντεκαίδεκα καλουμένων μελλόντων..... τὴν ἐπίκλησιν ταύτην τῷ Καίσαρι δοθῆναι ἐσηγήσεσθαι. » Il ne peut s'agir ici d'une *relatio* faite par les *XV viri s. f.*, mais d'un décret de ce collége qui ferait l'objet d'une *relatio* du magistrat président si celui-ci consentait. Un prêtre-sénateur peut avec l'autorisation du président faire une communication au Sénat (*nuntiare*) (cf. Gell., N. A., IV, 6, § 2), il n'a pas qualité pour faire rapport au Sénat.

(6) Liv., III, 38, § 10: « *quia privatis jus non esset vocandi senatum.* » Tite-Live (XXIX, 16) dit, en parlant d'un sénateur qui n'est pas magistrat : « *Res... relata a M. Valerio Laevino.* » Ici aussi il ne s'agit que d'une simple communication, mais à la suite de laquelle les consuls sont invités à saisir officiellement le Sénat de la question : *jussisque referre consulibus*, » etc.

les simples citoyens (1), ou les députés provinciaux, alliés ou étrangers (2), qui ont des communications à faire au Sénat. Le magistrat compétent, s'il accueille la demande (3), fixe le jour de la séance, permet l'entrée du Sénat si le postulant n'est pas sénateur, lui accorde la parole (*facere dicendi potestatem*) (4), et se charge, s'il y a lieu, de la *relatio*.

Le Sénat ne décide donc pas lui-même ni des jours de ses réunions, ni de l'ordre du jour. Les sénateurs n'ont ni individuellement, ni collectivement, aucun droit d'initiative. Le Sénat n'a pas son bureau, il n'a pas de président qu'il élise lui-même dans son sein. Le prince du Sénat, qui d'ailleurs n'était pas nommé par le Sénat même, fut peut-être, dans les premiers siècles de la République, de droit président de la séance où le premier interroi était désigné. Aux derniers siècles de la République le prince n'a jamais convoqué ni présidé une séance du Sénat.

Le droit de convocation, la présidence, le règlement de l'ordre du jour, en un mot toute la direction de la grande assemblée romaine, était entre les mains des magistrats du peuple, dont aucun n'était élu directement par le Sénat.

P. WILLEMS.

(1) Audiences du Sénat demandées par des députations de publicains (Cic., ad Q. fr., III, 2, § 2; ad Att., I, 17, § 9, etc.), par un *primipilus* (Liv., XXV, 19), par des tribuns militaires envoyés en mission extraordinaire avec un légat par le gouverneur d'Espagne (Liv., XL, 35), par un ex-centurion (Liv., XLII, 35), par les délégués de soldats romains prisonniers (Liv., XXII, 11, etc.), par des dénonciateurs (Cic., Syll., 14, § 40, etc.).

(2) Députations des colonies, municipes ou villes alliées (Liv., III, 4, § 6, VIII, 3, XXVII, 38, XXXVI, 3 ; Corp. inscr., I, p. 107), des provinciaux (Cic., Verr., II, 2, 31, § 76, 60, § 146 ; Liv., XXXII, 2, etc.). Sur les audiences des députations étrangères, voyez mon étude sur la *Compétence du Sénat de la République romaine en matière d'affaires étrangères*, dans les Bulletins de l'Académie royale de Belgique, 2e série, t. XLIV, p. 630.

(3) Refus d'audience à des chevaliers (Dio Cass., XXXVIII, 16, § 2), aux députés des colonies latines (Liv., XXIX, 15).

(4) Liv., V, 7, § 5.

DE L'ASSOCIATION

SUR UN SOU D'OR MÉROVINGIEN

DU NOM GALLO-ROMAIN ET DU NOM PLUS RÉCENT D'UNE VILLE GAULOISE.

OBSERVATIONS SUR LE CHANGEMENT DE NOMS DE VILLES DANS LA GAULE, DU IIIe AU VIIe SIÈCLE (1).

Dans la présente notice, je m'occuperai d'abord de la dualité des noms portés successivement et même simultanément, sous le haut et le bas Empire, par un grand nombre de villes de la Gaule ; je ferai ensuite la description et j'expliquerai les légendes d'un sou d'or où les deux vocables d'une cité gauloise se trouvent réunis.

1

Jules César, dans ses Commentaires, les auteurs contemporains, et les écrivains antérieurs à la conquête de la Gaule par les Romains, n'ont fait connaître qu'une partie des noms des villes qui existaient durant la période autonome.

Après la soumission de ce pays et pendant ou peu après le séjour qu'y fit l'empereur Auguste, en l'an 27 avant l'ère chrétienne, pour présider à son organisation politique et administrative, plusieurs des tribus entre lesquelles il se divisait, mues par un sentiment de reconnaissance envers le prince à qui elles étaient redevables d'un

---

(1) Cette notice a été lue à l'Académie des inscriptions et belles-lettres, dans sa séance du 6 septembre 1878, et aux cinq classes de l'Institut réunies, dans leur séance trimestrielle du 2 octobre suivant.

régime exceptionnellement libéral, plusieurs de ces tribus, dis-je, remplacèrent les noms primitifs de leurs villes principales par des vocables nouveaux, composés soit du nom d'Auguste, soit de ce même nom, de celui de César ou de Jules, accompagné de termes celtiques qui, antérieurement à l'occupation romaine, avaient servi à la formation de vocables géographiques. A plus forte raison, les villes fondées immédiatement après l'organisation de l'an 27, reçurent des dénominations semblables.

Les termes celtiques dont je viens de parler sont les suivants :

Bona, qui signifie « source » ; *Dunum*, qui veut dire « colline, lieu élevé », et par extension « lieu fortifié, forteresse » ; *Durus* ou *Durum*, que les uns traduisent par « eau courante, rivière », et d'autres avec plus de probabilité par « forteresse », conséquemment dans un sens à peu près identique à celui de *Dunum* ; *Magus*, qui exprime « un centre d'habitation, ville ou grosse bourgade » ; *Nemetum*, qui signifie « temple » ; *Ritum*, qui paraît équivalent à « gué de rivière ».

Je mentionnerai enfin le mot de *Briva*, *Briga* ou *Brica*, qu'on remarque dans la toponymie gauloise, et qui, dans l'île de Bretagne et en Espagne, était fréquemment associé au nom d'Auguste ou de Jules (*Augusto-briga*, *Julio-briga*), mais ne se rencontre point dans les mêmes conditions sur notre territoire (1).

Des noms d'homme et des substantifs significatifs précités, se sont formés en Gaule :

1° *Augusto-bona*, chez les Tricasses, Troyes, chef-lieu du dépar tement de l'Aube ;

Julio-bona, chez les Calètes, Lillebonne (Seine-Inférieure), que l'on croit de fondation romaine ;

2° *Augusto-dunum*, chez les Eduens, Autun (Saône-et-Loire) ;

3° *Augusto-durus*, chez les Baiocasses, Bayeux (Calvados) ;

4° *Augusto-magus*, chez les Silvanectes, Senlis (Oise) ;

Cæsaro-magus, chez les Bellovaques, Beauvais (Oise) ;

Julio-magus, chez les Andécaves, Angers (Maine-et-Loire) ;

5° *Augusto-nemetum,* chez les Arvernes, Clermont-Ferrand (Puy-le-Dôme) ;

6° *Augusto-ritum*, chez les Lémovices, Limoges (Haute-Vienne).

---

(1) Il y a en effet des noms de villes gauloises dans la composition desquels ce mot est entré ; exemples : *Samaro-briva*, chez les *Ambiani* (Pont-sur-Somme) ; *Briva-Isara* (Pont-sur-l'Isère). Mais ce terme de *Briva* n'a pas servi, chez nous, à former de vocables de villes composés avec des noms impériaux.

Notons ici les cinq villes de la Gaule qui prirent le seul nom d'*Augusta*, savoir :

Augusta, Aouste en Diois (Drôme) ;

Augusta, chez les Auscii, Auch (Gers) ;

Augusta-Rauracorum, Augst (cant. d'Argovie, en Suisse) ;

Augusta-Suessionum, Soissons (Aisne) ;

Augusta-Trevirorum, Trèves ;

Augusta-Veromanduorum, Vermand ou Saint-Quentin (Aisne).

Ces noms hybrides ou purement latins, dont nous trouvons la nomenclature à peu près complète dans la Géographie de Ptolémée(1), composée vers l'an 195 de J.-C., ces appellations restèrent en usage pendant un assez long temps ; mais au iiiᵉ siècle, un changement important s'opéra à cet égard : une grande quantité de villes abandonnèrent peu à peu ces noms d'origine romaine ; et en même temps, d'autres villes, qui avaient gardé après la conquête leurs noms gaulois, y substituèrent ceux des peuplades dont elles étaient respectivement les chefs-lieux.

C'est ainsi que *Lucotecia*, plus tard *Lutecia* des *Parisii*, devint *Parisius*, Paris ; *Agedincum* des *Senones, Senones*, Sens ; *Avaricum* des *Bituriges, Bituricas*, Bourges ; *Samarobriva* des *Ambiani, Ambianis*, Amiens ; *Divona*, ou *Bibona* des *Cadurci, Cadurcas* ou *Caturicum*, Cahors ; et d'autres encore.

Et pour parler des noms latins ou hybrides, c'est ainsi qu'*Augusta-Suessionum* est devenue Soissons ; *Cæsaro-magus* des *Bellovaci*, Beauvais ; *Cæsaro-dunum* des *Turones*, Tours ; *Julio-magus* des *Andecavi*, Angers ; *Augusto-ritum* des *Lemovices*, Limoges.

Plusieurs érudits, l'abbé Belley au siècle dernier (2) et Félix Bourquelot de notre temps (3), ont étudié ces changements : mais ils n'ont pas expliqué d'une manière satisfaisante les causes pour lesquelles ces changements se sont effectués à l'égard de certaines villes, tandis que d'autres villes ont conservé les noms qu'elles avaient pris ou gardés sous le haut Empire.

Il nous paraît utile d'entrer dans quelques explications à ce sujet,

---

(1) Voir le livre II, chap. 6, 7 et 8 de la Géographie de Cl. Ptolémée, édit. de Wilberg, 1839, in-4°, p. 133-143. Ces trois chapitres comprennent l'Aquitaine, la Lyonnaise et la Belgique. — La Narbonnaise, qui avait été antérieurement organisée, avait un autre régime, et les noms n'y ont pas subi de changements semblables à ceux des trois autres provinces.

(2) *Mém. de l'Académie des inscriptions et belles-lettres*, 1ʳᵒ série, t. XIX, p. 495-511.

(3) *Mém. de la Soc. des antiquaires de France*, t. XXIII, p. 387 et suiv.

et c'est ce que nous allons faire très-succinctement en mettant à profit les renseignements de notre savant confrère et ami Léon Renier, l'éminent épigraphiste, dont l'autorité est si grande en ces matières.

En dehors de la Narbonnaise, dont le régime avait été antérieurement fixé, les peuplades de la Gaule reçurent, comme il a été dit plus haut, en l'an 27 avant J.-C., des mains de l'empereur Auguste, une constitution politique et administrative.

La plupart d'entre elles furent libéralement érigées en *civitates;* il 'faut noter ici que, dans la langue de Cicéron, de César, de Tite-Live et de Tacite, *civitas* signifie non pas une ville, comme cela eut lieu plus tard, mais une *collection de citoyens,* pourvue d'institutions et de magistratures municipales.

Chaque *civitas,* correspondant exactement au territoire et à la population de l'ancienne tribu gauloise, son chef-lieu, où se réunissait la curie; où résidaient les duumvirs et les autres magistrats municipaux, prit peu à peu, dans la langue populaire, le nom même de la tribu administrée par eux. Le siège de la curie des *Parisii* était avant tout, au regard des populations, la ville des *Parisii*, et cette appellation passa bientôt dans l'usage. En outre, les noms pris par certaines villes sous le haut Empire étant empruntés, en partie, à Auguste, à Jules ou à César, il était utile de les distinguer par le nom de la peuplade. Et cette distinction devint même nécessaire pour celles qui portaient le nom seul d'*Augusta;* aussi voyons-nous Ptolémée, pour quatre d'entre elles, ajouter à ce vocable celui de la tribu gauloise, afin d'éviter des confusions sans cela inévitables: il les appelle *Augusta Rauracorum, Augusta Suessionum, Augusta Trevirorum, Augusta Veromanduorum;* il y avait là déjà le germe de la révolution toponymique du IIIe siècle.

Il ne pouvait en être ainsi des nations de la Gaule qui avaient reçu des colonies romaines, ou dont le territoire avait été partagé entre deux ou trois villes érigées en colonies ou constituées en municipes distincts, ayant chacune leur *suburbium,* leurs assemblées et leurs magistratures spéciales. Dans ce cas, aucune de ces villes ne représentant à elle seule la tribu gauloise, n'était autorisée et ne fut amenée par le fait à en prendre le nom; c'est pourquoi elles conservèrent respectivement leur nom primitif ou le nom hybride du haut Empire. Nous citerons, chez les Éduens, la ville d'*Augustodunum,* Autun, celle de *Cabillonum* (1), Chalon-sur-Saône, et plus tard *Autessiodurum,* Auxerre; chez les Calètes, *Juliobona,* Lillebonne et *Ro-*

---

(1) Voir Ptolémée, édit. Wilberg, p. 139.

thomagus, Rouen, qui fut détaché de cette cité pour former une colonie distincte (1).

Telles sont les causes véritables des destinées différentes des appellations chez les peuples de la Gaule, du maintien des anciens noms pour certaines villes et de leur changement pour les autres.

Ce changement ne se fit point, d'ailleurs, subitement, ni même dans un court intervalle : il y eut, au contraire, une lutte assez prolongée entre les deux sortes de dénominations. Nous voyons, en effet, des documents officiels tels que l'Itinéraire d'Antonin et la Table ou carte routière de Peutinger, dans sa dernière forme qui paraît devoir se fixer en 337 ou 338 (2), conserver encore les anciens noms des villes, alors que les nouveaux étaient généralement employés par les écrivains et peut-être plus encore dans le langage vulgaire.

Deux auteurs de la seconde moitié du ive siècle, Ethicus et Ammien Marcellin, donnent généralement aux villes capitales de la Gaule les noms nouveaux empruntés aux anciennes peuplades.

Ainsi Ammien Marcellin (383-390) nomme les suivantes : *Tungris, Mediomatricos, Ambiani, Remi, Senones, Biturigas, Turones, Tricassini, Arverni, Santones, Pictavi* (3).

Ethicus, qui écrivait dans la seconde moitié du ive siècle (4), désigne aussi des villes gauloises par le nom de leur tribu : *Ambianis, Tungri, Treverini, Senones, Carnunto, Sanctones, Lingones* (5). Nous y voyons encore des noms anciens tels que celui de *Augustonemetum*, qui dans Ammien Marcellin est déjà remplacé par *Arverni*, ce qui pourrait faire remonter un peu plus haut les écrits d'Ethicus.

Quoi qu'il en soit, la Notice des provinces et cités de la Gaule, rédigée sous le règne d'Honorius, consacre officiellement la révolution accomplie dans les faits. Dans ce précieux document, qui se place entre 395 et 427, le mot de *civitas* n'a plus le sens de collec-

---

(1) Il faut consulter sur ce point l'excellent ouvrage de notre savant confrère M. E. Desjardins, intitulé : *Géographie de la Gaule d'après la Table de Peutinger* (in-8, 1869, introduct., p. 57 et suiv.).

(2) Je dis *dans sa dernière forme,* car il a été démontré par M. Ernest Desjardins que l'origine première de cette table remontait aux premiers temps de l'empire et même à l'époque qui a précédé la mort d'Auguste. *Loc. cit.*, p. 23.

(3) Voir édition Teubner, 1867, p. 63-64.

(4) D'Avezac, *Ethicus et les ouvrages cosmographiques intitulés de ce nom*, in-4, 1852, p. 226.

(5) Je ne saurais partager l'opinion du savant éditeur quand il soutient qu'Ethicus est le rédacteur de l'Itinéraire dit d'Antonin. On trouve, en effet, dans ce dernier document, les *anciens noms* de villes qui, dans les ouvrages du cosmographe, reçoivent les *noms nouveaux* empruntés aux peuplades.

tion de citoyens pourvus de certains droits, il signifie désormais une ville, capitale de diocèse, et ce mot y est suivi, sauf les cas dont il a été parlé plus haut, du nom de la peuplade : ainsi on n'y lit plus *Lutecia*, mais *civitas Parisiorum;* non plus *Agedincum*, mais *civitas Senonum;* non plus *Juliomagus* ni *Augustoritum*, mais *civitas Andecavorum, civitas Lemovicum.*

A la fin du vi° siècle, Grégoire de Tours, dans son Histoire des Francs ou dans ses *opera minora*, et un demi-siècle plus tard, l'Anonyme de Ravenne, emploient invariablement les vocables nouveaux des villes épiscopales. Clermont-Ferrand, Bourges, Limoges, Poitiers, Périgueux, Cahors sont nommés : *Arvernis, Bituricas, Limovicas, Pictavis, Petrucoris, Caturicum;* la révolution est dès lors entièrement accomplie chez les écrivains, et sans aucun doute aussi dans la langue vulgaire, comme dans la langue officielle.

C'est avant cette époque et dans la période de transition et de lutte entre les deux systèmes d'appellation, que se place un document fort curieux, qui en est l'expression la plus caractéristique. Je veux parler d'une liste de peuples et de villes de la Gaule, contenue au chapitre vi d'un recueil de notes tironiennes attribuées (1) à Magnon ou Magnus, archevêque de Sens en 802 au plus tard et mort en 818 (2). Ce recueil, édité pour la première fois par Gruter, en 1601, à la suite de son *Corpus inscriptionum*, a été reproduit par M. Kopp, en 1817, dans sa *Palæographia critica*, et le chapitre vi a été publié à part, en 1851, par Félix Bourquelot, dans l'Annuaire de la Société des antiquaires de France. Ce regrettable savant a joint à cette intéressante nomenclature des notes substantielles et un excellent commentaire, où il a cherché à déterminer la date de la rédaction de la liste qui nous occupe. D'après l'âge des manuscrits connus en France, en Allemagne et en Angleterre, le dictionnaire tironien a dû, suivant lui, être arrêté définitivement à une date antérieure au ix° siècle; mais la liste contenue au chapitre vi lui paraît avoir été composée peu après que les anciens noms et les divisions de la Gaule eurent disparu, et à partir du vi° siècle, ajoute-t-il, les noms nouveaux des villes figurent presque seuls dans les monuments historiques; les autres ne s'y rencontrent que par exception. Dans ce fait, rapproché de l'union des appellations des deux

---

(1) Par Hadrien de Valois, dans sa *Notitia Galliar.*, voc. *Lemovices* et *Ruteni*, p. 268 et 491.

(2) Voir l'*Histoire littéraire*, t. IV, p. 426, citée par Bourquelot, *Annuaire de la Société des antiquaires de France*, année 1851, tiré à part, p. 5.

époques, M. Bourquelot a reconnu un signe de grande ancienneté : il
a supposé que l'auteur avait étudié dans la célèbre école d'Autun,
illustrée par le rhéteur Eumène, mort en 360 ; qu'il y avait vu la
grande carte du monde peinte sur les murs, et en avait reproduit
les noms dans son travail : d'après cela, notre liste géographique
remonterait à la fin du IVe ou au commencement du Ve siècle (1).
Ce n'est pas sans quelques réserves que j'adhérerais à cette opinion,
et je dirai plus bas les raisons de douter d'une date aussi reculée que
celle que M. Bourquelot attribue au document dont il s'agit.

Quoi qu'il en soit, voici quelques exemples des énonciations qu'on
y remarque de noms nouveaux et anciens de villes, accouplés deux
par deux.

N° 29 *Parisius*	
30 *Lutetia*	Paris
31 *Turonus*	
32 *Cæsarodunum*	Tours
33 *Senonus*	
34 *Agedincum*	Sens
35 *Lemofex*	
36 *Agustoretum*	Limoges (2)

Nous allons retrouver ces deux derniers vocables également associés et dans une forme à peu près identique, dans la monnaie royale
du VIIe siècle dont il nous reste à donner la description et l'explication.

II

Cette monnaie royale est un sou d'or, trouvé, il y a vingt ans
environ, dans l'emplacement de l'ancienne abbaye de Merton, située

à 8 milles de Londres, près de Wibeldon, comté de Surrey. Cette
découverte eut lieu à l'occasion de tranchées opérées, pour la cons-

(1) Voir la notice de F. Bourquelot, tiré à part, p. 12-14.
(2) Loc. cit., p. 17.

truction d'un égout, à travers le sol de la vieille maison religieuse, dont la fondation remonterait à une époque antérieure à la conquête normande. C'est du propriétaire même que MM. Rollin et Feuardent ont fait récemment l'acquisition de la pièce qui nous occupe. Elle est dans un état de conservation remarquable, car il n'y manque qu'une partie de la bordure, qui, d'après le récit du vendeur, a été cassée d'un coup de la pioche de l'ouvrier au moment de la découverte. Heureusement les légendes des deux faces sont intactes, et ce qui nous reste de la bordure permet de reconstituer intégralement la médaille.

Tel que nous le voyons actuellement, et d'après une pesée faite par l'obligeant conservateur du Cabinet des médailles à la Bibliothèque nationale, le sou d'or pèse 5 gr. 60. Un fragment détaché que l'on a recueilli, pèse 0 gr. 60 ; suivant l'évaluation de M. Chabouillet, il représente un peu moins du tiers de la bordure, et, en reconstituant par la pensée la pièce dans son intégrité, on obtiendrait très-approximativement un poids total de 7 gr. 20, lequel est tout à fait extraordinaire. En effet, le sou d'or de l'église de Limoges, précédemment connu, et dont je parlerai plus bas, ne pèse, malgré son bon état de conservation, que 4 gr. 35 ; et le poids moyen du sou d'or ne dépasse guère ce chiffre. Le poids exceptionnel de notre pièce nous porterait à y voir un *sou-et-demi*, ou s'expliquerait par la frappe au nom du roi Dagobert, à l'occasion d'un événement tel peut-être que la réunion de l'Aquitaine à ses Etats, ou le passage de ce prince à Limoges. Ce ne serait point, dans ce dernier cas, une monnaie destinée à la circulation avec une valeur déterminée, mais une sorte de médaille commémorative ; les légendes circulaires confirmeraient encore une telle conjecture ; la présence seule du nom et du titre du monétaire serait de nature à faire concevoir des doutes à cet égard.

Voici maintenant ce qui est figuré et inscrit sur cette belle pièce :

Au droit : Une tête coiffée d'un casque orné au cimier, ou *plus probablement* (car la coiffure est difficile à définir) avec un bandeau ou une couronne fermée sur le sommet de la tête par un demi-cercle portant trois ornements, et recourbé en volute sur le front. Le buste est chargé de perles. Le bras gauche tient élevé devant la face un sceptre, dont l'extrémité supérieure, recourbée, se rapproche de la forme d'une petite crosse. Autour de la figure, la légende suivante :

✠ LEMMOVIX AGVSTOREDO ANSOINDO MO.

Le tout est enfermé dans un triple rang de grènetis.

Au revers : Une croix potencée, dont la haste pénètre dans une couronne, et qui est posée sur une base doublée d'une rangée de perles. La croix est cantonnée des quatre syllabes suivantes : IN-CI-VI-FIT. Elle est enfermée dans une couronne de feuillage ouverte à sa partie inférieure pour laisser passer le centre d'un édicule qui repose sur la triple rangée de grènetis formant bordure, et dont la partie supérieure se divise en deux volutes tournées en sens inverse et servant de support à la base de la croix. Entre cette couronne et le triple grènetis, on lit ce qui suit :

✠ DOMNVS DAGOBERTHVS REX FRANCORVM.

Quel est, des trois Dagobert qui ont régné en Gaule, celui dont le nom est ici gravé? Il ne doit y avoir, suivant nous, aucune hésitation sur ce point. Par la pureté du métal, par la beauté relative de la fabrique, la profusion et le dessin des ornements, notre monnaie se rapproche d'une manière remarquable du monnayage byzantin, et doit être de préférence attribuée au premier des Dagobert, qui fut, comme on sait, le protecteur et l'ami de saint Éloi, le célèbre orfèvre émailleur de Limoges. C'est même le seul prince de ce nom à qui l'inscription du sou d'or de Limoges puisse s'appliquer. En effet, Dagobert II ne régna point dans ce pays d'outre-Loire, et, au temps de Dagobert III, qui régna nominalement de 711 à 715 sous l'autorité de Pépin le Gros, maire du palais, le monnayage d'or et surtout la fabrication de sous d'or, avaient, par suite de la rareté progressive du métal, à peu près disparu, pour faire place à l'émission de triens en électrum et de deniers en argent.

Nous pouvons donc tenir pour certaine l'attribution de notre pièce à Dagobert Ier, qui, devenu roi d'Austrasie en 622, réunit à sa couronne la Neustrie en 628, l'Aquitaine en 631, et mourut en 638. Limoges étant une cité de l'Aquitaine, l'émission du sou d'or se place entre les années 631 et 638.

Ce point établi, étudions les inscriptions gravées au droit. Le mot *Lemmovix* (1) de la légende circulaire et les syllabes placées

---

(1) Je ne connais pas d'autre exemple du *m* redoublé dans ce vocable ; c'est du reste une forme irrégulière, car le nom ethnique des *Lemovices* est incontestable et Il n'y a qu'un *m*.

dans les quatre angles de la croix, *in civi(tate) fit*, prouvent que la monnaie a été frappée à Limoges. Quelques numismatistes ayant lu la légende circulaire de la manière suivante : *Lemmovix Agustore-doanso in domo*, avaient pensé qu'elle désignait un palais, une demeure royale, située dans la ville de Limoges, *in civi(tate)*, et où le sou d'or aurait été frappé. Mais, outre qu'une telle inscription serait tout à fait insolite, l'histoire ne fournit aucune mention d'un ancien palais ou demeure royale de ce nom à Limoges.

Le groupement que je propose est au contraire très-simple et conforme aux usages du monnayage mérovingien, où la pièce est généralement signée du nom du monétaire qui en garantit le titre ; et nous ferons observer à ce propos que l'ANSOINDVS MO[*netarius*] inscrit au revers du sou d'or de Limoges se rapproche sensiblement de l'ANSOIHΛVS, monétaire d'un triens sorti également de Limoges, dont le nom a été peut-être mal lu : la lettre antépénultième que M. Maurice Ardant, qui était propriétaire de ce tiers de sou et d'après lequel je l'ai décrit, avait prise pour un Λ, était peut-être un Δ, c'est-à-dire un D triangulaire, et l'H un N. Le signataire de ce triens serait, dans ce cas, non pas le même que celui du nouveau sou d'or (car il y a, d'après la fabrique, un long intervalle entre les deux)(1), mais vraisemblablement un descendant de notre *Ansoindus*.

Le fait le plus intéressant à signaler dans cette belle monnaie, et qui était inconnu jusqu'à ce jour dans la toponymie numismatique, c'est la réunion de l'ancien nom de Limoges sous le haut empire, *Augustoritum*, et de la nouvelle dénomination *Lemmovix* empruntée à la peuplade gauloise des *Lemovices*; et ce qui donne un grand prix à ces légendes, c'est la date certaine que leur imprime le nom du prince inscrit au revers (631-638).

Deux circonstances sont à remarquer au sujet des vocables réunis de la cité :

1° La forme primitive, d'après Ptolémée, du nom gallo-latin de Limoges, Αὐγουστόριτον, *Augustoritum*, est beaucoup moins corrompue dans ce monument du VIIᵉ siècle, où il conserve encore cinq

---

(1) Voir notre *Description des monnaies mérovingiennes du Limousin*, 1863, p. 77, pl. I, nᵒ 9. Nous avons placé ce triens au VIIIᵉ siècle ou à la fin du VIIᵉ. Cette notice était sous presse quand nous avons reçu de notre savant confrère M. Ch. Robert une lettre où il rappelle qu'il a publié dans la *Revue numismatique* (année 1850, pl. I, fig. 9) cette pièce, dont M. Bing était alors propriétaire ; il avait lu aussi ANSOINΛVS ; mais il reconnaît, et la légende reproduite dans la *Revue*, prouve en effet que l'antépénultième est, comme nous l'avions préjugé, un D triangulaire, et le monétaire de ce triens un *Ansoindus*.

syllabes, *Agustoredo*, que dans l'Itinéraire d'Antonin et dans la Table de Peutinger, où on le voit contracté dans ces trois syllabes, *Ausrito*, ce qui est d'autant plus étrange que les itinéraires officiels auraient dû garder mieux et plus longtemps que tous autres documents la forme première, ou, en tout cas, celle qui s'en écartait le moins.

2° Il est impossible de ne pas être frappé de la ressemblance des deux vocables accouplés sur le sou d'or et dans la liste tironienne : *Lemmovix Agustoredo, Lemofex Agustoreto*. L'*x* qui termine le premier nom, la chute du premier *u* et le remplacement de l'*i* par un *e* dans le deuxième, voilà des points communs : l'adoucissement du *t* en *d* dans la légende de la monnaie, si conforme aux lois de la dégradation, est la seule différence à relever. Il y a là une raison de présumer que la liste tironienne est d'une époque moins éloignée du VII° siècle que ne l'a cru M. F. Bourquelot.

Quant aux conséquences à tirer de la présence de l'ancien nom d'*Augustoritum* sur notre monnaie, il faut se garder, suivant nous, d'en induire une preuve de la persistance de ce nom et en général des anciennes appellations concurremment avec les nouvelles; nous pensons qu'on doit y voir simplement la fantaisie d'un lettré, qui, sous l'influence de la lecture et du souvenir de la liste tironienne, a dicté au graveur de coins, pour cet acte un peu solennel sans doute de la fabrication d'un sou d'or au nom du roi des Francs ou peut-être, comme nous l'avons dit plus haut, d'une médaille commémorative, une légende plus recherchée, plus savante que les légendes habituelles; et en dépit de cette manifestation pédantesque, il y a lieu de tenir pour assuré que depuis longtemps le vulgaire et même les écrivains ne se servaient plus que des noms nouveaux des cités, et en particulier de celui de *Lemovix, Lemovicas* ou *Lemodicas* qu'on lit dans Ethicus, Grégoire de Tours, l'Anonyme de Ravenne, et d'où est provenu le nom moderne de Limoges.

Nous connaissions déjà un sou d'or de Limoges, portant la figure de saint Martial, le premier évêque de cette cité, et frappé, vers la fin du VI° siècle ou au commencement du VII°, par le monétaire Marinianus, pour le compte de l'église de Limoges (RATIO ECLI-SIAE) (1). Cette pièce, décrite et publiée pour la première fois par notre éminent confrère M. de Longpérier, a été acquise, il y a en-

---

(1) Longpérier, *Notice des monnaies françaises de la collection de M. Rousseau*, in-8, 1847, p. 80, n° 184. Voir aussi notre *Description des monnaies mérovingiennes du Limousin*, p. 72.

viron trente ans, par notre Cabinet des médailles. Il est important
de constater que si le nom de *Lemovix* y est aussi gravé, il n'est point
suivi de l'ancien nom gallo-latin, ce qui confirmerait l'explication
ci-dessus du fait exceptionnel de la monnaie royale de Dagobert 1er,
objet de la présente notice.

On apprendra avec satisfaction, et je ne crois pas commettre d'in-
discrétion en annonçant ici, qu'il y a lieu d'espérer que ce rare et
précieux monument numismatique figurera prochainement dans
notre riche collection nationale, à côté du beau sou d'or de saint
Martial.

M. Deloche.

CONGRÈS ARCHÉOLOGIQUE DE KAZAN

(EN AOUT ET SEPTEMBRE 1877)

COMMUNICATIONS
RELATIVES AUX QUESTIONS PRÉHISTORIQUES

Suite (1)

C'est en 1874 que M. Stuckenberg a entrepris sa campagne dans le pays samoyède, sur les bords de la Petchora et de la Soula. Au village de Missovo, sur ce dernier cours d'eau, le paysan Sémen Mandine lui a montré des couteaux et des flèches et lui a indiqué, comme gisement de ces objets, les *Sopki*, collines situées près du lac d'Anoutéisk. Les mêmes objets se rencontrèrent aux mains des indigènes du village de Popovyé sur la rivière Oundma ; mais M. Stuckenberg ne put d'abord tirer de ces hommes aucune indication sur la provenance. A la fin, le Samoyède Philippe Anitchine lui montra une pointe de flèche, qu'il considérait comme une amulette et dont il eut la plus grande peine à se séparer, et lui en indiqua le lieu d'origine ; mais il était difficile de faire des fouilles à l'endroit indiqué, situé en pleine *toundra* et peu abordable.

Il se décida à choisir pour terrain d'opération la *toundra* Timanskaïa, région située sur la rive droite de l'estuaire de l'Indiga, près de l'embouchure du grand Chtchéliki, à 10 verstes environ de l'Océan glacial. Au point de vue ethnographique, la région était bien choisie. « Il me semblait, dit le voyageur, que le genre de vie des indigènes ne différait pas beaucoup de celui des tribus qui ont fait usage des armes de pierre et que le Samoyède contemporain, pêcheur et chasseur, doit se tenir dans les mêmes lieux, pour pêcher le poisson et chasser la bête fauve, que son devancier armé de flèches à pointe de silex. »

Au point de vue géologique, le sol est une sorte de calcaire devonien, gisement très-riche en silex ; ce calcaire est recouvert d'une couche d'argile semée de cailloux. Les flèches de silex, les éclats, les *nucleus* s'y trouvent presque à fleur de terre ; la découverte simultanée de ces trois catégories d'objets indique assez qu'ici même était le lieu de fabrication. L'époque de fabrication est relativement récente, puisque les flèches se

---

(1) Voir le numéro de septembre.

rencontrent à une si faible profondeur; l'âge de la pierre s'est donc prolongé en ces régions beaucoup plus longtemps que dans la plus grande partie de la Russie.

C'est assez tardivement qu'un autre âge de civilisation y a fait son apparition. Comme monument de l'âge de bronze, M. Stuckenberg produit deux plaques, trouvées près de Khikyna Chtchélaïa, sur les bords de la Soula; l'une s'est rencontrée sur le rivage même, l'autre a été extraite du sable, recouvert d'une mince couche de terre végétale. D'où sont-elles venues dans cette région qui fut au x⁰ siècle la *Petchora* des Novgorodiens ? Ce bronze, soumis à l'analyse, a donné une proportion de 20 à 25 et demi 0/0 d'étain et de 1 à 5 0/0 de fer, etc. L'étain semble indiquer une provenance scandinave : les Scandinaves ont pu aisément, avant l'établissement de la domination novgorodienne, pénétrer dans la Petchora et les autres fleuves de la région.

3. M. Polivanof : *Armes de pierre dans le gouvernement de Nijni-Novgorod.*

M. Polivanof a fait dans le district de Varnavinsk, gouvernement de Nijni-Novgorod, des découvertes qui ont donné des résultats analogues. Les objets trouvés ont été offerts par lui au musée en voie de formation à Kostroma : ce musée a consenti à les faire figurer dans l'exposition du congrès archéologique de Kazan. Ils répondent aux numéros 281-299 du catalogue; ce sont notamment : 1° un fer de lance ou poignard d'os poli; 2° un couteau de silex gris, éclaté; 3° une pointe de lance en silex grisâtre; 4° un ciseau en silex poli, avec un tranchant semi-circulaire; 5° un fragment de hache en grès rougeâtre, d'un grain menu, poli; 6° une dizaine de haches en diorite : une des plus grandes (146 millimètres de long sur 68 de large et 48 d'épaisseur) présente un trou; dans une autre (152 millimètres de long sur 75 de large et 35 d'épaisseur) le trou n'est que commencé.

M. Polivanof apporte de curieux détails sur l'idée que se fait le peuple de ces armes singulières : « Les paysans ont pour elles la plus grande vénération; il les appellent *flèches de tonnerre* et ne s'en dessaisissent qu'avec beaucoup de peine. Il les conservent dans leur famille, de génération en génération, comme des objets sacrés, et leur attribuent une vertu curative; lorsque eux-mêmes ou leurs animaux domestiques sont malades, ils les trempent dans l'eau et boivent ou font boire cette eau comme un médicament. »

M. Polivanof n'a pas fait une étude géologique des gisements aussi minutieuse que M. Stuckenberg. Il déclare avoir acheté ces armes, mais non les avoir trouvées lui-même. Il pense d'ailleurs que toutes ont été découvertes non loin des lieux où il a pu se les procurer et que c'est de première main qu'il les tient. Ce sont bien des armes indigènes du pays de Nijni-Novgorod, et notamment du district de Varnavinsk. D'autre part, elles représentent un état de civilisation qui, dans ces contrées, est relativement récent; on les rencontre en effet dans la couche cultivée du sol ou dans les prairies basses, où l'action des eaux pluviales ou des inondations suffit pour les dégager de leur gangue. Dans la région du haut Volga et du bas Oka, la civilisation de l'âge de bronze s'est introduite plus tard que dans la Russie méridionale, quoique plus tôt que dans les *toundras* petchoriennes, explorées par M. Stuckenberg. Et cependant, si l'âge de pierre s'est continué assez longtemps dans ce pays, rien ne prouve que la civilisation de l'âge de pierre n'ait pas été contemporaine des grands pachydermes. Ceux qui ont trouvé les armes de pierre produites par M. Polivanof n'ont pas su indiquer si des os de mammouth ou de rhinocéros se rencontraient dans les mêmes gisements; mais le pays nijninovgorodien a été jusqu'à présent trop peu exploré, au moins suivant les procédés scientifiques, pour qu'on puisse formuler une conclusion négative. Les grands pachydermes ont certainement vécu dans cette région : souvent, dans le sable blanc des petites rivières, on trouve des os et des dents de mammouth, arrachés à leurs rives par l'action des eaux; il reste seulement à déterminer dans quelles couches du sol ils gisaient, et à rechercher les traces d'industrie humaine, les débris d'armes qui peuvent s'y trouver mêlés. M. Polivanof a déjà commencé à appliquer cette méthode. Il note soigneusement, à propos d'une découverte de ce genre (un fragment de crâne, des dents et des vertèbres de mammouth),·les couches successives du terrain où gisaient ces débris. Cette fois on n'y a pas rencontré d'armes ; mais il suffira de persévérer dans cette direction pour arriver à des résultats.

C'est encore d'armes de pierre qu'un mémoire du prêtre Pétrof, du village de Kouznétzkovo (gouvernement de Kazan, district de Tsarékok-chaïsk), entretenait le congrès; il s'agit de trois marteaux, l'un de couleur marbrée, l'autre noir, le troisième noir avec des mouchetures; leur découverte remonte déjà à quelque temps et fut due à des circonstances accidentelles. Le premier a été trouvé il y a 80 ans sous une vieille souche d'arbre; le second, il y a 15 ans, dans la même localité, dans une portion de bois défriché; le troisième, il y a 40 ans, en labourant la terre près d'un endroit où il y avait des traces d'anciennes constructions. Ce sont là des indications un peu trop vagues pour qu'on puisse en tirer des conclusions utiles. M. Iznoskof, qui donne lecture de ce mémoire, invoque des faits analogues. Ils prouvent seulement que l'âge de pierre a existé dans le gouvernement actuel de Kazan, ce qui ne faisait de doute pour personne. Un des faits relatés par lui n'a pu qu'exciter les regrets des archéologues : en 1872, lors de fouilles exécutées en vue d'une construction dans le village de Paulousof (district de Kozmodémiansk, même gouvernement), le diacre de la paroisse trouva un marteau et deux couteaux de silex, qui furent remis à M. Iznoskof; il y avait au même endroit deux vases d'argile ; mais ils furent brisés et les morceaux en furent dispersés. Peut-être les dessins de ces poteries auraient-ils pu fournir quelque indication sur l'origine de ces armes.

4. M. LE COMTE OUVAROF ET M. LE PRINCE GALITSYNE : *Amas de cuisine et armes de pierre dans les dunes de l'Oka.*

Au congrès archéologique de Kazan, M. le comte Ouvarof a exposé 250 à 260 menus objets, tels que pointes de lances, flèches, ciseaux, coins, poids pour les filets, os de poissons travaillés en forme d'aiguilles, coquillages percés de trous, sans compter les *nucleus* et les éclats de silex qui supposent l'existence de fabriques d'armes aux endroits où on les trouve.

Le comte Ouvarof a expliqué la provenance de ces objets. L'Oka présente, comme le Volga, sur une notable partie de son cours, cette particularité qu'une des rives, ordinairement la rive gauche, est formée de hautes falaises, tandis que la rive droite est basse au point d'être périodiquement inondée. Sur la rive droite se rencontrent des *bougry*, sortes de dunes consolidées, qui dépassent quelquefois le niveau des hautes eaux. Sur une de ces *bougry* est située une ferme appartenant au prince L. S. Galitsyne ; le propriétaire y a trouvé, presque sans chercher, 783 armes ou objets divers. En juin 1877, le comte Ouvarof résolut d'explorer les *bougry* du voisinage ; la plus remarquable de ces dunes était le lieudit Plékhanof, qui a la forme d'un mamelon très-allongé dans le sens de la rivière et à peu de distance de sa rive. Pour se rendre compte des couches successives dont cette dune se composait, le comte Ouvarof fit pratiquer une tranchée transversale, c'est-à-dire suivant la plus petite dimension du mamelon.

Il put alors observer la succession suivante : 1° En commençant par le sommet, une couche de sable mouvant, amenée jusque-là par les vents qui soufflent de la rivière, et assez épaisse déjà pour cacher les troncs de quelques pins. 2° Une mince couche de terre végétale où s'étalaient les racines de ces mêmes pins. 3° Une seconde couche, très-épaisse, de sable mouvant. 4° Une couche de charbons provenant d'arbres assez forts, comme si tout une forêt avait été brûlée. 5° Une couche de sable d'alluvion, argileux et rougeâtre. 6° Une couche de sable très-mêlée de coquillages de rivière, de charbons, de débris de poterie ; d'après la disposition des vases brisés, on pouvait remarquer que les charbons avaient été renfermés dans ces vases ; çà et là, quelques armes de pierre. C'est cela qu'on appelle *koultournyi sloï* ou la *couche de culture.* Ce qui distinguait ici cette couche c'est qu'elle était parsemée de grands amas de coquillages ; l'un d'eux avait jusqu'à six mètres de long et trois mètres en largeur. Nul doute que l'on n'eût affaire ici à ce que les savants danois ont appelé *kjoekken-moeddings, débris de cuisine,* amas de coquillages comestibles. C'est là que le comte Ouvarof a pu recueillir des centaines d'armes et autres instruments en silex ; il assure qu'en se donnant la peine de creuser un peu, c'est par milliers qu'on les trouverait. 7° Sous la *couche d'habitation* et les *kjoekken-moeddings* s'étendait une couche d'alluvion. 8° La base de la *bougra* était formée par le sable même de la rivière.

L'énorme quantité d'armes, de débris de poterie, les traces de toute
nature qui témoignent de la présence de l'homme montrent qu'il y a eu ici
une population assez nombreuse. Sans doute elle n'y faisait pas une résidence permanente, à cause de la fréquence des inondations ; il est plus
probable que les hommes primitifs habitaient dans les cavernes de la rive
gauche ; mais c'est sur cette plage que, cherchant le soleil et un air plus
libre, ils venaient camper dans la belle saison, fabriquer leurs armes et
leurs engins, pêcher, prendre leurs repas de poissons et de coquillages.
Parmi ces débris, le comte Ouvarof n'a trouvé que deux ou trois fragments d'os d'animaux terrestres. Il en conclut que c'était une population
moins de chasseurs que de pêcheurs : de purs ichthyophages. Les débris de
poterie présentent un art tantôt grossier, tantôt plus raffiné ; ils savaient
donc fabriquer des vases élégants aussi bien que des poteries informes,
destinées à des usages plus vils. Peut-être même ces débris divers annon-
cent-ils un art qui s'est perfectionné lentement et permettent-ils d'assigner à cette civilisation de l'âge de pierre une assez longue période
de développement. Le comte Ouvarof remarque que les ornements de
ces argiles présentent une certaine ressemblance avec les débris découverts par M. Poliakof dans la région de l'Onéga : ce système d'ornementation repose sur des combinaisons très-variées de lignes et de points. Des
coquillages percés de trous et qui ont figuré dans des colliers, des bracelets plats supposant des poignets fort petits, nous font assister chez ces peuples au premier éveil de la coquetterie féminine.

Sur cette première *couche de culture*, un bouleversement du sol a sans
doute amené un débordement longtemps prolongé des eaux, qui a laissé
pour trace la couche d'alluvion nº 5 ; puis une forêt a grandi sur cette
alluvion ; l'homme a vécu à l'ombre des arbres dont on retrouve les
débris carbonisés dans la couche nº 4 ; enfin les couches supérieures nous
montrent la terre végétale et le sable mouvant se disputant tour à tour la
place.

Sur les ichthyophages, dont il reste tant de curieux vestiges dans la *couche de culture*, on pourrait assurément recueillir d'autres renseignements
si on fouillait les cavernes de la rive gauche, qui leur servirent de refuge
pendant l'hiver et pendant la saison des grandes eaux, tandis que les *bougry* étaient leur séjour d'été.

Le prince L. S. Galitsyne, présent au congrès, a pu ajouter quelques
détails à l'exposé du comte Ouvarof. Aujourd'hui encore, dit-il, à l'époque
des grandes eaux, pendant les inondations du printemps, les *bougry* de
la rive droite en dépassent le niveau ; elles deviennent autant d'îles. Il
est fort probable qu'à l'époque où c'étaient, non les flots de la rivière,
mais les flots de la mer qui roulaient sur ces sables, ces *bougry* existaient
déjà ; parmi les coquillages des *kjoekken-moeddings*, on en trouve beaucoup
qui appartiennent à des variétés maritimes ; or il ne faut pas songer ici à
une importation par la voie du commerce. La *couche de culture* s'étend
sur un plan horizontal, parallèle au niveau des hautes eaux ; nulle part

elle ne descend au-dessous, ni ne s'abaisse jusqu'au pied de la *bougra*;
il faut donc admettre que les hommes de l'âge de pierre savaient à quelle
hauteur s'élevaient les plus fortes inondations, qu'ils se gardaient de s'établir au-dessous d'une certaine ligne, mais que sur la croupe des dunes
ils se savaient parfaitement en sûreté. D'après ces observations, le prince
L. S. Galitsyne estime qu'il est inutile de chercher dans les cavernes de
la rive gauche des indications sur les primitifs habitants de ces *bougry*;
jusqu'au cataclysme qui a recouvert d'alluvions la *couche de culture*, les
bougry ont été un asile constant et assuré pour leurs possesseurs; ceux-ci ne
se transformaient pas pour l'hiver et le printemps en troglodytes; ils deve-
naient simplement des insulaires. Enfin, en faisant observer que le fond de
l'Oka s'est sans cesse élevé depuis cette époque, le prince L. S. Galitsyne estime qu'aux âges préhistoriques il y avait moins de variations dans les alti-
tudes du fleuve et que les *bougry* n'étaient pas inondés à une aussi grande
hauteur qu'aujourd'hui; à l'âge *quaternaire* et même depuis que les eaux
de l'Oka eurent remplacé celles de la mer, ces hautes dunes restèrent
inviolées; elles formaient comme une série d'îles toujours entourées
d'eau et jamais envahies, élevées de quelque dix toises au-dessus du
niveau des eaux, très-faciles à défendre contre les ennemis de ces primitives sociétés, protégées par les flots comme des cités lacustres. C'était
comme un archipel qui s'étendait tout le long du fleuve, et ses insulaires
avaient là non un campement d'été, mais une habitation permanente.

5. MM. Sievers et Grewingk : *Découvertes archéologiques dans les provinces
baltiques.*

M. Brückner (1) s'était chargé de donner communication des découvertes récentes faites en Livonie par le comte Sievers : restes de constructions sur pilotis; fabriques d'armes de pierre; *débris de cuisine*, comprenant des coquillages, des os de mammifères; squelettes humains avec des
armes de pierre de la période néolithique; colline servant aux sacrifices;
tumuli ou tombes dites *korabelnyia*, formées de pierre, dans lesquelles on
a trouvé des monnaies de Marc-Aurèle et de Kanut le Grand.

M. Brückner a lu également un mémoire intéressant de M. Grewingk
sur « l'âge de fer dans les pays baltiques », tendant à montrer l'influence
gothique sur les populations tchoudes du nord-est, Esthoniens ou Estyens,
Lives, Finnois, Ingriens.

6. M. Radlow : *Les kourganes (tumuli) sibériens de la steppe des Kirghiz,
près de l'Altaï.*

M. Radlow (2) a exposé les résultats des fouilles pratiquées par lui, de

(1) Professeur à l'Université de Dorpat.
(2) Inspecteur des écoles tatares, dans le *cercle scolaire* de Kazan. A recueilli et
publié avec une traduction allemande les *Monuments de la littérature populaire
des races turques dans la Sibérie méridionale.*

1862 à 1866, dans les *kourganes* sibériens, notamment ceux de l'Iénisséi, du mont Altaï, de la steppe kirghize, près de Sémipalatinsk, sur la rivière lla et le lac Issi-Koul. Beaucoup de ces kourganes avaient déjà été pillés soit par les indigènes, soit par les Russes.

M. Radlow rattache les innombrables kourganes sibériens à sept types différents : 1° *kourganes* ronds, en terre, de 5 toises 1/2 de hauteur; 2° *kourganes* de pierre ; 3°, 4°, 5°, *kourganes* aplatis, entourés de plinthes de pierre et se divisant en trois variétés : plinthes formant, *a* (les unes un carrelage irrégulier de pierres juxtaposées, *b*) les autres des cercles, *c*) d'autres enfin de grands carrés d'énormes plinthes dépassant la hauteur d'un cavalier; 6° *kourganes* quadrangulaires, flanqués de dix pierres, dont trois sur le côté est et le côté ouest, et quatre sur le côté nord et le côté sud ; 7° *kourganes* de même forme, mais flanqués de trente ou quarante pierres.

Si l'on déblaye ces kourganes on trouve au fond, creusées dans le sol, des fosses renfermant des ossements d'hommes et d'animaux. Les objets trouvés à côté des ossements indiquent qu'ils remontent, les uns (types n°s 4, 5, 6 et 7) à l'âge de bronze, les autres (types n°s 1, 2 et 3) à l'âge de fer. Les tombes de l'âge de bronze ne se rencontrent que sur l'Iénisséi ; les autres, dans toute la Sibérie.

Dans le pays on les appelle *tombes kirghizes*. On ne peut s'en tenir à cette explication. L'histoire et les monuments écrits étant muets sur les premières nations qui habitèrent la Sibérie, c'est uniquement par l'étude des monuments archéologiques qu'on peut arriver à jeter quelque lumière sur ces races primitives.

Tout d'abord on reconnaît que tous ces kourganes appartiennent au moins à trois nationalités; elles se distinguent entre elles par le mode de construction des kourganes et par la position des os trouvés dans les fosses.

1° Les tombes du type n° 6, par exemple, présentent des fosses de trois mètres de profondeur ; on voit que le sol a été foulé ; on y trouve des objets de bronze. 2° Les tombes du type n° 2, toutes en pierre, présentent des fosses dont la profondeur atteint jusqu'à huit mètres ; on remarque toujours que d'un côté gisent des os de cheval, de l'autre, mais à une profondeur plus grande, des os de mouton et des ossements humains ; on y trouve des objets de fer ; ce type est fort répandu dans le Petit Altaï et M. Radlow en a trouvé une variante dans la vallée d'Abakan. 3° Les tombes à pierres plates, du type n° 3, par exemple, nous présentent des squelettes humains recouverts d'écorce de bouleau et de deux rangs de planchettes ; près de la tête du défunt, il y a un vase d'argile ; sur sa poitrine, des os de mouton ; un squelette de cheval se trouve à sa droite, mais au même niveau ; les objets recueillis sont en fer.

Ainsi une série de kourganes appartient à l'âge de fer, deux à l'âge de bronze.

M. Radlow explique ensuite que, grâce à la configuration générale de l'Asie, les civilisations primitives n'ont pu prendre naissance en Sibérie que dans une zone s'étendant de la rivière Ila au fleuve Amour et comprenant : la steppe kirghize, le haut Iénisséi, le bassin du lac Baïkal, le Daourie ou bassin de l'Amour. Au nord de cette zone, le climat est trop rigoureux pour qu'une civilisation ait pu s'y développer ; au midi ce sont les steppes infertiles qui rendent impossible l'agriculture, la vie sédentaire. Cette zone, au contraire, présente tout ce qui peut attirer et fixer des sociétés humaines : des forêts en abondance, un sol fertile, des montagnes riches en minéraux, des fleuves nombreux, un climat déjà plus doux. Enfermée entre les plaines sibériennes et les steppes qui la séparent de l'Occident et de l'Asie méridionale, cette zone s'est trouvée isolée de toutes les autres sociétés humaines : ce sont des civilisations originales qui s'y sont développées. Tandis qu'en Europe les migrations ont marché de l'est à l'ouest, il est évident que dans la Sibérie méridionale elles ont marché de l'ouest à l'est et du sud au nord, des steppes kirghizes aux rivages de l'Océan Glacial et de l'Océan Pacifique.

Aujourd'hui trois races d'hommes habitent la Sibérie occidentale : les Finnois, les Iénisséiens ou Ostiaks de l'Iénisséi, les Turcs.

La première race occupante doit avoir été les Finnois ; ils ont été refoulés depuis vers le nord, entre l'Oural et l'Iénisséi ; mais ils furent les plus anciens habitants de la Sibérie méridionale ; ils s'occupaient de chasse, d'élevage, peut-être d'agriculture ; ils savaient fondre des métaux et travaillaient le bronze. C'est à eux qu'appartiennent les kourganes de l'âge de bronze.

Ceux qui les ont chassés du pays occupé encore par les tombeaux de leurs ancêtres, ce sont les Ostiaks ou Iénisséiens qui firent invasion dans la *zone civilisée* par la steppe des Kirghiz. Comme trace de leur passage, ils ont laissé certains noms de cours d'eau en *sass* ou *tatt* (*eau* en langue ostiake) et une partie des kourganes de l'âge de fer, ceux qui sont garnis de plinthes (type n° 3). Aujourd'hui on les retrouve cantonnés sur le moyen Iénisséi, reconnaissables entre tous leurs voisins par le caractère brachycéphalique de leurs crânes, mais en train de s'éteindre : ils ne comptent plus guère qu'un millier de têtes.

Le troisième peuple qui s'établit en maître dans la *zone civilisée,* ce sont les Turcs, notamment les Kirghiz, déjà parvenus alors à cette période de la civilisation qu'on appelle l'âge de fer. C'est à eux que reviennent les kourganes construits en pierre et renfermant des objets de fer (type n° 2).

M. Radlow a rappelé ensuite comment du mélange de ces Turcs, 1° avec les Finnois, 2° avec les Iénisséiens, 3° avec les Mongols, sont nés dans toute la Sibérie méridionale des nations nouvelles, un pêle-mêle de peuples finno-turcs ou turco-tatars qui occupaient cette région lors de la conquête de Sibir par les Russes. Après cette conquête les sujets tatars de Koutchoum-Khan se reportèrent plus à l'est et, dans la Sibérie orientale, achevèrent de tatariser les débris des anciens peuples finnois et ostiaks.

7. M. Khitrof : *Antiquités finnoises de la Permie.*

M. A. S. Khitrof a envoyé au congrès une note intéressante sur les antiquités qui se rencontrent près d'Ekatérinebourg, gouvernement de Perm.
Toute cette ancienne *Permie* est parsemée de monuments. Ce sont : 1° des
kourganes ; 2° des levées de terre qui semblent les restes d'anciens *gorodichtché (oppida)* ; 3° des inscriptions sur des rochers, des hiéroglyphes
d'une couleur rouge, formés de traits verticaux, brisés, croisés, etc.

Dans la langue du peuple, ces monuments s'appellent *kourganes* ou *gorodichtché des Tchoudes.* Parfois aussi on les attribue à Ermak Timoféévitch,
le conquérant de la Sibérie, ou même à *Pougatch,* c'est-à-dire à Pouga-
tchef, le fameux rebelle du xviii° siècle.

En général on les rencontre sur les bords des rivières qui étaient
autrefois les seules voies de communication à travers l'épaisse forêt per-
mienne, sur les bords de la Kama, de la Tchoussovaïa, de la Vicherka, de
la Toura, de la Tavda, de la Salda, de l'Isséta, etc.

Ces monuments sont peu connus, sauf des chasseurs qui s'égarent sur
ces bords, ou des chercheurs de trésors qui ont violé un certain nombre
des tombes. Fort peu ont été explorés scientifiquement et il reste encore
à en établir une liste complète.

M. Khitrof donne à propos d'un de ces kourganes des détails assez
piquants. On l'appelle le *gorodichtché des Tchoudes* ; il se trouve auprès du
village de Palkino, situé lui-même au nord-est d'Ekatérinebourg. Le kourgane s'élève dans la partie ouest du village, sur une colline appelée la
Petite-Montagne. Il a la forme d'un carré, douze mètres de long, huit de
large et deux ou trois mètres de haut. Il est planté de petits pins et de
bouleaux. Il présente des traces anciennes d'excavations qui prouvent
qu'il n'a pas été ménagé par les chercheurs de trésors.

(*La suite prochainement.*)

BULLETIN MENSUEL

DE L'ACADÉMIE DES INSCRIPTIONS

MOIS DE SEPTEMBRE.

Le mois de septembre s'ouvre tristement par un nouveau deuil. « Messieurs, dit M. Laboulaye en ouvrant la séance du 6 septembre, pour la troisième fois depuis un mois j'ai le triste devoir de vous annoncer la mort d'un de nos confrères. Mercredi dernier ont eu lieu les obsèques de M. Garcin de Tassy. » M. Garcin de Tassy était né à Marseille en 1794. Il avait donc quatre-vingt-quatre ans.

M. Adrien de Longpérier lit une note sur les *Méreaux de saint Paul à Saint-Denis en France*. Le méreau dont il s'agit a pour type, d'un côté, saint Paul debout, tenant le livre des Epîtres d'une main et s'appuyant sur une épée nue ; dans le champ, S. P. (*Sanctus Paulus*), deux fleurs de lis, un R couronné et un croissant. Au revers, un grand R couronné au-dessus d'un croissant, accompagné des lettres S. P. et de deux fleurs de lis. A l'exergue, une date. 1618, 1649-1664.

On avait cru jusqu'ici que la lettre R était l'initiale d'une ville : Rouen, Rennes ou Reims.

L'éminent archéologue démontre que le grand R couronné désigne, non une ville, mais le roi Robert, considéré comme fondateur de la collégiale de Saint-Paul, à Saint-Denis en France. Un grand sceau de la collection Charvet ayant pour type un saint Paul debout entre deux R couronnés porte :

+ SIGILLVM · CAPITVLI · SANCTI · PAVLI · DE ·
SANCTO · DIONISIO · IN · FRANCIA.

D'un autre côté, Dom Germain Millet, qui écrivait sous le règne de Louis XIII, à une époque très-voisine de celle où furent frappés les exemplaires les plus anciens de notre méreau, dit « que *le roi Robert fonda l'église collégiale de Sainct-Paul à Sainct-Denys en France, tout auprès de l'abbaye*. Ce petit problème archéologique est donc résolu.

M. Maximin Deloche lit une note sur un sou royal de Dagobert, frappé à Limoges et portant en légende circulaire le nom gaulois et le nom romain de cette ville, LEMOVIX-AUGUSTOREDO. Les lecteurs de la *Revue* trouveront cette intéressante note reproduite *in extenso* dans le présent numéro de notre recueil.

M. Geffroy, directeur de l'École française d'Athènes, appelle l'attention de l'Académie sur un recueil d'inscriptions doléaires latines, entrepris par M. Descemet, et dont il lit des extraits.

M. Th. Henri Martin lit un mémoire sur l'*Hypothèse astronomique de Platon*.

Conformément aux conclusions de la commission du prix Lafons-Melicoq, dont M. Deloche était rapporteur, ce prix est accordé à M. Flamermont.   A. B.

NOUVELLES ARCHÉOLOGIQUES

ET CORRESPONDANCE

—— Nous lisons dans le *Journal d'Amiens* la lettre suivante, adressée au directeur de ce journal :

Découverte de pierres taillées aux champs de Saint-Gilles, près d'Abbeville.

« Mon cher Directeur,

Je m'adresse à vous pour une communication dont je crois la diffusion opportune.

Depuis que les publications persévérantes de M. Boucher de Perthes ont appelé l'attention du monde sur les plus anciens témoignages de l'industrie humaine, les découvertes se sont multipliées un peu partout et il n'est plus guère possible de contester la très-haute antiquité de l'homme.

Je ne me sens à aucun titre le droit de hasarder un mot dans les questions d'anthropologie et d'archéologie préhistoriques, mais je m'intéresse à ces questions et je désirerais qu'un nouveau champ d'étude, nouvellement ouvert par le hasard, ne demeurât pas inconnu des savants ou inexploré par eux.

La compagnie du chemin de fer du Nord a fait, depuis quelques semaines, ouvrir aux portes mêmes d'Abbeville, aux champs de Saint-Gilles, des tranchées pour l'extraction du ballast qu'elle fait transporter sur la ligne en création d'Abbeville à Béthune.

Les excavations ont rendu presque chaque jour à la lumière un grand nombre, un nombre invraisemblable, de pierres taillées, particulièrement de haches. M. Oswald Dimpre en a recueilli plusieurs, non des moins caractérisées, pour la collection qu'il a formée et qu'il augmente avec le zèle le plus louable, collection qui est déjà, à Abbeville, un appendice et une ample confirmation de celle de M. de Perthes. Beaucoup de pièces, malheureusement, vendues au hasard par les ouvriers, se dispersent dans la main des simples curieux et sont destinées à perdre leur principale valeur pour la discussion, le souvenir du gisement particulier se perdant

On trouve ces spécimens un peu uniformes du travail humain au-dessous des gros graviers, dans la partie supérieure d'une couche de sable.

Il y a certainement à faire dans le champ de Saint-Gilles des constatations précieuses. Des observations géologiques bien faites dans les terrains aujourd'hui coupés par de longues tranchées pourraient avoir une décisive importance pour les solutions cherchées.

Il serait bien à désirer que des hommes compétents, en France et à l'étranger, dans la connaissance des couches et des accidents terrestres et dans l'histoire de l'homme, pussent apporter sur les lieux à étudier leur expérience et leur sûreté d'investigation scientifique.

Un appel serait particulièrement à faire, en Angleterre, à MM. Evans, Lubbock, Prestwich, Darwin; en France, à MM. de Quatrefages, Hamy, Alexandre Bertrand, de Mortillet, Broca, d'Ault-Dumesnil, de Mercey; à M. Garnier, président de la Société linnéenne du Nord de la France, et à tous les membres de cette Société.

Peut-être ne faudrait-il pas trop surseoir à la visite des lieux. Les travaux d'extraction, poussés avec activité à l'aide de locomotives et de rails, peuvent finir. Les parties ouvertes sont comblées ou défigurées par l'ouverture des parties voisines. Le champ lui-même, hors d'une certaine étendue, pourrait se trouver vide des preuves rencontrées jusqu'à présent du travail de l'homme.

J'ai été longtemps incrédule ou défiant envers les révélations du sol. Je sentais comme une dure et obstinée raison de les contester devant les vitres les mieux remplies. Je commence à croire qu'il faut se rendre à la répétition des réponses que la terre paraît nous faire. Du moins les découvertes du champ de Saint-Gilles me renversent. Aurions-nous la fortune de posséder aux portes d'Abbeville une sorte de Pompéi des temps primitifs, de civilisation, si l'on peut employer ce mot, toute rudimentaire, nous rendant toujours les mêmes objets ? Le gravier charrié par l'eau a-t-il ici rempli la fonction de la cendre portée par le vent au pied du Vésuve ? Le niveau relativement élevé des terrains au-dessus de la vallée, dans un pays de simples collines d'ailleurs, complique les difficultés au milieu desquelles les explications se perdent. Un soulèvement lent s'est-il produit sur les bords de la vallée, après l'apport des graviers ? Problèmes à résoudre.   E. PRAROND. »

—— Nous lisons dans le *Français* :

Le docteur Schliemann à Ithaque : M. Egger a fait, vendredi dernier, part à l'Académie des inscriptions et belles-lettres d'une intéressante communication qu'il avait reçue de M. Schliemann. La *Correspondance de Nuremberg*, qui paraît en relations avec le célèbre explorateur, raconte de son côté qu'il a exploré l'île d'Ithaque pendant une vingtaine de jours. « De la ville antique, dont les visiteurs précédents, tels que Leake, n'avaient aperçu que quelques vestiges des fondations, M. Schliemann est parvenu à constater 190 maisons, plus ou moins bien conservées, de construction cyclopéenne, qui étaient bâties avec des pierres à peine taillées,

longues souvent de deux mètres et très-larges. Quelques-unes de ces
maisons ont jusqu'à soixante pieds de longueur et six chambres séparées.
La ville est sise sur la montagne escarpée d'Arctos, dont la pente est de
sept degrés plus raide que le cône supérieur du Vésuve. Cette montagne
a 1,200 pieds de haut; des roches aiguës, des broussailles, des chardons
et des épines en rendent la montée extrêmement difficile; c'est pourquoi
jusqu'ici les voyageurs n'avaient point fait de recherches sérieuses sur
cette cime. L'énergie de M. Schliemann a surmonté tous ces obstacles,
auxquels venait s'ajouter une chaleur tropicale; il lui était réservé de
découvrir les restes d'une ville antique qui, avant lui, n'avaient été observés par aucun voyageur. Malheureusement, des fouilles y sont impossibles, parce que les pluies d'hiver ont, depuis des siècles, entraîné
jusqu'à la mer les débris de l'industrie humaine. Derrière les murs des
maisons, M. Schliemann a déterré quelques tessons qui n'ont aucune
analogie avec ceux de Mycènes, mais qui ressemblent plutôt à ceux de la
Troie antique que M. Schliemann a trouvés dans ses fouilles à Hissarlik.
Jusqu'à présent, l'ancienne capitale de l'Ithaque homérique avait été
transportée par les voyageurs dans la petite vallée de Polis, au nord-ouest
de l'île. Le docteur Schliemann pense que ce nom de Polis s'applique à
un rocher haut de 450 pieds, qui a tout à fait la forme d'une forteresse
et qui, par suite, porte encore aujourd'hui le nom de *Castron;* dans la
langue primitive forteresse se disait *polis;* c'est beaucoup plus tard que
le mot a signifié « ville ». M. Schliemann est retourné le 10 septembre
à Athènes, où on lui a annoncé que maintenant le gouvernement turc
est prêt à lui donner une garde de dix gendarmes pour la continuation
de ses fouilles à Hissarlik. D'après les dernières nouvelles, l'explorateur
est déjà parti pour cette destination, et les fouilles doivent commencer
prochainement. » Nous rendrons un compte détaillé des découvertes du
docteur Schliemann à Ithaque, comme nous avons rendu compte de ses
découvertes à Argos et à Troie.

———— Un honneur dignement mérité vient d'être conféré par le Saint
Père à M. Jean-Baptiste de' Rossi; l'illustre rénovateur, j'ai presque dit le
créateur de l'archéologie chrétienne, est nommé préfet du musée chrétien fondé au Vatican par Benoît XIV. Les termes du décret qui lui confie
ce poste important méritent d'être rapportés :

« Si nous ajoutons, écrit Léon XIII, ces fonctions à celles que vous rem-
« plissez avec tant de distinction, c'est pour vous seul que nous le faisons;
« elles ne dureront qu'autant que vous-même ; elles ne sont créées que
« pour votre personne, comme une marque singulière de notre estime
« et pour récompenser en vous un mérite éclatant. »

De telles paroles honorent en même temps le savant romain et le saint
pontife qui sait si bien comprendre des travaux d'une incomparable valeur.   EDMOND LE BLANT.

———— Le *Bulletin de la Société des sciences historiques et naturelles de
Semur* contient un curieux article de M. Magdelaine, intitulé *le Gui de*

chêne et des Druides. L'auteur y démontre, par ses recherches personnelles et par des renseignements recueillis auprès des gens compétents et sur divers points de la France, que le gui ne pousse plus sur le chêne. On ne réussit même pas à l'y implanter par semence ; il périt très-vite, malgré toutes les précautions et tous les soins.

—— M. G. Perrot ouvrira son cours d'archéologie, à la Sorbonne, le samedi 14 décembre, à trois heures de l'après-midi (salle Gerson). Il traitera de l'art cypriote, d'après les découvertes récentes (fouilles de MM. de Vogüé, Hamilton Lang et Palma di Cesnola).

—— Sommaire du numéro de septembre du *Journal des Savants* : *Les Plaidoyers de Démosthène,* par M. E. Egger. *Conciliation du véritable déterminisme,* par M. J. Bertrand. *Dernière année du duc et connétable de Luynes,* par M. B. Zeller. *Géographie de la Gaule romaine,* par M. Alf. Maury. Nouvelles littéraires. Livres nouveaux.

BIBLIOGRAPHIE

Mémoire sur les hypothèses astronomiques des plus anciens philosophes de la Grèce, étrangers à la notion de la sphéricité de la terre. Extrait des Mémoires de l'Académie des inscriptions et belles-lettres, t. XXIX, 2ᵉ partie.

M. Th.-Henri Martin, le savant doyen de la faculté des lettres de Rennes, vient de publier dans les Mémoires de l'Académie des inscriptions une nouvelle portion (le chapitre III) de l'*Histoire des hypothèses astronomiques*, dont plusieurs morceaux avaient déjà paru dans le même recueil, savoir : *Mémoire sur la cosmographie grecque à l'époque d'Homère et d'Hésiode* (t. XXVIII, 1ʳᵉ partie) ; appendice intitulé : *Comment Homère s'orientait* (t. XXIX, 2ᵉ partie) ; *Mémoire sur la cosmographie populaire des Grecs après l'époque d'Homère et d'Hésiode* (t. XXVIII, 2ᵉ partie) ; suite, intitulée : *Mémoire sur la signification cosmographique du mythe d'Hestia dans la croyance antique des Grecs* (même volume, 1ʳᵉ partie). A cet ensemble, il convient de rattacher l'article important que M. Martin a consacré à l'*Astronomie* dans le *Dictionnaire des antiquités* de Daremberg et Saglio, ainsi que divers mémoires publiés soit dans la *Revue archéologique*, soit, antérieurement à l'admission de l'auteur comme membre de l'Académie des inscriptions, dans le Recueil des mémoires présentés par des savants étrangers à cette académie.

L'auteur, dans tout le cours de cette histoire, veut réagir contre l'opinion, produite souvent depuis l'école d'Alexandrie, d'après laquelle plusieurs découvertes scientifiques sorties de cette école devraient être attribuées à des philosophes plus anciens que Socrate et même aux plus anciens peuples de l'Orient et de l'Egypte, auxquels les Grecs les auraient empruntées.

La science orientale, dans cette donnée que nous ne jugerons pas, vu notre incompétence, se réduit à des résultats purement empiriques que les Alexandrins ont pu mettre en œuvre et réduire en un corps de doctrine.

Le mémoire actuel traite de la forme attribuée à la terre par les philosophes et physiciens qui, dans l'ancienne Grèce, n'en connaissaient ou n'en admettaient pas la sphéricité. Cette notion a été introduite en Grèce par Pythagore et reprise par l'école d'Alexandrie.

Thalès comparait notre planète à un navire circulaire flottant sur l'eau. Axanimandre supprimait ce support sans le remplacer, et donnait à la terre la forme d'un disque épais, cylindre à bases parallèles; Anaximène, celle d'un disque vaste et mince porté sur l'air; Héraclite d'Ephèse, il y a lieu de le croire, ne repoussait pas cette explication. « Dans ses expressions, dit M. Martin, et dans certains détails de son système, on peut être tenté de reconnaître une inspiration venue des doctrines orphiques, égyptiennes et persiques; mais ce qu'il y a de certain, c'est que la pensée intime qui fait l'unité de ce système est purement grecque et très-originale. » Xénophane de Colophon se débarrassait ingénieusement du souci de chercher un support au disque terrestre, en le supposant « infini par en bas ». Notons en passant son observation sur les fossiles marins, qu'on trouve, disait-il, jusque dans les flancs des montagnes, et dont il donnait l'explication véritable. Anaxagore adoptait l'opinion d'Anaximandre sur la forme de la terre, en ajoutant qu'en même temps que l'air l'empêche de tomber, elle est retenue au centre du monde par le tourbillon qui l'enveloppe. De plus, il établit l'existence d'un principe intelligent et moteur. M. Martin veut bien admettre qu'il connaissait la sphéricité de la lune.

Suivant Archélaüs de Milet, la terre, de la forme concave d'une écuelle, est portée par l'air qui est maintenu à sa place par le tourbillonnement du feu qui l'entoure. Comme Anaxagore et comme Archélaüs, le Crétois Diogène d'Apollonie admettait le moteur intelligent de l'univers, dont il cherchait le principe dans l'air. Sa terre est ronde (στρογγύλη), c'est-à-dire cylindrique ou discoïde, et la surface en est plane. Il attribuait la formation des diverses parties qui composent le monde aux effets du tourbillonnement de la matière.

Un contemporain de Socrate, le sophiste Antiphon d'Athènes (ne pas le confondre avec l'orateur Antiphon de Rhamnonte), prétendait que la mer était une sueur salée de la terre, sueur excitée par la chaleur. Empédocle emprunta plusieurs préceptes religieux et moraux à l'école italique, mais en matière de philosophie et de physique il resta ionien. Le premier, l prit les quatre éléments comme principes de toutes choses dans leur ensemble, mus par deux forces éternelles, l'amitié et la discorde. La terre, pour lui, est encore un disque au-dessus puis au-dessous duquel passe tour à tour un hémisphère d'air peu mêlé de feu et un hémisphère de feu mêlé d'air. Leucippe, le fondateur, peut-être plus que Démocrite, de la philosophie atomistique, et Démocrite lui-même assimilaient le disque terrestre à un *tympanum* (tambourin, instrument qui chez les anciens était formé d'une peau circulaire tendue sur l'ouverture inférieure d'un anneau cylindrique à bords minces et peu hauts) porté sur l'air à cause de cette forme même. Métrodore de Chio, disciple immédiat de Démocrite, considérait la terre comme un dépôt formé dans l'eau et placé au centre du monde, où elle se maintient par le fait de cette *centralité*.

M. Th.-Henri Martin termine par quelques considérations sur le rôle des atomistes, qui succèdent à l'école ionienne, mais sans faire faire un pas

sensible à la science. L'école éléate, par son fondateur Xénophane, se
rattache aux Ioniens et par le successeur de celui-ci, Parménide, à Pythagore, qui, en cosmographie, « avait commencé un autre mouvement
mieux dirigé et plus progressif ».

Nous attendons avec une vive impatience la suite promise dès aujour-
d'hui, de ces recherches, qui portera sur l'histoire de Pythagore et des
autres partisans de la sphéricité de la terre.   C. É. RUELLE.

Les Peuples de la France, ethnographie nationale, par JACQUES DE BOISJOSLIN.
1 vol. in-12, de 364 pages.

Ce livre intéressant et qui fait penser pouvait être excellent. Faire une
description des différentes races qui ont successivement occupé le sol de
la France et s'y sont mêlées et fondues, montrer comment de ce mélange s'est formé le caractère national, était une heureuse idée. Mais
l'auteur aurait dû se rappeler que les questions qu'il aborde sont pour
ainsi dire nées d'hier, que les problèmes qu'elles soulèvent ne sont point
encore scientifiquement résolus, que les solutions proposées ont presque
toutes un caractère hypothétique, et que sur bien des points, enfin, et
des plus importants, l'accord est loin d'être fait entre les savants. Or
le livre de M. de Boisjoslin est plutôt une analyse des divers travaux publiés depuis dix ans sur le sujet qu'une œuvre critique et, si j'ose dire, di-
gérée à loisir. Ce n'est pas que l'auteur ne fasse en plus d'un chapitre
preuve d'originalité, là même est la partie la meilleure de son œuvre; mais
le plus souvent il accepte les idées des autres sans les discuter, comme
faits acquis, quand ces idées sont non-seulement contestables, mais quelquefois d'un chapitre à l'autre contradictoires. Sous ces réserves, nous
croyons devoir recommander *les Peuples de la France* aux lecteurs de la
Revue. Ils y trouveront matière à de nombreuses méditations, y puiseront
la conviction que l'histoire de nos origines est à refaire, qu'elle pourra
se refaire avant peu et que les matériaux amassés dans ce but sont déjà
nombreux. Le style du livre est facile, et plus d'un chapitre est rempli
d'ingénieux aperçus, qui appartiennent en toute propriété à M. de Boisjoslin. Pourquoi l'auteur, qui est certainement un esprit curieux et sagace,
s'est-il fait une loi de ne point critiquer les travaux qu'il résume ? Nous
voudrions qu'il eût été moins modeste. Nous espérons qu'il sentira un
jour le besoin de remanier son livre. Ce livre, avec quelques changements, mérite en effet d'avoir plus d'une édition, et offre, tel qu'il est,
une lecture dont on peut tirer grand profit. Il faut se dire seulement,
en fermant le volume : ce sont des aperçus, ce ne sont pas des vérités
acquises.   X. Y.

NOTES

SUR LES

MOSAIQUES CHRÉTIENNES DE L'ITALIE [1]

VI

DES ÉLÉMENTS ANTIQUES DANS LES MOSAIQUES ROMAINES DU MOYEN AGE.

Dans ses belles études sur les mosaïques de la Ville éternelle, M. Vitet a émis, au sujet de deux de ces monuments, une conjecture dont la confirmation modifierait singulièrement les idées jusqu'ici reçues sur l'histoire de l'art romain du moyen âge. Examinant la date assignée aux deux grandes compositions absidales de Saint-Jean-de-Latran et de Sainte-Marie-Majeure (pl. XXI et XXII), le savant critique s'exprime comme suit :

« Qu'on y fasse attention, (ces œuvres) sont pleines de souvenirs, nous dirions presque d'imitations directes de l'art antique; on y trouve une foule d'allégories presque mythologiques, comme on en voit aux catacombes, et, par exemple, des génies, des enfants entièrement nus, jouant sur le bord d'un fleuve, et le fleuve lui-même caché dans les roseaux et penché sur son urne, et maintes autres répétitions de motifs symboliques familiers aux anciens. Nous sommes pourtant dans une église et même au fond d'un sanctuaire; d'où vient cette tolérance? Et pourquoi, à cette même époque, sous peine de profanation, le pinceau ne se fût-il permis ni sur bois, ni sur pierre, de semblables témérités? C'est que ces mosaïques du XIIIe siècle ont

---

(1) Voir la *Revue archéologique*, septembre 1874, octobre et novembre 1875, décembre 1876, janvier et septembre 1877, juin 1878.

remplacé, selon toute apparence, les décorations primitives du IVᵉ et
du Vᵉ, tombant de vétusté, et que les nouveaux artistes ont pu, sans
irrévérence et même à titre de respect et de fidélité, mêler à leurs
propres idées, ou plutôt au programme que les progrès du temps et
les changements de la liturgie devaient leur imposer, des reproductions littérales du style et de la grâce antiques. C'est par ce genre
d'emprunt et de réminiscence que ces deux absides prennent un caractère de noblesse presque classique, et une élévation de style dont
au premier coup d'œil on a peine à se rendre compte (1). »

Nous nous proposons, dans la première partie de ce travail, de soumettre à un nouvel examen l'hypothèse de M. Vitet; dans la seconde,
de rechercher si cette hypothèse peut s'appliquer, ou non, à d'autres
monuments similaires.

I

Tout d'abord il nous faut signaler une particularité qui a échappé
à M. Vitet et qui aurait donné singulièrement de poids à sa conjecture : nous voulons parler de la présence, dans les mosaïques d'un
autre sanctuaire romain, de motifs de tout point semblables à ceux
que renferment les absides de Saint-Jean-de-Latran et de Sainte-
Marie-Majeure. Dans les compositions, aujourd'hui détruites, de la
coupole de Sainte-Constance (2), on remarque en effet, comme dans
les deux basiliques, une rivière peuplée d'enfants ailés, d'oiseaux, de
poissons, de monstres marins. Parmi ces enfants, les uns pêchent à la
ligne, ou jettent des filets ; d'autres lancent un harpon sur des poissons presque aussi gros qu'eux, ou pourchassent des cygnes; d'autres encore dirigent une barque légère. L'antiquité classique n'a pas
imaginé de scène plus variée, ni plus riante; c'est à elle évidem-

---

(1) Journal des savants, 1863, p. 501, et Etudes sur l'histoire de l'art, première série, p. 298. — Un historien d'art allemand célèbre, Kugler, a également
entrevu la connexité entre la mosaïque du Latran et celles du Vᵉ siècle (Geschichte
der Malerei, 2ᵉéd., 1849, t. I, p. 295). Mais ne sachant comment établir un lien entre
elles, il a préféré admettre pour le XIIIᵉ siècle une sorte de renaissance de la poésie
inhérente aux créations primitives. — Enfin, M. Labarte, dans son Histoire des arts
industriels (t. IV, pp. 245 et 247), a insisté avec plus de force encore sur ce qu'il
appelle « des réminiscences, ou des imitations de l'art antique ». Cependant, sans
rejeter l'explication de M. Vitet, il en signale une autre, qui lui paraît tout aussi
plausible : l'influence de Nicolas et de Jean Pisano.

(2) Gravées dans les Vetera monimenta de Ciampini, t. II, pl. 1; dans les Picturæ
antiquæ cryptarum romanarum et sepulcri Nasonum de Bellori (Rome, 1819, supp.,
pl. II), et dans la Storia dell' arte cristiana, du P. Garrucci, t. IV, pl. 204.

ment que les mosaïstes des trois sanctuaires ont demandé leur inspiration (1).

Cependant la différence de date entre les mosaïques de Sainte-Constance d'un côté, celles du Latran et de Sainte-Marie-Majeure de l'autre, ne permet pas, en apparence du moins, de croire à une origine commune. Les compositions de Sainte-Constance réunissent les caractères inhérents à la décadence romaine ; leur style se rapproche tellement de celui des monuments païens que, jusque vers le milieu de ce siècle, on a considéré l'édifice, auquel elles servent d'ornement comme un temple de Bacchus. Le choix des sujets prouve également qu'elles appartiennent au IVe siècle; on y remarque, à côté de scènes foncièrement chrétiennes, des motifs communs à l'ancien et au nouveau culte : Psychés, Eros, enfants vendangeurs, tigres, cariatides à triple face, etc.

Au Latran, au contraire, tout plaide en faveur du XIIIe siècle : « *Nicolaus papa IIII, sanctæ Dei genitricis servus. — Jacobus Toriti pictor hoc opus fecit. — Fr. Jacob de Camerino socius magistri operis recommendat se meritis beati Johannis,* » etc., etc. Telle était la teneur, non équivoque, des inscriptions tracées sur la mosaïque. A ces assertions s'ajoute la présence des portraits de saint François d'Assise (canonisé en 1228), de saint Antoine de Padoue, du pape Nicolas IV, et enfin de Jacques Torriti et de Jacques de Camerino, qui ont ainsi pris soin de se révéler à tous comme les auteurs véritables de la mosaïque.

En face d'énonciations aussi précises, une seule hypothèse paraît possible : celle qui consiste à prendre l'artiste du moyen âge pour un imitateur des monuments chrétiens primitifs, et à admettre pour le XIIIe siècle romain une sorte de renaissance analogue à celle de Nicolas Pisano.

Mais ici nous nous heurtons à un argument des plus sérieux, quoiqu'il n'ait jusqu'ici pas été introduit dans le débat : l'abside du Latran renferme, à côté des scènes ci-dessus mentionnées, une image du Christ qui, de l'ancienne mosaïque, exécutée dans les premiers siècles de l'Église, a passé dans la nouvelle mosaïque faite ou refaite sous le pontificat de Nicolas IV. Sur ce point les témoignages sont aussi nombreux qu'authentiques. Citons tout d'abord deux inscriptions contemporaines de Nicolas IV :

---

(1) Il faut rapprocher de nos trois compositions les motifs contenus dans une mosaïque de Constantine représentant le triomphe de Neptune (Delamare, *Exploration scientifique de l'Algérie; Archéologie;* pl. 139 et ss.).

(*Partem*) *esteriorem et anteriorem ruinosas hujus sancti templi a fundamentis reedificari fecit et ornari opere mosyaco Nicolaus papa IIII filius beati Francisci. Sacrum vultum Salvatoris integrum reponi (fecit) in loco ubi primo miraculose apparuit quando fuit ista ecclesia consecrata anno domini MCC° nonagesimo* (1).

> *Postremo quæ prima Deo veneranda refulsit*
> *Visibus humanis facies hæc integra sistens*
> *Quo fuerat steteratque situ relocatur eodem* (2).

Les écrivains des siècles suivants ont tous répété ou confirmé la teneur des inscriptions de Nicolas IV. On trouvera dans l'ouvrage de Crescimbeni et de Baldeschi (3) la liste des auteurs antérieurs au XVIII° siècle, et dans la note placée au bas de cette page, celle des savants plus modernes (4) qui ont adopté cette opinion.

Ici encore l'unanimité est complète.

Sur l'âge exact du portrait du Christ, auquel une tradition relativement récente, acceptée par quelques savants romains et étrangers, prête une origine miraculeuse, les avis sont un peu plus partagés, quoiqu'il ne se soit trouvé personne pour en nier la haute antiquité. Le document le plus ancien que nous possédions sur cette question se trouve dans un *Lectionnaire* faisant partie des Archives du Latran et que Crescimbeni croit être du IX° siècle (?) environ. L'origine du portrait y est rapportée dans les termes suivants : « (Constantinus) in proprio Lateranensi palatio ecclesiam in honorem Salvatoris mundi fabricavit... quam... publice consecravit quinto Idus novembris... Et imago Salvatoris depicta parietibus primum visibiliter omni populo romano apparuit (5). »

Un auteur du XII° siècle, Jean Diacre, reproduit presque textuellement les paroles du *Lectionuaire*. Après lui les déclarations relatives

---

(1) J'emprunte cette inscription au travail si consciencieux de M. Barbet de Jouy : *les Mosaïques chrétiennes des basiliques et des églises de Rome*. Paris, 1857, pp. 96 et suiv.

(2) Crescimbeni et Baldeschi, *Stato della ss. chiesa papale Lateranense nell' anno* MDCCXXIII; Rome, 1723, p. 163.

(3) *Op. laud.*, pp. 167 et ss.

(4) Assemani, *De sacris imaginibus* (dans Alemanni, *De lat. parietinis*, Rome, 1756, p. 236).— Platner, Bunsen, etc., *Beschreibung der Stadt Rom*, t. III, 1° partie, p. 534. — Nibby, *Roma nell' anno 1838, parte I, mod.*, p. 256. — Valentini, *la patriarcale basilica Lateranense*, Rome, 1837, t. I, p. 37. — Hemans, *A history of mediæval Christianity and sacred art in Italy*, Londres, 1869, p. 407, etc., etc.

(5) Crescimbeni, *op. laud.*, p. 156.

à l'antiquité du portrait deviennent si fréquentes que nous ne pouvons songer à les énumérer : toutes abondent dans le même sens (1).

Il y a quelques années, dans leur ouvrage, aujourd'hui classique,
sur l'histoire de la peinture italienne (2), MM. Crowe et Cavalcaselle
ont donné à cette tradition une sorte de consécration scientifique et
ont mis en lumière l'intérêt qui s'attachait à cette épave, échappée
au double vandalisme du moyen âge et des temps modernes. Ils
admettent qu'elle peut appartenir au vi°, au v°, voire au iv° siècle.

La réserve avec laquelle MM. Crowe et Cavalcaselle ont formulé
leur opinion se comprend. Rien n'est plus obscur, en effet, que
l'histoire de l'abside dans laquelle est incrusté le portrait du Christ.
A-t-elle été ornée de mosaïques lors de la consécration de la basilique en 319 ou en 355? L'a-t-elle été sous les successeurs de
Constantin? Ces mosaïques ont-elles contribué à faire donner à la
nouvelle construction l'épithète de « aurea » que lui décerna l'ad-
miration des fidèles? Le *Liber pontificalis,* qui nous entretient si
souvent de la basilique constantinienne, ne répond à aucune de ces
questions, et nous en sommes réduits à cet égard à de simples conjectures.

Un des premiers, Ciampini a essayé de résoudre le problème.
Selon lui l'abside avec ses mosaïques serait l'œuvre de Flavius
Constantius et de sa femme Padusia, et aurait été édifiée en exécution d'un vœu. Le savant prélat invoque à l'appui de son opinion
l'inscription suivante :

Flavius Constantius Felix, Victor, magister utriusque militiæ,
Patricius, et Consul ordinarius, et Padusia illustris femina ejus uxor
voti compotes de suo fecerunt **(3).**

« Is », ajoute-t-il, en parlant de Flavius Constantinus, « basilicæ

---

(1) Une vieille fresque, autrefois placée dans la confession du Latran, représentait
également l'apparition de l'image miraculeuse. Au sommet, on voyait le médaillon
du Christ, entouré de quatre anges ; en bas, saint Sylvestre officiant et la foule regardant le miracle. Une copie en couleur de cette peinture se trouve dans le cod.
Barber. XLIX, n° 32, folio 5. Elle est accompagnée de l'inscription suivante :
Pictura exolescens fere consecrationis a S. Silvestro papa peracta in altari Late-
ranensis basilicæ, Urbani VIi ævo, ut arbitror. E confessione basilicæ suprascriptæ,
sub capitibus apostolorum SS. Petri et Pauli, a Gaspare Morono delineata vivisque
coloribus expressa, MDCLXXII. »

(2) *Storia della pittura italiana,* t. I, p. 144-145.

(3) D'après Panvinio, *De septem ecclesiis,* p. 109. Rapportée par Gruter (*Corpus,*
p. 1076) avec quelques variantes.

Lateranensis absidam e musivo exornavit, et alios hos versus addidit, barbaros quidem, rem tamen plane explicantes :

> *Agnoscant cuncti sacro baptismate functi*
> *Quod domus hæc munda nulli sit in orbe secunda,*
> Etc., etc. »

On peut faire à ce système plusieurs objections : 1° L'inscription *Flavius Constantius* se trouvait « in throno », et non pas dans l'abside; elle ne saurait par conséquent, ainsi que l'ont déjà fait remarquer les auteurs de la description allemande de Rome, s'appliquer à la mosaïque absidale (1). 2° L'inscription *Agnoscant cuncti* ne peut être contemporaine de Flavius Constantius, puisqu'elle est en vers léonins (2). Assemani la croit du temps de Sergius III (3). La mention seule de la lèpre de Constantin (4) aurait dû suffire à préserver Ciampini de cette méprise. 3° Enfin, et cet argument a déjà été produit par l'illustre Panvinio, ne serait-il pas étonnant que Constantin eût laissé à d'autres le soin de construire l'abside (5)? Tous les documents, au contraire, sont d'accord pour déclarer que l'empereur dota la basilique avec la plus grande libéralité.

Cette dernière objection peut également s'appliquer au passage du *Liber pontificalis* où il est dit que Léon Ier « fecit cameram in basilica Constantiniana » (Vie de Léon Ier, § vi, t. I, p. 151 de l'éd. Vignoli). Avons-nous le droit, sans plus ample informé, de traduire « camera » par abside, et d'admettre que la principale basilique de Rome soit restée inachevée pendant plus de cent ans?

Quant au passage de la « tabula magna » où il est question de travaux exécutés sous le pontificat de saint Grégoire, il nous paraît trop vague pour pouvoir être introduit dans le débat. Ce document, en effet, se borne à nous apprendre que ce pape « consecravit hanc ecclesiam post destructionem ejusdem factam per hereticos. »

Eug. Muntz.

(La suite prochainement.)

---

(1) *Beschr. der Stadt Rom*, t. III, 1re partie, p. 513.

(2) L'épigraphie romaine ne nous offre pas le moindre vestige de vers léonins du ixe siècle, d'une composition surtout aussi nette et aussi irréprochable, dit M. de Rossi, à propos de l'inscription de S. Francesca Romana (*Musaici cristiani*).

(3) *De sacris imaginibus*, dans Alemanni, *De later. parietinis*, éd. de 1756, p. 139.

(4)   *Hanc Constantinus in cœlum mente supinus*
          Lepra mundatus intus, forisque novatus
          Fundavit primus, etc.

(5) *De præstantia basilicæ Lateranensis*, chap. vii, fol. 71 : « Mirum esset Constantinum basilicam sine ipsa absida condidisse. »

LETTRES

SUR

QUELQUES POIDS ASSYRIENS

CONSERVÉS AU MUSÉE DU LOUVRE.

I

Monsieur et cher confrère (1),

J'ai le désir et l'espoir de vous être agréable en portant à votre connaissance les résultats de l'étude, que je viens d'achever, des six petits poids assyriens du Musée du Louvre, dont vous avez eu l'obligeance de m'envoyer, il y a déjà quelque temps, les valeurs exactes exprimées en centigrammes.

Ces expressions avaient été données précédemment, *de deux manières différentes*, dans la traduction française de l'*Histoire de la monnaie romaine* par M. Mommsen, où l'on trouve :

	En 1er lieu d'apres M le duc de Blacas a la page 402 du tome I		En 2e lieu d'apres M de Witte a la p 115 du t. IV			
Poids n° 1, Canard.	81gr.	98	81gr.	98		
Poids n° 2, Sanglier	16	50	16	50		
Poids n° 3, Canard.	8	00	8	10	Différence,	0gr 10
Poids n° 4, Canard.	4	66	4	66		
Poids n° 5, Canard.	2	65	1	67	Différence, 0	98
Poids n° 6, Canard.	0	95	0	95		

(1) Ces lettres sont adressées à M. Héron de Villefosse, conservateur-adjoint au musée du Louvre, qui a bien voulu les communiquer à la *Revue* avec l'agrément de l'auteur.

M. Oppert, lorsqu'il s'est occupé des mêmes poids, à la page 78 de son *Étalon des mesures assyriennes*, n'a tenu aucun compte des différences que ces deux résultats présentent et s'est borné à introduire dans son mémoire les valeurs données, en premier lieu, par M. de Blacas. Ces différences sont pourtant trop considérables pour qu'il soit permis de les négliger tout à fait.

Mais vous avez eu la bonté d'effectuer vous-même très-soigneusement de nouveaux pesages, qui suffisent maintenant pour lever tous les doutes.

Voici, en effet, quels sont les poids que vous avez obtenus :

Pour le n° 1.	81$^{gr.}$	98					
Pour le n° 2.	16	62	au lieu de	16$^{gr.}$	50		
Pour le n° 3.	8	07	au lieu de	8	00	ou de	8^{gr} 10
Pour le n° 4.	4	66					
Pour le n° 5.	2	63	au lieu de	2	65	ou de	1 67
Pour le n° 6.	0	95					

Et il résulte de la seule comparaison de ces divers pesages :

1° Que les expressions portant les n° 1, 4 et 6 sont incontestables et doivent être admises sans difficulté pour représenter les poids *actuels* des monuments auxquels elles correspondent ;

2° Que le poids de 16 gr. 50 primitivement assigné au n° 2 est certainement trop faible, comme vous me l'avez fait observer dans votre lettre, et doit être fixé, d'une manière très-approximative, à une moyenne prise entre les deux poids donnés, c'est-à-dire à 16 gr. 56 ;

3° Que la valeur de 8 grammes assignée au n° 3 par M. de Blacas est, de son côté, encore trop faible et doit être, par suite, écartée comme évidemment fautive ; de sorte qu'on ne peut hésiter qu'entre les valeurs de 8 gr. 07 et de 8 gr. 10, dont la moyenne est 8 gr. 085 ;

Et 4° enfin que M. de Witte a commis, pour le n° 5, une erreur incontestable d'*un gramme*, ce qui fait que l'on doit hésiter, pour ce poids, entre 2 gr. 63, 2 gr. 65 et 2 gr. 67. Mais comme le second de ces résultats est une moyenne exacte entre les deux autres, il est clair que c'est cette moyenne elle-même égale à 2 gr. 65 qui doit être adoptée finalement.

Il semble donc hors de doute qu'on peut régler maintenant, en toute sécurité, de la manière suivante, les valeurs *actuelles* des six petits poids assyriens du Musée du Louvre :

Poids n° 1, Canard.	81$^{gr.}$ 98
Poids n° 2, Sanglier	16 56
Poids n° 3, Canard.	8 085
Poids n° 4, Canard	4 66
Poids n° 5, Canard.	2 65
Poids n° 6, Canard.	0 95

Et comme vous n'avez pas négligé de m'apprendre :

1° Que les poids n° 2, n° 4 et n° 5 sont dans un état de conservation parfaite ;

2° Que le n° 1 a perdu quelques parcelles dont vous évaluez le poids à 0 gr. 03 ;

3° Qu'il manque aussi, sur le cou du canard n° 3, une très-petite parcelle ayant à peu près l'épaisseur d'une feuille de papier ;

Et 4° enfin qu'il y a quelques piqûres sur la base du n° 6, j'estime que, pour tenir un compte suffisant de ces diverses circonstances, il est indispensable d'augmenter le poids n° 1 de 0 gr. 03, le n° 3 de 0 gr. 02 et le n° 6 de 0 gr. 01, ce qui donne, en dernière analyse, pour les poids assyriens du musée du Louvre supposés *remis à l'état de neuf* :

Poids n° 1, Canard.	82$^{gr.}$ 03
Poids n° 2, Sanglier.	16 56
Poids n° 3, Canard	8 11
Poids n° 4, Canard	4 66
Poids n° 5, Canard.	2 65
Poids n° 6, Canard.	0 96
Soit en totalité.	114^{gr} 97

ou, en nombre rond, 115 grammes.

Il n'est pas difficile maintenant de comprendre que cette totalisation suffit pour compenser, au moins en grande partie, les erreurs d'exécution que l'on a pu commettre, tantôt en plus, tantôt en moins, au moment où les poids du Louvre ont été fabriqués, et qu'ainsi le poids total de 115 grammes doit être considéré comme aussi rapproché que possible de la vérité ; et si vous prenez la peine de remarquer, après cela, que *la somme des trois derniers poids est égale à* 8 *gr.* 27, il ne vous sera pas non plus difficile de reconnaître :

1° Que cette dernière somme correspond *théoriquement*, AUSSI BIEN QUE LE POIDS N° 3, à *une drachme ;*

2° Que le poids n° 2 correspond, de son côté, à 2 drachmes, c'est-à-dire à 1 *sicle ;*

Et 3° enfin que le poids n° 1 correspond, à son tour, à un déca-drachme, c'est-à-dire à 5 *sicles*. Ce qui revient à admettre que le poids total de 115 grammes correspond, avec une grande précision, à 14 *drachmes* ou en d'autres termes à 7 *sicles*.

D'où l'on déduit successivement :

$$\text{Une drachme} = \frac{115 \text{ grammes}}{14} = 8 \text{ gr. } 214.$$

$$\text{Un sicle} = \frac{115 \text{ grammes}}{7} = 16 \text{ gr. } 428.$$

et enfin un décadrachme = 5 sicles = 82 gr. 140, expressions qui semblent incontestables et qui, en les comparant aux expressions précédentes, permettent d'abord d'évaluer très-exactement le degré de perfection que les anciens ouvriers assyriens étaient capables d'atteindre, et, ensuite, de faire connaître la précision des balances que ces ouvriers avaient à leur disposition.

Voici comment le tableau de cette comparaison doit être établi :

INDICATIONS.	POIDS RÉELS des Etalons du Louvre, lorsqu'ils étaient à l'état de neuf.	Poids théoriq. de ces Etalons	DIFFÉRENCES.
Décadrachme, Canard n° 1. .	82$^{gr.}$ 03	82^{gr} 140	en plus. . 0$^{gr.}$ 110
Sicle, Sanglier n° 2.	16 56 (1)	16 428	en moins. 0 132
Drachme, Canard n° 3. . . .	8 11	8 214	en plus. . 0 104
Fractions { Canard n° 4. . .	4 66 }		
de { Canard n° 5. . .	2 65 } 8,27	8 214	en moins. 0 056
drachme { Canard n° 6. . .	0 96 }		

Et l'on voit ainsi clairement que les poids n° 1 et n° 3 sont *trop faibles* de 10 à 12 centigrammes environ, tandis que le poids n° 2 est lui-même *trop fort* à peu près de la même quantité ; ce qui revient à dire, en d'autres termes, que c'est au taux de 15 centigram-

---

(1) La seule expression de ce poids suffit pour montrer que M. F. Lenormant s'est trompé lorsqu'il a dit, à la page 130 du tome Ier de son récent ouvrage sur *la Monnaie dans l'antiquité*, que « le statère d'argent de 12 gr. 60 qui sert de base au monnayage d'Egine ne peut pas être ramené à une dérivation du système de poids babylonien » ; la vérité étant, au contraire, que le poids de ce statère correspond aussi exactement que possible aux 3/4 du sicle babylonien, puisque, en effet, le poids de ce sicle est, d'après l'étalon du Louvre, de 16 gr. 56, dont les 3/4 sont de 12 gr. 42, et d'après M. Oppert de 16 gr. 833, dont les 3/4 sont de 12 gr. 624.

mes *au plus* qu'il semble convenable de fixer la limite probable des erreurs.

A un autre point de vue, il est aisé de comprendre que les poids du Louvre suffisent pour peser successivement d'abord 1, 2, 3 et 4 drachmes, en se servant uniquement des cinq derniers poids, ensuite 10 drachmes, en n'employant que le premier, et enfin 14 et 6 drachmes (10 ± 4), 13 et 7 drachmes (10 ± 3), 12 et 8 drachmes (10 ± 2), et 11 et 9 drachmes (10 ± 1), en combinant les cinq derniers poids avec le premier, tantôt par addition et tantôt par soustraction; mais vous remarquerez que, par exception, le poids de 5 drachmes ne pouvait pas être obtenu, en une seule fois, de cette manière, et nécessitait deux pesées distinctes, l'une de 2 drachmes et l'autre de 3.

La difficulté consiste ensuite à savoir à quelles fractions vos trois derniers poids pouvaient correspondre, et à quels usages ils étaient affectés autrefois.

On comprend d'abord, sans beaucoup de peine, que M. Oppert s'est trompé lorsqu'il leur a assigné, à la page 79 de son mémoire, 1/2, 1/3 et 1/8 de drachme, parce que, si cette hypothèse pouvait être exacte, la somme de ces trois poids, au lieu d'être rigoureusement égale à une drachme, n'en serait que les $\frac{23}{24}$, ce qui n'est pas admissible.

Les deux dernières expressions, 1/3 de drachme et 1/8 de drachme, sont cependant vraies, puisque, en effet, un tiers de drachme, égal à $\frac{8^{gr},214}{3} = 2^{gr},738$, coïncide ainsi, à $0^{gr},088$ près, avec le poids n° 5, égal lui-même à $2^{gr},65$, et puisque 1/8 de drachme, égal à $\frac{8^{gr},214}{8} = 1^{gr},027$, coïncide, de son côté, à $0^{gr},067$ près, avec le n° 6 égal à $0^{gr},96$.

Ces deux poids ont donc été exécutés avec la même précision que tous les autres.

Ce serait pourtant une erreur de croire que les deux fractions 1/3 et 1/8, qui correspondent à ces poids, sont présentées ici sous leur forme assyrienne la plus habituelle. La fraction 1/3 peut être admise à la rigueur sous cette forme, mais comme la drachme était divisée en 6 oboles, un tiers de drachme est égal à 2 oboles et il est, par suite, plus naturel de considérer le poids n° 5 comme correspondant à 2 *oboles.* Telle était très-certainement sa véritable expression.

Quant à la fraction 1/8, elle est encore moins admissible que la fraction précédente, car pour la présenter sous sa forme assyrienne la plus ordinaire, il faudrait la remplacer par $\dfrac{450}{3600}$ ou mieux encore par $\dfrac{7 \times 60 + 30}{3600}$, c'est-à-dire, en caractères cunéiformes, par

𒈨 𒐕 𒌋, et la seule complication de cette forme suffit amplement, à mes yeux, pour montrer que le poids n° 6 ne pouvait être exprimé, comme le poids n° 5, qu'en fonction de l'obole et non en fonction de la drachme. Or, comme 1/8 de drachme est égal à 3/4 d'obole, il est clair que cette dernière expression est celle qui doit convenir *seule* dans le cas actuel. Mais on sait, d'une part, que, dans la numération assyrienne, la fraction 3/4 était habituellement remplacée par $\dfrac{45}{60}$ (45 sussi); et de l'autre, que toutes les unités métriques assyriennes étaient divisées en 60 parties égales pareillement nommées *sussi*. Une obole comprenait ainsi 60 sussi, et 3/4 d'obole en comprenaient 45; de sorte qu'il est permis d'écrire :

$$3/4 \text{ d'obole} = \frac{45}{60} \text{ d'obole} = 45 \text{ sussi} = 22 \ 1/2 \ \textit{doubles-sussi;} \text{ et cela}$$

est d'autant plus vrai que c'est précisément cette expression de 22 1/2 doubles-sussi que l'on trouve gravée sur la base du poids n° 6.

Je n'ignore pas que M. François Lenormant a lu sur ce poids 𒌋𒌋 𒌍 𒁹 𒉺 et que cette expression représente pour lui 20 *grains*, c'est-à-dire 2/3 d'obole ou bien 1/9 de drachme, au lieu de 3/4 d'obole (1/8 de drachme) (voyez son *Essai sur un monument mathématique chaldéen*, p. 101); mais cette lecture et sa traduction me semblent aussi inexactes l'une que l'autre.

M. Oppert s'est beaucoup plus approché de la vérité, lorsqu'il a lu, sur le même poids (voyez son *Étalon des mesures assyriennes*, p. 78) : 𒌋𒌋 𒐖 𒁹 𒐈 = 22 1/2 *grains*. Cependant la vérité est qu'on y trouve, en fait : 𒌋𒌋 𒐖 𒁹 𒈫 = 22 1/2 (?).

Et il résulte évidemment de la discussion qui précède que l'idéogramme 𒈫 dont nous ne connaissons pas la valeur phonétique, ne peut représenter qu'un *double-sussa*, auquel il est certainement permis d'attribuer, en français, le nom de *grain*.

La connaissance exacte que nous possédons maintenant de la valeur des poids n° 5 et n° 6 nous donne le moyen de déterminer, avec la même exactitude, le poids n° 4 qui doit correspondre nécessairement à 3 oboles et 1/4, ou en d'autres termes à 3 oboles 7 grains et 1/2 ▶⫢⫢= puisque la somme des trois poids n° 4, n° 5 et n° 6 doit être égale elle-même, comme on le sait, à une drachme; et ce résultat doit être considéré comme incontestable, malgré la différence de $0^{gr},211$ qui existe entre le poids *théorique* de 3 oboles 1/4, égal à $4^{gr},449$, et le poids *réel* du canard n° 4 égal à $4^{gr},66$, parce que cette différence de $0^{gr},211$ *en plus*, quoique supérieure à toutes celles qui ont été signalées précédemment, a dû néanmoins être maintenue, pour compenser les différences *en moins*, de $0^{gr},088$ et de $0^{gr},067$, ensemble $0^{gr},155$, qui ont été constatées sur les poids n°ˢ 5 et 6.

Remarquez d'ailleurs, je vous prie, que l'erreur dont je m'occupe en ce moment serait beaucoup plus forte, si l'on admettait, avec M. Oppert, que le canard n° 4, quoique pesant en réalité $4^{gr},66$, correspond malgré cela à 1/2 drachme, ou en d'autres termes à 3 oboles; car 3 oboles ne pesant *théoriquement* que $4^{gr},107$, la différence s'élé-verait alors jusqu'à $0^{gr},553$, c'est-à-dire serait *plus que double* de $0^{gr},211$ et par conséquent tout à fait impossible.

Ainsi, en dernière analyse, il n'est plus permis de douter, et je suis en droit d'affirmer, avec une entière certitude :

1° Que le canard n° 4 correspond bien réellement à 3 oboles et 1/4 ou en d'autres termes à 3 oboles plus 15 sussi, ou mieux encore à 3 oboles plus 7 1/2 *doubles-sussi;*

2° Que le canard n° 5 correspond exactement à 2 oboles;

3° Et enfin que le canard n° 6 correspond, comme son inscription l'indique, à 22 1/2 *doubles-sussi*, ou ce qui est la même chose, à 45 sussi, c'est-à-dire à 3/4 d'obole.

Il est facile de comprendre cependant que si, au lieu de régler ces trois poids comme je viens de l'indiquer, on avait mieux aimé réduire le premier à 3 oboles et élever en même temps le dernier jusqu'à une obole, comme nous le ferions très-certainement aujour-d'hui, on aurait pu s'en servir pour peser, à volonté, 1, 2, 3, 4, 5 ou 6 oboles, et par conséquent il importe de rechercher, en finissant, pour quels motifs on a substitué à ce dernier système, dont la sim-plicité est évidente, celui qui lui a été réellement préféré.

C'est, si je ne me trompe, pour se procurer les moyens d'obtenir toutes les pesées *à 1/4 d'obole près*, au lieu de les effectuer seule-ment, comme dans l'hypothèse précédente, avec la précision *d'une obole*.

Voici, en effet, les diverses pesées qui peuvent être obtenues directement et en *une seule fois*, en ne se servant que des poids n° 4, n° 5 et n° 6, à la condition cependant de les placer, ensemble ou séparément, sur les plateaux d'une balance, de la manière indiquée dans le tableau suivant :

INDICATIONS.	POIDS A PLACER EN MÊME TEMPS	
	Dans le 1er plateau de la balance.	Dans le 2e plateau.
Pour 6 oboles ou une drachme	Canards n°s 4, 5 et 6 ensemble.	
Pour 5 oboles et 1/4	Canards n°s 4 et 5 ensemble.	
Pour 4 oboles et 1/2	Canards n°s 4 et 5 ensemble	Canard n° 6.
Pour 4 oboles	Canards n°s 4 et 6 ensemble.	
Pour 3 oboles et 1/4	Canard n° 4.	
Pour 2 oboles 3/4	Canards n°s 5 et 6 ensemble	
Pour 2 oboles et 1/2	Canard n° 4	Canard n° 6.
Pour 2 oboles	Canards n°s 4 et 6 ensemble	Canard n° 5.
	ou bien Canard n° 5.	
Pour 1 obole et 1/4	Canard n° 4	Canard n° 5.
	ou bien Canard n° 5	Canard n° 6.
Pour 3/4 d'obole	Canard n° 6.	
Pour 1/2 obole	Canard n° 4	C. 5 et 6 ensemb.

Observez, après cela, que les diverses pesées dont je viens d'indiquer la série ne sont séparées entre elles que par des intervalles de 3/4 d'obole *au plus*, et que par conséquent il est extrêmement facile de compléter cette série en évaluant *approximativement* tous les termes qui y manquent, puisque, en effet, on peut prendre : 1° pour correspondre à 5 oboles 3/4, la 1re pesée *un peu faible*, et 2° la 2e pesée *un peu forte* pour correspondre à 5 oboles 1/2. La même pesée *un peu faible* peut donner ensuite 5 oboles seulement et l'on peut continuer ainsi jusqu'à la 11e pesée, qui donne 1/4 d'obole quand on la prend *un peu faible*.

En vous montrant, comme je viens de le faire, la possibilité d'obtenir, avec une précision très-suffisante dans la pratique et à l'aide seulement des trois derniers poids de la collection du Louvre, *les 24 pesées différentes*, exprimées en quarts d'obole, qui sont comprises entre 1/4 d'obole et une drachme, je crois vous avoir donné :

1° Une explication très-complète de la fixation, au premier abord si extraordinaire, du poids n° 6 à 3/4 d'obole seulement, et du poids n° 4 à 3 oboles *et un quart;*

Et 2° la possibilité d'ajouter, si vous le trouvez utile, à votre catalogue du musée, les véritables expressions de tous vos poids assyriens, qui ne vous étaient peut-être pas toutes connues.

II

« On sait *avec certitude*, a dit M. F. Lenormant à la page 92 de son *Essai sur un document mathématique chaldéen*, que les Babyloniens et les Assyriens leurs disciples faisaient usage de *deux séries de poids*, dans l'une desquelles les unités étaient exactement doubles de celles de l'autre. »

Quant à M. Oppert, il s'est exprimé, à son tour, à peu près de la même manière, lorsqu'il a dit, à la fin de la page 72 de son *Étalon des mesures assyriennes fixé par les textes cunéiformes :*

« La mine et les poids qui en dépendent représentent *deux séries* de valeurs dont les unes sont les doubles des autres. Les poids assyriens constatent ce fait *incontestable*. »

Et la série des noms des poids assyriens donnée par ce savant assyriologue, à la dernière page de son mémoire, comprend en conséquence :

1° Le grain faible, qui est l'unité pondérale à laquelle se rapporte l'inscription du canard n° 6 du Louvre ;

2° Le grain fort, double du grain faible ;

3° L'obole faible, composée de 30 grains faibles ;

4° L'obole forte, double de l'obole faible et composée de 30 grains forts ;

5° La drachme faible, composée de 6 oboles faibles ;

6° La drachme forte, double de la drachme faible et composée de 6 oboles fortes ;

7° Le décadrachme, composé de 10 drachmes *faibles*, que M. Oppert nomme aussi *pierre* et qu'il considère à tort comme étant l'unité principale de laquelle toutes les autres unités pondérales étaient déduites ;

8° La mine faible, composée de 60 drachmes faibles ;

9° La mine forte, double de la mine faible, et composée de 60 drachmes fortes ;

10° Enfin le talent, composé de 60 mines faibles ou de 30 mines fortes.

A quoi M. Lenormant ajoute encore :

Un talent *fort* composé de 60 mines fortes, quoique M. Oppert n'admette pas cette unité métrique.

Ce double système a été adopté, sans la moindre hésitation, par tous les métrologues, et en particulier, en Allemagne, par MM. Bran-

dis et Mommsen. Je n'entreprendrai pas d'en démontrer rigoureusement, dès aujourd'hui, l'inexactitude ; il me sera permis cependant
de faire observer ici :

1° Que la division des poids assyriens en deux séries distinctes et
doubles l'une de l'autre aurait été singulièrement incommode, si
elle avait été réellement adoptée, parce qu'on n'aurait pu s'en servir
qu'à la condition d'indiquer soigneusement, dans chaque cas particulier, si les mines, les drachmes, les oboles ou les grains dont on
avait à parler étaient *forts* ou *faibles*, ce qui ne me paraît pas avoir
jamais été fait ;

2° Que dans tous les systèmes métriques, quel que puisse être
celui que l'on considère en particulier, les diverses mesures que
l'on y trouve sont *toujours* divisées *en deux moitiés* et que par conséquent, dans le système pondéral assyrien, le demi-grain *fort*, la
demi-obole *forte*, la demi-drachme *forte* et la demi-mine *forte, qui
faisaient nécessairement partie de la série* FORTE, sont précisément
égaux au grain, à l'obole, à la drachme et à la mine *de la série* FAIBLE;
ce qui suffit, à mes yeux, pour montrer combien il est inutile de
concevoir deux séries de poids, distinctes l'une de l'autre, quand
tous les poids connus peuvent être si facilement réunis dans une
seule et même série ;

3° Enfin, que la combinaison inventée par quelques métrologues
et admise ensuite sans examen, par tout le monde, a pour conséquence immédiate et nécessaire d'exclure de la nomenclature des
poids assyriens *le sicle*, qui était pourtant l'une des principales, je
puis même dire la principale unité métrique pondérale chez les
Assyriens.

Sans rien ajouter, pour le moment, à ces trois observations préli-
minaires, j'admettrai, en fait, que la série *nécessairement unique* des
poids assyriens comprenait seulement :

1° Le grain, c'est-à-dire, l'unité à laquelle se rapporte l'inscription gravée sur la base du canard n° 6 du
Louvre;

2° L'obole, composée de 30 grains;

3° La drachme, composée de 6 oboles ;

4° Le sicle, composé de 2 drachmes, ou, de 12 oboles, ou, ce qui
est encore la même chose, de 360 grains, et par
conséquent *divisible en* 360 *parties égales*,
comme toutes les grandes mesures assyriennes;

5° La mine, composée de 60 sicles, c'est-à-dire, en d'autres termes,
d'*un soss de sicles;*

Et 6° le talent, composé de 30 mines.

En adoptant les rapports que je viens d'indiquer, on peut établir les comparaisons suivantes entre les mesures *réelles* des Assyriens et celles que les métrologues modernes se croient autorisés à leur substituer par hypothèse.

Le grain assyrien est égal au grain *faible* des métrologues.

Deux grains correspondent à leur grain *fort*.

L'obole assyrienne est égale à l'obole *faible* des métrologues.

Deux oboles correspondent à leur obole *forte*.

La drachme assyrienne est égale à la drachme *faible* des métrologues.

Le sicle assyrien est égal à leur drachme *forte*.

Cinq sicles assyriens correspondent au décadrachme des métrologues, ou en d'autres termes, à la *pierre* de M. Oppert.

La mine assyrienne est égale à la mine *forte* des métrologues, et par conséquent c'est la demi-mine assyrienne qui correspond à leur mine *faible*; cette demi-mine comprenait 360 oboles et se nommait, en assyrien, *U gagar.*

En dernier lieu, le talent assyrien est le même que celui des métrologues.

Tout cela, je vous prie de le croire, peut être démontré rigoureusement; mais il arrive par malheur que, pour présenter cette démonstration avec tous les développements nécessaires, il faut employer beaucoup de temps et écrire un traité complet de métrologie assyrienne. Je vous en fais grâce pour aujourd'hui, me réservant d'y revenir une autre fois, si la chose est nécessaire.

En attendant, il me reste à vous dire quel était, en réalité, le poids que les métrologues s'obstinent à appeler *un décadrachme* (comme s'il pouvait être question ici d'une mesure grecque), et auquel j'ai conservé moi-même ce nom, dans ma dernière lettre, quoiqu'il soit certainement beaucoup plus naturel de considérer ce poids comme composé de 5 sicles, et cela, par cette seule raison que la mine, composée de 60 sicles, était divisée, aussi bien que toutes les autres mesures assyriennes, *en douzièmes*, et que cette douzième partie de la mine, égale à 5 sicles, devait être nécessairement exprimée en sicles comme la mine elle-même.

Quoi qu'il en soit de ce détail, c'est au décadrachme que correspond le canard n° 1 du Louvre, et puisque ce poids était composé de 5 sicles, quand le sicle lui-même était composé de 12 *oboles*, il est clair que le décadrachme comprenait 60 *oboles*. Donc, lorsque vous regarderez avec moi l'obole comme l'unité fon-

damentale, base de tout le système (et cela doit être incontestablement, puisque l'idéogramme de l'obole est ◀║▶), le décadrachme
sera égal à *un soss d'oboles*. En d'autres termes, quand l'obole sera
l'unité du *soss*, le décadrachme sera l'unité du *sar*, et vous concevez
maintenant sans peine pourquoi votre série du Louvre, qui com-
mence à l'obole et à sa division en quatre quarts de 7 grains 1|2
chacun, finit précisément au décadrachme. C'est parce qu'on a voulu
limiter à *un soss d'oboles* cette série, qui était exclusivement réservée à de très-petites pesées et qui, par conséquent, n'a pu servir autrefois qu'à peser des monnaies ou des préparations pharmaceutiques.

On ne comprend pas aussi bien, du moins au premier abord, pour
quel motif la forme du poids de 12 oboles se trouve en fait si différente de celle des autres poids, dans cette petite collection dont toutes
les parties sont destinées à un seul et même usage et constituent une
seule et même série bien régulière de 1, 2, 3, 6, 12 et 60 oboles.

Pour s'en rendre compte, il faut revenir aux principes et se rappeler que les Assyriens comptaient *les nombres*, comme les Chaldéens,
par *sosses*, c'est-à-dire par soixantaines, et que, dans chacun de ces
groupes, les unités étaient d'abord comptées par dizaines, pour
former ensuite un soss, par la réunion de *six dizaines;* mais que,
malgré cela, et quoique les *unités* métriques fussent comptées,
comme toutes les autres unités, par dizaines d'abord et par sosses
ensuite, il arrivait cependant que les *mesures* elles-mêmes, divisées
comme tous les sosses en 60 parties égales, étaient partagées *en
douzaines*, au lieu d'être partagées *en dizaines*, et se trouvaient finalement composées de *cinq douzaines*, au lieu d'être composées,
comme dans la numération ordinaire, de *six dizaines*. C'est même
pour ce motif, vous le remarquerez en passant, que le poids de
10 oboles ne figure pas dans votre série du Louvre, et qu'on y trouve,
au contraire, le poids de 12 oboles, c'est-à-dire le sicle, auquel un
rôle encore plus important et plus considérable était assigné, ainsi
que vous allez le voir, dans la métrologie assyrienne; car, si je ne
me trompe, lorsque les Assyriens ont voulu prendre, dans le premier
soss de leurs mesures pondérales, pour servir à la formation de leurs
grandes mesures, une de celles qui se trouvaient déjà comprises
dans ce premier soss, ils ont choisi précisément le sicle = 12 oboles
= 360 grains, de préférence à la drachme = 6 oboles = 180 grains,
dont l'importance n'était pour eux que de second ordre, et c'est par
conséquent pour cela qu'ils ont fait leur mine égale à 60 sicles, c'est-
à-dire à *un soss de sicles*.

Je n'ignore pas que, dans d'autres contrées, c'était la drachme qui servait d'unité principale, à l'exclusion du sicle ; mais la mine était alors composée de 100 drachmes et le talent de 60 mines, ce qui était un système complétement différent.

Au contraire, dans le système assyrien, c'est en fonction du sicle, et non de la drachme, que les grandes mesures pondérales ont été réglées, et c'est précisément pour indiquer cette préférence que le sicle est particulièrement signalé dans votre série par une forme exceptionnelle.

Quant au décadrachme, auquel je regrette toujours de donner ce nom qui ne lui convient pas, il était contenu 12 *fois* dans la mine, et son importance était, par ce seul fait, bien réelle ; mais elle était, malgré cela, je le répète, bien au-dessous de celle du sicle, qui était contenu 60 *fois* dans la même mesure et qui servait, par conséquent, comme je l'ai dit, à constituer une *unité* dont la mine était le soss.

AURÈS.

MÉLANGES D'ÉPIGRAPHIE[1]

II

Ayant étudié à propos de quelques photographies de la collection de M. Ermakow le beau travail de M. Dumont sur les *Inscriptions et Monuments figurés de la Thrace*, je me permets de publier ci-dessous quelques observations que j'ai faites à cette occasion, en les accompagnant de plusieurs textes inédits.

N° 2 (p. 8), je propose de lire :

Θεῷ Σουρεγέθῃ ἐπηκόῳ Κου . . . . Ῥοιμήζεος εὐχαριστήριον.

La divinité mentionnée dans cette dédicace est probablement identique avec le ΖΕΥΣ ΣΥΡΓΑΣΤΗΣ des monnaies de Tios en Bithynie (Eckhel, *D. N.*, II, 438; comparez aussi l'inscription de Brescia, *C. I. L. V.*, 4206 : *dis paternis Surgasteo magno Patro*). Le nom Ῥοιμή-ζης se rattache à la même racine que Ῥοιμη-τάλκης, dont la seconde partie se retrouve en Σι-τάλκης. Du reste, la formation du génitif en -εος est très-fréquente dans nos textes.

N° 10.   Κυρίῳ Διὶ καὶ Ἥρᾳ
Βείθυς Αὐλουζένεος κ[αὶ Ἀ]λκέτης Ἀσκανίου καὶ Σκωρια[νὸς
κα]ὶ Σαδάλας εὐχήν.

M. Dumont transcrit : Αὐλου Ζένεος ; cependant on doit y reconnaître un seul nom propre en comparant :

Αὐλουτράλεος, Dum. 32 ;

Αὐλουκράμεος, probablement Αὐλου[τ]ράλλεος dans l'inscription bithynienne publiée dans la *Gazette archéologique* de Berlin, 1875, p. 162, n° 4 ;

(1) Voir les numéros de février et de mars de la présente année.

Αὐλουξένης, *C. I. G.* n° 2054, peut-être Αὐλου[ξ]ένης et Αὐλουβεισταβάχης, texte inédit de Panidos ;

Aulucentus (*C. I. L. V.* 1, n° 940 ; cf. Sudi-centius, Burl-centius, Rabo-centus, Disa-centus, Ζατρο-κένται (Tomaschek, *Rosalia und Brumalia*, p. 389), et surtout Auli-zanus (Tomaschek, *l. c.*, p. 384, not. 2), et **AVLOZENES** (*C. I. L. V.* 1, n° 3509).

Le second membre de cette composition se retrouve dans les noms Βριζένις (Dum., n° 40), Diuzanus (Tomaschek, *l. c.*, p. 391), Mucasenius, Mucazanus (Tom., *l. c.*, p. 384).

Le nom Ἀ]λκέτης a été reconnu par l'éditeur dans l'index ; j'y ajoute encore dans la deuxième ligne Σαδάλας, nom porté par plusieurs rois de Thrace ; aussi se retrouve-t-il à Byzance comme nom d'un particulier (Déthier *Epigraphik von Byzanz*, p. 77, V).

N° 15. Voici comment je lis l'inscription de la partie inférieure :

Πολυνείκην ὃς κτείνας Πίνναν ἐξεδίκησεν ἐμὲ Κα...
Θάλλος προέστη τοῦ μνημείου ἐξ ὧν κατέ[λι]π[ο]ν.

Πίννας était probablement le frère et l'ennemi mortel du défunt, qui le désigne avec le nom du fratricide Thébain ; son vengeur était Thallus, qui construisit le tombeau. Πίννας est connu comme nom illyrien, sous la forme Πίννης (Appien, *Illyr.* 7 ; Dio Cass., frag. CLI).

N° 26. Voici comment j'explique le commencement de cette inscription :

Ἀγαθ]ῇ Τύ[χη
Ἕως αἰῶνα τὸ[ν] κ[ύριον
M. Αὐρ(ήλιον) Ἀλέξανδ[ρον Σεουῆρον

« A la bonne fortune ! Vive l'empereur M. Aur. Alexandre Severus ! »

Une inscription d'Ancyre (*C. I. G.*, III, 4044 ; Perrot, *Explor.*, n° 127, p. 237) ne contient que les mots :

Ἀγαθῇ Τύχῃ · Εἰς αἰῶνα τὸν κύριον,

« A la bonne fortune ! Vive l'empereur ! » dont le sens a échappé aux éditeurs. L'explication de cette phrase est donnée par la savante note de M. Waddington sur l'inscription Lebas, *As. Min.*, 851 (*C. I. G.*, 3842 *b* : Διὶ καὶ τοῖς κυρίοις Κάρπων Αἰνήου ἱερεὺς ἀνέθηκεν) : « Οἱ κύριοι sont les empereurs ; une médaille de ma collection frappée à Tarse sous le règne de Gallien a pour type la Victoire tenant un bouclier sur lequel il y a écrit : Εἰς αἰῶνα τοὺς κυρίους, Vivent les empereurs! »

Je n'hésite donc pas à reconnaître dans le commencement de l'inscription de Hissar la même formule, qui ne se retrouve ailleurs que sur le marbre d'Angora et sur la médaille de Tarse.

N° 32. — Cavalier marchant à droite ; femme debout, de face, vêtue d'une longue tunique, la tête couverte d'un voile.

A la partie supérieure :

KYPIWHPWI

A la partie inférieure :

HPAI AYΛYOTPAΛEOC
EYXHN

L'explication de M. Dumont : κυρίῳ ἥρωι Ἥρᾳ Αὔλου Τράλεος εὐχήν, me paraît inadmissible ; je propose plutôt :

Κυρίῳ Ἥρωι Ἡραὶ[ς] Αὐλουτράλεος εὐχήν.

Ἡραίς est un nom propre féminin.

M. Dumont a le premier signalé le culte du héros thrace (*Rapport*, p. 30, et *Inscr.*, p. 70 s.), divinité indigène, dont les représentations sous les traits d'un cavalier chassant une bête féroce sont restées jusqu'à présent l'objet de l'adoration sous le nom de Saint-Georges ; je renvoie les lecteurs aux remarques fort intéressantes du savant épigraphiste. Cependant j'hésite à adhérer aux conclusions suivantes : « On figurait sur les stèles sous la forme du cavalier thrace le mort héroïsé, devenu κύριος et ἥρως ; mais ce héros recevait des ex-voto. — Le κύριος ἥρως était alors invoqué comme un dieu, et on l'associait aux grandes divinités, par exemple à Ἥρα, n° 32 (ce qui est cependant au moins très-douteux, comme nous venons de le démontrer). On ne doit pas dire *le héros thrace*, mais *les héros*

---

(1) M. Dumont donne d'après la restitution de mon père : Ἥρως σεμνὸς Ἀσθύχους εὐχήν ; la copie de M. Scordélis nous conduit plutôt à : Ἥρωι σε[μνῷ].... Σούχους εὐχήν. Au nom Σούχης il faut comparer *Suci-dava* (composition comme Ζιριδάουα, Ptol.), village en Mésie intérieure, et *Suci*, nom d'une tribu thrace aux alentours de Philippople.

thraces; l'héroïsation des mortels et le culte des ancêtres divinisés
sont une des formes les plus originales de la religion de ce pays. »
Je me permets de faire observer, d'abord que les quatre dédicaces
au κύριος ἥρως (Dum., 24, 32, 33 c., 39) ne ressemblent point aux
monuments funèbres, si nombreux surtout en Asie Mineure, dédiés
aux morts divinisés ; ce n'est qu'un seul monument(D.,27), qui, sans
porter le nom de héros, nous montre le cavalier sous les traits du
κύριος ἥρως des dédidaces, tandis que sur les autres (p. e D. 13, 15,
25, 25 a, 45, 47, etc.) cette représentation n'apparaît pas, pas même
sur l'inscription funéraire (D., 47), malgré qu'elle fasse expressément mention de l'héroïsation du mort. (Δόλ]ης Δόλη(νος) ζῶν καὶ φρονῶν
αὐτὸν ἀφηρωΐζεν). Mais, quoi qu'il en soit, il y a encore d'autres raisons
qui m'ont suggéré une opinion un peu différente. Comme M. Dumont l'a déjà remarqué, le type du cavalier thrace se trouve également ailleurs, par exemple à Thasos ; je citerai encore parmi les
bas-reliefs d'Odessus (Varna) photographiés par M. Ermakow, une
représentation du héros chasseur, malheureusement sans inscription, et surtout le texte suivant de Tomi (Kustendjé), publié par
M. Koumanoudis (Πανδώρα, juin 1868), n° 8 :

> *J. O. M.*
> *Heroi*
> *Q. Trebellius*
> *Q. f, (F)ab. Maxi-*
> *mus Roma*
> *leg. V Mac.*
> *trecenariu (s)*
> *coh. IIII pr.*
> *V. S.*

ce qui est évidemment un ex-voto au *Juppiter Optimus Maximus
Heros.* Une telle expression me semble à peine compatible avec
l'opinion de M. Dumont, qui ne voit dans le héros qu'un simple mortel divinisé. A côté de ce texte, une inscription d'Olynthos (*C. I. G.*,
2007 *f*; Duchesne et Bayet, *Mission au mont Athos*, p. 76, n° 119)
nous apprend qu'il existait dans cette ville un collège et un prêtre du
dieu Héros (Αἰλιανὸς Νείκων ὁ ἀρχισυναγωγὸς θεοῦ Ἥρωος καὶ τὸ κολλίγιον
Βειβίῳ 'Αντωνίῳ ἀνέστησεν τὸν βωμὸν κ.τ.λ). Outre cette inscription, qui
vient fort à propos confirmer le témoignage du texte de Kustendjé,
l'ouvrage de MM. Duchesne et Bayet nous a fait connaître plusieurs
exemples de cavaliers thraces sur des monuments de Salonique,

l. c., p. 47, n° 68 et 70, p. 51, n° 80, p. 52, n° 82; d'Édessa, p. 104,
n° 140; et jusqu'à Larisse en Thessalie, p. 125, n° 165, p. 126,
n° 167. Peut-être même est-il permis d'y ajouter l'ancienne dédicace
trouvée à Galaxidi et publiée dans la *Rev. arch.*, t. XXXII, p. 182, avec
l'inscription : Εὔφαμος καὶ τοὶ συνδαμιοργοὶ ἀνέθεκαν τοῖ Ἥροι. Quoi qu'il
en soit, le caractère des monuments et les deux inscriptions de Kustendjé et d'Olynthe me déterminent à voir dans le héros thrace
plutôt une divinité spéciale du panthéon thrace, comme le Jupiter
Suregethes et d'autres, dont les noms nous sont conservés dans les
anciens auteurs, que le mort divinisé. Quant à l'idée religieuse de
ce culte inconnu, j'aime à espérer qu'il nous sera donné un jour
d'établir les rapports qui existaient entre le dieu-chasseur thrace
d'une part et les fameux chasseurs de la mythologie grecque, tels
que Méléagre, Orion, etc., et le Grand Veneur, le Saint Hubert, etc.,
des peuples germaniques, d'autre part[1]. La position de la branche
thraco-bithynienne dans le système des peuples indo-européens ne
saurait que justifier ces rapprochements.

N° 34. — La photographie de M. Ermakow que j'ai sous les yeux
me permet de rétablir le texte publié par M. Dumont.

A la partie supérieure :

KYPIWΔII

Κυρίῳ Διί

Sur l'autel :

ENΊ ΓW

ΔPO MM

A la partie inférieure :

ΔΟPΖΕΝΘΗΓΔΙΝΕΟΓΔWPΟN

ΕΚΤWΝΔΕΙPΑΝΤWΜΕΓΔΙΚΗΓΟΝ

Δορζένθης Δίνεος δῶρον

ἐκ τῶν δειράντων με ἐγδίκησον

(1) Jacob Grimm, dans son célèbre ouvrage : *Histoire de la langue allemande*, a
plusieurs fois rapproché les Thraces des Germains ; le même auteur, comme on le
sait, soutenait la thèse de l'identité des Gètes et des Goths.

Quant au nom Δορ-ζένθης, les deux parties dont il se compose se retrouvent dans les noms propres Dor-iscus, Zanti-ala (Tomaschek, *l. c.*, p. 389), Sinties, Sintula, etc. Δίνεος (nom. Δίνης) est le même nom que Dinis (Tacitus, *Ann.*, 50), Sept. Dines (Murat., DCCCXC, 2), gén. Dini (*I. R. N.*, 2793, tom. I, 1, p. 392). Le mot Ἐνπωσωδρόμῳ sur l'autel doit se référer, comme épithète, au dieu invoqué; une inscription inédite de la collection du Ἑλληνικὸς Φιλολογικὸς Σύλλογος nous fait connaître un nom géographique d'une formation analogue, Ζινδρουμηνός, de Ζίν-δρουμα.

N° 37. — Photographie de M. Ermakow. Bas-relief brisé dont il ne reste que la moitié inférieure. A droite, Asclépios, vu de face, debout, tenant le sceptre au serpent; à gauche, deux femmes vues de face, debout (Hygia et Eirène) ?

Au-dessous :

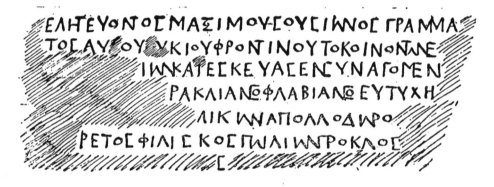

ἐπιμ]ελητεύοντος Μαξίμου Σουσίωνος γραμμα-
τεύον]τος Αὔ[λ]ου [Λο]υκίου Φροντίνου τὸ κοινὸν τῶν ἐ[πὶ
Θράκης Ἑλλήν]ων κατεσκεύασεν ·ʹσυναγόμεν[οι
δέ εἰσιν οἵδε · Ἡ]ρακλιανός, Φλαβιανός, Εὐτύχη[ς
. . . . Ἀπελ]λίκων, Ἀπολλόδωρο[ς
. . . Φιλά]ρετος, Φίλισχος, Πωλίων, Πρόκλος.
. . . .

Le texte tel que je le donne, après un examen réitéré et attentif de la bonne photographie, diffère un peu de la copie de M. Dumont, laquelle porte : l. 1, au commencement, ΡΑΤΕΥΟΝΤΟΣ; l. 2, ΝΤΟΣ ΑΥΛΟΥ ΛΥΚΙΟΥ; l. 3, ΣΥΝΑΓΟΝ; l. 4, seulement les mots ΦΛΑΒΙΑ-ΤΟΕΥΤΧΕ; l. 5, le nom ΑΠΟΛΛΟΔΩΡΟ, et l. 6, ΡΕΙΟΣ ΦΙΛΙΣΤΟΣ. Si je ne me trompe pas dans la restitution de la troisième ligne,

le monument qui porte cette inscription était érigé par la communauté grecque à Philippolis. Comme il appert de nombreuses
inscriptions, les Grecs, en Asie Mineure, ont commencé de bonne
heure à former des confédérations (κοινά) qui avaient leurs cultes,
jeux, etc., spéciaux ; il en était de même dans les pays barbares
d'Europe. Polybe (IX, 28, 2 ; XXIII, 8, 1) emploie déjà les expressions
οἱ ἐπὶ Θράκης Ἕλληνες et αἱ ἐπὶ Θράκης Ἑλληνίδες πόλεις ; à Périnthe,
Cyriaque a copié un décret en l'honneur de M. Aurelius Themisto-
cles, premier de la ville et des Hellènes (τὸν πρῶτον τῆς πόλεως καὶ τῶν
Ἑλλήνων) ; l'inscription D. 59, dont les copies sont malheureusement
fort estropiées, était, selon toutes les apparences, un décret de la
même confédération. Des textes récemment découverts à Tomis
(Kustendjé) nous ont révélé l'existence aussi en Mésie inférieure
des κοινὰ Ἑλλήνων (Perrot, *Mél. d'archéol.*, p. 193, 448).

La charge des ἐπιμεληταί se trouve mentionnée D. 44, 57 a, 59,
l. 11, et dans les textes rapportés dans la Mission au mont Athos ;
aussi chez D. 42, l. 12, faut-il reconnaître :

$$\text{ἐπιμελουμ]ένου Ἀσκλ[ηπιάδου}$$
$$\text{Μενέφρον[ος}$$

N° 40. — Photographie de M. Ermakow.

$$\text{Βρίζενις Ζιαχατράλεος}$$
$$\text{εὐχὴν Ἀπόλλωνι}$$

M. Dumont propose Βριζενισζιαχὰ Τράλεος ? Je préfère diviser les
noms autrement ; le nom Βρίζενις (ou Βριζένις) nous rappelle les formes
en ζενης ou *zanus*, comme Αὐλουζένης, Diuzanus, etc., dont nous avons
parlé plus haut ; comparez aussi Bri-genis (*C. I. L.*, VI, n° 2907),
Bri-nursius (Gruter, DXXVI, 9). Les noms composés avec *trales*
sont assez fréquents ; comparez Aulutrales, Bititralis, Diszatralis
(voy. plus haut et Tom. *l. c.*, p. 384) ; Hesychius donne encore la
glose suivante : s. v. Τραλλεῖς οὕτω ἐκαλοῦντο μισθοφόροι Θρᾷκες τοῖς
βασιλεῦσιν, οἱ τὰς φονικὰς χρείας πληροῦντες.

57 a. — Cette inscription n'est connue que par des copies plus
anciennes relatées dans le *Corpus*. La lecture de la huitième ligne
adoptée par M. Dumont, d'après le *Corpus*, doit cependant être cor-
rigée. Au lieu de ἐ[παρχ]οῦντος Ἀλφείου Ποσειδωνίου, il faut évidemment lire ἐκ[δι]κοῦντος, etc. ; les copies portent ΕΚΝΙΚΟΥΝΤΟΣ.

L'inscription presque identique Ð, 44, *C. I. G.*, 2048, porte à la première ligne

C·Λ·IKO......ΑΛΦΙΟΥΥΙΟ

ce qui est probablement

ΕΚΔΙΚΟυντος ΑΛΦΙΟΥΠΟσειδωνιου.

Cet Alfius Posidonius était donc plutôt procureur, ἔκδικος, de la phylé, comme il y a un ἔκδικος du Sénat, D. 55 (ἡ ἱερὰ γερουσία τὸν ἑαυτῆς ἔκδικον), et d'une confrérie dionysiaque (D. III, *C. I. G.*, 2052).

N° 57 *c.* — (*C. I. G.* 2051.) Je ne sais pas pourquoi l'éditeur du *Corpus* a rejeté la leçon donnée par une de ses copies : τὴν σορὸν σὺν τῷ γράδῳ, qu'il a changée en σὺν τῷ [πυ]άλῳ, ce qui est inadmissible, le mot πύαλος, πύελος, étant du genre féminin. Le mot γράδος se retrouve encore dans un autre texte de Philippopolis, parmi les *inedita* du Syllogue hellénique ici.

N° 59. — « Inscription sur un socle en forme d'autel, dédié à la Μητὴρ θεῶν. » Un bas-relief brisé, photographié par M. Ermakow à Philippopolis, nous montre la même déesse de face, assise sur un trône, à côté d'elle un énorme lion ; au-dessous l'inscription suivante :

'Αγαθῇ [Τύχῃ
Ὑπὲρ τῶν κυρίων αὐτοκρ[ατόρων Λ. Σεπτιμίου
Σεουήρου] Περτίν[ακος κτλ.

Vœu pour l'empereur Septimius Severus et son fils et co-régent Caracalla.

Outre celle-là, j'ajoute aux monuments épigraphiques de Philippopolis les inscriptions suivantes :

1. Bas-relief martelé, quatre personnages combattant (photographie de M. Ermakow). Au-dessus :

ΛΕΥΚΑΣΠΙΣ

2. Stèle à trois compartiments, dont la moitié à droite manque.

KYPIC/////

<table>
<tr><td>Homme couronnant
un buste.
Deux guerriers de face
debout.</td><td>Asclépios vu de face,
debout, tenant
le sceptre au serpent et
une patère.</td></tr>
</table>

Deux guerriers debout, vus de face ;
Au fond, cheval à droite.

CПOCФA

Κυρί[ῳ Ἀσκληπιῷ ?
Κρί]σπος Φα

3. Bas-relief. Cavalier thrace chassant la bête féroce. Lettres très-grossières et très-mal tracées.

Au-dessus :

ЄI IIAAOYM

Au-dessous :

IГ BOATIAГOCIAϚ
OYC

4. Sur un autel brisé :

///EΣΣETOION
//\EHΣAΛOXOYMOⱯ˻˼////ΛAX
//////ΠAPΘENⵔΓAN////////
///PETHΣENEKENEKΦENOΣ
//// OYTIΘEMAI
///ΦIΛOITITOΘAYMAΠOΘ
/// ΣAI////IΓEΦPNϹAIME
/// ΓAPΣYNEMOIMHИⱮ

```
//////// I M O N O N O K T W
    ///////// T O Π W //// N H Z Λ
     /////////// T H Ϲ
       //////// O Y Γ A ///
         ///// I I Ϲ
```

. . . . ἔσσετε τοῖον

. . . . λέης ἀλόχου . . . . . λάχε παρθεν[ο]γάν[6ρου

. . ἀ]ρετῆς ἕνεκεν ἐκ φρένος οὗ τίθεμαι

. . . φίλοι, τὶ τὸ θαῦμα ; . . . . φράσαι με

. . . γὰρ σὺν ἐμοὶ μηνῶν. . . . . μόνον ὀκτὼ, etc.

La copie de M. Scordélis, dans les *inedita* du Syllogue hellénique, ne montre pas de variantes qui puissent nous aider dans la restitution de ces débris.

72 *a*. — Inscription copiée à Périnthe par Cyriaque d'Ancône ; elle se trouvait probablement sur quelque sanctuaire dédié par Ti. Claudius Zenas, commandant d'une trière de la flotte de Périnthe, et ses fils, au ΔII ZBEΛΣOYPΔΩ. M. Dumont transcrit Διί Z. Βελσούρδῳ, en faisant observer que la lettre Z après ΔII, supprimée par Borghesi (OEuvres, III, 274), est donnée par le manuscrit cod. Vat. 5250. Je crois avoir trouvé encore une autre trace de ce dieu. M. Kanitz, dans son ouvrage intitulé : *Donau, Bulgarien und der Baltcan*, p. 354, donne le dessin d'un bas-relief de Berkovica (Kaza Sliva), représentant Jupiter debout à droite, devant un autel, le bras droit levé pour lancer les foudres ; au-dessus l'inscription :

ΔIIZBΣΛΦTOYPΔ
MOPAΠOPIΣΔOPON

c'est-à-dire :

ΔIIZBEΛΣOYPΔΩ
MOKAΠOPIΣΔΩPON

Διὶ Ζβελσούρδῳ Μοχάπορις δῶρον.

Sur le nom thraco bithynien Mocapor, Mocaporis, voy. Tomaschek, *l. c.*, p. 386. Assurément il faut lire Ζβελσούρδῳ, et non pas Z. Βέλσούρδῳ comme l'a voulu M. Dumont; comme exemples de mots thraces commençant par les lettres Ζβ, je citerais le nom d'un village thrace Zburulo (D. 116) et le nom Ζιβέλμιος (Diodor. 34, 34). Mais l'inscription de Périnthe nous permet encore d'éclaircir un passage dans l'oraison de Cicéron contre Pison, ex-gouverneur de la province de Thrace, lequel est resté jusqu'à présent incompris et inexpliqué. L'orateur, en parlant des nombreux méfaits commis par son adversaire contre les peuplades barbares, finit par dire (§ 84, f. 1.) « A te Jovis Urii fanum antiquissimum barbarorum sanctissimumque direptum est. » Cette leçon doit être fausse, attendu que :

1° Le « fanum antiquissimum Jovis Urii », le Ἱερόν par excellence, dont il reste encore quelques débris, se trouve sur la côte asiatique du Bosphore et appartenait à la Bithynie, non à la Macédoine, dont Pison était gouverneur.

2° Le temple du Jupiter Urius, dieu des navigateurs grecs, ne peut être qualifié de sanctuaire de barbares; je n'ai pas besoin d'en citer les preuves.

En effet, en consultant la *varia lectio*, je trouve que « Jovis Urii » n'est qu'une correction manquée, due à Adrien Turnèbe, tandis que les manuscrits portent plutôt Jovis vel Suri ou Jovis vel Iuri. Voilà, si je ne me trompe pas, le dieu Ζβελσοῦρδος de l'inscription de Périnthe et de Berkoviça ; seulement, au lieu de IOVIS VEL SVRI, il faut restituer IOVIS SVELSVR[D]I. On pourrait même peut-être retenir la leçon des manuscrits, en comparant le mot *sura* dans les noms propres thraces Moca-sura (Tab. Peut.), Dlie-sura (Dum. no 116), ·Σουρεγέθης (Dum. 2).

N° 42 *d*. — Liste d'une confrérie dionysiaque avec un ἀρχιβούκολος et ἀρχισμύτης à la tête; une autre inscription d'Apollonia fait également mention d'un βουκόλος et d'un ἀρχιμύστης à côté d'un λικναφόρος et κισταφόρος (porteur de la cista mystica). A ces exemples j'ajoute encore l'inscription de Pergame, récemment publiée dans le *Hermes* (vol. VII, p. 40 et suiv.), qui nous montre une société de 18 βουκόλοι, à leur tête un ἀρχιβούκολος avec deux ὑμνοδιδάσκαλοι, un χορηγός et deux Silènes (Σειληνοί). Est-ce que c'étaient de vrais bergers, ou n'était-ce pas plutôt le chœur des bergers dans les jeux scéniques? Pour décider cette question, je ne peux malheureusement pas consulter les inscriptions, Or. 2335, 2351, 2352, citées par O. Jahn, *Die Cista Mystica*, p. 323.

N° 72 *e* et *f*. — Je m'empresse de signaler à propos de ces deux inscriptions un fait important qui a échappé à M. Dumont. Elles contiennent les catalogues de personnes (probablement d'éphèbes) appartenant aux Μακεδόνες, Ἀκαρνᾶνες, Ποδαργοί, Τελεῦντες, Ὡρεῖς, Αἰγικοί et Κασταλεῖς. L'éditeur a vu dans les quatre derniers noms des peuplades thraces inconnues ; je préfère corriger ΓΕΛΕΥΝΤΕΣ pour ΤΕΛΕΥΝΤΕΣ, Β]ΩΡΕΙΣ pour ΩΡΕΙΣ et ΑΙΓΙΚΟ[ΡΕΙΣ pour ΑΙΓΙΚΟΙ et reconnaître les mêmes tribus qui existaient aussi à Cyzique, comme en témoignent les inscriptions de cette ville, *C. I. G.*, II, p. 928, suiv.; Perrot, *Explor.*, t. I, p. 84, n° 49, où nous trouvons en dehors de ceux-ci encore les Οἰνῶπες, Ἀργάδεις et Ὁπλῆτες. En renvoyant les lecteurs à ce qui concerne l'origine et l'histoire des quatre tribus ioniennes primitives (Ἀργάδεις, Αἰγικορεῖς, Γελέοντες et Ὁπλῆτες), à la savante note de Bœkh, je me bornerai à remarquer que, si nous laissons de côté l'Attique, cette organisation ne s'est retrouvée jusqu'à présent qu'à Téos (*C. I. G.*, 3078, 3079), Cyzique et Tomi (Perrot, *Mél. d'archéol.*, p. 192, 198 et 448). M. Bœkh avait cru que les Οἰνῶπες et Βωρεῖς, à Cyzique, représentaient les étrangers, qui, dans le cours du temps, seraient venus se mêler aux colons Ioniens; l'existence à Périnthe des Βωρεῖς prouve cependant qu'au moins ceux-ci doivent être considérés comme tribu commune aux Ioniens de l'Asie Mineure ; car des relations particulières n'existant pas entre les deux villes, dont l'une, Périnthe, était fondée par les Samiens, l'autre, Cyzique, par les Milésiens, il n'est pas probable que la tribu des Βωρεῖς dérive de Cyzique. Toutefois, il est vrai que les Macédoniens, Podargues, Acarnanes et Castaliens sont évidemment des tribus qui ont été ajoutées aux anciennes dans une époque ultérieure, comme les Ῥωμέοι à Tomi : leurs noms indiquent clairement leur origine, sans qu'on puisse expliquer quand et comment des Macédoniens et des Acarnanes se sont domiciliés à Périnthe; les Ποδαργοί seulement sont (selon Steph. Byz.) une peuplade thrace; les Κασταλιεῖς restent inconnus.

En terminant ces remarques, je me permets de relever une erreur du *Corpus inscriptionum*. Sous le n° 3708, et avec l'indication « in Mysia inferiore in cippo quodam qui visitur in campo prope oppidulum Pirot Turcis dictum », je trouve une inscription datée d'après le gouverneur de Thrace A... [Sym] posius Rufinus. Il faut seulement se rappeler que jamais la Mysie n'a été divisée en Mysie inférieure et supérieure; qu'il n'y a pas de ville du nom de Pirot en Mysie et que cette province n'a jamais fait partie de la Thrace, comme la date de l'inscription le prouverait, pour reconnaître que l'ancien auteur qui l'a rapportée a plutôt voulu dire « in Moesia inferiore ». Je n'hésite donc pas d'attribuer l'inscription à Pirot ou Charkeuy en Bulgarie, ville située entre Sofia et Niche, laquelle, s'il faut s'en rapporter à ce monument, aurait fait partie de la Thrace.

ADDITIONS AUX INSCRIPTIONS DE VARNA.

N° 19. — Photographie de M. Ermakow. Bas-relief très-grossier; au milieu, buste d'une femme en face; à droite, buste d'une jeune fille; à gauche, petit garçon debout, tenant une lance.

Au-dessous, l'inscription suivante :

Αὐτό με γευομέναν γλ[υ]χεροῦ βιότου κατὰ δῶμα
ἀνδρὸς κουριδίου μοῖρ' [ἥρπασε], ὠχύμορος δὲ
πεντεχαιειχοσέτης δόμον Ἀΐδος ἀστυφελίχτου
ἤλυθον,..... δοιοὺς παῖδας προλιποῦσα
ἄρτι νεηγενέας, Ἀπρώνια δύσμορος, οἴμμοι
παίδων ἢ πόσιος θυμάρεος ἢ νέας ὥρης, etc.

La plume du poëte ne me paraît pas avoir été beaucoup supérieure au ciseau de l'artiste, aussi les formes des lettres trahissent-elles une époque très-basse. Vu cela, j'espère que le lecteur me pardonnera, si je n'ai pu deviner ni le verbe qui se trouve à cheval sur les troisième et quatrième lignes, ni le mot à la sixième ligne, après ἤλυθον; quant à ce dernier, est-ce que le poëte aurait employé la forme ἀτριόχους pour ἀτρίχους (sans cheveux)? Les lettres ATPIO sont très-distinctes dans la photographie. J. H. MORDTMANN.

OSSUAIRE JUIF

DE JOSEPH, FILS DE JEAN.

Dès ma première visite à l'exposition rétrospective du Trocadéro, mon attention fut attirée par un petit ossuaire en pierre tendre(1), semblable de tout point à ceux qu'ont déjà fournis les sépulcres des environs de Jérusalem, et dont j'ai eu, il y a cinq ans, l'occasion d'étudier quelques spécimens dans un mémoire lu devant l'Académie des inscriptions et belles-lettres et publié dans la *Revue archéologique* (2).

N° 1. — Face antérieure de l'ossuaire.

Cet ossuaire, en forme de coffret rectangulaire, présente les dimensions ordinaires de ce genre de monuments, dimensions calculées,

---

(1) Que les Arabes appellent *ndry.*

(2) *Revue archéologique*, 1873, juin, p. 398-414 : *Nouveaux ossuaires juifs avec inscriptions grecques et hébraïques.* Cf. aussi mon article intitulé : *Ossuaire juif provenant d'Alexandrie*, même recueil, novembre 1873, p. 202 et suiv.

comme je l'ai expliqué, sur celles du squelette démonté qui devait
y être recueilli : le fémur pour la longueur, le crâne pour la largeur.

Une des grandes faces, la face antérieure, a reçu une ornementation légèrement sculptée en creux, avec la disposition usuelle en
panneaux juxtaposés. Cette ornementation, d'où la sécheresse n'exclut
pas une certaine élégance, ne présente rien de nouveau comme
thème décoratif; elle consiste en rosaces, demi-cercles et quarts
de cercles exécutés au compas. Le coffret est, comme toujours, plus
large en haut qu'en bas. Il repose sur quatre petits pieds rudimentaires réservés dans la pierre même. On remarque sur les bords supérieurs des deux grands côtés une rainure destinée à recevoir un couvercle à encastrement, également en pierre, qui n'existe plus.

Mon premier mouvement fut de chercher si ce coffret funéraire ne
portait pas quelque inscription comme en portent beaucoup de ceux
qu'il m'a été donné d'examiner jusqu'à ce jour. Ces inscriptions,
gravées en *graffito*, très-peu profondément, dans une matière friable, sont souvent assez difficiles à trouver, plus souvent encore difficiles à lire. Je ne tardai pas à en découvrir une, tracée verticale-
ment, de haut en bas, sur le petit côté de droite (quand on regarde
la grande face ornée). Grâce à l'obligeance de M. Schlumberger,
secrétaire de la commission, et de M. Desbuissons, dépositaire et
exposant du monument, je fus autorisé à en prendre l'estampage.

M. Desbuissons m'apprit que l'original appartenait à un habitant
de Jaffa (1). Il est plus que probable que ce monument provient des
environs de Jérusalem. J'ai |des motifs de croire qu'il a été vendu
par quelqu'un des fellâhs que j'avais employés en 1874 dans mes
fouilles de la nécropole du *Wadi Yasoul* (près de Jérusalem). Ces
fouilles m'ont permis de recueillir toute une série de ces petits monuments si précieux pour l'archéologie et l'épigraphie hébraïques,
j'ajouterai même, pour l'épigraphie et l'archéologie chrétiennes :
car, non-seulement sur plusieurs de ces ossuaires les épitaphes sont
accompagnées de signes non équivoques de christianisme, mais,
ainsi que je l'ai dit ailleurs, et comme j'essayerai de le montrer un

---

(1) Au moment où ces lignes s'impriment, je suis heureux d'apprendre que le monument va, grâce à la libérale intervention de M. de Saulcy, enrichir nos collections
du Louvre et ne tardera pas à figurer dans la petite salle judaïque. Je me permettrai
de faire remarquer qu'il serait aisé, avec un peu de bonne volonté, de lui trouver de
nombreux compagnons, et de constituer ainsi dans notre musée une série archéologique dont on chercherait en vain l'analogue dans les établissements scientifiques
de l'étranger.

Jour en détail, c'est dans ces ossuaires juifs qu'il faut chercher l'origine et le prototype de la châsse chrétienne. Les résultats que j'avais obtenus sur ce terrain vierge avaient mis en goût mes ouvriers, dont plusieurs ont, après mon départ, poursuivi pour leur compte les excavations entreprises par moi. Quelques-uns même n'avaient pas attendu mon départ pour cela.

Quoi qu'il en soit, voici le *fac-simile* de l'inscription :

N° . — Grandeur de l'original.

Je crois qu'il faut lire :

יהוסף בר יהוחנן

Yehoseph fils de Yehohanan, autrement dit : *Joseph fils de Jean.*

Je ne donne pas cette lecture pour absolument certaine. Le mot בר, fils, n'est pas douteux. La forme araméenne *bar* pour *ben* est justifiée par l'usage, et aussi par des exemples que fournissent d'autres ossuaires encore inédits. Le mot יהוחנן est extrèmement probable ; il faut tenir compte d'un trait accidentel qui traverse la partie supérieure des lettres נהוה et a pour effet de les défigurer. Le *yod* triangulaire est sûr. Le dernier *noun* affecte la forme finale. Je reproduirai, comme terme de comparaison, le même nom propre *Yehohanan*, tel qu'il est écrit sur un autre ossuaire provenant du *Wadi Yasoul* :

N° 3 — Moitié de l'original (1).

(1) Ce *graffito* porte le n° 39 dans la série, encore inédite, de ces petits texte recueillis pendant ma mission de 1874.

Ici le caractère est superbe et la lecture indubitable.

En y regardant bien on retrouve dans notre mot tous les éléments de celui-ci.

Le premier nom propre, dans lequel je propose de reconnaître *Joseph*, offre plus de difficultés. Les trois premières lettres ne prêtent guère au doute : יהו. On s'attend déjà à un nom composé avec le thème divin : *Yeho* (Jehovah). Puis vient un espace vide et lisse où il n'y a jamais eu rien de tracé. Après quoi, un caractère, ou plutôt un complexe graphique embarrassant, dans lequel on ne peut voir qu'une ou deux lettres au plus. Là se cache le second élément qui, combiné avec le thème divin, constitue le nom propre. Cet élément est bien court. Si le complexe ne se composait que d'une lettre, cette lettre ne pourrait être qu'un ק; mais יהוק est impossible, et même יהו.ק, en admettant une lettre disparue dans l'espace vide (1), ne nous mène à rien.

D'ailleurs un *qof* de cette allure serait bien archaïque et nous reporterait plutôt vers l'alphabet phénicien que vers l'alphabet carré, auquel appartiennent incontestablement et l'inscription de notre ossuaire et les inscriptions de tous les autres ossuaires connus jusqu'ici, sans exception. Et même encore, si l'on faisait l'effort de remonter à cet échelon paléographique, un pareil *qof* ne serait pas tellement satisfaisant. Si l'on passait outre à ces difficultés et si l'on tenait pour réel ce *qof* d'un autre âge, l'on serait amené en face d'une hypothèse bien tentante au premier abord, mais que je n'en crois pas moins devoir repousser. Cette hypothèse consisterait à prendre les deux lettres בר que je lis *bar* et traduis par *fils*, et d'en faire, avec ce *qof* disponible, le mot קבר *tombeau*. L'hypothèse serait d'autant plus spécieuse que ce mot קבר semble tout naturellement constitué par les deux vides qui l'isolent des lettres précédentes et suivantes. Mais ce mirage ne saurait résister à quelques instants de réflexion. Que ferait-on alors des trois premiers caractères יהו ? Et puis que viendrait faire ici le mot קבר qui ne peut s'entendre que du tombeau proprement dit, du sépulcre creusé dans le roc, et non du petit coffret funéraire (2)? Enfin, considération qui

---

(1) C'est à peine s'il y aurait place pour *une lettre* dans le vide. On ne saurait, par conséquent, songer à יהוצדק, qui en exigerait deux.

(2) Le nom générique de ces petits ossuaires (ou tout au moins de leur couvercle) semble avoir été en hébreu : מחוי, à en juger par l'épigraphe de l'un d'eux (l'ossuaire de Jaïre de la collection Parent; cf. *Nouveaux oss. juifs*, p. 15 du tirage à part, note 5). J'ai indiqué ailleurs (*Revue critique*, 29 avril 1876, p. 291) qu'ils ont dû être désignés aussi sous le nom de חביות, dérivé d'une racine voisine.

n'est pas sans valeur, la teneur de cette formule s'écarterait de celle que l'on constate habituellement dans ces petites épigraphes.

Un *qof* paraît donc invraisemblable. Un ץ ne le serait pas moins et ne conduirait d'ailleurs à aucune combinaison ayant l'ombre de vraisemblance.

Tout bien pesé, je suis porté à considérer ce complexe énigmatique comme סף.

Deux genres d'objections peuvent être faites à cette lecture. D'abord la forme orthographique יהוסף pour יוסף est tout à fait insolite. On rencontre bien, il est vrai, une fois, dans le Psaume XXXI, verset 6, cette forme du nom de Joseph, que les hébraïsants expliquent différemment, les uns comme un *hiphil* de יסף (1), les autres, au contraire, comme un composé de *Ieho* et d'un thème verbal.

Mais l'on pourrait récuser ce témoignage unique : *testis unus testis nullus.*

Pour ce qui est de l'invraisemblance de la forme, je puis immédiatement lever l'objection en produisant l'épigraphe d'un autre ossuaire, portant dans ma série inédite le n° 40 :

N° 4. — Quart de l'original.

Ici, pas d'hésitation possible. Il y a, sans aucune espèce de doute : יהוסף. Nous avons donc la preuve que cette orthographe, quelle qu'en soit l'origine, qu'elle soit normale ou artificielle, était cou-

---

Benjamin de Tudèle dit en effet qu'il a vu dans la caverne de Macpelah (tombeau légendaire d'Abraham), à Hébron, des *Khabiôt* remplies d'ossements d'Israélites. Les traducteurs ont rendu ce mot par *tonneaux !*

Je soupçonne que ce sont encore des *Khabiôt*, c'est-à-dire des *ossuaires*, qu'il faut voir dans les *tonneaux d'ossements de justes de Babylonie* signalés par l'auteur juif des *Chemins de Jérusalem*, dans la *Caverne des Babyloniens*, non loin de Dalàta, sur le chemin de Alma (localité de Galilée, qui, entre parenthèses, a fourni une inscription en hébreu carré, du IIIe ou IVe siècle de J.-C.; cf. E. Renan, *Journal asiatique*, août-septembre 1876, p. 273). Je n'ai pas à ma disposition le texte hébreu de cet itinéraire, rédigé par Isaac Hélo et traduit par Carmoly (p. 263). Je recommande à ceux qui l'ont à leur disposition de vouloir vérifier quel est le mot que l'auteur des *Itinéraires de la Terre Sainte* a traduit par *tonneaux.*

(1) Cf. Ewald, *Ausfuhrl. Lehrb.*, 192, *e.* Suivant certains auteurs יהוסף serait la forme réelle primitive ; suivant d'autres, au contraire, ce serait simplement le résultat d'une méprise (Olshausen, *Psalmen*, 340).

rante à l'époque où ont été exécutés nos ossuaires. Ce point, qui intéresse la critique du texte des Psaumes, mérite l'attention des hébraïsants : le ἅπαξ εἰρημένον du psaume XXXI n'est plus un fait isolé, et
il devient difficile de voir dans cette orthographe le résultat d'un accident. Nous voilà loin de la forme écourtée יוסה (= Ἰωσῆς) que revêt
ce nom dans la littérature talmudique, et qui apparaît déjà, à ce
qu'il semble, dans l'inscription du *Tombeau de saint Jacques* et, en
tout cas, sans aucune espèce de doute, dans une des deux inscriptions de Kefr Ber'em en Galilée (1).

La comparaison des deux épigraphes nous permet en outre de répondre à la seconde objection, celle que l'on pourrait faire au point
de vue graphique; le *samech* et le *phé*, certains dans l'épigraphe
que j'ai appelée à mon secours (2), nous aident à démêler ces mêmes
lettres dans le complexe qui nous avait arrêtés. Le *phé*, avec le mouvement de sa queue se projetant à gauche, est suffisamment recon-
naissable. La tête paraît, il est vrai, sensiblement bouclée; mais
cette disposition n'est nullement contraire à l'esprit et aux tendances
de cette lettre, qui finit en effet par se boucler entièrement dans
les alphabets ultérieurs. Quant au *samech*, j'avoue qu'il se présente
à un état incomplet. Toute la partie de droite existe et est bien or-
ganique, mais il manque le trait qui devrait le fermer à gauche; car
on ne saurait se contenter des deux faux traits extrèmement fins
qui rayent à peine la pierre à l'endroit désiré. Peut-être la tige du
phé, à laquelle il vient s'accoler, a-t-elle absorbé la portion du trait
du *samech* qui nous manque. La lecture *Yehoseph* pour *Yoseph*,
sans être absolument certaine, n'en demeure pas moins, je crois, fort
probable.

Je ferai remarquer enfin, qu'il y a, sur le côté gauche, un sigle
affectant la forme figurée à la page suivante, mais dont je ne garantis pas la position normale.

(1) E. Renan, *Journal asiatique*, décembre 1864, p. 536; cf. p. 538-539.
(2) L'ossuaire, qui porte cette épitaphe au nom de *Joseph*, offre en outre, une
particularité extrêmement intéressante :
Je l'ai trouvé en place dans un sépulcre creusé dans le roc.
En l'ouvrant j'y constatai la présence de *deux crânes*.
Un examen attentif du monument ne tarda pas à me donner l'explication de cette
singularité. Je finis par découvrir sur une des autres faces de l'ossuaire, en outre
du nom de Joseph écrit en hébreu, un second *graffito*, extrêmement faible, écrit en
grec, Σαλώμη Σαλώμης. Les restes du mari et de la femme, de Joseph et de Salomé,
avaient été évidemment réunis dans le même coffret par les mains pieuses de
leurs descendants.

J'ai rencontré plusieurs fois, sur d'autres ossuaires avec ou sans inscriptions, des sigles analogues, et je les ai toujours soigneusement

N° 5. — Grandeur de l'original.

relevés. Peut-être ont-ils une valeur numérique. C'est seulement en les réunissant et en les comparant entre eux qu'on pourra arriver à en déterminer le véritable rôle.

CH. CLERMONT-GANNEAU.

UNE

ÉPITAPHE JUDÉO-GRECQUE DE JAFFA

Il y a environ deux ans, le Comité du *Palestine Exploration Fund* me transmit un croquis au crayon d'une petite inscription provenant de Jaffa, croquis fort difficile à déchiffrer, au moins dans certaines parties. Je répondis à ce sujet quelques lignes qui furent insérées dans le *Quarterly Statement* du *Fund* (avril 1877, p. 106), et que je crois devoir reproduire ici en français :

« La petite inscription dont vous m'avez envoyé un croquis est « tout à fait semblable à celle dont j'ai recueilli déjà plusieurs spé-« cimens dans la *nécropole antique de Jaffa*. J'ai dans mes premiers « rapports (*Quarterly Statement* 1874) déterminé l'emplacement de « cette nécropole, en faisant remarquer que des fouilles entreprises « sur ce point amèneraient des découvertes importantes pour l'ar-« chéologie juive.

« Ce nouveau texte est gravé sur marbre. Je puis ajouter sans « crainte de me tromper, guidé que je suis par les analogies, qu'il « doit l'être sur une plaque très-mince. C'est un *titulus*. Le symbole « qui est au-dessous de la quatrième ligne n'est autre chose que le « *chandelier à sept branches*. Je l'ai déjà rencontré sur des épitaphes « congénères de Jaffa, notamment sur une très-mutilée où l'on ne lit « plus que la fin des mots.

« La nouvelle inscription est difficile à déchiffrer sur ce croquis « au crayon. Il faudrait s'en procurer un bon estampage. Elle débute « par le nom de ΛΑΖΑΡΟΥ au génitif, *Lazare*. Le mot ΜΝΗΜΑ, ex-« primé dans d'autres épitaphes de Jaffa, est ici sous-entendu et ex-« plique ce génitif initial. Puis vient le mot ΚΑΙ, *et*, suivi d'un nom « propre également au génitif, mais qu'il n'est pas aisé de recon-

« stituer, à cause des caractères douteux qui sont au milieu de la
« ligne. Peut-être est-ce CHΛΛ pour CIΛΛ génitif de CIΛΛC, nom
« répandu chez les Judéo-Grecs (1).

   « L'inscription se termine par le nom, également au génitif, de *Si-*
« *mon,* écrit CYMШNOC pour CIMШNOC, forme intéressante qui
« tient le milieu entre Συμεῶνος, *Simeon,* et Σίμωνος, Simon (2). Il
« se peut qu'il faille lire immédiatement avant le nom KA(I) au lieu
« de KA; le I aurait été passé par l'auteur de la copie. Quant aux
« lettres qui s'étendent, en remontant, jusqu'à CHΛΛ, elles sont trop
« peu distinctes pour permettre une restitution. Faut-il les adjoindre
« au mot CHΛΛ pour en former un seul nom propre? Faut-il y cher-
« cher le mot YIШN, *fils?* Les incorrections fréquentes dans ces pe-
« tits textes, et que peut contenir le nôtre, augmentent encore nos
« doutes. Un estampage seul pourrait les lever. »

   En me rendant chez M. Desbuissons, pour obtenir quelques renseignements sur l'ossuaire qui fait l'objet de la notice précédente, je
fus fort agréablement surpris de trouver chez lui l'original de cette
épitaphe. Je constatai aussitôt que je ne m'étais pas trompé dans mes
prévisions, et que cette inscription gravée sur une plaque de marbre
mince (3), appartenait bien à la catégorie des *tituli* destinés à être
appliqués contre les parois du caveau sépulcral. M. Desbuissons
m'autorisa, avec la même bonne grâce, à en prendre un estampage.

   C'est la même écriture négligée que l'on remarque dans les autres
épitaphes judéo-grecques de Jaffa. La reproduction exacte qu'on en
trouvera à la page suivante, contrôlée par la vue même de l'original,
ne nous tire pas d'embarras aussitôt qu'on eût pu l'espérer.

   Ce que j'ai dit sur les noms propres Λαζάρου et Σύμωνος conserve
toute sa valeur. Les mots intermédiaires prêtent à de nouvelles observations. Avant Σύμωνος il y a bien KA et non KAI, et s'il y a eu

---

(1) Par exemple : un ami d'Agrippa (Flav. Josèphe, *Archéolog. J.*, 18, 6, 7 ; 19, 8,
3); un Babylonien (F. Josèphe, *G. J.*, 2, 19, 2 ; 3, 2, 1); un tyran de Lysias (José-
phe, *Archéol.*, 14, 3, 2); un gouverneur de Tibériade (Josèphe, *Vie*, 17); le compa-
gnon de saint Paul, chef de l'église de Jérusalem (*Actes des Apôtres*, 15, 22), etc.
Nous voyons aussi le nom de *Silas* porté par un prêtre égyptien (Zoeg., *Cat. codd.*,
546, 2) ; plusieurs des Juifs dont j'ai retrouvé des épitaphes à Jaffa étaient d'origine égyptienne, comme le disent expressément les inscriptions.

(2) Cf. Συμώνης, nom d'un Palmyrénien (*Corp. inscr. gr.*, nº 4506).

(3) Ces plaques, généralement très-minces, sont fragiles à proportion. Aussi se
rompent-elles facilement, et c'est ce qui est arrivé à la nôtre, comme on peut le voir
par les cassures marquées sur le *fac-simile.* Heureusement les fragments nous ont
été conservés. Il n'en est pas toujours ainsi, et il est plusieurs de ces petits *tituli*
de Jaffa dont je n'ai, pour cette raison, pu recueillir que des morceaux.

un *iota* d'omis, c'est une omission à porter au compte du lapicide et non à celui du premier copiste de l'inscription.

Si les deux caractères précédents, **TE**, représentent l'enclitique τε, la restitution de **KAI** est tout indiquée. On est alors conduit à chercher dans les caractères précédents un autre nom propre également au génitif. Mais ce nom se termine par **O**. Il faudrait donc encore admettre ici une lettre passée, soit **Y**, soit **C**. Je suis tenté, dans cette hypothèse, de couper ainsi les lettres précédentes : **ΑΠΠΙѠΝΟ[C]** *d'Appion*. La forme Ἀππίων pour Ἀπίων n'aurait rien de choquant. On peut même en citer un exemple (1). Que le nom alexandrin d'Apion ait été porté par un Juif, et par un Juif hellénisant, probablement originaire d'Egypte, comme plusieurs de ceux dont j'ai retrouvé les épitaphes à Jaffa (2), rien de plus naturel.

Le double **ΠΠ** qu'implique cette lecture serait représenté par une sorte de ligature qui n'est pas irréprochable paléographiquement. De plus le second **Π**, qui emprunterait son jambage gauche au jam-

---

(1) *Erot. Epiph.*, dans J. Malalas, p. 398. Cet Appion était préfet du prétoire en Orient à l'époque d'Anastase.

2) L'un est *phrontistès* d'Alexandrie ; un autre, boulanger à Babylone d'Egypte

bage droit du premier Π, est bas sur pattes et d'une largeur faisant
contraste avec l'étroitesse du précédent. Mais il faut tenir compte
de la façon cursive dont ce texte est écrit. A la rigueur on pourrait
voir ΠT au lieu de ΠΠ, et encore le T manquerait tout à fait de
symétrie. ΠΓ n'est pas possible.

En nous en tenant à *Appion*, il nous resterait un quatrième nom
à trouver dans les trois caractères qui commencent la seconde ligne
et qui sont immédiatement précédés de καὶ : CHΛ. Nous voilà de
nouveau ramenés au CHΛΛ = Σίλα dont j'ai parlé dans ma première
note. Mais ici encore il faut recourir à l'hypothèse d'une lettre omise :
Λ. Cette fois, la prétérition s'expliquerait assez bien par la succession
de trois caractères se ressemblant fort : ΛΛΛ. Au pis aller on peut
considérer le Λ comme servant à deux fins.

Nous obtiendrions ainsi une formule relativement satisfaisante :

Λαζάρου καὶ
Σήλ(α) Ἀππίω·
νο(ς) τέ κα(ὶ) Σύ·
μωνος.

Tombeau de Lazare et de Silas
et d'Appion et de Simon.

J'avoue cependant que cette lecture n'est pas obtenue sans efforts.
Et puis voilà bien des personnages mis sur le même plan, sans indication du lien qui peut les unir. De plus le τε καὶ est d'une élégance
suspecte dans un texte aussi barbare sous d'autres rapports. Il serait
assurément beaucoup plus satisfaisant d'avoir affaire à la formule τοῦ
καὶ, *Appion appelé aussi Simon*. Mais il faudrait encore supposer une
faute, et nous n'en avons déjà que trop supposé. Dans ce cas, on se
rait tenté de chercher un seul nom propre dans CHΛΑΠΠΙШΝΟ(C)
Mais lequel ? *Serapion* ou *Selaption* pour *Selampsion* (avec ΠT pour
ΠΠ) ne sont pas soutenables.

Enfin, pour ne rien omettre, je dois mentionner deux combinaisons d'une probabilité encore moindre : 1° A la première ligne le K
pourrait être considéré comme l'*abréviation* de καὶ, et les lettres ΑΙ
rattachées aux suivantes : CHΛ.., pour participer à la formation du
nom propre. Mais ce serait un nom des plus singuliers. Le K offre
bien à sa partie inférieure un prolongement qui pourrait à la ri-

gueur être formé par un trait, signe de l'abréviation ; mais ce prolongement peut tenir aussi bien à un accident du ciseau maladroitement manié. 2° ΤΕΚΑ pourrait être pour τέχνα. Cette forme, qui appartient surtout à la langue des poëtes, semble cependant avoir été usitée dans le dialecte vulgaire de Syrie, à en juger par une inscription de Radeimé en Batanée (1). Il n'en resterait pas moins un gros solécisme, τέχα pour τέχων.

On me pardonnera d'avoir exposé tous les doutes auxquels prêtent ces quelques lignes, sans me prononcer catégoriquement. S'il me fallait absolument le faire, je pencherais encore, du moment où l'on admet la nécessité des corrections, pour celles qui nous permettraient d'obtenir la teneur suivante :

(*Tombeau*) *de Lazare et de Silas* (*fils*) *d'Appion qui est aussi appelé Simon.*

Il ne s'agirait plus dès lors que de deux frères dont le père, suivant une mode fort répandue, aurait porté deux noms, l'un sémitique, national, Simon ; l'autre étranger, hellénique (ou plus exactement hellèno-égyptien), Applon.

Nous avons au moins l'avantage, en construisant de cette façon, de nous procurer une indication de la filiation, indication dont l'absence, sans être impossible, aurait quelque chose d'insolite.

CH. CLERMONT-GANNEAU.

---

(1) Waddington, *Inscr. gr. et lat. de Syrie*, n° 2193 : τέχε au vocatif (!), avec un barbarisme qui vaut bien le solécisme de τέχα. La lecture n'est d'ailleurs pas à l'abri de tout soupçon.

UNE

INSCRIPTION DE XANTHE EN LYCIE

La visite que j'ai faite chez M. Desbuissons à propos des deux
monuments précédents m'a fourni l'occasion d'en examiner un troisième, sur lequel on voudra bien me permettre de dire quelques
mots, bien qu'il n'appartienne pas au domaine des antiquités de la
Palestine. Il a été envoyé de Rhodes, sans autre indication sur sa
provenance réelle. C'est un petit cippe quadrangulaire portant une
inscription grecque de treize lignes. La teneur de l'inscription nous fait
connaître que ce monument doit être restitué à la ville de Xanthe. Il
aura été transporté de la côte de Lycie à Rhodes, qui est presque en
face, par quelque caboteur. Bien que cette inscription n'offre pas
un grand intérêt, elle n'en mérite pas moins d'être recueillie et
ajoutée au groupe peu nombreux des textes de Xanthe connus jusqu'à ce jour (Ph. Le Bas et Waddington, *Voyage archéologique*,
nᵒˢ 1249-1264).

La copie que j'en donne peut être tenue pour exacte. Je l'ai faite
d'après un estampage que je dois à l'obligeance de M. Desbuissons,
et contrôlée sur l'original. Les nombreuses fautes ou singularités
que l'on remarque dans le texte doivent être mises au compte du
lapicide, et il est inutile d'essayer de les expliquer par des lectures
douteuses. Elles ont d'ailleurs leur valeur à titre de renseignements
phonétiques. Quelques lettres ont disparu, ou sont fort entamées
par suite de cassures.

```
//////IOHPⲰON
KATECKEYACEN
CⲰCACCⲰCA
ΔECEΠΠⲰTE
ΘHNEEMEKAI
```

ΤΑΕΞΕΜΟΥΈ
ΚΝΑΑΡΤΕΜΙ
ΔΩΡΕΝΚΑΙΚΥΡΙ
ΟΝΑΕΤΕΡΟΝΔΕ
ΟΥΔΕΙΣΕΘΑΨΕΙ
ΤΙΝΑΗΑΠΟΤΕΙΣΙ
ΤΗ///ΑΝΘΙΟΝΠΟΛΙ////
✕Φ

(1).. τ]ὸ ἡρῷον

κατεσκεύασεν

Σωσᾶ; Σωσα-

-δες ἐπὶ τῷ τε-

5 -θῆνε (p. τεθῆναι) ἐμὲ καὶ

τὰ ἐξ ἐμοῦ τέ-

-κνα Ἀρτεμί-

-δωρεν (p. Ἀρτεμίδωρον ou Ἀρτεμιδώραν) καὶ Κυρι-

-όνα (p. Κυριώνα) ἕτερον δὲ

10 οὐδεὶς ἐθάψει (p. θάψει ou ἐνθάφει)

τινὰ ἢ ἀποτείσι (p. ἀποτίσει)

τῇ [Ξ]ανθίον (p. Ξανθίων), πόλι (p. πόλει)

✕ φ'

Il s'agit, comme on le voit, d'une chapelle funéraire établie par un certain Sôsas, pour lui et ses enfants, avec défense d'y ensevelir toute autre personne, sous peine d'une amende de cinq cents deniers au profit de la caisse municipale de Xanthe. L'épigraphie grecque de l'Asie Mineure fournit un grand nombre d'exemples de ce genre d'inscriptions, et il n'est pas une seule expression de notre dispositif à laquelle il ne serait aisé de trouver, dans un rayon très-court, des répliques littérales. Il suffit pour cela de parcourir le *Corpus I. G.* pour la Lycie et les régions adjacentes.

---

(1) Si la cassure, assez considérable, que l'on remarque en ce point a enlevé quelques caractères, on pourrait songer à suppléer Ζῆ, mot par lequel débutent plusieurs formules analogues. Mais je ne crois pas qu'il soit nécessaire de recourir à cette hypothèse.

L'iotacisme et la prononciation de ω comme ο étaient évidemment chose courante dans le dialecte parlé à Xanthe à l'époque où fut exécuté notre monument ; ce sont deux traits qui font pressentir l'approche du grec moderne.

Faut-il voir, à la ligne 10, dans ἐθάψει un gros barbarisme pour θάψει ? Il serait assurément moins choquant de croire à une orthographe peu régulière pour ἐνθάψει (1), avec le ν, soit omis, soit assimilé. Les formules analogues autorisent aussi bien l'emploi de θάπτω (2) pris dans un sens absolu, que de ἐνθάπτω. Dans l'hypothèse d'ἐθάψει = θάψει, on pourrait comparer, au sujet de cet emploi intempestif de l'augment, l'inscription de Nicomédie récemment publiée par M. G. Perrot (3) et où l'on lit ἐτεθῆναι pour τεθῆναι. Une telle énormité grammaticale ne devrait pas surprendre outre mesure dans une ville qui n'est guère éloignée du pays où fleurissait le *Solécisme*.

Les noms propres demandent quelques mots d'explication. Je ne pense pas que la lecture Ξανθίων souffre de difficultés, bien que le Ξ se devine plutôt qu'il ne se voit, et bien que l'ω soit remplacé par un ο (comme dans Κυριόνα = Κυριώνα, *Curio*). Pour Ἀρτεμίδωρεν, on pourrait aussi être tenté de restituer Ἀρτεμιδώραν : comme· nous avons τέχνα et non υἱοῦς, on serait, à la rigueur, en droit d'admettre qu'il est question d'un fils appelé *Curio* et d'une fille appelée *Artemidóra*.

Le nom du fondateur Σῶσας offre quelque intérêt, parce qu'il n'est pas commun dans l'onomastique grecque, au moins sous cette forme (4). Je n'en ai rencontré qu'un exemple épigraphique : c'est dans un des proscynèmes recueillis par sir Gardner Wilkinson dans les grottes de Tell Amarna (Antinoè), en Égypte, et expliqués par Letronne (5). Et encore là ce nom n'est-il pas tout à fait sûr, car il se présente, en réalité, à l'état de ϹΕΟϹΑΤΟϹ. Σ[ω]σᾶτος est une restitution ingénieuse, mais conjecturale ; on s'attendrait plutôt, du reste, à une forme de génitif Σωσᾶ. C'est la forme qu'affecte constamment, à ce cas, le nom de Σωσᾶς, dans Fl. Josèphe (6), nom porté

---

(1) Cette conjecture m'a été suggérée par M. Foucart, aux lumières de qui j'ai cru prudent de soumettre les anomalies de ce petit texte.

(2) Je me bornerai à citer deux exemples : *Voyage archéol. de Le Bas et Waddington,* nᵒˢ 1280 (à Antiphellus de Lycie) et 1288 (à Cyanées, même contrée) : Ἄλλος δὲ οὐδεὶς θάψει τινά.

(3) G. Perrot, *Inscriptions d'Asie Mineure et de Syrie,* p. 43.

(4) Cf. Ζωσᾶς, Σωζᾶς, Σωσέας, Σωσῆς, Σωσίας.

(5) Letronne, *Inscript. gr. et rom. de l'Égypte,* II, 457.

(6) Fl. Josèphe, *Guerre Juive,* IV, 4, 2 ; V, 6, 1 ; VI, 2, 6, 8, 2.

par un Juif, et sous lequel se dérobe quelque nom sémitique, assimilé ou traduit, selon l'habitude.

Si le Sôsas de Xanthe était l'homonyme de son père, nous posséderions alors le génitif controversé de ce nom, mais certainement avec une altération orthographique assez grave, ou tout au moins sous une forme singulière. Comment doit être corrigé ou expliqué Σωσαδες? Si Αρτεμίδωρεν est pour Ἀρτεμίδωρον, l'analogie nous autoriserait à restituer Σωσᾶδος, ce qui ne serait pas bien éloigné du Σωσᾶτος de Letronne. Pour ce qui est de τ = δ, dans des textes d'une grécité équivoque, j'en pourrais citer plusieurs exemples que j'ai réunis à l'appui de τρύφακτος = δρύφακτος dans la stèle du temple de Jérusalem. Il ne faut pas oublier non plus que le nom Σωσάδης existe (1). En aurions-nous ici un génitif d'une forme dialectale particulière? De toute façon, il y a là une difficulté que je ne prétends pas résoudre et que je me permets seulement de signaler à de plus compétents que moi.

CH. CLERMONT-GANNEAU.

---

(1) Pape-Benseler, *Wœrterb.*, s. v.

CONGRÈS ARCHÉOLOGIQUE DE KAZAN

(EN AOUT ET SEPTEMBRE 1877)

COMMUNICATIONS
RELATIVES AUX QUESTIONS PRÉHISTORIQUES

Suite (1)

Il y a quelques années vinrent des usines de Haute-Isséla un directeur de ces usines, M. Sigof, accompagné d'ouvriers. Il avait avec lui le prêtre Hippolyte, du même village. Ils commencèrent des fouilles par le côté sud-est, creusèrent, soulevèrent des pierres et rencontrèrent un squelette humain. Sur ce squelette le prêtre Hippolyte fit une prière et l'on continua à creuser ; on arriva à une grosse pierre qu'on ne put déplacer. On ouvri alors une autre tranchée par le côté est et l'on vint encore se heurter contre la grosse pierre. On renonça à l'entreprise.

Les paysans de Palkino ont une vénération pour ce kourgane. On raconte qu'il y a, cachés là, des trésors. Un vieillard qui racontait à M. Khitrof l'histoire du squelette découvert par Sigof et Hippolyte, ajoutait en son langage pittoresque : « C'est ici que vivaient les Tchoudes ; oui, c'était *la Tchouda* elle-même (2). Ce devaient être des géants : on a trouvé un os de bras qui avait un mètre et demi de longueur. Nous avions là vingt hommes occupés à creuser, et ils n'ont pu déranger la grosse pierre. Mais le Tchoude, à lui seul, il allait sur la montagne, prenait la pierre sous son bras et l'apportait ici. » Les paysans croient que *la Tchouda* a émigré à l'approche des Russes, mais qu'elle a d'abord enfoui ses trésors dans le kourgane. « Lorsque *la Tchouda* disparut, les Russes, qui avaient entendu parler du trésor, s'installèrent tout près de ce *gorodichtché*. C'était bien avant la fondation d'Ékatérinebourg. Le premier qui s'établit ici était un chasseur, un pêcheur, nommé Palkine ; il a donné son nom au village de Palkino. Quelques lurons du peuple entreprirent de chercher le trésor, mais une force infernale, chaque fois, les éloignait du lieu où

_____

(1) Voir les nos de septembre et octobre.
(2) Les peuples finnois portent souvent un nom collectif qui est du genre féminin. Ainsi on ne dit pas : les Tchoudes, les Mériens, les Mordves ; on dit : la Tchouda, la Méria, la Mordva, etc.

il se cache ; des prodiges les frappèrent de stupeur. On finit par défendre de toucher au kourgane. »

Cependant Sigof et Hippolyte avaient fait quelques trouvailles intéressantes et qui indiquent assez bien à quel âge de civilisation étaient arrivés ces anciens habitants du pays. Ils recueillirent des idoles de bronze, des pointes de flèches, des fers à cheval également en bronze, des objets en silex et en d'autres pierres, des fragments de poterie d'argile. Il est regrettable que ces objets n'aient été recueillis dans aucune collection.

En 1876, le kourgane subit un nouvel assaut : cette fois c'étaient des amateurs venus d'Ekatérinebourg. D'abord ils eurent à combattre la mauvaise volonté des paysans qui ne voulaient ni travailler pour eux, ni permettre qu'on travaillât. On reprit d'abord la tranchée ouverte par Sigof et on se heurta comme lui à la grosse pierre ; puis on en ouvrit une autre par le côté sud. Sous la couche de terre végétale et d'argile, on trouva des charbons, des fragments nombreux de poterie non cuite, agrémentée d'ornements. On recueillit une pointe de flèche en quartz, un couteau d'ardoise, des cailloux de serpentine portant des traces du travail humain, une hache carrée en pierre. Soumis à l'examen des gens compétents, on a trouvé à ces objets une grande ressemblance avec ceux qui se rencontrent dans les kourganes de l'Obi (Sibérie). Parmi eux gisaient des ossements fort mal conservés.

Bien que les fouilles de ce kourgane n'aient pas été conduites avec une méthode bien rigoureuse, elles montrent cependant que sur la *Petite-Montagne*, là où s'élève aujourd'hui le village russe de Palkino, les hommes de l'âge de pierre ont vécu et que l'âge de bronze y a succédé à l'âge de pierre.

8. *Monuments préhistoriques dans les gouvernements de Kazan, Nijni-Novgorod, Samara et Oufa.*

La région qui avoisine Kazan, l'ancienne patrie des Tchouvaches et des Tchérémisses, n'est pas moins riche en monuments primitifs que la Permie. Le comité préparatoire avait pris à tâche de signaler les plus importants à l'attention du congrès. Précédemment, M. Stoïanof, dans son *Compte-rendu des fouilles pratiquées dans les anciennes tombes ou kourganes des districts de Laïchef et Spassk* ; M. Vétcheslaf, dans ses *Remarques sur les gorodichtché, kourganes et autres levées de terre du gouvernement de Kazan,* avaient donné une idée des richesses archéologiques de l'ancien royaume de Bolkary ou de Kazan. M. Chpilévski a repris et complété ces renseignements dans son ouvrage intitulé *Anciennes villes et autres monuments bulgaro-tartares du gouvernement de Kazan* (Kazan, 1877).

Le comité préparatoire avait cru devoir signaler surtout : 1° le kourgane de Tachkermen sur la rivière Mécha, au lieu même où la tradition plaçait autrefois un château des kaus ; 2° celui de Rojdestvennskoé, situé sur la même rivière : le peuple raconte qu'il dut sa formation à un géant qui secoua en cet endroit la boue de ses *laptis* (1); 3° celui d'Imenkovo, au village tatar de ce nom, sur la rivière Bryssa : d'après une tradition racontée par le mullah de l'endroit, il renferme de grands trésors, mais tous ceux qui ont tenté de l'ouvrir ont été aussitôt pris de crampes et de coliques atroces ; cette superstition, qui se retrouve en tant de lieux, a contribué à protéger le monument ; 4° le groupe des kourganes de Bolgary ; 5° le groupe des kourganes de Malyï Soundir, près du *gorodichtché* du même nom ; 6° un certain nombre de *gorodichtché*, kourganes et autres ouvrages en terre dans le district de Tétiouchy.

Les fouilles exécutées par M. Stoïanof en 1871, dans les kourganes de Malyi Soundir, ont amené au jour de nombreux objets de bronze, d'or ou d'argent : bracelets, épingles, plaques, colliers, perles de verre, monnaies de diverses époques, même du temps d'Anna Ivanovna et Elisabeth Pétrovna, qui montrent combien de couches successives de civilisation se sont étagées sur ce sol. Ces objets ont figuré à l'exposition du congrès de Kazan.

Dans le gouvernement de Nijni-Novgorod les kourganes abondent ; on n'en a encore ouvert qu'un fort petit nombre. M. Gatsisski (2), dans une note destinée à tracer leur devoir aux membres correspondants des comités préparatoires, a essayé de donner une idée des richesses archéologiques du pays. Il cite une vieille église, lieu de pèlerinage célèbre, où accourent tous les ans deux ou trois mille personnes, et qui s'élève sur un sol saturé d'ossements anciens. On a continué d'enterrer les chrétiens, autour de cette église, mais sous la couche des morts chrétiens il y a toute une couche de squelettes païens, reconnaissables aux ossements de cheval qu'on trouve à côté d'eux. On en a extrait notamment deux crânes fort intéressants, dont on a exécuté quelques moulures. Ces crânes ont été attribués par M. Maïnof à la race mordve, celle qui habitait le pays avant l'arrivée des Russes : attribution que M. Ivanovski trouve d'ailleurs hasardée, car on n'est pas encore arrivé à identifier les variétés crâniologiques avec les variétés ethnographiques.

M. Alabine a donné une esquisse semblable pour le gouvernement de Samara. Il a constaté qu'ici encore bien peu de kourganes avaient été explorés scientifiquement. Il a présenté onze objets extraits du cimetière de Stoudénetsk.

Du gouvernement d'Oufa, d'une tombe déjà violée, près du village de Milovka, M. Tchernikof-Anoutchine a rapporté trois objets de bronze, une serpe, un kelt et une hache, plus une monnaie d'Inintiméos, roi du Bosphore (iii° siècle avant Jésus-Christ).

---

(1) Chaussures du paysan russe ou finnois, tressées en écorce de tilleul.
(2) Secrétaire du Comité de statistique de Nijni-Novgorod.

9. MM. Bayer et Tiesenhausen. : *Les tombes anciennes de Mtskhet*
(*Géorgie*).

M. Tiesenhausen s'est livré à une étude critique des célèbres tombeaux
de Mtskhet. Ce bourg antique est situé à vingt verstes au sud-ouest de
Tiflis, à l'embouchure de l'Ararba dans le Kour; il fut autrefois une
résidence des rois de Géorgie. Il y a quelques années, lors des travaux
exécutés pour l'établissement du chemin de fer de Poti à Tiflis, on mit à
jour un vaste cimetière antique, situé sur la rive droite de l'Ararba,
dans une petite plaine entourée de montagnes, près du monastère de
Samtavro. Ce fut M. Bayer, géologue autrichien, qui attira l'attention de
l'administration civile et qui fut chargé des études archéologiques.

Des fouilles furent exécutées en 1871 et en 1872. Les objets trouvés
furent envoyés à l'Ermitage. M. Bayer envoya un compte-rendu de Saint-
Pétersbourg à la Société archéologique de Moscou; il fut communiqué à
M. Tiesenhausen, qui inséra ses observations dans les *travaux* de la Société (1).

M. Bayer a ouvert environ trois cents de ces tombes. « Elles ont toutes
l'aspect de coffres quadrangulaires, disposés de l'orient au couchant,
enfouis en terre de trois à quatre pieds de profondeur. Les unes sont
en pierre, d'autres en briques, d'autres enfin en tuiles. Les tombes en
pierre présentent deux types fort différents; les unes plus grandes, ayant
huit ou neuf pieds de long, cinq de large, cinq ou six de hauteur; les
autres petites, formées de plinthes en grès et recouvertes d'une grande
dalle horizontale. Les unes et les autres présentent au côté ouest, c'est-
à-dire près de la tête du défunt, une ouverture ronde, grande comme une
tête d'homme. Le fond de la tombe est ordinairement la terre battue. »

Ainsi quatre types principaux : 1° grandes tombes en pierres; 2° petites
tombes en pierres; 3° et 4°, tombes en briques ou en tuiles. Ces deux
derniers types ne présentent jamais d'ouverture près de la tête.

Les grandes tombes de pierre sont généralement remplies, du fond
jusqu'à la surface, de terre et de gravats; les ossements humains,
d'hommes, de femmes et parfois d'enfants, apparaissent toujours disloqués
et dispersés; il y a généralement plusieurs défunts dans une seule tombe;
M. Bayer en a rencontré jusqu'à douze, jusqu'à vingt. La dispersion
des os ne permet pas d'établir rigoureusement le nombre des défunts,
pas plus que la disposition primitive des squelettes. Les os maxillaires
sont parfois jetés à plusieurs pieds du crâne. Mêlés aux ossements humains,
on rencontre des débris de chats, de serpents, de lézards, de tortues, de

---

(1) *Travaux de la Société archéologique de Moscou* (en russe), t. IV, part. III
p. 48. — M. Bayer a publié, de son côté, deux articles dans le tome I V de la *Berli-
nische Zeitschrift fur Ethnologie* (1872) et la tome IV des *Wiener Mittheilungen
der anthrop. Gesellschafft* (1874)

rongeurs. Çà et là sont dispersés des agrafes et d'autres ornements de bronze, des débris de verre provenant d'urnes lacrymales en forme de massues.

Dans les petites tombes de pierre et dans les tombes de briques ou de tuiles, pas de décombres; un seul squelette, couché ou demi-couché, les bras le long du corps; pas d'ossements d'animaux.

Les tombes appartenant à ces trois derniers types renferment bien plus d'objets précieux que les grandes tombes de pierre. On y trouve des anneaux, des colliers, des bracelets, des pendants d'oreille, des épingles de tête, des agrafes, en or, en argent, en bronze, en fer; des peignes en os ou en métal; des bijoux en toutes sortes de compositions, en verre, en *lignite*, en lapis-lazuli, en ambre, en agate, en cornaline; des grains de verre, des perles fausses; des pierres précieuses gravées, représentant la Victoire, Priape, Mars, Ganymède, des tigres, des cerfs, chevaux, ânes, aigles, chiens, lièvres, porcs, scorpions; des miroirs circulaires en bronze, des jouets d'enfants, des vases cylindriques en bronze; des aiguilles, des poignards, des couteaux en fer; des fragments d'une grossière poterie d'argile Un des vases cylindriques porte cette inscription :

E X O(*fficina*) C A L P V R N I

Dans un des petits tombeaux de pierres, celui-ci sans ouverture, on trouvé une coupe en verre, d'une forme exquise, avec une garniture d'argent doré, représentant un cavalier qu'un lion menace et qui lui-même poursuit un cerf et une biche; plus un chasseur, à pied, attaquant un sanglier avec un épieu. Dans une tombe de briques, on a trouvé un scarabée de calcédoine avec des hiéroglyphes.

M. Bayer a tiré de ces découvertes des conclusions que M. Tiesnhausen résume ainsi :

1º L'aspect des grandes tombes de pierre, le désordre des os qu'elles renferment, l'absence presque totale d'objets de prix, montrent que ce sont là les victimes des sacrifices humains en l'honneur de Bacchus, enfants dévoués à la mort par leurs parents, ou adultes se sacrifiant volontairement. Les tombeaux des trois autres types appartiennent à des personnes mortes de mort naturelle, et auxquelles, par exception seulement, on adjoignait des morts sacrifiés à leurs mânes.

2º Les corps des hommes sacrifiés à Bacchus étaient bouillis ou rôtis; le peuple en mangeait la chair; les os étaient jetés pêle-mêle dans les grandes tombes et recouverts de terre.

3º L'ouverture ronde pratiquée dans quelques tombes servait à l'accomplissement de certains rites; elle permettait d'introduire auprès du défunt certains animaux, symboles de résurrection. Il est possible aussi que les chats, reptiles ou rongeurs qu'on y rencontre y soient tombés par hasard.

4º Les fioles lacrymatoires en forme de massues témoignent, chez ce

peuple disparu, d'un culte particulier pour Hercule, Mars, et d'un caractère aussi belliqueux que les dieux qu'il honorait.

5° Les représentations d'hommes luttant contre un lion, une biche, un
sanglier, sont une allusion aux travaux d'Hercule.

6° La présence du scarabée de calcédoine annonce le tombeau d'un
tsar d'une des plus anciennes dynasties géorgiennes.

7° Enfin ces tombeaux sont assurément ceux des Ibériens, les belliqueux
ancêtres des Géorgiens (du VIII° au II° siècle avant Jésus-Christ).

M. Tiesenhausen repousse ces conclusions; s'appuyant sur les résultats
des fouilles exécutées dans la Russie méridionale à Olbia, Nédvigovk,
Kertch, Taman, il arrive à des conclusions tout opposées :

1° Les ouvertures pratiquées en haut des tombes ou dans leur flanc
indiquent que ces sépultures ont été pillées; on ne peut s'attendre à y
rencontrer que des os dispersés, des objets de peu de valeur, négligés par
les pillards, ou quelque objet oublié par eux. Le peu de profondeur à
laquelle ces coffres funéraires sont enterrés a dû favoriser ces entreprises
sacrilèges. Si M. Bayer avait observé avec soin la couche de terre, il
aurait dû y trouver la trace de trous ou de galeries creusés par les voleurs.
Les ouvertures dans la dalle formant couvercle se trouvent habituellement à l'ouest, parce que les pillards savaient que c'est près de la tête
du défunt que se rencontrent les colliers, pendants d'oreille, agrafes,
épingles de tête, diadèmes funéraires en or, etc. Dans toutes les fouilles,
on a déjà remarqué que les violations de tombes « s'opéraient avec une
parfaite connaissance des usages établis; elles ont même dû être opérées
par des contemporains ou par des hommes de générations fort rapprochées,
qui connaissaient encore la disposition des tombes et le contenu de chacune. » Si les tombes des autres types ont été plus respectées, c'est qu'on
savait parfaitement qu'elles ne renfermaient que des objets de moindre
valeur.

2° Par les ouvertures pratiquées de cette façon, se sont introduits à la
longue la terre, les gravats qui remplissent les grandes tombes, sûrement
aussi les chats, serpents et autres animaux qui y ont laissé leurs ossements.

3° Les grandes tombes sont simplement des tombes de famille : souvent
on a repoussé vers les parois les os desséchés des ancêtres pour faire
place aux nouveaux arrivants : de là le désordre signalé. Les fouilles
exécutées ailleurs montrent la constance de cet usage, peu respectueux
peut-être, mais bien établi, et répondent d'avance à toutes les objections
tirées du sentiment.

4° On a insisté, en arguant des fioles en forme de massues, sur le
caractère belliqueux des défunts; il est à noter cependant qu'on ne trouve
presque pas d'armes dans ces tombes.

5° On ne peut savoir à quel peuple appartiennent ces sépultures;
l'examen des crânes les mieux conservés pourrait seul jeter quelque
lumière sur la question.

6° Les objets d'art, se rapportant à la mythologie gréco-romaine, prouvent que ce peuple fut en relation de commerce, d'abord avec les Grecs de la mer Noire, puis avec les Romains. Les scènes de chasse, qu'on a faussement interprétées comme les travaux d'Hercule, ne prouvent rien quant à la religion pratiquée par ce peuple; ces objets sont d'ailleurs relativement récents : les plus anciens ne remontent pas plus haut que le pont de pierre jeté sur l'Ararba par Pompée dans sa guerre contre Mithridate; d'autres sont évidemment du troisième siècle après Jésus-Christ. Quant au scarabée, il peut-être très ancien, mais ce n'est pas anciennement qu'il a été déposé dans les tombeaux de Mstkhet (1).

(*La suite prochainement.*)

(1) Voir le *Compte rendu de la Commission archéologique* (russe), pour 1872 pages 164-146, 164-165, 174), avec les dessins publiés par l'académicien Stéphani.

BULLETIN MENSUEL

DE L'ACADÉMIE DES INSCRIPTIONS

MOIS D'OCTOBRE.

———

M. Germain communique une note sur l'évêque de Maguelonne, Arnaud de Verdale, destinée à servir d'introduction à la nouvelle édition qu'il prépare de la chronique de cet auteur du quatorzième siècle.

M. Duruy continue sa communication relative à la situation de l'empire Romain au milieu du troisième siècle.

M. Casali est admis à lire quelques notes complémentaires se rattachant au travail communiqué par lui à l'Académie sur le musée du château de Rosenborg.

M. de Saulcy lit une note sur un sesterce portant la contremarque LAPRON, dans laquelle il reconnaît le nom du proconsul L. Apronius, qui fit la guerre à Tacfarinas. Cette monnaie, par l'application de la contremarque, constitue une véritable monnaie de guerre : *moneta castrensis*.

M. J. Menant communique un mémoire où il expose le résultat de ses recherches touchant les empreintes des cylindres assyriens existant sur la tranche de tablettes de pierre du *British museum*, qui possède 2500 environ de ces tablettes. On sait que ces tablettes, qui contiennent des contrats d'intérêt privé, remontent au sixième siècle avant notre ère. Les empreintes de cylindres faisaient l'office de cachets. Elles étaient apposées par les scribes et les témoins des conventions.

M. Ernest Renan fait part à l'Académie des observations que lui a suggérées l'examen fait par lui à Rome, de concert avec son confrère M. Michel Amati, de l'inscription commentée successivement par MM. Mommsen et de Rossi et où l'on avait lu jusqu'ici :

« Quod filia mea inter fideles fidelis fuit inter *paga*
   nos, etc. »

M. Renan croit que les quatre lettres *paga* finissant la première ligne n'ont jamais existé et qu'il faut lire simplement « inter nos ». Il s'exprime en ces termes :

« La pierre qui porte l'inscription est aujourd'hui déposée dans l'espace demi-circulaire qui fait face au Pincio. Elle est en travertin ; sa surface est inégale.

Le lapicide ayant à graver le texte qui nous occupe sur une table grossière et accidentée, n'a pas craint, comme il arrive d'ordinaire, de plier son œuvre aux accidents de la surface. A la fin de la ligne où l'on a cru lire *paga* il existe bien un intervalle, mais je me suis assuré d'abord que cet intervalle était trop petit pour contenir les lettres d'aucun des mots proposés, notamment les quatre lettres *paga* de *paganos;* en second lieu, conformément à l'avis de M. Michel Amati, qu'en cet endroit la pierre paraissait n'avoir reçu aucun trait. Ma conviction, après examen attentif, est qu'il n'y a rien à restituer entre le mot *inter* qui finit la ligne et les lettres *nos* qui commencent la ligne suivante. »   A. B.

NOUVELLES ARCHÉOLOGIQUES

ET CORRESPONDANCE

—— Nous lisons dans *le Vœu national*, de Metz :

«*La colonne monumentale de Merten.* — On sait qu'il y a six à huit mois environ les restes d'un monument gallo-romain ont été déterrés dans un village du canton de Boulay. Les investigations de nos antiquaires les plus autorisés assignent à cette trouvaille archéologique une grande importance, on peut même dire une importance exceptionnelle. Tout est curieux et intéressant dans la relation qui nous a été faite, non pas seulement du mérite artistique des vestiges trouvés, mais des circonstances qui se rattachent à leur découverte et des suppositions qu'elle suggère.

C'est en creusant un puits dans un petit jardin attenant à une maison de Merten que la pioche a successivement mis au jour un certain nombre de fragments qui, en raison de leur état de conservation, de leurs développements, de la pureté de leur style, devaient appartenir à un monument de premier ordre. Détail bon à noter, tous ces fragments, à peu près superposés les uns sur les autres, occupaient sous le sol, comme dans une fosse, un espace relativement restreint, et les fouilles exécutées autour n'ont amené absolument aucun résultat. Il y a donc eu vraisemblablement là un enfouissement de ce qui restait du monument déjà en ruines, et peut-être une pensée pieuse, une sorte de respect pour ces restes grandioses, a présidé à ce qu'on peut appeler cette sépulture artistique. Ce qui donne une certaine valeur à cette hypothèse, c'est qu'à quelque distance du village, sur une éminence assez accusée, des débris spéciaux de tuiles et de substructions révèlent en ce lieu un centre plus ou moins important d'habitations antiques. Il y a quelque raison de penser que la colonne monumentale a pu dominer le paysage sur ce point élevé, tandis que le village actuel de Merten est en contre-bas de cette saillie de terrain.

Par un heureux hasard, les parties conservées offrent assez de surface et de points de repère pour donner, avec une exactitude suffisante, les proportions de l'ensemble et le profil des lignes. D'ingénieuses combinaisons ont permis de restituer l'aspect général, qui devait être imposant. En effet, la hauteur totale avec les soubassements n'atteignait pas moins de 13 mètres. Le motif principal, surmontant le chapiteau, était un guerrier à cheval terrassant un Titan anguipède, c'est-à-dire un de ces géants fabuleux dont les extrémités inférieures figuraient une queue de serpent. C'était donc un sujet héroïco-religieux.

Nous ne pouvons entrer dans le détail, qui nous mènerait trop loin, de ce qui manque à ce beau spécimen de l'art antique, et de ce qui en reste. Nous en avons eu sous les yeux un dessin d'ensemble, accompagné de croquis reproduisant les fragments conservés sous leurs différentes faces, et ce curieux travail, dû à MM. de Salis et A. Prost, donne la plus haute idée de cette œuvre antique. Tout est remarquable dans ce qu'elle nous présente. La noblesse des lignes, certains détails d'ornementation, notamment les têtes en haut relief qui décorent d'une manière aussi intéressante qu'insolite le chapiteau, accusent un goût artistique de la bonne époque, qu'on ne saurait méconnaître, malgré une certaine rudesse d'exécution, voulue peut-être pour l'effet général de l'œuvre.

Ajoutons que ces précieux vestiges, achetés à l'inventeur, seront, nous dit-on, prochainement amenés à Metz et que, groupés aussi avantageusement que possible, ils viendront prendre dans notre musée archéologique une place d'honneur (t). »

——— *Le Musée des arts décoratifs.* — L'*Exposition de l'Art contemporain*, qu'organise le Musée des arts décoratifs au Pavillon de Flore, ouvrira le 9 décembre prochain. Elle comprendra, comme nous l'avons dit, les plus parfaits spécimens de l'art appliqué à l'industrie qui ont figuré à l'Exposition universelle et qui y ont été le plus remarqués. On y retrouvera, dans un ordre logique et approprié à l'enseignement industriel, les beaux meubles, les magnifiques faïences, les étoffes, les bronzes, etc., etc., qui ont été le plus admirés au Champ-de-Mars dans les sections française et étrangères.

Grâce au concours des commissaires étrangers, les fabricants du monde entier feront figurer leurs œuvres dans cette exposition exceptionnelle, qui sera comme une quintessence raffinée de celle du Champ-de-Mars. Quant aux industriels français, ils ont répondu avec le plus vif empressement à l'appel du Comité, et beaucoup ont proposé non-seulement de prêter leurs meilleurs produits, mais ont offert des dons et des souscriptions au Musée des arts décoratifs.

Pour classer le grand nombre d'objets qu'on apporte de toutes parts au Musée, pour procéder à des choix rigoureux et les présenter dans un ordre profitable à l'enseignement professionnel, douze commissions ont été constituées. Elles sont composées des hommes les plus compétents dans chaque spécialité. Voici les noms des présidents de ces sections :

Section d'Architecture, président M. Duc ; *Sculpture*, M. Guillaume, directeur général des Beaux-Arts ; *Peinture*, M. Gérôme, suppléé par M. Barrias ; *Décor fixe*, M. Paul Mantz ; *Décor mobile* (meubles, bronzes), MM. E. Odiot

---

(1) Nous donnerons dans un de nos prochains numéros une description et une restitution complète du monument de Merten, due à la science et au crayon de M. Prost. Nous en avions déjà signalé la découverte il y a quelques mois.

et Bocher; *Céramique*, M. Paul Dalloz; *Vêtements*, M. Dupont-Auberville; *Parure (bijouterie,* etc.), M. Georges Berger; *Armes*, M. de Longpérier; *Enseignement,* M. Louvrier de Lajolais; *Bibliothèque*, M. le baron Gérard.

Ces sections se réunissent deux fois par semaine au Pavillon de Flore, et font preuve de la plus grande activité. Dans quelques jours, le public pourra apprécier le premier résultat de leurs efforts en allant voir l'exposition du Musée des arts décoratifs.

—— Les journaux de la Lusace signalent de très-curieuses découvertes qui ont été faites dans cette contrée. On a trouvé près de Balow, en creusant un fossé, un véritable trésor, provenant des rois wendes; il y a là vingt-quatre grands anneaux en bronze pour orner les bras, trois colliers, une parure complète de femme, etc., tous objets qui remontent à une antiquité considérable, et qui sont d'une inestimable valeur pour les antiquaires et les historiens de l'époque wende. Les notices qui rendent compte de cette découverte ajoutent (et ce n'est pas le fait le moins curieux) que, d'après les traditions qui ont cours dans ce pays, il se trouverait, dans les environs immédiats de Balow, un endroit où serait enfoui non-seulement le trésor du dernier roi des Wendes, mais encore une statue de dieu et un cercueil en argent massif, contenant les restes de ce monarque. C'est ainsi qu'en Alsace on connaît, par la tradition, un endroit où les anciens prêtres d'Ehl auraient enfoui un trésor à côté d'une grande statue, aussi en argent massif, représentant le dieu que l'on adorait dans ces temples détruits par les Romains. Tous les pays qui ont subi de nombreuses invasions se retrouvent ainsi dans une communauté de légendes, ce qui prouve simplement que l'imagination populaire est la même partout et que les mêmes sentiments ou les mêmes souvenirs revêtent partout des formes à peu près identiques.

(*Français* du 2 décembre.)

—— Les deux premières livraisons du tome V des *Archives des missions scientifiques* (troisième série) comprennent, entre autres rapports, les suivants, qui sont particulièrement de nature à intéresser nos lecteurs :

Rapport sur les antiquités gauloises de la Suisse et du Haut-Danube, par M. Cournault. *Renseignements sur quelques manuscrits latins des bibliothèques d'Espagne et principalement sur les manuscrits de Quintilien,* par Ch. Fiaville. *Rapport sur une mission en Espagne,* par M. Ch. Graux. *Rapport sur les bibliothèques de Gênes* (inventaire des manuscrits relatifs à la Corse), par M. Francis Molard. *Voyage de Gabès au Zaghouan* par El-Hamma, (les plaines de Segui, Thala, Dued-Rhanè, Zlass, Kairouan), par M. Chevarrier. *Rapport sur les questions ethnographiques et anthropologiques au congrès de Pesth,* par le docteur E. Magitot.

—— Sommaire du numéro d'octobre du *Journal des Savants* : *Géographie de la Gaule romaine,* par M. Alf. Maury. *Les Plaidoyers de Démosthène,* par M. E. Egger. *La Seine,* par M. J. Bertrand. *Dernière année du duc et connétable de Luynes,* par M. B. Zeller. *Esquisse du droit criminel athénien.* Nouvelles littéraires. Livres nouveaux.

BIBLIOGRAPHIE

Le Christianisme et ses origines, par ERNEST HAVET. Tome III. *Le Ju-daïsme.* Paris, Calmann Lévy, 1878, 1 vol. in-8 de XXVI-518 pages.

Dans le tome Ier, M. Havet (p. XXXI) disait : « Mon objet n'est pas d'é-crire l'histoire de l'hellénisme, mais seulement de ce que l'hellénisme contient de chrétien. » Nous avons fait connaître en son temps (juin 1872) la publication de cette première partie. La seconde, qui remplit le troi-sième volume, se rattache très-étroitement aux deux premiers, en raison du costume hellénique que revêtit finalement le monde juif. « Je me propose, écrit l'auteur, de rechercher la part qu'a eue le judaïsme à la formation du christianisme et la manière dont l'un est sorti de l'autre, évolution qui s'est accomplie dans un milieu grec, au moyen de traduc-tions grecques ou de livres originairement écrits en grec. » Et plus loin « L'histoire du judaïsme, comme toute autre histoire, n'est qu'une suite de transformations qui tiennent à l'influence des événements sur les idées. C'est l'étude de ces transformations de la foi juive, dont la dernière est l'avènement même du christianisme, qui fait l'objet de ce volume... Le christianisme, juif dans sa forme, est hellénique dans son fond. » (P. 492.) Placé à ce point de vue, l'auteur, qui ne se donne pas pour un hébraï-sant, a surtout besoin d'être helléniste, et remplit à souhait cette condi-tion. Du reste, il dit avoir profité de tous les commentaires écrits sur la Bible. Dès sa jeunesse il a commencé l'étude de ses textes dans l'édition hébraïco-française de Cahen. Il a fait un usage constant de la partie pu-bliée jusqu'ici du travail entrepris par M. Ed. Reuss sur l'ancien et le nouveau Testament.

M. Havet tend à établir que le christianisme a puisé ses éléments con-stitutifs dans l'hellénisme et dans le judaïsme; que ce qui s'y trouve d'étranger à l'un et à l'autre est survenu sous l'influence des religions persane ou égyptienne, et depuis la première période évangélique. Les moines lui paraissent venir de l'Egypte, et d'ailleurs il croit retrouver plusieurs traits de la vie monacale dans la vie des Cyniques. Beaucoup de « nouveautés » chrétiennes ne figurent ni dans l'ancien, ni dans le nouveau Testament, ni même chez les anciens Pères de l'Eglise, et ne datent que de la prédication des derniers siècles. L'auteur cite comme preuve de cette évolution graduelle et tardive la « dévotion pieuse à Jésus souffrant et mourant », dont l'antiquité profane avait donné, d'ailleurs, plus d'un exemple soit dans les fêtes d'Adonis patient et ressuscité, soit dans le cas de certaines calamités publiques causant un dommage quelconque aux idoles. L'idée fondamentale de cette Histoire du christianisme entreprise et savamment conduite par M. Havet, c'est que la nature, dans cette série de faits, non plus que dans toute autre, ne procède pas par sauts brusques.

L'auteur traite cette matière historico-religieuse sans autre préoccupation que d'appliquer la méthode scientifique. Son investigation rappelle les procédés du géologue racontant l'histoire de la terre et de ses modifications successives. Ce n'est pas à dire que plusieurs points ne soient traités dans ce volume, comme dans le précédent, d'une façon quelque peu hypothétique ; mais cet écueil est inévitable quand on s'engage sur l'océan si mobile de la critique des textes, des traditions et des faits bibliques ; l'on doit savoir gré à M. Havet de ne pas s'y être heurté plus souvent. Pour notre part il nous suffisait de signaler ce côté faible de la philologie exégétique, et nous arrivons à l'analyse sommaire des chapitres qui composent le livre du *Judaïsme* dans ce qu'ils renferment de précis et de positif.

I. *Israël avant la loi.* —Les mœurs des Israélites telles qu'elles nous apparaissent dans ce chapitre, avec citations textuelles correspondant à autant de traits caractéristiques, ne laissent rien à envier aux âges et aux peuples les plus barbares du paganisme (voir notamment p. 26 et suiv.). Le passage de l'israélisme au judaïsme, c'est-à-dire l'exécution de la loi, ne peut être un fait antérieur au viii° siècle (p. 32), ni même au milieu du v° (p. 42), époque où Esdras est dit restaurer la loi, tandis qu'il pourrait bien en être le premier auteur.

II. *Les livres mosaïques ; la Genèse.* — « On ne peut plus douter que les originaux de la Genèse ne soient des récits chaldéens et que la source de la mythologie biblique (époque antérieure à Abraham) ne doive être cherchée à Babylone. »

III. *L'Exode et la Loi.* —Paraphrase exégétique de la loi dite mosaïque. On trouve dans le décalogue, notamment en ce qui concerne l'établissement de la semaine et la sanctification du sabbat, des vestiges de la civilisation chaldéenne. M. Havet fait ressortir, ici et ailleurs, le caractère démocratique du gouvernement tel qu'il est supposé dans la loi. — Analyse du *Lévitique* et des *Nombres*.

IV. *Histoire des Juifs depuis la loi jusqu'à la fin du règne d'Hérode.*—L'auteur met en doute l'entrée d'Alexandre dans Jérusalem. — Persécution d'Antiochus Epiphane. Les Machabées. — En l'an 143, Jérusalem et la Judée sont libres et autonomes pour la première fois depuis 450 ans. L'an 40 avant notre ère, l'Iduméen Hérode, fils d'Antipater, est institué roi des Juifs par un sénatus-consulte rendu sur la proposition de Marc-Antoine, et confirmé dans cette dignité par Octave, après la bataille d'Ac-

tium. Règne long, prospère et brillant d'Hérode. La suite de l'histoire
des Juifs fait l'objet du viii° chapitre.

V. *Le Deutéronome; les premiers prophètes.* — Le dernier livre du Pentateuque se distingue des quatre autres par la place qu'on y fait aux lévites
et aux prophètes, par le caractère nouveau de la législation qu'on y décrit; enfin, par l'élévation des idées religieuses et la forme en quelque
sorte spiritualiste qu'elles y prennent. Ce livre doit être « de l'époque où
les Juifs avaient déjà affaire aux Grecs et aux rois, héritiers d'Alexandre ».
Viendraient ensuite les livres de *Josué, Rois, Samuel, Juges*, livres que
M. Havet comprend sous le titre générique de *Premiers prophètes.*

VI. *Les derniers prophètes.* — Aucun livre prophétique n'a pu être écrit
« avant le temps de Cyrus ». Le second Isaïe (*Is.* xl-lxvi), que l'auteur ad-
mire et fait admirer (p. 212), touche presque « aux temps chrétiens ».
M. Havet nous montre même (p. 220) Jérémie et Ezéchiel « plus chrétiens
que l'Evangile ». Il signale succinctement les traits notables contenus dans
les douze petits prophètes. Au point de vue religieux, les prophètes sont
« la source la plus profonde et la plus pure des sentiments chrétiens ».

VII. *La Bible en grec; les Hagiographa.* — L'Ancien Testament se divise en trois parties : la *Loi* ou *Tora*, les *Prophètes* et les *Hagiographa*
(*Psaumes, Job, Proverbes, Daniel*, l'*Ecclésiaste, Lamentations de Jérémie, Es-
ther, Ruth, Cantique des Cantiques* (ces cinq derniers livres constituant les
Méghilloth), *Esdras, Néhémie* et les *Chroniques*, « le livre le plus récent
peut-être de la Bible hébraïque ». La première de ces parties fut traduite en
grec par et pour les Juifs alexandrins, non pas sous Ptolémée Philadel-
phe, mais plutôt cent ans après. Les autres parties ne furent pas mises en
grec à la même époque. Ce fut un fait important au point de vue de la
propagande judaïque dans le monde grec. Les psaumes que saint Paul et
une tradition constante attribuent à David, sont « certainement » postérieurs au prophète le dernier en date. Il faut voir dans le psaume « Super flumina Babylonis » une allusion à la prise de Jérusalem par les
Romains et le roi Hérode, leur complice (l'an 37 av. J. C.). Quelque opinion que l'on se fasse sur ce point, on lira ce chapitre avec charme.
M. Havet n'a pas manqué de mettre en relief le caractère impersonnel,
humain des psaumes. Il rappelle que l'office de la semaine sainte est
composé des psaumes les plus chargés d'imprécations. Et ailleurs :
« La Bible n'a rien de plus chrétien que les psaumes (p. 312). »

Le chapitre viii reprend et achève l'histoire des Juifs, tout en traitant
des *Apocrypha*, qu'il faut se garder de considérer comme des livres d'une
authenticité suspecte. On appelle ainsi les parties de la littérature biblique qui ne nous sont parvenues ou n'ont été écrites qu'en langue grecque. Plusieurs d'entre eux sont compris dans la Bible orthodoxe romaine,
savoir : *le I*er *livre des Machabées, la Sagesse de Salomon* et *Baruch*. La Bible
de Clément VIII contient, mais en dehors du canon, le troisième et le
quatrième livre d'Esdras. M. Havet signale l'apparition successive de deux
« Oints » (ou Messies), après Hérode le Grand, au sujet duquel il écrit

ceci : « Nous ne sommes pas assurés qu'Hérode ait été regardé comme l'oint par excellence (p. 31). » Le premier en date est un Judas de Galilée ; le second, Theudas. Sous Tibère, Jean le Baptiseur prêcha l'avénement prochain du règne du Seigneur et inquiéta par les progrès de sa propagande le tétrarque de la Galilée et de la Pérée, Hérode Antipas, fils du roi Hérode le Grand et l'Hérode de la tradition évangélique. Celui-ci le fit mourir. M. Havet, qui poursuit l'histoire de la Judée jusqu'à la conquête de Jérusalem par les Romains, note, sans s'y arrêter autrement, le silence de Joseph sur Jésus.

IX. *Les Apocrypha; le Christ ou Messie*, etc.—Etude rapide sur les livres des *Macchabées* et sur l'*Ecclesiasticus*. On saisit la première trace de l'expression de *messie* ou *oint, christ*, dans les psaumes dits de David, puis dans les psaumes dits de Salomon, recueil grec qui n'est pas reconnu par l'Eglise et dont la composition se place peu après la mort de Pompée, « à l'entrée du règne d'Auguste ». M. Havet ne sépare pas l'idée du Christ de celle de la résurrection des morts et d'un *ressusc"teur*, idée qu'il croit empruntée par les Juifs aux doctrines du mazdéisme, très-répandues aux approches de l'ère chrétienne. De là serait pareillement sortie l'idée des anges et des démons, du moins avec le rôle qui leur est attribué dans les textes évangéliques. Même origine pour Satan, « l'antagoniste » par excellence, assimilé ici au génie persan Ahriman. Ce même chapitre tend à expliquer comment les Juifs, deux siècles avant J.-C., sont arrivés à la notion du Rédempteur, notion magnifiquement développée dans un texte célèbre d'Isaïe qui en donne, pour ainsi dire, la formule, et dont l'auteur serait du siècle des Asmonées.

X. *Le Judaïsme alexandrin et Philon.*— Après avoir rappelé la formation des *Oracula sibyllina*, œuvre des Juifs d'Alexandrie datant de Ptolémée Philométor ou d'Antiochus Epiphane, et mentionné le commentaire perdu d'Aristobule, précepteur de Ptolémée Physcon, sur le Pentateuque, M. Havet examine les écrits de Philon le Juif, qu'il appelle « le premier des pères de l'Eglise ». Toutefois il n'y est question ni de résurrection, ni de Christ, ni d'espérances messianiques. Avec Philon et par l'hellé-nisme, le judaïsme devient spiritualiste. Ce Juif qui ne savait probablement pas l'hébreu s'inspire à la fois de l'esprit judaïque et de l'esprit grec. C'est dans Philon qu'on voit apparaître les idées de foi, de grâce, de rachat des pécheurs par le Sage (p. 418), et surtout l'explication par l'allégorie de certains récits bibliques, le terme ἐκκλησία, église, avec le sens d'assemblée, de communauté d'Israël. Il est à souhaiter que M. Ferdinand Delaunay, qui a commencé une traduction complète de Philon, termine au plus tôt sa laborieuse entreprise. Ce chapitre procurera plus d'un lecteur à Philon, tant il contient de faits nouveaux et de curieux rapprochements, lorsque le Juif alexandrin sera mis à la portée du grand public.

XI. *Conversion des Juifs.* — C'est au règne de Ptolémée Philométor (sous lequel un temple de Jéhova fut élevé en Egypte, vers 150 ans avant

J.-C.) que M. Havet rapporte la traduction dite des *Septante* et la diffusion des dogmes et des pratiques judaïques dans le monde gréco-romain.
Cette diffusion est constatée d'une manière éclatante par plus d'un texte
de Josèphe et de Philon. Celui-ci ajoute même, en parlant des coutumes
juives : « Elles gagnent et convertissent à elles les barbares et les Grecs,
l'Orient et l'Occident. » D'autant plus que la circoncision n'était pas toujours obligatoire. L'auteur montre que le judaïsme autant que le christianisme, qui, à son point de vue, en est comme une nouvelle forme, a
recueilli la somme des idées orientales qui avaient envahi Rome et tout
l'empire. « Cette époque où les Romains, faisant disparaître ce qui restait
de l'empire macédonien, avaient ajouté, comme dit Philon, plusieurs
Grèces à la Grèce, et hellénisé les portions les plus importantes des pays
barbares ; cette époque est la seule dans l'histoire où ait pu se placer la
conversion des Gentils. Il a fallu l'unité du monde romain pour faire
celle du monde judaïsant et, par suite, du monde chrétien (p. 468). »

Il serait prématuré de porter un jugement dès aujourd'hui sur *le
Christianisme et ses origines*. Une troisième et dernière partie, qui traitera
des écrits et des temps évangéliques, « réserve, dit l'auteur, une grande
surprise à la critique, celle de reconnaître à quel point la personne de
Jésus reste ignorée, combien sa trace est pour ainsi dire imperceptible,
et combien il paraît avoir été pour peu de chose dans la révolution qu'on
désigne par ce nom de Christ. » Mais ce qui ne souffrait pas de délai,
c'était d'appeler l'attention sur cette œuvre importante, dont l'exécution
demandait à la fois une lecture considérable, approfondie, et un esprit
investigateur d'une grande sagacité.   C. É. R.

Mycènes, récit des recherches et des découvertes faites à Mycènes et à Tirynthe,
     par HENRI SCHLIEMANN. 1 vol. grand in-8°, Hachette.

Des articles spéciaux ont été consacrés dans la *Revue*, aux fouilles et
découvertes de M. Schliemann, à celles de la Troade qui ont commencé
à faire connaître son nom, à celles de Mycènes qui ont achevé de le
rendre célèbre. A tous égards, l'ouvrage dont nous devons la traduction à
M. Girardin est très-supérieur à celui qui avait été consacré par l'auteur
à sa Troie d'Hissarlik. Les fouilles ont été conduites avec plus de méthode ; les découvertes ont une plus haute importance, le livre lui-même
est mieux rédigé, l'hypothèse y a une moindre place, la description des
édifices et des monuments retrouvés a plus de précision, les planches
sont bien plus belles et se prêtent bien mieux à l'étude. Il n'est pas besoin
d'être archéologue pour trouver ici tout à la fois plaisir et profit ; avec
ses remarquables illustrations, ce volume, indispensable aux savants, aura
de l'intérêt pour tous ceux que ne laissent point indifférents les choses de
l'antiquité grecque et l'histoire de l'art.

LA

CRYPTE DE LA MÉTROPOLE DE MOUTIERS

(SAVOIE).

La haute antiquité accordée avec raison à la cathédrale de Moûtiers, des documents trouvés dans les archives de l'évêché, et la tradition, me convainquirent qu'une crypte avait existé sous le sanctuaire de l'ancienne métropole de la Tarentaise, et que des fouilles m'en montreraient les vestiges. Pressé par un désir irrésistible, je commençai mes investigations en 1866, dans l'étage inférieur de la tour sud-est de la cathédrale.

Après quelques recherches, je trouvai sous le crépi les indices d'une baie de porte maçonnée dans le mur qui sépare la tour de la partie inférieure de l'abside de l'église. Je fis démolir cette maçonnerie et je constatai l'existence de la crypte que je cherchais. Elle était malheureusement remplie de décombres, et sa voûte n'existait plus. Je fis exécuter des déblais pendant trente-cinq jours par cinq ouvriers; mais à leur volume considérable vinrent s'ajouter des difficultés imprévues, qui ne me permirent de dégager qu'une travée de la crypte et les trois quarts environ du *martyrium*.

Le sous-sol de Moûtiers est baigné par une nappe d'eau qui suit l'étiage de l'Isère. Aussi, ayant opéré les fouilles en 1866 pendant l'étiage moyen, ai-je rencontré l'eau avant d'arriver à l'aire de la crypte.

Désirant faire la description de cet intéressant monument, j'ai dû, pour en connaître la hauteur exacte, reprendre les fouilles dans le sens de la profondeur pendant la première quinzaine du mois de septembre dernier, alors que les eaux étaient très-basses. Je suis complétement satisfait de ce nouveau travail, puisque j'ai pu mettre au jour le carrelage ainsi que la base des colonnes et des pilastres. Il ne manque absolument que la voûte et une partie des colonnes cen-

trales qui la supportaient. Il m'a donc été facile d'en faire la restitution exacte représentée par le plan ci-joint et la coupe de la planche
XXIII (fig. 1).

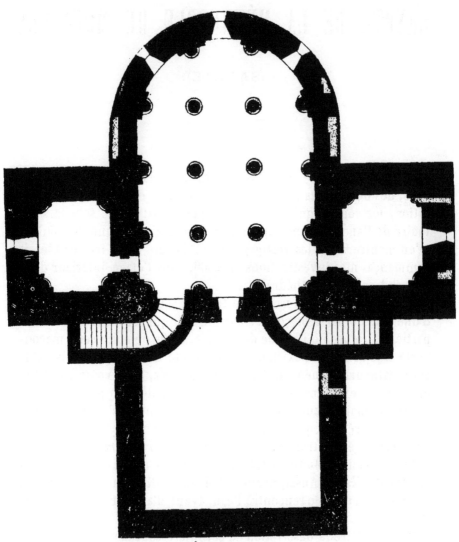

Plan de la crypte.

Cette crypte se composait d'une abside occupant toute l'étendue
du sanctuaire de la cathédrale ; en second lieu, d'une salle antérieure
qui a dû être le *martyrium*, cette salle construite sous l'avant-chœur
et séparée de l'abside par une claire-voie maçonnée ; enfin, de deux
chapelles carrées, l'une à droite et l'autre à gauche de la chapelle

absidale, occupant le dessous des deux tours qui flanquent le chevet de l'église.

On y arrivait par deux escaliers semi-circulaires à leur base, et qui débouchaient à la place qu'occupent aujourd'hui les autels appuyés contre le mur du levant du transept. C'est la disposition adoptée pour faciliter les dégagements dans la plupart des cryptes du XII° siècle.

L'hémicycle recevait du jour par trois fenêtres étroites, ouvertes dans le soubassement de l'église. Les chapelles latérales n'étaient éclairées que par une seule fenêtre. Le *martyrium* ne devait recevoir qu'une lumière indirecte, qui pénétrait par la baie de la porte établie dans la claire-voie.

La crypte proprement dite a, dans œuvre, 12^m,30 de longueur sur 8^m,65 de largeur. Le *martyrium* mesure 8^m,80 sur 6^m,65. Les chapelles ont 4^m,18 sur 3^m,83. La hauteur sous voûte était de 4^m,55 à partir du sol. Les chapelles étaient voûtées comme l'abside. Le *martyrium* était recouvert d'un plafond formé de deux planchers superposés, séparés par une aire en plâtre.

La voûte de la crypte était portée par un quinconce de colonnes au nombre de dix-huit, dont six au centre et douze adossées aux murs. Les six colonnes du centre étaient cylindriques. Les piliers adossés aux murs sont formés de deux pilastres et d'une colonne centrale semi-circulaire. Les voûtes des chapelles reposent sur quatre piliers formés également de deux pilastres en retour et d'un quart de colonne à section circulaire.

L'équilibre des colonnes centrales était maintenu par des arcs-doubleaux contre lesquels s'appuyaient les bonnets de la voûte. Des arcs formerets, adossés contre les murs, sont jetés d'un pilastre à l'autre.

Des arcatures aveugles sont construites dans chacun des segments circulaires des tympans, au-dessus du tailloir qui court sur le pourtour des murs au niveau de l'imposte de la voûte.

Les colonnes centrales, qui sont cylindriques, comme nous l'avons dit, ont une hauteur totale de 3^m,10 et un diamètre de 0^m,50; elles se composent d'un chapiteau, d'un fût et d'une base.

Le chapiteau, d'une hauteur de 0^m,63, est roman-rhénan, à face plate et circulaire à sa base, et sans décors; c'est une portion de sphère pénétrée par un cube. Il est surmonté d'un tailloir biseauté, formant une saillie de 0^m,07 et recevant directement les naissances des arcs.

Le fût a 2^m,15 de hauteur; il est orné d'un astragale de 0^m,06 de diamètre, qui n'a ni filet ni congé, et d'un filet à sa base, mais sans congé non plus.

La base, qui a une hauteur totale de 0^m,32, est attique dans ses 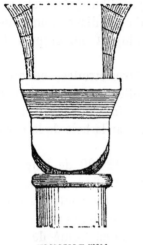 éléments constitutifs ; elle se compose d'un tore, d'un filet, d'une scotie et d'un quart de rond qui sert de socle ; c'est une imitation de celle de l'ordre composite.

Les colonnes adossées aux murs ont 0^m,42 de diamètre et sont en tout semblables aux colonnes isolées. Les pilastres qui flanquent ces colonnes ont 0^m,40 de largeur et 0^m,30 d'épaisseur ; ils sont sans base, et n'ont pour chapiteau qu'un tailloir biseauté semblable à celui des colonnes (pl. XXIII, fig. 2 et 3).

Les portes des chapelles et celle du *martyrium* ont deux cintres superposés, dont l'inférieur est en retraite de 0^m,20 sous le supérieur. Derrière ces deux arcs existe encore un linteau qui, par sa largeur, occupe le restant de l'épaisseur du mur.

Dans les portes des escaliers, les arcs sont remplacés par une plate-bande d'un appareil hardi et bien exécuté.

Dans les baies des portes des chapelles latérales, de petits pilas-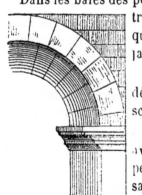tres, ornés d'une corniche à l'imposte de l'arc qu'ils supportent, font saillie sur le tableau des jambages.

On voit comme décoration, dans la partie déblayée, deux sujets d'ornement, dont un sculpté en méplat et l'autre gravé.

Le premier décore le tympan de l'arcade aveugle située au-dessus de la porte de la chapelle de droite (pl. XXIII, fig. 4). C'est une rosace à lobes lancéolés et cloisonnée, entourée de deux branches ressemblant à du laurier. Elle est inscrite dans un demi-cercle tracé dans un rectangle de 0^m,78 sur 0^m,45, orné de trois côtés d'une moulure.

Le second, qui a 0^m,30 sur 0^m,20, est gravé au-dessus de la porte de l'autre chapelle et se compose de rayons arqués convergeant tous vers le même point de centre (pl. XXIII, fig. 5).

Les colonnes, les pilastres, les arcs et les pieds-droits des portes et des fenêtres, les voûtes, la claire-voie et le revêtement intérieur des murs de la crypte sont construits avec de l'albâtre gypseux. Tout est admirablement taillé et dressé à la hache, bien appareillé et savamment mis en œuvre. La blancheur éclatante des matériaux de construction devait contribuer à l'effet de ce vénérable hypogée.

L'autel de la crypte devait être dans l'hémicycle, et le corps du saint dans la salle que nous avons appelée le *martyrium*. Ces dispositions sont celles qui ont été adoptées dans la plupart des cryptes anciennes. Les reliques se trouvaient ainsi déposées sous le maître-autel de l'église supérieure, placé en avant de l'abside occupée par les clercs. Les fidèles descendaient par l'un des escaliers, pouvaient voir le tombeau du saint par la porte ouverte du *martyrium*, faisaient leurs prières devant l'autel et remontaient par l'autre escalier.

Des titres de 1508, 1600 et 1608, qui font partie des archives de l'évêché, établissent que les délibérations capitulaires avaient lieu dans une chapelle ou oratoire de Saint-Clair, établie dans la crypte. Une délibération du chapitre, sous la date du 19 décembre 1600, se termine ainsi : « *Actum in oratorio divi Clari.* »

Mgr Milliet de Challes, dans sa visite de la métropole faite en 1661, constate que les chanoines tenaient leurs assemblées en la chapelle de Saint-Clair (1). Le même document nous apprend en outre qu'il y avait dans la crypte trois autels : un à saint Jean l'évangéliste, saint Crépin et saint Crépinien ; un autre à saint Maur et aux Onze mille vierges *subtus choro*, et enfin un troisième dans la chapelle dite de Notre-Dame des corps saints, *capella Nostre Domine corporum sanctorum*. Cette chapelle était, selon toute apparence, le *martyrium* ; et comme l'autel des Onze mille vierges était sous le chœur, l'autel Saint-Jean était sous l'une des tours latérales, et la chapelle Saint-Clair sous l'autre.

L'origine de la cathédrale de Moûtiers remonte aux premiers siècles du christianisme. Elle fut reconstruite plusieurs fois en totalité ou en partie. Les styles différents de ces parties indiquent les diverses époques de ces reconstructions. La crypte et ses collatéraux, le sanctuaire de l'église et le bas des deux tours qui le flanquent sont romans, dans le style du xiie siècle ; la façade principale, élevée en

---

(1) « Eosdem RR. DD. canonicos in cappella sancti Clari, in qua capitulariter congregari et capitula habere consueverunt, convocavimus. » *Archives de l'évêché de Moûtiers.*

1461, est gothique(1), et les trois nefs avec l'avant-chœur, construits de 1826 à 1828, à l'exception des fondations des murs qui sont les anciennes, appartiennent à un style moderne qui se rapproche beaucoup de celui de la renaissance italienne.

Le premier évêque des Ceutrons fut saint Jacques, originaire d'Assyrie, qui fut consacré évêque de *Darantasia* en 426 par saint Honorat, métropolitain d'Arles.

On lit dans le *Dictionnaire historique* de Grillet (p. 132) : « L'évê-« ché de Tarentaise, qui dépendit d'abord de la métropole d'Arles, « fut soumis à celle de Vienne par le pape S. Léon, ainsi qu'on le « voit dans sa lettre du 5 mai 450 ; et il fut ensuite érigé en arche-« vêché, dans le courant du viiie siècle. Par le huitième canon du « concile de Francfort en 794, les suffragants de cette nouvelle mé-« tropole des Alpes grecques et pennines furent les évêques de Sion « en Vallais, d'Aoste et de Maurienne, sous la condition cependant « que l'Église de Tarentaise reconnaîtrait toujours l'archevêque de « Vienne pour son primat. Les archevêques, possesseurs légitimes « du comté de Tarentaise, ne dépendirent d'abord que des empe-« reurs d'Allemagne, qui les créèrent princes de l'empire. Frédé-« ric Ier, par sa bulle d'or donnée à Pavie, le 6 des ides de mai 1186, « leur donne, non-seulement l'investiture de Moûtiers, mais encore « celle de tous les châteaux, vallées et terres dépendant de leur « église qu'ils tenaient de la libéralité des rois de Bourgogne. »

En 517, il y eut une consécration de la cathédrale de Tarentaise, sous l'évêque Sanctius, par saint Avit, archevêque de Vienne. L'église est mentionnée encore sous le nom de *Darantasia* dans le testament de Charlemagne (2).

Besson dit dans ses Mémoires (3) : « Je conjecture que l'église de « Tarentaise n'aurait été érigée en métropole que dans le courant « du viiie siècle. Elle est nommée la dix-septième dans le nombre « de vingt-une métropoles auxquelles l'empereur Charlemagne fit « des legs par son testament de l'an 810. »

En 996, Rodolphe, roi de Bourgogne, réunit le comté de Tarentaise à l'archevêché, comme dédommagement des désastres occasionnés par des barbares qui sont appelés *Hyberni* dans le diplôme tel

(1) L'inscription qui constate la date de cette construction se trouve dans le *Bulletin de la Société des antiquaires de France*, année 1875, p. 183.
(2) Eginhard, *Vita Caroli*, c. 33.
(3) *Mémoires pour l'histoire ecclésiastique des diocèses de Genève, Tarentaise, Aoste et Maurienne*, p. 190.

que Muratori l'a publié (1); mais Besson donne la leçon *Hibernicis*
au lieu de *Hybernis*, et les Bénédictins ont écrit *Ibericis* (²).

Le passage suivant, qu'on lit dans le *Theatrum Sabaudiæ*, est un
éloge probablement exagéré et qui n'apprend rien sur la forme de
l'édifice tel qu'il existait au déclin du xvii° siècle : « L'archevêque
François-Amédée Millet de Challes a réparé l'église ' cathédrale
consacrée à saint Pierre, qui était fort ruinée par la longueur du
temps et par la malice des hommes; et l'a si fort embellie, qu'on
doit avouer qu'elle ne le cède à aucune autre église des Alpes, et
qu'elle en surpasse plusieurs par sa grandeur, ses ornements de
marbre et le nombre de ses statues et de ses peintures. Elle est divisée en quatre parties, et est ornée aux quatre coins de tours de
pierre de taille, où sont les horloges et les clochers. »

La pierre de taille paraît être de trop pour les tours, à moins qu'elle
n'ait été employée dans les étages supérieurs qui ont été démolis ;
elle n'existe que dans la façade de la cathédrale reconstruite en 1461.
Les murs des tours sont formés de moellons bruts noyés dans de
l'excellent mortier.

Suivant une tradition rapportée par Grillet (p. 135), les quatre
clochers qui existèrent jusqu'à la Révolution aux quatre angles de
l'édifice auraient été construits au moyen des legs que l'empereur
Charlemagne fit à l'église. Ce qui précède montre le peu de fonde-
ment de cette opinion.

Les tours ont été bâties postérieurement aux chapelles latérales
de la crypte, sur lesquelles elles sont montées. De plus, il est visible
que pour celle de gauche l'on a augmenté, à l'extérieur, l'épaisseur
de ses murs, afin qu'ils pussent supporter le poids de la surélévation
exécutée plus tard.

E.-L. BORREL.

(1) « Archiepiscopatum Hybernis incursionibus penitus depopulatum, quem
Amizo, prout vires appetunt ordinatum vestit, comitatu donavimus. » *Antiquitates
Italiæ medii ævi*, t. I, col. 415.

(2) Besson, *Mémoires*, etc., Preuves, p. 331 ; *Gallia christiana*, t. XII, col. 700.

LA

PANTHÈRE DE PENNE

(LOT-ET-GARONNE).

Le propriétaire d'un champ dit *à l'Abeille*, près du moulin d'*Escoute*, dans la commune de Penne, avait remarqué quelques ossements mêlés de cendres épars à la surface d'un sillon, lorsque, en repassant la charrue sur ce point, il souleva un objet de bronze qu'il garda soigneusement tel quel, couvert de sa belle patine. Il le céda l'année dernière à M. Lavergne.

C'est la représentation d'une panthère aux mamelles pendantes, au cou tendu en avant, à la gueule ouverte. Une des pattes de devant s'appuie sur une tête de sanglier. La queue, fort longue, est enroulée autour d'une patte de derrière. Les quatre pattes sont unies par la fonte à un socle très-mince avec des rebords rabattus. Ce socle est percé de deux larges trous à rivet, ce qui nous indique qu'il était fixé sur un plateau ou sur une hampe.

L'intérieur du corps de la panthère est creux, ainsi que le révèle une entaille dans le ventre, due à l'effet d'un choc ou simplement de l'oxydation.

Le style archaïque de ce bronze frappe tout d'abord. La croupe est massive et rappelle plutôt les formes du cheval que celles de la panthère. Les attaches des pattes de derrière sont épaisses ; leur extrémité traduirait mieux le sabot d'un solipède que la griffe d'un carnassier. Le poil est représenté naïvement, non par des reliefs ménagés dans le moule, mais par des lignes creuses faites sans doute au burin, et retraçant des courbes et des contre-courbes. Malgré tout, le caractère de force et de férocité de l'animal est admirablement rendu. Certains détails accusent une exacte observation de la nature. La queue repliée et tordue traduit le mouvement familier au félin qui tient sa proie. La tête est d'une exécution irréprochable. L'oreille, fort petite, est rejetée en arrière, ce qui accentue le profil de la gueule formidable.

La panthère de Penne peut être comparée au superbe sanglier trouvé à Cahors, et qui figure actuellement au musée de Saint-Germain. Ces bronzes doivent être contemporains. Je me hasarderai à dire qu'il existe peut-être entre eux d'autres analogies que celle de la façon plastique. Précisément cette panthère s'est emparée d'un sanglier. Ce détail n'est-il pas symbolique dans un objet qui était fort probablement une enseigne militaire? Le peuple gaulois, la ville ou le chef dont l'étendard était une panthère, aurait-il vaincu un sanglier? Simple question que je laisse à résoudre (si elle peut être résolue autrement que par des conjectures) à de plus savants que moi. Nous ne saurons jamais sans doute le détail de toutes les luttes qui, au temps de la conquête des Gaules, ont dû avoir lieu entre les indigènes auxiliaires ou ennemis des Romains.

Aux emblèmes gaulois déjà connus, l'alouette, le cheval, le sanglier, etc., il faut ajouter désormais la panthère, c'est-à-dire la représentation d'un animal étranger au pays.

La photographie ci-jointe de la panthère (pl. XXIV), dépasse un peu la moitié de la grandeur. La hauteur de l'original est de $0^m,13$; celle de la reproduction, de $0^m,07$.

G. Tholin.

UN

ANCIEN TEXTE DE LOI DE LA CRÈTE [1]

En 1857, MM. G. Perrot et L. Thenon, voyageant en Crète, firent une découverte épigraphique d'une grande importance. Sur l'emplacement de l'antique Gortyne, ils reconnurent, encastrée dans le mur d'un moulin, une pierre couverte de caractères grecs archaïques. Comme il n'avait pas été possible de l'acquérir sur le moment, M. Thenon, en 1858, refit exprès le voyage de Crète, et, après des difficultés de toute sorte (c'était le temps de l'insurrection crétoise), il l'acquit de son propriétaire. La pierre est aujourd'hui au musée du Louvre (2).

M. Thenon publia en 1863, dans la *Revue archéologique*, une courte relation de sa découverte, et y joignit un fac-simile photographique de l'inscription, ainsi qu'un commentaire où il donne la transcription du texte et un certain nombre de notes et de conjectures. Il a eu le mérite d'établir presque partout la vraie valeur des lettres, ce qui n'était pas chose facile, et il a, en outre, reconnu le sens général du morceau, dans lequel il a vu un texte de loi relatif aux héritages. Après lui, M. W. Froehner, dans le Catalogue des inscriptions grecques du Louvre, a de nouveau publié le texte, et reproduit la même opinion sur le contenu. Les premiers traducteurs se sont trouvés en Allemagne. M. J. Savelsberg, bien connu par ses travaux de linguistique, s'est occupé à deux reprises de l'inscription

(1) Nous reproduisons, avec un certain nombre d'additions et de corrections de l'auteur, cet article qui nous a semblé intéressant pour l'histoire de l'épigraphie et du droit grec, et qui a paru dans le *Journal des savants*, août 1878. Nous offrons nos remerciements à la Direction de ce recueil et à l'Administration de l'imprimerie nationale, pour l'obligeance avec laquelle elles ont mis à notre disposition la planche ci-dessous. ·   (*Note de la Rédaction.*)

(2) C'est le n° 113 du catalogue de M. Froehner.

de Gortyne : il en a donné le texte et un fac-simile photographique à la suite d'une dissertation intitulée : *De digammo ejusque immutationibus ;* et il en a présenté, dans les *Jahrbücher für Philologie und Pädagogik* (1869), une traduction et un commentaire. Un autre savant, M. Voretzsch, dans le même volume des *Jahrbücher,* a publié une traduction qui s'éloigne notablement de celle de M. Savelsberg. L'un et l'autre travail contient d'utiles observations ; mais, pour avoir méconnu la signification de l'ensemble, les auteurs ont été amenés à des explications fort hasardées. M. Savelsberg croit lire une série de dispositions sur la procédure à suivre en cas d'accusation devant les tribunaux. Le sens trouvé par M. Voretzsch est plus extraordinaire : se référant à un passage de Strabon, qui raconte certains usages assez étranges de la Crète (1), il croit que la pierre traite de l'amour pour les éphèbes.

Amené par nos études de linguistique à nous occuper de cette inscription, nous venons, à notre tour, présenter une interprétation qui aura sans doute aussi ses côtés hypothétiques ; cependant nous croyons qu'après l'avoir lue on sera fixé sur le sens général du morceau : du même coup on en reconnaîtra la haute valeur historique (2).

Nous donnons d'abord, d'après un dessin fort exact, dû à M. Chabrier, professeur de rhétorique au lycée Louis-le-Grand, et élève de l'École des hautes études, le fac-simile de l'inscription. Mieux qu'une photographie, qui a toujours ses côtés défectueux, ce dessin, fait avec le plus grand soin et plusieurs fois vérifié, reproduit tous les traits significatifs de la pierre.

Nous lisons :

..[τ]ὸν ἄνπαντον. Καὶ μὲ ἐ|πάναυχον ἔμεν τέλλεν τ|ὰ]
[ἀν]παναμένο , καὶ τὰ χρέμα|τ' ἀναιλῖθαι ἀτίκα κατ' ὰ [θὲ]
[ὁ ἀν]πανάμενος · πρίυϊ δὲ τὸν|ἄνπαντομ μὲ ἐπιχορέν. Αἰ δ
[ὲ] θάνοι ὁ ἄνπαντος γνέσια|τέχνα μὲ καταλιπὸν, παρ τὸ [ἀ -
[νπ]αναμένο ἐπιβαλλόνταν|ς ἀνχορὲν τὰ χρέματα. [Αἰ δ
[ὲ] ὁ ἀνπανάμενος ἀποϜειπ|άθθο, κατ' ἀγοϼὰν ἀπὸ τὸ λᾶ[ος]
[ἀ]γορεύοντι, καταϜελμέν|ον τὸν πολιατᾶν · ἀνθέμε[ν]
[προσ]τατέϼανς ἐδ δικαστ[ερίο].............

(1) X, 483, 484.

(2) C'est un plaisir en même temps qu'un devoir pour moi de déclarer que cette traduction, après avoir déjà été terminée et communiquée à l'Académie des inscriptions, a été améliorée, sur plusieurs points importants, grâce aux avis de M. Henri Weil, à qui j'adresse ici mes meilleurs remerciements.

Le commencement et la fin manquent : il semble que la pierre ait été martelée dans sa partie supérieure. Sur la droite il y a également des coups de marteau, et l'on a coupé, de ce côté, sur toute la longueur, la place d'une ou deux lettres.

L'inscription est écrite à la façon dite βουστροφηδόν. L'alphabet n'a pas de lettres spéciales pour le **Φ**, ni pour le **X**, qu'il représente par **Π** et par **K**. Il n'a ni l'η ni l'ω, qu'il rend par **E** et **O**. Le **Π** est figuré d'une manière très-archaïque, qu'on ne retrouve dans aucun autre alphabet, à savoir **Ɔ** ou **C**. Cette forme de lettre se rapproche beaucoup du **꜔** ou *pe* phénicien. L'I est écrit **S**, ce qui rappelle la forme corinthienne et corcyréenne **S** de la même lettre.

L'inscription n'a pas fourni d'occasion d'employer le **Z** ni le **Ξ**. L'esprit rude ou **H** manque, quoiqu'on eût dû l'attendre devant l'article ὁ. Le **F** ou digamma se trouve deux fois. Une seule lettre, la neuvième de la ligne 5, peut donner lieu à des doutes. On peut lire **ΠΡΙΥΙ** ou **ΠΛΙΥΙ**.

En présence d'une inscription aussi difficile, on nous permettra

de ne pas commencer par la première ligne, qui n'est d'ailleurs pas
le commencement du texte, mais d'aller au passage le plus aisé, lequel nous aidera peut-être à comprendre le reste. Une chose frappe
d'abord l'attention : il est constamment parlé de deux personnages,
dont l'un est désigné par le mot **ΑΝΠΑΝΤΟΣ** et l'autre par **ΑΝΠΑΝΑ-
ΜΕΝΟΣ**. Ces deux termes sont entre eux dans le rapport d'un participe passif et d'un participe moyen. En effet, la formation en τος,
qui est restée usitée pour le participe passif en latin et dans les autres langues de la famille, a également existé en grec, quoiqu'à l'é-
poque classique elle ait cédé généralement la place à d'autres for-
mations : des mots comme βλητός, σύνθετος, εὔτυκτος, qui sont de
véritables participes passifs, peuvent servir d'exemple. Quant à
ΑΝΠΑΝΑΜΕΝΟΣ, il y faut voir un participe moyen comme ἀμυνά-
μενος, σημηνάμενος. C'est tout ce que nous pouvons dire de ces deux
mots pour le moment, nous réservant d'y revenir un peu plus loin.
La traduction qu'il en faudra donner devra, de toute nécessité, reproduire cette antithèse de l'actif et du passif.

En ce texte extrêmement obscur, il y a pourtant la ligne 7-8 qui
est intelligible : θάνοι δ ἄνπαντος γνήσια τέκνα μὴ καταλιπών, « que l'anpantos mourût sans laisser d'enfants légitimes ». A cause de l'optatif,
il est naturel de supposer que le mot qui manque à la fin de la ligne 5 est εἰ, ou plutôt (selon le dialecte éolien) αἰ, auquel nous ajoutons, pour remplir l'espace vide, un δ à la fin de la ligne 6 et un
ε au commencement de 7. Cette conjecture est d'autant plus vraisemblable, qu'à la ligne 10 nous avons un autre αἰ δέ suivi de l'optatif. Il y a donc ici un conditionnel. Il est question du cas où l'anpantos mourrait ne laissant pas d'enfants légitimes. Qu'arriverait-il
alors ? πὰρ τῶ [ἀνπ]αναμένω ἐπιβαλλόντανς ἀνχωρὲν τὰ χρήματα, « les biens
retourneront aux — de l'anpanaménos ». Le verbe ἐπιβάλλω s'emploie souvent dans le sens du latin *pertinere* ou *contingere* : τὸ ἐπιβάλλον τῶν κτημάτων ἀπολαχόντες (Hérod. IV, cxv), « portionem quæ ad
ipsos pertinebat nacti »; τὸ ἐπιβάλλον μέρος, « portio »; κατὰ τὸ ἐπιβάλλον, « pro portione ». Ici nous proposons de donner à ἐπιβάλλω une
signification un peu différente : celle de « successeurs » ou de
« représentants »; la différence vient de ce que le mot, au lieu d'ê-
tre appliqué à une chose, s'emploie en parlant d'une personne.
C'est ainsi qu'en latin on dit : *Ei competit hereditas*, et d'autre part :
judex competens. La traduction serait donc : « les ayants droit de
l'anpanaménos ». Il se pourrait d'ailleurs que le verbe ἐπιβάλλω fût
pris simplement dans l'acception où le grec classique emploie προσ-
ήκω, lequel est lui-même composé d'éléments pareils, pour le sens,

à ceux de ἐπιβάλλω. On sait que οἱ προσήκοντες ce sont les parents.
C'est donc vers les ayants droit ou vers les parents de l'anpanaménos que retourneront les biens, si l'anpantos meurt sans enfants légitimes. Ce passage, si je ne me trompe, doit nous éclairer sur le caractère général du morceau : comme l'avait reconnu M. Thenon,
nous avons ici le fragment d'une loi sur les successions.

Cependant une disposition légale qui dépouille l'héritier de son
héritage, au cas où il mourrait sans enfants légitimes, a quelque
chose d'extraordinaire. Il faut, ce semble, admettre en surplus quelque circonstance qui soit de nature à justifier une telle prescription.
Au contraire, on comprendrait très-bien notre loi, si l'on supposait
que l'héritier est en même temps choisi pour continuer la race.
Substituons aux noms de « testateur » et « d'héritier », ceux
« d'adoptant » et « d'adopté » : dès lors la loi s'explique d'elle-
même (1).

Essayons de voir maintenant si l'étymologie s'accorde avec cette
interprétation. Comme l'écriture de l'inscription n'a pas de signe
spécial pour le φ, nous pouvons lire ἄνφαντος, ἀνφανάμενος, et nous
sommes dès lors ramenés au verbe ἀμφαίνω, ἀναφαίνω. Le participe
φαντός s'est conservé dans ἔκφαντος, qu'Hésychius explique par φανε-
ρός, et dans un certain nombre de noms propres, comme Πολύφαντος,
Ὀρσίφαντος. On a, en outre, ὀνειρόφαντος, θεόφαντος, ἄφαντος. Le verbe
ἀναφαίνω, qui signifie ordinairement « découvrir, manifester », paraît avoir eu, dans le langage de notre inscription, le sens de « déclarer, désigner ». Qu'on veuille bien songer à l'étymologie du
verbe français *déclarer*, et l'on n'aura pas de peine à comprendre
comment ἀναφαίνω a pu prendre cette signification. Nous expliquons
donc les deux participes par « le désignant » et «le désigné», c'est-
à-dire, dans l'ordre spécial d'idées de notre inscription, « l'adoptant» et « l'adopté ».

Le sens de ce paragraphe est donc que si le fils adoptif meurt sans
laisser d'enfants légitimes, les biens retourneront aux parents ou
aux ayants droit de l'adoptant. Je dois ajouter ici que j'ai été confirmé dans mon interprétation quand j'ai appris que cette disposition existe encore dans notre droit moderne. L'article 351 du Code
civil dit presque dans les mêmes termes : « Si l'adopté meurt sans
descendants légitimes, les choses recueillies dans la succession de

---

(1) D'après un passage de l'article de Voretzsch dans les *Jahrbücher*, il semble
que M. Savelsberg ait eu un instant cette idée, mais il y a renoncé dans sa traduction.

l'adoptant, et qui existeront en nature lors du décès de l'adopté, retourneront aux descendants de l'adoptant. »

C'est le lieu de se demander si quelque autre acception est possible. Nous avons dit que Savelsberg traduit : « l'accusateur » et « l'accusé ». Mais quelle apparence y a-t-il à une disposition qu'en cas de décès de l'accusé mourant sans enfants légitimes, ses biens retourneraient à l'accusateur ? Quant à l'explication de Voretzsch, qui voit dans les deux personnages l'amant et le jeune homme aimé, elle l'oblige à supposer que, si le jeune homme aimé meurt sans enfants légitimes, les biens [qu'il a reçus de son amant] retourneront aux autres éphèbes qui lui ont succédé dans l'affection de ce dernier !

Nous remontons à la ligne 1, pour voir si nous nous retrouvons dans le même ordre d'idées. Je laisse de côté les deux mots τὸν ἄνπαντον, qui sont la fin d'une phrase. Je lis ensuite : Καὶ μὴ ἐπάναγχον ἔμεν τέλλεν τ[ὰ] [ἀν]παναμένω, καὶ τὰ χρήματα ἀναιλῖθαι ἀτίχα κατ' ἃ [θῆ] [ὁ ἀν]παναμένος · πρίυϊ δὲ τὸν ἄνπαντον μὴ ἐπιχωρέν.

Ἐπάναγχον. Ce mot se trouve encore dans une autre inscription (C. I. G. 3562) : il signifie « obligé, contraint ». Comme il est parlé de l'anpantos, et que la phrase contient la négation μή, il va être parlé de certains actes auxquels n'est pas tenu l'adopté.

Nous devons nous attendre à trouver des infinitifs, et en effet nous avons d'abord τέλλεν, qui signifie « accomplir, exécuter ». Avec le complément τὰ ἀνπαναμένω, on peut traduire : « les [volontés] du testateur ». Mais peut-être τέλλεν a-t-il ici comme τελέω le sens de « payer », de sorte que le mot à sous-entendre avec τά serait « les [dettes] » ou « les [legs] ». Dans une loi de ce genre, où les dispositions antérieures se rapportaient au même ensemble d'idées, on conçoit que τά ait pu être employé sans autre détermination. Le sens de ce membre de phrase est donc que l'héritier n'est pas tenu de faire face aux obligations contractées par le testateur.

Vient ensuite un second verbe accompagné de son régime : καὶ τὰ χρήματα ἀναιλῖθαι. Ce dernier mot a tout l'air d'une forme d'infinitif, et c'est ainsi que l'a expliqué Voretzsch, et après lui G. Curtius, qui le regardent comme étant pour ἀναιλεῖσθαι, qui serait lui-même une altération pour ἀναιρεῖσθαι. Le σ devant le θ s'est effacé, et la syllabe ει est représentée par ι. Comme exemple de cet effacement du σ devant une muette, on peut citer le crétois πρεῖγυς pour πρέσβυς. Mais je ne crois pas que le sens d'ἀναιρεῖσθαι puisse convenir ici. Je serais plutôt disposé à voir dans ce mot une formation particulière du verbe ἀναλίσκω, dans le sens de « employer, dépenser ». A côté des formes ἀναλίσκω et ἀναλόω, il y aurait eu, dans ce dialecte, un verbe ἀναλέομαι, comme il faut supposer, par exemple, un verbe εὑρέω à côté de εὑρίσκω. Le premier ι de ἀναιλῖθαι est dû au même fait de prononciation, connu sous le nom d'épenthèse de l'*i*, qui a donné l'homérique ὀφείλω pour ὀφέλjω, le cypriote ἄιλος pour ἄλjος (= latin *alius*). Cette épenthèse de l'*i* paraît avoir eu en éolien une plus grande extension que ne l'admet généralement la linguistique moderne, si nous en croyons les formes citées par les anciens : θναίσκω, μιμναίσκω, μαχαίτας, Αἰσίοδος, αἰμίονος (pour θνήσκω, μιμνήσκω, μαχήτης, etc.).

Il est clair qu'une affirmation comme la précédente (que l'héritier n'est pas tenu de dépenser la fortune du testateur) demande quelque circonstance qui l'explique et la complète. C'est ce complément circonstanciel que représente la proposition ἀτίχα χατ' ἆ [θῆ] ὁ ἀνπανάμενος. Dans le premier mot, nous proposons de voir un adverbe analogue, quant à la formation, à αὐτίχα ou ἡνίχα. Je le traduis par « ainsi ». Pour l'absence d'aspiration devant la voyelle du pronom relatif, on peut invoquer le témoignage unanime et formel des grammairiens grecs, d'après lesquels les Éoliens n'usent pas de l'esprit rude (1). Nous n'avons pas à examiner en ce moment si ce témoignage est vrai de tous les dialectes éoliens : au moins a-t-il été confirmé pour une partie des inscriptions éléennes et cypriotes. Dans le texte qui nous occupe, on a déjà vu que l'article ὁ est écrit sans aspiration. Nous écrivons donc χατ' ἆ au lieu de χαθ' ἆ. Le nominatif [ὁ ἀν]πανάμενος, qui se trouve au commencement de la ligne 5, exige un verbe dont ce nominatif soit le sujet : mais nous ne disposons, pour le suppléer, que de la place de deux lettres. Je crois que ce verbe est l'aoriste θῆ (pour ἔθη) : le sens général est donc que l'héritier n'est pas tenu de payer les dettes, ni de dépenser les biens du mort comme celui-ci l'a ordonné (nous dirions : d'acquitter les legs qu'il a institués).

Jusqu'ici le texte de la loi a l'air d'être tout en faveur de l'héritier ; mais nous arrivons à un membre de phrase qui fait comprendre la véritable pensée du législateur : πρίυϊ δὲ τὸν ἄνπαντον μὴ ἐπιχωρέν. Dans πρίυϊ, il faut voir une forme adverbiale semblable à d'autres adverbes crétois qui nous étaient déjà connus, les uns par les grammairiens, les autres par les inscriptions : ὕϊ = ὡς, ὅπυϊ = ὅπως, τύϊδε = τῶς, τούτυϊ = τούτως, ἄλλυι = ἄλλως, μέσυϊ = μέσως (2).

---

(1) Melampus Bekk., 777, 18. Αἰολεῖς ψιλοῦντες πᾶσαν λέξιν. Apoll., *De synt.*, XXXIX, 17. Ἄλλοι μὲν Ἕλληνες δασύνουσι τὰ φωνήεντα, Αἰολεῖς δὲ οὐδαμῶς. D'autres témoignages encore, cités chez Ahrens, I, 19.

(2) Sur ces mots, v. Ahrens, I, 154.

Πρίϊ est, selon nous, un synonyme crétois de πρίν, soit qu'on ait ajouté à πρίν la désinence usitée pour d'autres adverbes, soit que la partie antérieure du mot représente un ancien προῖ ou πρωί. Nous avons dit plus haut que la seconde lettre de πρίϊ n'était pas sûre. En effet, la pierre porte un caractère ainsi fait ⌐ ; les deux interprètes allemands, ne tenant pas compte de la seconde barre, ont lu l'un πλίϊ, l'autre πλίξι. La première de ces deux lectures ne serait pas absolument impossible, si l'on admet que le second trait est accidentel. On pourrait alors songer à πλήν. Mais je crois que la lettre en question est un ρ. Cauer, dans son *Delectus inscriptionum grœcarum*, lit également πρίϊ.

Ἐπιχωρεῖν signifie littéralement « approcher ». Ici il est pris dans le sens du latin *adire hereditatem*. J'interpréterais donc ce paragraphe de la manière suivante : Le fils adoptif n'est pas obligé de payer les dettes de l'adoptant, ni d'employer les biens ainsi que l'a ordonné l'adoptant (c'est-à-dire d'acquitter les legs). Mais le fils adoptif ne peut faire adition avant d'avoir pris cette obligation.

Nous passons à la fin de la ligne 10, où commence la dernière phrase. Elle débute par une proposition avec αἰ et le conditionnel. Αἰ δὲ ὁ ἀνπανάμενος ἀποϝειπᾶθθο. Le verbe est évidemment ἀποϝέπω. Quant à la forme ici employée, elle demande quelques explications. Le double θ est assez fréquent dans les inscriptions crétoises ; on le trouve aussi dans une inscription corcyréenne ainsi conçue :

Σᾶμα τόδε Ἀρνιάδα · χαροπὸς τόνδ ὄλεσεν Ἄρες
βαρνάμενον παρὰ ναυσὶν ἐπ' Ἀράθθοιο ῥοϝαῖσι
πολλὸν ἀριστεύϝοντα κατὰ στονόϝεσαν ἀϝυτάν.

Le nom du fleuve en question (1) paraît avoir été Ἄραιθος. C'est l'ι, devenu *j*, qui s'est assimilé à la lettre suivante. Le même fleuve est écrit par d'autres auteurs Ἄραχθος, ce qui est encore une manière d'exprimer le groupe *j*θ. Tel est précisément le fait qui a eu lieu dans ἀποϝειπᾶθθο. La filière est ϝειπᾶιτο, ϝειπᾶ*j*θο, ϝειπᾶθθο (2). Si nous passons au sens, comme il a été question de fils adoptif, l'acception qui se présente naturellement est celle de « répudier, renier ». On prévoit le cas où l'adoptant voudrait revenir sur son acte d'adoption.

(1) C'est un fleuve d'Épire se jetant dans le golfe d'Ambracie. Une bataille navale, dont parle Xénophon, eut lieu en vue de son embouchure.
(2) Cette filière a été très-bien montrée par M. Savelsberg.

Dans le membre de phrase qui forme la réponse à cette supposition, le verbe est au pluriel : ἀγορεύοντι. Nous pensons qu'il en faut faire un subjonctif : ἀγορεύωντι, ayant pour sujet un mot sous-entendu : « qu'ils l'annoncent ». Les deux compléments circonstanciels κατ' ἀγοράν, « sur la place publique », et ἀπὸ τῶ λᾶ[ος], « du haut de la pierre », peuvent nous faire deviner de qui il est question. Ce sont les hérauts, κήρυκες. On peut comparer l'emploi de ἐκήρυξε sans sujet chez Xénophon, *Anabase*, III, 4, 36. Quant à la pierre où se place le héraut, elle est souvent mentionnée par les écrivains. Plutarque, *Solon*, 8 : Ἀναβὰς ἐπὶ τὸν τοῦ κήρυκος λίθον. Plaute, *Bacchid.* IV, 7, 17 : *Stulte, stulte, nescis nunc venire te : atque in eo ipso astas lapide, ubi præco prædicat* (1).

Nous avons enfin le génitif absolu καταϜελμένων τῶν πολιατᾶν, qui veut dire, comme l'a déjà expliqué M. Thenon, « les citoyens étant assemblés ». Le sens de ce troisième paragraphe est donc que si l'adoptant veut révoquer son adoption, les hérauts proclameront sa volonté sur la place publique, du haut de la pierre, les citoyens étant assemblés.

Vient ensuite une seconde mesure à prendre pour le cas de la répudiation. Malheureusement le texte s'arrête au milieu d'une phrase. Le premier mot de la dernière ligne : ...τατέρανς, dans lequel on a voulu voir le nom de la monnaie appelée statère, doit, selon nous, être complété par l'addition de προσ ou de ἐπισ. On obtient ainsi l'accusatif pluriel de προστατήρ ou ἐπιστατήρ, qui signifie « patron » ou « tuteur, surveillant ». La fin de la ligne ΕΔΔΙΚΑΣΤ me paraît le débris de l'expression : ἐδ δικαστηρίω. Ἐδ est pour ἐκ, comme on a, chez Hésychius, ἐττῶν pour ἐκ τῶν. Le verbe est ἀνθέμεν qui signifie « imposer, préposer ». Dans l'assemblée du peuple, des patrons choisis dans le tribunal, doivent être préposés... probablement à l'instruction de ce procès en désaveu, pour que les droits de l'une et de l'autre partie soient garantis.

Tel est ce texte, l'un des plus anciens assurément parmi ceux qui nous ont conservé des fragments du droit civil grec. Nous faisons suivre notre traduction :

« L'adopté n'est pas tenu de payer les dettes du père adoptif, ni
« d'acquitter les legs que celui-ci a faits ; mais autrement il n'en-
« trera pas en possession. — Si l'adopté meurt sans laisser d'enfants
« légitimes, les biens retourneront aux parents de l'adoptant. — Si
« l'adoptant se rétracte, les hérauts l'annonceront en place publique,

---

(1) Voir encore Hom., *Il.*, XVIII, 54 ; Aristophane, *Ach*, 683 ; *Paix*, 680.

« du haut de la pierre, le peuple étant assemblé ; on préposera des
« patrons choisis dans le tribunal... »

Il reste à nous demander quel est l'âge probable de ce curieux
monument : d'après le caractère primitif de l'alphabet, auquel
manquent plusieurs signes, d'après l'aspect de l'écriture, Kirchhoff,
dans son *Histoire des origines de l'alphabet grec*, en a placé la date
aux environs de la cinquantième olympiade, c'est-à-dire au commencement du VI° siècle avant J.-C. D'autres l'ont reporté plus loin
encore. Assurément il y faut voir le débris, aussi authentique qu'intéressant, d'un passé très-reculé. C'est, sans contredit, une précieuse
trouvaille que celle d'un ancien texte de loi venant du pays de Mi-
nos. Si quelque chose de réel se cache derrière le nom du chef fabuleux de la dynastie crétoise, cette loi émane de l'un de ses successeurs. Nous laissons à d'autres le soin de commenter le texte au
point de vue du droit grec. Notre tâche devait se borner au commentaire grammatical : heureux d'avoir ramené l'attention sur ce
marbre, qui dort depuis vingt ans dans une salle du Louvre.

MICHEL BRÉAL.

P. S. — Nous avons le plaisir de pouvoir joindre à notre travail la communication suivante de M. Caillemer, doyen de la Faculté
de droit de Lyon, qui détermine exactement le sens juridique du
texte crétois. M. Caillemer montre qu'il s'agit dans ce texte d'une
adoption testamentaire :

..... En voyant dans l'ἄνπαντος un adopté entre vifs et dans l'ἀνπανάμενος
un adoptant, on mettrait la loi crétoise en contradiction avec ce principe
des anciennes législations que le descendant, naturel ou adoptif, est *heres
necessarius, sive velit sive nolit.* Le droit commun, en effet, est que l'adopté
entre vifs est lié à la succession de l'adoptant et qu'il ne peut se dispenser
de payer les dettes de celui-ci, tandis que la loi crétoise dit : τὸν
ἄνπαντον μὲ ἐπάνανκον ἔμεν τέλλεν τὰ τοῦ ἀνπαναμένου.
Cette faculté pour l'ἄνπαντος de faire adition ou de refuser, convient
bien mieux à un héritier institué, c'est-à-dire à un adopté testamentaire.
Ici il faut une adjudication de l'hérédité, et l'appelé peut, en ne deman-
dant pas cette adjudication, se soustraire au fardeau des dettes.
La différence que je viens de signaler entre l'adopté entre vifs, héritier
nécessaire, et l'adopté par testament, héritier volontaire, résulte de textes
nombreux. Je vous citerai seulement Démosthène, *C. Leocharem* § 19, R.
1086, où le droit d'ἐμβάτευσις (plus exactement ἐμβατεία) est reconnu à un
εἰσποιηθεὶς ζῶντος πατρός, et Isée, *de Pyrrhi hereditate*, § 60, où la nécessité
de l'ἐπιδικασία est nettement formulée pour l'adopté testamentaire : ὅσοι

δὲ διαθήκαις αὐτοῖς εἰσποιοῦνται, τούτοις (c'est-à-dire : τοῖς υἱοῖς) ἐπιδικάζεσθαι προσήκει τῶν δοθέντων.

Avant de prononcer l'envoi en possession, le magistrat pouvait exiger du demandeur la promesse qu'il payerait dettes et legs.

Ainsi compris, le § 1 de la loi crétoise n'offre aucune difficulté.

Il en est de même du § 2.

L'adoptant est mort ; l'adopté a obtenu l'envoi en possession. Il jouit pendant toute sa vie de la fortune de l'adoptant. Puis il meurt à son tour sans laisser de postérité. — La fortune fera retour aux parents de l'adoptant. — La même disposition existe dans la loi française. L'article 351 du Code civil est la traduction presque littérale de la loi crétoise.

Pour mettre ce paragraphe en harmonie avec le précédent, il faut supposer que le législateur avait en vue l'adoption testamentaire. Cela n'a aucun inconvénient, puisque la solution de notre article 351 est vraie et raisonnable, qu'il s'agisse de l'adoption entre vifs (droit commun) ou de l'adoption par testament conformément à l'article 366.

Quant au 3e paragraphe, il édicte des prescriptions relatives à la révocation de l'acte testamentaire contenant institution d'héritier.

En somme, si l'ἄνπαντος est un adopté testamentaire, un héritier institué, et si l'ἀνπανάμενος est un testateur, tout s'explique naturellement. — Si, au contraire, l'ἀνπανάμενος était un adoptant proprement dit, et l'ἄνπαντος un adopté enfre vifs, je pourrais, à la rigueur, expliquer les §§ 2 et 3 ; le § 2 par l'idée de succession anomale, le § 3 par l'idée d'abdication de la puissance paternelle sur l'adopté (ἀποκήρυξις). Mais le § 1 me paraîtrait une singularité juridique.

Je m'arrête donc à l'idée de testament et je résume ainsi la loi : § 1 droits et devoirs de l'institué ; § 2 succession anomale ; § 3 révocation de l'institution.

DE L'INFLUENCE DU SYMBOLISME ET DES LITURGIES

L'ICONOGRAPHIE CHRÉTIENNE DES PREMIERS SIÈCLES

A PROPOS D'UN LIVRE NOUVEAU (1).

M. Edmond Le Blant vient de doter la science archéologique d'un monument important. Qui connaissait les sarcophages chrétiens de la ville d'Arles ? M. Pierre Fritel en a fait des dessins à la plume d'une remarquable fidélité, et où, chose rare, le sentiment de l'antique se révèle jusque dans les moindres détails. M. Dujardin, habile héliograveur, a reproduit avec exactitude les plus importants de ces monuments, en plus de trente belles planches, et l'imprimerie nationale a édité avec luxe, aux frais du ministère de l'instruction publique et des beaux-arts, un texte soigné d'environ cent vingt pages in-quarto, qui méritait bien cette distinction. M. Le Blant a le talent d'être clair et concis dans ses expositions. Il possède une grande richesse d'informations, connaissant tous les monuments chrétiens antiques de la Gaule, de l'Italie, de l'Espagne, de l'Afrique ; il est habitué à remonter aux sources, dans l'examen des textes ; il n'est pas seulement un des premiers épigraphistes, dans la spécialité des inscriptions chrétiennes, mais un habile fouilleur de documents écrits ; de plus, il ne se rend pas volontiers sans preuves, vrai mérite chez un croyant ! Son amour pour les sujets religieux ne fait qu'aiguillonner son sens critique. Des qualités si difficiles à réunir recommandent son travail à l'attention de tous, mais surtout de ceux à qui la connaissance des sarcophages de Rome peut fournir un point de comparaison.

En effet, les sarcophages d'Arles, datant du IVᵉ et du Vᵉ siècle, sont

(1) *Études sur les sarcophages chrétiens antiques de la ville d'Arles,* par M. Edmond Le Blant. Dessins de M. Pierre Fritel. Imprimerie nationale, in-4°, 1878.

des œuvres de décadence qui ont une singulière parenté avec ceux de Rome. La plupart des sujets qui y sont traités sont connus par les exemplaires conservés au riche musée de Saint-Jean-de-Latran. Leur publication ne serait donc pas une révélation, s'il ne s'y joignait un certain nombre de thèmes ou fort rares ou exceptionnels, dans ce genre de monuments. Ainsi la remise des clefs à saint Pierre, pl. II ; la résurrection de Tabitha, *ibid.* ; la comparution de Susanne et de ses indignes accusateurs devant Daniel érigé en juge, pl. VIII ; le lavement des pieds de saint Pierre par Jésus, pl. IX ; les chrétiens pleurant pendant la prière, pl. XVII ; Jésus marchant vers Zachée, pl. XVIII ; un chrétien figuré dans l'attitude des Dioscures, sorte de réminiscence des apothéoses profanes, échappée au ciseau d'un sculpteur trop fidèle aux traditions d'atelier, pl. XXIII ; un buste du Soleil radié et des hommes assis personnifiant des lieux, suivant les habitudes de l'école classique, pl. XXXIV ; la chute des cailles au désert, pl. XXXII ; Moïse devant Pharaon, *ibid.* ; enfin et surtout un marbre devenu informe par les mutilations, mais où M. Le Blant est parvenu à retrouver, entre autres choses, un baptême du Christ, un Jésus en Gethsémané, entre ses disciples endormis, le baiser de Judas, le saint sépulcre, l'apparition du Christ ressuscité aux saintes femmes, et son ascension.

Ces raretés archéologiques, doctement expliquées, suffiraient à recommander un livre ; mais ce qui fait l'originalité de celui de M. Le Blant, c'est une double thèse soutenue par lui, dans son Introduction, à savoir une protestation contre l'excès des interprétations symboliques, et un essai d'explication des sujets des marbres chrétiens par des réminiscences des liturgies mortuaires. Cela mérite assurément une sérieuse discussion.

On a eu tort de supposer que les types iconographiques, et surtout la succession des sujets qu'ils représentent, ont été réglementés par l'Église ; car il y a souvent désaccord entre l'exécution et les données de l'Écriture sainte ou de l'histoire ; les interprétations des Pères n'y sont pas toujours reflétées. Ainsi, outre les emprunts aux façons de faire des païens, on voit, dans ces bas-reliefs, apparaître des comparses qui n'ont que faire dans la scène ; il y a des juxtapositions de sujets qui ne paraissent pas obligées, ou qui ne sont pas toujours les mêmes ; les sculpteurs semblent s'être plus préoccupés de la belle ordonnance de leurs représentations que de leur enchaînement logique, historique ou symbolique ; ils mettent volontiers des formes massives, telles que sièges, roches, monuments, aux extrémités de leurs sarcophages, et les formes plus petites aux en-

droits resserrés, disposant les objets semblables de manière à ce
qu'ils se fissent pendant, suivant en cela les traditions d'école plutôt que des conceptions religieuses arrêtées ou obligées.

Toutes ces observations sont très-judicieuses. On tenait à décorer,
non à dogmatiser. Il n'y avait pas à cette époque de programme imposé aux humbles marbriers qui ornementaient les tombes, comme
on a pu supposer qu'il y en eut pendant la décadence de l'imagerie
byzantine. Les types n'étaient pas devenus hiératiques ; les artistes
occidentaux ont longtemps conservé une grande liberté d'allures,
même dans les représentations devenues conventionnelles, à force
d'être répétées.

Pourtant, à voir la suite des sujets obstinément reproduits, fréquemment dans le même ordre (de façon qu'en apercevant le premier on peut souvent deviner ceux qui suivent), en observant surtout certaines concordances ou certaines oppositions de pensées qui
reviennent comme de règle, on est induit à se demander si un certain nombre de conceptions religieuses assez mystiques, pénétrées
de traditions païennes, impliquant une série de développements symboliques, ne s'étaient pas établies dans les ateliers des marbriers,
comme dans les habitudes des peintres des catacombes? Quand, par
exemple, nous voyons apparaître, se faisant pendant, d'un côté les
jeunes Babyloniens sollicités à adorer une idole, de l'autre les
mages accourus pour adorer Jésus, il est difficile de ne pas reconnaître une intention d'opposer le véritable culte à celui des faux
dieux. Quand à un sacrifice d'Isaac semble opposé, à plusieurs reprises et comme intentionnellement, une comparution de Jésus devant Pilate, il est difficile de ne pas constater une allusion à la victime sainte dont Isaac était le type prophétique. Et ce jugement se
trouve confirmé quand on retrouve des rapprochements analogues
dans les peintures des catacombes, où se montre l'Isaac de la promesse réalisé sur l'autel, dans l'Ἰχθύς sacré. Comment ne pas
deviner un lien entre le miracle de l'eau jaillissante et la scène vio-
lente qui montre si souvent un homme appréhendé au corps, avant
le Moïse frappant la roche? et comment ne pas supposer que ce lien
n'est pas uniquement historique, quand, dans les monuments tardifs, le Moïse en butte aux révoltes des Israélites, ou frappant la
roche, fait place à un saint Pierre prisonnier, puis désaltérant l'Israël
nouveau? On pourrait multiplier les exemples pour s'autoriser à
conclure que, si les marbriers n'étaient pas obligés de suivre un
ordre officiel, ni de se conformer à des règles pour ainsi dire dog-
matiques, pourtant ils avaient, eux aussi, dans leurs conceptions

religieuses, quelque enchaînement calculé, et que leurs créations s'appelaient volontiers les unes les autres. Une allusion au Baptême en entraînait une à l'Eucharistie. Sans être aussi subtils qu'on a pu le supposer parfois, néanmoins ils étaient de leur temps, c'est-à-dire qu'ils participaient plus ou moins à la manie des allusions cherchées, dont les Pères les plus vénérables nous ont donné de si singuliers exemples. Si les théologiens multipliaient à ce point les sens attachés par eux à un même fait biblique, que la critique trouve en cela une difficulté pour déterminer la signification précise attachée par les sculpteurs à leurs bas-reliefs, comment en conclurions-nous que les artistes échappaient aux travers des symbolisations à la mode, et qu'ils n'adoptaient pas au moins un des sens que les théologiens leur suggéraient avec tant de libéralité? L'embarras n'est donc pas de savoir si les sculpteurs symbolisaient, mais bien plutôt quel choix ils faisaient dans les interprétations connues, et de rencontrer juste. Ce qu'il reste à faire, ce n'est donc pas de nier la portée profonde de telle ou telle figure, mais bien plutôt d'apporter une certaine circonspection dans la recherche des sens mystérieux, et surtout de ne point affirmer sans bonnes preuves ce que l'artiste peut avoir eu dans l'esprit. Il faut en prendre et en laisser; telle est bien au fond l'opinion de M. Le Blant, qui, lui aussi, croit au symbolisme, mais à un symbolisme limité, coulant de source et naturellement sorti des faits historiques. Il ne fait que réagir contre les exagérations mystiques d'une école plus pieuse que critique. Combien il a raison de s'insurger contre la faiblesse qu'ont certains interprètes, d'attribuer à d'humbles décorateurs de sépulcres les conceptions de leur propre imagination, et surtout de prêter aux anciens des façons de penser qui sont toutes modernes !

Déjà dans le tome II de ses *Inscriptions chrétiennes de la Gaule* et, plus tard, dans son *Manuel d'épigraphie*, il avait montré que certains fragments de liturgies funéraires se retrouvent dans les épitaphes. Dans son nouvel ouvrage, après avoir allégué comme exemples certaines inscriptions du ıv^e et du ve siècle, il applique ingénieusement la même méthode d'explication aux représentations figurées. Celles-ci ne seraient ainsi que l'expression de réminiscences liturgiques, des sortes de pétrifications des prières mortuaires, analogues aux *commendationes animæ* qui se répétaient soit au lit des agonisants, soit sur les tombes des morts, ou encore dans ces psalmodies dont M. de Rossi a doctement rappelé l'usage [1]. Rien de

_____

(1) *Roma sotterranea*, t. III, p. 499.

séduisant, au premier abord, comme cette façon de rendre compte historiquement de l'inspiration des iconographes chrétiens. Quoi de plus naturel que de rappeler, sur les marbres funéraires, les soupirs et les vœux exprimés dans les oraisons pour les mourants ou pour les morts? Et puis les textes semblent confirmer l'hypothèse. Les liturgies ne mentionnent-elles pas, comme exemples de délivrance providentielle, ces Élie, Noé, Abraham, Isaac, Job, Moïse, Daniel et les jeunes Hébreux à Babylone, et Susanne, et Pierre avec Paul que nous retrouvons dans les sarcophages d'Arles, comme dans ceux de Rome? Il est vrai que l'authenticité de ces documents liturgiques n'est bien certifiée qu'à partir du ixᵉ siècle, mais on peut alléguer, en faveur de leur antériorité, des probabilités grandes que confirment certains rapprochements, par exemple ceux que l'on peut faire avec les légendes de la tasse de Podgoritaz.

L'existence de ces *commendationes animæ*, dans plusieurs de leurs formules connues, est indubitable pour le vᵉ siècle, et même pour le ivᵉ. On ne peut énoncer quelques doutes que pour ce qui regarde le iiiᵉ, où les liturgies n'étaient encore qu'en voie de formation. Nous ne nous rappelons, dans l'épigraphie de cette époque, que trois ou quatre formules qui répètent les prières des agonisants ou des morts: *In pace spiritus Silvani, amen, in æternum, in bono*, peut-être *in refrigerio*. Or, au iiiᵉ siècle déjà, la plupart des types vulgarisés plus tard par la sculpture, étaient ébauchés par la peinture chrétienne. Cette dernière remarque a son importance, ce nous semble ; et s'il est vrai, comme croit l'avoir démontré M. de Rossi, que beaucoup de thèmes connus plus tard ont été essayés dès la sortie de l'âge apostolique, comme le Daniel dans la fosse, l'arche de Noé, le Bon Berger, etc., comment croire que ces types aient été inspirés par des liturgies qui n'existaient pas encore, ou qui pendant longtemps ne furent que rudimentaires et non vulgarisées? Et si le iiᵉ siècle et le commencement du iiiᵉ sont précisément l'époque du plus grand épanouissement du symbolisme, et de la création de cet emblème quintessencié qui s'appelle le poisson, comment penser que cette tendance n'était pas aussi naturelle aux peintres et sculpteurs qu'aux théologiens? Il devait y avoir un certain fonds d'idées courantes, et il est probable que les auteurs des liturgies et les artistes se sont moins fait d'emprunts les uns aux autres qu'ils n'ont puisé à ce fonds commun, celui des souvenirs scripturaires interprétés et malheureusement subtilisés par l'esprit du temps. Même inspiration devait venir aux uns et aux autres, également placés en face des morts, quand ils pensaient à la sortie d'Égypte, cet acheminement

vers la terre promise ; la sortie de ce monde leur devait apparaître
comme un voyage vers la Chanaan céleste. Le rappel du sacrifice
d'Abraham semble moins naturel dans la prière mortuaire (qui parle
seulement de la libération d'Isaac), que dans les fresques et les marbres qui présentent aussi Isaac comme le type de celui qui devait
être sacrifié un jour. Élie? Son départ est l'idéal rêvé de tout mourant : être transporté au ciel sans sentir la mort! Job? Pour tous il
est l'exemple des tribulations de la vie et des délivrances divines,
de la patience, encore invoqué par tous ceux qui souffrent ; et de
plus il est l'auteur de certains cris d'espoir qui ont été interprétés
comme une attente de la résurrection. Daniel? Pour un artisan
comme pour un docteur, il devait représenter le persécuté et surtout
apparaître comme le type des sauvés de la fosse, de cette fosse où
descendent les morts et que l'imagination peuple de monstres. Susanne? C'est la calomniée qui a été justifiée et qui a échappé à la
mort. Jonas? Mais il aurait fallu n'avoir pas lu les Évangiles pour
ignorer que Jésus avait fait de son histoire la démonstration de la
résurrection. Qu'est-ce qu'on eût pu figurer de mieux sur un cercueil? Le Bon Pasteur? Ce ne sont pas les liturgies qui l'ont montré
les premières aux mourants, comme prêt à les emporter dans son
bercail qui est le ciel. Il était impossible que les auteurs des prières
et ceux des images, en exprimant l'arrivée des morts parmi les
bienheureux, ne pensassent pas également à parler de ceux-ci ou à
les montrer. Le banquet céleste est mentionné dans les paraboles
évangéliques. Est-il bien certain que les artisans des fresques et des
bas-reliefs en aient emprunté la pensée aux liturgies, plutôt qu'à
Jésus-Christ directement? Ainsi de Lazare : on se demande comment
les uns et les autres auraient pu faire pour ne point penser également au miracle qui l'a fait revivre?

Voilà pour les principaux sujets qui ont leur concordance dans
les *commendationes animæ*. Mais que d'autres sujets on pourrait
citer dont on ne voit pas de traces dans les prières des agonisants !
M. Le Blant est le premier à en convenir.

Qu'est-ce à dire? L'hypothèse du docte archéologue ne serait-elle
fondée en rien? Nous la croyons, au contraire, très-digne d'être
prise en sérieuse considération, pourvu qu'on ne lui donne pas une
portée trop absolue ni trop générale, et qu'on ne l'applique ni à
tous les sujets ni à tous les temps. Il est évident que les liturgies
remettaient en mémoire aux artistes les faits scripturaires, alors
même qu'elles ne les leur apprenaient point. Il est probable aussi
qu'à mesure qu'elles devinrent plus usuelles, elles exercèrent une

influence plus grande. Au iv⁰ et au v⁰ siècle, les formulaires employés dans l'Église prirent aisément la place qu'antérieurement les récits bibliques occupaient seuls. La répétition des mêmes prières peut expliquer le retour si fréquent des mêmes types iconographiques.

M. Le Blant conclut : « L'espoir dans la miséricorde de Dieu, dans son assistance contre l'enfer, la foi en la renaissance future, voilà ce que les représentations de l'art chrétien me paraissent affirmer, comme le font les prières funéraires. » C'est chose évidente, en effet; il ne pouvait en être autrement ; et, n'eussent-ils pas connu les liturgies, les artistes chrétiens n'auraient su s'écarter de ces données. Preuve en soient les créations de ceux qui ont peint des sujets semblables avant la formation des formulaires officiels. Nous oserons ajouter une restriction relative au mot d'enfer. La crainte en pouvait poursuivre les chrétiens dégénérés du iv⁰ et du v⁰ siècle ; mais les fidèles des âges de la foi et de la persécution ne paraissent guère s'en être préoccupés en parlant de leurs morts. Si quelque chose ressort de l'épigraphie et de l'iconographie chrétiennes de ces temps, c'est une grande sérénité, une assurance réjouissante, un espoir que rien ne trouble et que les visions de l'enfer ne viennent point altérer. On parle de paix, de rafraîchissement, de bien, d'anges, de saints, de Christ et de Dieu ; mais nullement de démons ni de flammes. Ceux qui croyaient le plus à l'enfer sont ceux qui semblent l'avoir le moins redouté.

De là la grâce sereine, l'aimable et presque joyeuse mysticité de la plupart des peintures des catacombes, surtout des plus anciennes. Il est difficile à qui les regarde de les croire inspirées par les prières des agonisants. Peut-être faut-il rabattre un peu de cette impression quant à ce qui regarde les sarcophages de l'âge suivant. Et néanmoins, eux non plus ne représentent pas de scènes effrayantes, n'évoquent point à nos yeux l'enfer et ses horreurs, comme l'ont fait les artistes du moyen âge. Ils parlent de délivrances, de guérisons, de résurrections, comme de choses certaines, réalisées, presque réjouissantes. S'il y a là un écho des prières, l'angoisse de l'agonisant ne s'y traduit en rien. Les épitaphes portent *ad astra* ceux qu'on ne sait plus rendre à Dieu sans larmes.

Il en serait, croyons-nous, d'un essai d'explication générale des images par les liturgies, comme des principes uniques en philosophie. Ils ont du vrai, ils aident à comprendre les problèmes, ils font progresser la science, mais ils ne rendent pas compte de tout, et ne doivent pas être invoqués exclusivement. L'attrait de ces explications par une seule donnée, c'est qu'elles simplifient les choses. Mais est-il rien de tout à fait simple en ce monde? Est-ce bien au simple qu'il faut s'attendre quand il s'agit du symbolisme curieux, recherché et souvent bizarre des chrétiens des premiers siècles?

C'est avec beaucoup de raison qu'on a relevé l'influence du monde profane sur les façons dont on a exprimé alors les vérités religieuses, par le ciseau ou par le pinceau. Mais nous sommes frappés aussi du tact profondément mystique que révèlent les monuments qui nous occupent. Si l'on veut bien se rappeler de quel monde sortaient brusquement leurs auteurs, et combien rares pourtant sont les traits faux ou risqués dans leurs œuvres, on se persuadera que, si le vêtement était encore quelque peu à la mode païenne, l'homme en eux était déjà transformé et comme régénéré à l'image du divin Maître.

THÉOPHILE ROLLER.

CONGRÈS ARCHÉOLOGIQUE DE KAZAN

(EN AOUT ET SEPTEMBRE 1877)

COMMUNICATIONS
RELATIVES AUX QUESTIONS PRÉHISTORIQUES

Suite et fin (1)

---

10. M. IVANOVSKI. — *Les tumuli des bords de la Sita (ancien pays des Vesses).*

La rivière Sita, qui forme presque la limite des gouvernements de Tver et de Iaroslavl, est un petit cours d'eau, d'environ 130 verstes de développement, qui se jette dans la Mologa, un des affluents du Volga. C'est sur les bords de la Sita qu'en 1238, Georges II, grand-prince de Sousdal, livra aux Tatars une bataille qui décida du sort de la Russie septentrionale. Georges, apprenant que son camp était déjà tourné par l'immense armée du khan Bâty, n'eut que le temps de s'élancer au combat : il périt avec la plupart des siens. Les chroniques nationales donnent peu de détails sur la bataille ; elles n'indiquent pas sur quel point des rivages de la Sita elle se donna. Pogodine et le colonel Ivanof avaient émis l'opinion que ce fut auprès du village de Bojenki, auprès duquel s'élève un énorme kourgane. M. Ivanovski (2), le grand explorateur de toute cette région du nord-est, n'a pu, par suite de difficultés topographiques, procéder à l'ouverture de ce tertre ; en revanche il a fouillé dans cette même région 167 kourganes. Les bords de la Sita, sur les deux rives, mais surtout sur la rive gauche, depuis le village de Bojenki jusqu'au confluent de la Mologa, sont couverts de tumuli : isolés ou par groupes, ils forment comme une chaîne ininterrompue de 50 verstes de développement, dont les deux groupes extrêmes sont situés sur la rive droite de la Sita, l'un à deux verstes, l'autre à trois verstes de son embouchure. Presque tous ont été décrits par Sabanief (t. V de la *Pamiétnaïa knijka* ou *Mémoires du Comité de statistique de Iaroslavl*), mais Sabanief, lui aussi, les considérait comme

---

(1) Voir les nᵒˢ de septembre, octobre et novembre.

(2) Membre de l'Académie de médecine, professeur à l'Université de Saint-Pétersbourg.

les tombes des guerriers de Georges II. Les fouilles pratiquées par M. Ivanovski l'ont amené à de tout autres conclusions.

L'éminent anthropologue a commencé son exploration par les deux
groupes de l'embouchure, puis remontant la rivière jusqu'au village de
Lopatoko, il a étudié successivement les autres groupes, procédant à
l'ouverture d'un certain nombre de kourganes par chaque groupe. Voici
en résumé les résultats de ces fouilles.

1er *groupe.* — Village de Vladimirskoé, sur la rivière Mologa. 50 kourganes, M. Ivanovski en a ouvert 17, parmi les mieux conservés. *Caractères* :
forme hémisphérique ; hauteur, de deux pieds et demi à cinq pieds ; diamètre à la base, de huit à vingt-deux mètres ; pas de revêtement extérieur,
ni en pierres, ni en galets. Le remblai consiste en sable de rivière ; au niveau du sol environnant, se trouve au centre du kourgane un lit de cendres
et de charbon, sur lequel les squelettes sont étendus, dans la direction
de l'orient, ou plutôt dans une direction qui varie entre l'est-nord-est et
l'est-sud-es'. M. Ivanovski a déjà expliqué, dans un mémoire présenté au
Congrès de Kief, sur les kourganes du pays de Novgorod, que ces variations devaient correspondre à celles de la position du soleil par rapport
à l'équateur et permettent de déterminer à quelle époque de l'année a
eu lieu l'inhumation. Les mains sont ordinairement croisées sur le pu-
bis. Les os sont mal conservés ; les crânes sont déjà brisés et les os longs
fendus en lamelles. Ce fâcheux état de conservation nuit évidemment à
la sûreté des conclusions anthropologiques qu'on pourrait tirer de l'examen de ces débris. Ce que l'on vient de dire sur la position des squelettes
et leur état de conservation s'applique également aux autres kourganes
de la Sita. Sur les squelettes on trouve étendue une première couche de
sable d'environ un pied d'épaisseur. Sur ce sable, une nouvelle couche
de cendres et de charbons, provenant évidemment d'un sacrifice ; sur le
tout s'entasse de nouveau le sable, jusqu'à achèvement du kourgane.

Aux pieds du squelette, surtout au côté droit du défunt, se rencontrent
des débris de poteries, parfois des vases entiers, les uns et les autres en
terre cuite, présentant des dessins d'un goût simple, combinaisons de
lignes et de points, surtout à la partie renflée du vase. Sur les 17 kourganes explorés, 12 renfermaient des squelettes d'hommes, et près de
ceux-ci se rencontraient des armes ainsi disposées : aux pieds du défunt,
des haches ; à sa gauche, des épieux ou lances ; à sa droite, des couteaux.
Parfois des agrafes, mais pas d'autres ornements. Près des squelettes de
femmes, au contraire, des bracelets, des anneaux, des colliers formés de
grains en verre ou terre cuite, des agrafes, des couteaux avec leurs manches, des grelots. Des monnaies anglo-saxonnes (Ethelred), scandinaves
(Kanut), germaniques, du xe et du xie siècle, permettent de déterminer la
date de ces sépultures. Sur ces 17 kourganes, deux présentaient les traces de sépulture par incinération, neuf ne renfermaient que des squelettes d'hommes, trois que des squelettes de femmes ; deux contenaient
chacun un homme et une femme ; un seul contenait un homme et deux
femmes

2e *groupe.* — 100 kourganes, dont 28 ont été fouillés. Sur ces 28, treize contenaient un squelette d'homme, dix un squelette de femme; dans trois autres les os avaient été calcinés par suite de l'adoption du mode de sépulture par incinération; un seul contenait à la fois un homme et une femme, et un autre deux squelettes féminins. Mêmes caractères et à peu près les mêmes objets, les mêmes monnaies que pour le groupe précédent. Un beau collier rigide en spirale constitue la trouvaille la plus importante.

3e *groupe.* — Cinq kourganes; les fouilles n'ont donné que des ossements humains, très-anciens sans doute, car ils sont très-mal conservés.

4e *groupe.* — Village de Manilovo. Neuf kourganes, dont sept ont été fouillés. Deux présentaient des os qui avaient été soumis à l'action du feu; les cinq autres des ossements absolument décomposés.

5e *groupe.* — Village d'Ivan-le-Saint, deux kourganes seulement.

6e *groupe.* — Village de Goubino, dix-huit kourganes, dont six fouillés. L'un d'eux a donné un crâne d'homme bien conservé; les autres des ossements décomposés. Les fouilles dans ces trois groupes n'ont produit que peu d'objets et d'importance médiocre.

Le 7e *groupe*, sur la route de Goubino à Tsybatsyno (quatorze kourganes dont cinq fouillés), a offert un autre mode de construction des tumuli. Les squelettes ne sont plus couchés sur un lit de cendres et de charbons, débris d'un bûcher, mais sur la surface même de la prairie, comme le prouvent des restes visibles de gazon. On s'est contenté d'entasser sur le corps le sable destiné à former le kourgane.

8e *groupe.* — Village de Souchtchévo. Les travaux d'agriculture ont éclairci ce groupe, qui a dû être fort nombreux. Il ne reste que 30 kourganes dont trois ont été fouillés. Ils ont donné trois squelettes, dont deux d'hommes, sans aucun autre objet, et un de femme, avec des ornements de bronze.

9e *groupe.* — Village de Merzliéévo. Trente-quatre kourganes, dont neuf fouillés. Les squelettes reposant sur un lit de cendres et de charbons; sept d'entre eux présentant des ossements calcinés; des deux autres squelettes conservés, l'un est celui d'une femme, orné de bracelets, pendeloques, anneaux, perles fausses, plus un couteau; l'autre est celui d'un homme, sans autre ornement qu'un couteau et un crochet.

10e *groupe.* — Village de Tourbanovo. Deux kourganes fouillés, deux squelettes : celui d'une femme avec des ornements, celui de l'homme sans aucun objet intéressant.

11e *groupe.* — Village de Mikhaïlovo. Quatre-vingt-quatre kourganes, dont quarante-cinq fouillés. Sept squelettes de femmes avec des ornements, vingt-trois d'hommes avec des couteaux et des anneaux, quinze rendus méconnaissables par l'action du feu. Quelques-uns de ces kourganes avaient jusqu'à sept pieds de hauteur.

12e *groupe.* — Non loin du précédent. Onze kourganes, dont cinq fouil-

lés; un squelette de femme avec des ornements, quatre d'hommes sans
autres objets que des tessons de poterie.

13e *groupe*. — Village de Lopatino. Trente kourganes conservés, dont
onze fouillés; six squelettes d'hommes avec des couteaux et des poteries,
quatre de femmes avec des ornements, deux squelettes calcinés.

14e *groupe*. — Même village. Vingt et un kourganes, tous très-bas, dont
huit fouillés; tous contenaient des squelettes calcinés et de petits morceaux de fer liquéfiés, probablement des débris d'armes.

En insistant sur les travaux de M. Ivanovski, j'ai voulu montrer combien
la Russie abonde en kourganes archéologiques et combien le résultat de
ces fouilles présente peu de valeur intrinsèque. Si les tertres de la Sita
sont précieux pour la science, les chercheurs de trésors n'y trouveraient
pas leur compte. Il a fallu en fouiller 167 sans recueillir autre chose que
de menus objets de bronze ou de fer, des débris de poteries. Ils présentent d'ailleurs une notable variété de types; on y découvre au moins deux
modes différents de sépulture; certains remontent à l'âge de bronze,
d'autres à l'âge du fer.

Les conclusions de M. Ivanovski sont que : 1º les monnaies trouvées
dans ces tombes et qui sont toutes du xe et du xie siècle ; 2º la présence
parmi les squelettes d'un grand nombre de squelettes du sexe féminin,
ou appartenant à des enfants en bas âge; 3º la rareté relative des armes
et l'absence complète d'armures et d'armes appartenant au xiiie siècle
russe, — prouvent surabondamment que ces tombes ne sauraient être
celles des guerriers de Georges II. Au contraire, le caractère des ornements féminins, le type des armes, qui rappellent les objets analogues
trouvés par M. Ouvarof dans les kourganes du peuple finnois de la Méria
et par M. Ivanovski lui-même dans les tombes tchoudes-finnoises du pays
novgorodien, prouvent que nous avons affaire aux sépultures des indigènes qui habitèrent ce pays avant la colonisation russe.

Ces indigènes ne peuvent être que les Vesses, peuple finnois, qui s'étendait du haut Volga à la Soukhona et qui a disparu complétement, absorbé
par l'immigration slave. M. Ivanovski, sur les bords de la Sita, a retrouvé
l'ancienne Vessia, comme le comte Ouvarof, aux environs du lac Kléch-
tchine, avait retrouvé l'ancienne Méria, également disparue. Quant au
kourgane gigantesque du village de Bojenki, que Pogodine avait désigné
comme la tombe des héros malheureux de 1238, bien qu'il n'ait pas été
donné à M. Ivanovski de le fouiller, il croit pouvoir affirmer que ce tertre
a une tout autre origine. Il appartient à un type fort connu des archéologues; les kourganes de cette espèce se rencontrent par groupes nombreux, en lignes interrompues sur les bords des rivières Lovata, Chélona,
Msta, Mologa, Chéksna, Volkhof, sur les lacs Ladoga, Onéga, Ilmen, Blanc
ou Biéloé. Lors du congrès de Kief, M. Ivanovski a déjà donné une description des kourganes de ce type, fouillés par lui dans le pays de Novgorod.
Ils présentent cette particularité que les os du défunt, après que le corps
avait été brûlé sur le bûcher, étaient renfermés dans une urne, que cette

urne était placée au sommet du tumulus et recouverte d'une couche de sable d'environ un pied et demi d'épaisseur. M. Ivanovski avait cru pouvoir rapprocher le fait constaté par lui d'un passage de Nestor. Le moine kiévien, parlant des tribus russes encore païennes, notamment des Radimitches, Viatitches et Sévériennes, ajoute : « Quand quelqu'un des leurs venait à mourir, ils poussaient de grands gémissements, lui élevaient un énorme bûcher et y brûlaient son cadavre, après quoi ils recueillaient ses restes dans un petit vase, qu'ils plaçaient sur des colonnes au bord des routes. »

Les proportions énormes de ces kourganes novgorodiens, leur forme conique, le revêtement de galets à leur base, les distinguent absolument des modestes tumuli de la Sita. Ils appartiennent évidemment à une na-tionalité différente, peut-être à la race conquérante, c'est-à-dire aux Slaves russes encore païens, tandis que les tertres de la Sita recouvrent les ossements de la Vessia finnoise.

Tels sont les résultats de la campagne archéologique de M. Ivanovski sur les bords de la Sita pendant l'été de 1875.

11. M. IVANOVSKI. — *Les tumuli slaves de l'ancien pays des Vodes (gouvernement de Saint-Pétersbourg).*

Une autre campagne archéologique a été entreprise par lui dans cette partie du gouvernement de Saint-Pétersbourg qui, à l'époque de la domination novgorodienne, s'appelait *Vodskaia Piatina*, parce que les colons russes avaient été précédés sur cette terre par une nation finnoise, les Vodes ou Votes, peu à peu refoulés vers le golfe de Finlande ou absorbés par les émigrants. La région explorée par lui comprend environ 900 verstes carrées dans les districts de Tsarskoé-Sélo, Péterhof et Iambourg. Les kourganes sont au nombre d'environ 9,000, répartis en 58 groupes, et M. Ivanovski en a fouillé 2,935.

Ces kourganes, d'après leur mode de construction, appartiennent à trois types différents : 1° les kourganes élevés simplement sur le sol, sans que le sol ait été creusé; 2° les kourganes qui ont à leur base une fosse, peu profonde, dans laquelle le défunt était déposé; 3° les kourganes ayant à leur base une fosse beaucoup plus profonde, comme celles que nous creusons aujourd'hui, mais dont les parois présentent un revêtement de cailloux et au chevet de laquelle se trouve une grosse pierre.

Dans le premier cas, on commençait par tracer sur le sol un cercle de galets granitiques, cercle dont le diamètre variait d'une toise et demi à quatre toises et demi. Dans la partie occidentale de ce cercle (puisque le mort devait être déposé les pieds tournés vers l'orient) on bâtissait gros-sièrement de ces mêmes cailloux une espèce d'autel sur lequel on immo-lait et l'on brûlait quelque animal domestique : les débris de l'animal, comme les cendres et les charbons du foyer, recouvraient d'une couche assez épaisse non-seulement les pierres de l'autel, mais une partie de

l'espace compris dans le cercle de galets. Sur cette couche de cendres
grasses on déposait le défunt, tantôt assis et le dos appuyé à l'autel,
tantôt couché et la tête reposant sur une des pierres qui formaient la
base de l'autel, mais toujours les pieds tournés vers l'orient. Puis sur le
bûcher et sur le cadavre on entassait du sable et de la terre jusqu'à ce que
le kourgane, de forme hémisphérique, eût atteint la hauteur voulue. Pour
le consolider, on lui donnait quelquefois un revêtement de gazon. Les
tertres où le cadavre a été assis, et non couché, se reconnaissent exté-
rieurement à cette circonstance que la calotte du kourgane, dans sa
partie occidentale, présente une sorte de dépression, en forme de cratère.
Cette dépression s'est produite lorsque, le cadavre s'affaissant sur lui-même,
le crâne, les côtes, les vertèbres sont tombés dans l'espace laissé entre le
défunt et l'autel contre lequel il était adossé ; le vide a été comblé par la
terre et le sable qui portaient sur sa tête ; de là une dépression à la surface supérieure du kourgane.

Dans le second cas, on creusait une fosse de 2 ou 3 mètres de long et
70 à 80 centimètres en largeur et profondeur. Le défunt y était déposé
soit couché, soit, plus rarement, assis et le dos appuyé contre la paroi
occidentale de la fosse, où l'on avait disposé une pierre. Sur le tout on
rejetait la terre sortie de la fosse et qui formait comme un premier tertre
assez bas. Sur ce premier tertre des débris de foyer et de poteries montrent que l'on célébrait un sacrifice ou un repas funèbre. Ensuite on
élevait de terre ou de sable le kourgane proprement dit, à la base duquel
on plaçait cinq ou six gros fragments de granit, dont les deux plus gros
se trouvent à la tête et aux pieds.

Dans le troisième cas, la fosse présente les mêmes proportions que dans
nos cimetières. Le squelette y est toujours couché. Pas plus que dans les
deux types précédents on ne trouve trace de cercueil.

Les kourganes du premier type présentent fréquemment, parmi les
débris du foyer, des ossements humains calcinés et des objets à l'usage
de l'homme fondus ou défigurés par la flamme. Il est permis d'en conclure
qu'on célébrait des sacrifices humains, fait attesté d'ailleurs par les écrivains arabes du x⁰ siècle.

Dans tous ces tumuli on trouve toujours aux pieds du défunt un vase
contenant des restes de nourriture. On y rencontre aussi, surtout près
des squelettes de femmes, beaucoup d'objets de parure, et M. Ivanovski
a pu en étaler tout un musée sous les yeux du congrès. On voit qu'on a
affaire ici à un peuple autrement riche et industrieux que les pauvres
indigènes finnois du pays vesse. (Perles fausses, diadèmes, colliers de
grains enfilés, ou colliers rigides en spirales ou en cercles, bracelets,
pendeloques, pendants d'oreilles, agrafes et plaques de ceinture.) A
l'endroit où le bracelet serrait le bras on trouve des fragments de la toile
dont se composait la chemise; les agrafes ont retenu des débris du drap
grossier ou de la fourrure qui servait de manteau. Près des squelettes
d'hommes, peu d'objets de parure, sauf des bracelets grossiers, mais des

armes, des couteaux, des débris de ceinture en cuir. Une hache aux pieds du défunt ; à droite, une pique ou un javelot ; à gauche, des silex avec des briquets, des couteaux, etc.

Parmi les objets exposés par M. Ivanovski, il y en a qui révèlent un art assez avancé. Des grains de collier, des perles fausses offrent des dessins, des ciselures, des couleurs qui ne sont pas sans harmonie. L'os, le bronze ont été travaillés par des mains habiles. On rencontre des figures de bronze représentant de petits chevaux et de petits canards, ornés de pendeloques ou de grelots, qui rappellent les trouvailles du comte Ouvarof au pays mérien. Un bracelet de femme en bronze offre le dessin d'une croix. Les monnaies découvertes dans ces tombeaux sont toutes du IXe, du Xe et du XIe siècle.

Tous ces indices, qui font supposer chez ces peuples une civilisation, une industrie et probablement des relations commerciales assez développées, la couleur chatain des cheveux, la forme des crânes, l'ouverture de l'angle facial, ont amené M. Ivanovski à cette conclusion, que confirmeraient d'ailleurs les récents travaux de M. Evropeus : les kourganes de la *Vosdaia Piatina* ne peuvent être que les tombeaux des Slaves de l'Ilmen ou Slaves de Novgorod.

12. M. Samokvassof. — *Les tumuli de Péréiaslavl et de Ranef (Petite Russie).*

M. Samokvassof (1) est un des archéologues les plus ardents et les plus heureux de la Russie. Au congrès de Kief, il avait rendu compte de fouilles brillantes dans les kourganes du gouvernement de Tchernigof ; c'est lui qui avait ouvert la *Tombe noire* dans le voisinage de cette ville et qui y avait trouvé les restes d'un prince slave ou varègue du Xe siècle avec trois armures complètes, à demi liquéfiées sur le bûcher qui dévora son corps. En 1875, dans ses *Anciennes villes et gorodichtché de la Russie*, il avait déterminé, après des fouilles sans nombre, la véritable destination de ces enceintes de terre, antiques cités des Slaves primitifs, et donné un démenti aux écrivains qui avaient cru pouvoir affirmer que les tribus slaves, pour la plupart, ne possédaient pas de villes. En 1875, il a exploré les kourganes des districts de Péréiaslavl (gouvernement de Poltava) et de Kanef (gouvernement de Kief). C'est cette partie de l'ancienne Slavie qui vers le IXe siècle formait le domaine des tribus russes les plus méridionales, Polianes et Sévérianes, et comme le *border* disputé entre les Slaves et les peuplades nomades, turques ou turco-finnoises, de la steppe.

Les squelettes trouvés dans les kourganes de Péréiaslavl sont toujours couchés sur le dos, la tête tournée à l'orient, les mains croisées sur le bassin. Peu d'ornements et de peu de valeur. Dans un de ces tumuli,

(1) Professeur à l'Université de Varsovie.

M. Samokvassof a trouvé un instrument assez semblable à une lancette et d'autres objets qui semblaient se rapporter à l'art hippiatrique. On pourrait appeler ce tertre *la tombe du vétérinaire*. Dans un de ceux de Kanef, se sont rencontrés un squelette d'homme et un squelette de cheval : un mors de fer dans les dents du cheval, et des étriers; l'homme reposait dans un cercueil de bois très-massif, assemblé avec des clous de fer; auprès de lui un sabre de fer, un paquet de flèches à pointe de fer et une cotte de mailles. Dans un autre kourgane, également le squelette d'un cheval et d'un cavalier; des plaques métalliques près de la tête du cheval, des restes de selle. Dans un troisième, la coiffure du cavalier ou plutôt les plaques métalliques qui la décoraient, deux massifs anneaux d'or, un collier en spirale; à la main droite un bracelet, un anneau d'argent avec une pierre, des restes de vêtement, une belle coupe de bronze, les débris d'un seau de bois cerclé de fer, un vase d'argile. Les kourganès de ce district où le défunt est seul présentent peu d'objets. Ce sont des sépultures évidemment anciennes, et les os sont mal conservés. Parfois, dans la partie supérieure de ces kourganes, il y a des tombes d'une époque plus récente avec les restes de cavaliers portant des armes de fer. On se trouve en présence de deux types de civilisation, de deux couches de population qui se sont superposées et dont la plus moderne a emprunté la partie supérieure de la sépulture élevée par la plus ancienne.

Dans le district de Tcherkassy, gouvernement de Kief, près du village de Pékary, M. Samokvassof a fouillé une localité appelée *la montagne du prince*. Les fouilles et aussi les achats faits aux paysans des environs lui ont procuré une quantité d'objets : pendants d'oreille en or et en argent, plaques d'argent, perles fausses, pointes de flèches en bronze et en fer, agrafes de fer, mors, éperons, serrures, hameçons, etc. Ces objets appartiennent à des époques et même à des états de civilisation très-différents. Il y en a même de fort récents, comme ce sceau qui porte le nom du métropolite Cyrille.

13. M. Antonovitch. — *Cavernes, retranchements anciens et cimetière du pays de Kief.*

Le groupe des archéologues petits-russiens était brillamment représenté à Kazan, la métropole de la Russie orientale. On a remarqué surtout les travaux de MM. Antonovitch (1) et Constantinovitch. Le premier, qui a été le secrétaire du congrès de Kief, est un fouilleur infatigable des kourganes, des *gorodichtché*, des cavernes et souterrains antiques, des vieux cimetières dont abonde la Russie primitive, la *Ross* du Dniéper.

Dans son mémoire sur les cavernes du moyen Dniéper, il décrit géologiquement la rive droite du Dniéper, depuis Vychégorod, ancienne ville

(1) Professeur à l'Université de Kief.

slave très-commerçante et très-célèbre au xᵉ siècle, la résidence de sainte Olga, aujourd'hui simple village avec un *gorodichtché* désert, jusqu'à l'embouchure de la petite rivière de la *Ross*, qui a peut-être donné son ancien nom au pays. Cette rive du Dniéper présente un plateau élevé, formé par des couches tertiaires éocènes, recouvertes de fortes couches de *diluvium*; ces couches sont au nombre de quatre superposées; la plus élevée est formée d'argile jaune de cinq à huit mètres d'épaisseur, parsemée de blocs erratiques, avec des gisements d'os de mammouth. Dans cette couche d'argile, imperméable et consistante, ont été pratiquées des cavernes à hauteur d'homme, larges d'un mètre à l'entrée. On les rencontre tantôt isolées, tantôt par groupes. M. Antonovitch en a compté jusqu'à 50 le long de la rive du Dniéper sur un parcours d'environ 80 kilomètres, de Vychégorod à l'embouchure de la Stoukhna. Ces refuges de l'homme préhistorique ont servi parfois de demeures aux cénobites de l'époque chrétienne. Près de Tripolié sur le Dniéper, il existait ainsi tout un monastère souterrain. A Kief même, ces primitives galeries, continuées par les moines, élargies, ramifiées et consolidées, sont devenues les célèbres catacombes de Saint-Antoine et de Saint-Théodore, où ont vécu sans voir la lumière du jour, où reposent encore, incorruptibles après leur mort, les saints de la Russie, où Nestor lui-même, le moine-historien, a son tombeau. D'autres groupes de cavernes sont restées dans leur état primitif. Telles sont : 1° celles du ravin Saint-Cyrille à Kief; 2° celles du monastère de Kitaï, à trois verstes et demi au sud de l'embouchure de la Lybéda; 3° celles du *ravin des vipères* (Gadioutchnyi ïar) près du village de Pirogovo. M. Antonovitch a exploré au printemps de 1876 une des cavernes du groupe de Saint-Cyrille; après un examen attentif, il découvrit à son entrée un *amas de cuisine* de 25 centimètres d'épaisseur sur un mètre de diamètre, consistant surtout en coquillages (*unio pictorum* et *anadonta*), parmi lesquels se rencontrent des os de poissons, des os de bœuf et de cheval, des fragments de poterie primitive, en argile non cuite ou mal cuite, des *nucleus* de silex, enfin une lame de silex, travaillée avec beaucoup de soin et dont un bord présente une scie parfaitement élaborée. Ces cavernes, que M. Zakrévski, l'auteur de la belle *Description de Kief*, ne croyait pas très-anciennes, remontent donc à l'âge de pierre; leurs premiers habitants se nourrissaient des produits de leur pêche et de leur chasse, c'est-à-dire de poissons et de mollusques, de bœufs et de chevaux peut-être sauvages; ils avaient des armes en silex et se servaient du feu pour cuire leurs aliments, car M. Antonovitch a trouvé, à quelques pieds de l'entrée de cette caverne, une sorte d'âtre, composé de plusieurs blocs de granit complétement calcinés; enfin ils connaissaient déjà l'art de la poterie.

Dans un autre mémoire, M. Antonovitch a décrit les lignes de retranchements et de fossés dont on retrouve encore des vestiges dans l'ancienne principauté de Kief. Il en a recherché la destination et a montré que partout, à l'époque romaine et au moyen âge, ces lignes constituaient un système défensif. C'est ainsi que les Romains avaient tracé de Cologne au Danube cette ligne qui enfermait les Champs Décumates. On connaît le mur d'Adrien et de Septime-Sévère contre les Pictes de la Grande-Bretagne, celui de Trajan au midi du Danube. Les Germains imitèrent ensuite ces procédés : Charlemagne établit un retranchement de l'embouchure de l Elbe à la Baltique pour arrêter les incursions des Danois. Henri l'Oiseleur fortifia de la même façon sa marche de Misnie. Les Avars connaissaient cet art défensif : leur *ring* était formé de neuf lignes de retranchements concentriques. Les Slaves de la Wartha, les Sorabes, ont élevé des constructions semblables. Celles des environs de Kief doivent avoir également un but défensif, comme les lignes que les princes russes élèveront plus tard contre les nomades de la steppe. Les chroniques russes témoignent de travaux analogues sous différents règnes de princes. Une lettre de Bruno, l'archevêque de Mersebourg, à l'empereur d'Allemagne Henri II, en 1080, dit positivement que les lignes du pays kiévien furent établies par saint Vladimir afin de protéger la terre russe contre les incursions des Petchenègues.

Dans plusieurs localités ces lignes défensives portent le nom de *remparts des dragons* ou *remparts des serpents*: des légendes où figure le serpent s'y rattachent. Le mythe du dragon ravisseur et du héros libérateur, qui revient souvent dans les contes et dans les chants populaires de la Russie, doit être très-ancien dans le pays de Kief. C'est pour sauver Zabava, la nièce de Vladimir, prince de Kief, que Dobryna Nikitich va combattre le *Serpent de la Montagne* qui hantait les eaux de la rivière Poutchaï et de là s'élançait sur les pays chrétiens pour y faire des prisonniers. Les héros du cycle kiévien sont constamment aux prises avec des monstres rampants, Ilia de Mourom avec Solovéi, Diouk Stépanovitch avec Chark le reptile-géant, Alécha Popovitch avec Tougarine le dragon ailé. Un conte mythique, qui se rattache évidemment à l'époque de Vladimir, montre en connexion encore plus étroite la légende du serpent avec la défense du pays russe et même avec le tracé des lignes de défense (1). Nikita le corroyeur, qui semble le même personnage que Péréiaslaf (dont la ville de Péréiaslavl aurait pris le nom après sa victoire sur le géant pétchenègue), entre en lutte avec un serpent ailé qui avait imposé aux Kiéviens le tribut d'une jeune fille par maison. Il terrasse le serpent et conclut un pacte avec lui. Les deux champions se partageront le monde; pour tracer la ligne de partage, Nikita attèle le dragon à une charrue colossale dont le soc pesait 12,000 livres. Il trace un sillon qui allait de Kief à la mer Caspienne; après quoi il tue le serpent. Le conte ajoute que le sillon se voit encore aujourd'hui : « Il a deux toises de profondeur; on laboure à droite et à gauche sans y toucher. » Voilà assurément un fossé qui mériterait bien le nom légendaire de *ligne du dragon*.

Du reste le serpent peut avoir dans toutes ces légendes une double

---

(1) Voir Alfred Rambaud. *la Russie épique*, p. 127 et s.

signification; il représente l'ennemi, le peuple étranger qui infeste les frontières, ou encore le peuple vaincu réduit à ramper, à se cacher. C'est ainsi que dans le Caucase on raconte qu'un serpent habitait le lac de Piatigor et qu'il disparut à l'arrivée des Russes. Les tribus primitives, les sauvages troglodytes, hommes des trous et des cavernes, qui furent absorbés ou exterminés par les envahisseurs aryens, ce sont les serpents. Les cavaliers nomades qui insultèrent ensuite les frontières de ces mêmes Aryens devenus sédentaires, ce sont encore les serpents. Dans les chan‑sons épiques de la Russie, le Tatar prend souvent la place du dragon ou du Petchenègue. C'est contre tous ces ennemis des Slaves qu'on creuse des fossés et qu'on élève des remparts.

Le troisième mémoire de M. Antonovitch porte sur le cimetière du mo‑nastère du Jourdain à Kief, ainsi nommé à cause de l'aventure merveil‑leuse advenue à un pèlerin qui, ayant perdu une coupe d'argent dans le Jourdain de Palestine, de retour à Kief, le retrouva dans une fontaine située près de l'église Saint-Nicolas. A l'époque païenne, cette partie de la ville devait être le centre commercial de Kief : à plusieurs reprises on y a trouvé des monnaies sassanides du xᵉ siècle. C'est en 1876 que le hasard amena en cet endroit la découverte d'un cimetière antique. Le sol avait déjà été bouleversé au xviiᵉ siècle par d'autres constructions; aussi de tout le cimetière quatre tombes seulement étaient restées in‑tactes. La première ne renfermait qu'un squelette humain, sans autre objet; la seconde, les os d'un cavalier et de son cheval avec des armes de fer, la coiffe d'un casque avec le haubert de mailles, un glaive à deux tranchants comme ceux que les Slaves de Kief payaient en tribut aux Khazars et qui inquiétaient si fort ces derniers sur l'avenir de leur domi‑nation, des flèches, des étriers, des mors, des plaques de ceinture et aussi quelques ornements de bronze incrustés d'argent. La troisième tombe contenait un squelette étendu dans la position horizontale, le visage tourné vers l'orient, une plaque de ceinture en bronze de fabrique scan‑dinave, une sorte de couronne, deux pendants d'oreilles en forme de croix et une monnaie du khalife Abou-Djaffar-Mansor (viiiᵉ siècle). La quatrième ne renfermait que deux vases, l'un avec des grains de blé brû‑lés, l'autre avec des ossements humains calcinés. Donc, en quatre tombes, deux modes de sépultures tout à fait différents. La découverte de ce cime‑tière est fort importante; il date sûrement du viiiᵉ ou du ixᵉ siècle. Ce qui la démontre, ce n'est pas seulement l'indication fournie par cette mon‑naie arabe, mais aussi la forme des bijoux, les modes tout païens de sé‑pulture et cette circonstance qu'on ne savait pas encore souder les mé‑taux; on rejoignait les extrémités au moyen de fils métalliques entortillé et fortement serrés.

14. MM. Popovski et **Constantinovitch**. — *Tumuli et oppidum dans la Petite-Russie.*

M. Popovski a fait des fouilles importantes dans le bassin de la Ross. Il a appelé surtout l'attention du congrès sur un kourgane renfermant jusqu'à cinquante urnes remplies de débris humains calcinés, et sur un tertre où l'on retrouve quatorze couches superposées de cendres et de charbons, sans ossements et sans débris de poteries, et alternant avec les couches de terre. Dans l'espace si restreint qu'il a exploré, on trouve donc des kourganes de types fort différents et ayant des destinations diverses. Les modes de sépulture ne sont pas moins variés. Quelquefois les squelettes, au nombre de cinq ou six dans la même sépulture, sont couchés en rang d'oignons les uns à côté des autres; ailleurs, un des squelettes semble le personnage principal, car les autres sont couchés à sa droite et à sa gauche, perpendiculairement à lui et les pieds tournés vers lui; ou bien, autour d'un squelette principal, les autres semblent jetés au hasard sans souci de l'orientation. Il y a même des cas de combustion du cadavre, dont une urne a reçu les cendres. Tantôt on trouve des os d'animaux domestiques et tantôt ils font absolument défaut. Il y a les kourganes à armes de silex, ceux à armes de bronze sans vestige de fer, ceux où le fer se rencontre. M. Popovski estime qu'en présence d'une telle variété de types il faut renoncer encore à émettre des conclusions et se borner à recueillir les faits.

Après les cavernes, les lignes défensives, les cimetières et les kourganes, les *gorodichtché* (*oppida*) ont leur tour avec M. Constantinovitch. Un des plus intéressants monuments de cette catégorie est celui du hameau de Soltykova-Diévitsa dans l'ancienne principauté de Tchernigof. Peut-être était-ce une ville, peut-être n'était-ce que la citadelle d'une ville plus étendue. La *Description générale de la Petite-Russie*, par Roumantzof, précieux manuscrit de la bibliothèque de Tchernigof et qui donne les renseignements les plus précis sur toutes les localités petites-russiennes depuis le XVIᵉ siècle, ne parle pas de ce *gorodichtché* dans l'énumération des lieux habités. Donc, au XVIᵉ siècle, il était déjà désert, et c'est sans doute aux invasions tatares que remonte la dévastation de ces anciens centres.

Le *gorodichtché* se compose de plusieurs remparts circulaires, concentriques, assez bien conservés, auxquels se relient d'autres lignes qui semblent avoir été destinées à protéger les faubourgs de la ville.

L'enceinte intérieure a cent vingt mètres de diamètre. Les objets qu'on y a recueillis appartiennent à des époques et à des états de civilisation tout à fait différents. Cela débute par un couteau en pierre blanche; puis viennent des fragments d'une poterie assez simple; puis des fragments de fer; puis des ornements du XIIᵉ siècle avec la croix; puis des monnaies tatares. Tout cela permet d'attribuer à cette ville détruite un long passé, de longues années d'existence préhistorique et historique, depuis l'âge de pierre jusqu'à la conquête mongole.

ALFRED RAMBAUD.

BULLETIN MENSUEL

DE L'ACADÉMIE DES INSCRIPTIONS

MOIS DE NOVEMBRE.

M. Albert Dumont, directeur de l'École française d'Athènes, adresse une série de photographies, représentant d'importants fragments de statues de la belle époque de l'art grec, trouvés à Délos par M. Homolle.

M. B. Hauréau communique à l'Académie un mémoire sur la vie d'Arnaud de Villeneuve. Ce mémoire est destiné à prendre place dans l'*Histoire littéraire de la France*.

M. Miller communique deux intéressantes lettres adressées de l'île de Thasos au savant académicien, par M. Christides. La première lettre concerne un chrysobule, conservé par les moines thasiens et dont M. Christides a pu prendre copie pour l'envoyer à M. Miller. La seconde a trait à des inscriptions romaines concernant des princesses de la famille d'Auguste.

M. Ernest Renan communique, au nom de la comtesse Lovatelli, une curieuse inscription latine trouvée à Rome. Cette inscription est relative à un cocher du nom de Crescens, qui en moins de deux ans avait fait au cirque, grâce à ses victoires dans les courses de chars, une brillante fortune. Le monument est du temps d'Adrien. Une grande partie du vocabulaire du sport chez les Romains se trouve dans cette inscription, qui acquiert de ce fait une importance particulière. Les expressions en sont d'ailleurs très-claires. Crescens avait remporté 288 prix de toute catégorie et acquis une fortune que l'on peut évaluer à trois cents et quelques mille francs de notre monnaie.

A. B.

NOUVELLES ARCHÉOLOGIQUES

ET CORRESPONDANCE

—— *La Numismatique antique au Trocadéro*. —— M. de Longpérier, directeur de l'Exposition historique du Trocadéro, parmi toutes les branches de l'archéologie qu'il a cultivées et enrichies de ses découvertes, a constamment témoigné pour la science numismatique une prédilection marquée; constamment il a affirmé avec raison (et ses propres travaux si considérables en sont la preuve la plus frappante) que l'étude critique et raisonnée de ces monuments monétaires, dont l'immense variété est faite pour étonner, constituait le plus précieux auxiliaire de l'histoire.

Aussi, parmi les vœux que nourrit le savant académicien, un des plus chers à son cœur est celui de faire un jour à Paris une exposition purement numismatique, de montrer au public avide de s'instruire un vaste ensemble aussi complet que possible de toutes nos grandes collections numismatiques, où seront représentées toutes les séries monétaires jusqu'à nos jours, depuis les septième et huitième siècles avant notre ère, lorsque les divers systèmes d'échange alors universellement adoptés par les peuples de l'ancien monde, même par le moyen du métal employé au poids comme simple marchandise, firent place, pour la première fois, sur certains points, à la monnaie proprement dite, c'est-à-dire aux premiers lingots poinçonnés et en quelque façon ainsi garantis. Cette immense exposition monétaire nous mènerait jusqu'aux époques contemporaines, jusqu'à cette colossale diffusion moderne qui voit partout le balancier à l'œuvre, jusque dans les parties du Nouveau-Monde le plus récemment conquises par la civilisation. Il serait quelque peu suffisant de décorer déjà de ce nom pompeux d'exposition numismatique les séries monétaires, si belles et si nombreuses, que les visiteurs de l'Exposition ont admirées dans les galeries historiques du Trocadéro, et cependant on peut considérer cet ensemble comme la préface de la grande réunion rêvée par M. de Longpérier. La section numismatique du Trocadéro présentait en effet un ensemble des plus importants, parfaitement suffisant en tout cas pour offrir à l'étudiant novice, comme au simple visiteur, un coup d'œil des plus instructifs. En un mot, c'était la première fois que la science numismatique, qui compte cependant tant d'adeptes, se trouvait quelque peu brillamment représentée dans une de ces expositions rétrospectives auxquelles le public, de nos jours, accorde une si large faveur. Si d'innombrables lacunes peuvent être signalées, motivées bien plus par le nombre nécessairement si restreint des vitrines que par le manque d'élan des amateurs, les séries principales, séries antique, du moyen âge et de la renaissance, y ont été toutes du moins brillamment représentées par les exemplaires les plus admirables d'exécution et les plus intéressants par leur rareté et leur importance historique. Certaines séries même se distinguent par une richesse prodigieuse, à laquelle n'atteint aucun musée public de l'Europe. Ceci n'étonnera plus lorsqu'on saura que les galeries du Trocadéro contenaient quelques-unes des plus célèbres collections numismatiques. Les séries gauloises et des diverses races royales françaises y étaient entre autres représentées par cinq collections de tout premier ordre, auxquelles il manquait à peine quelques-unes de ces raretés qu'on n'arrive pas à retrouver deux fois dans le même siècle. Avec la permission du lecteur, nous allons rapidement passer en revue ces richesses, nous bornant à l'étude des seules monnaies antiques.

M. Charles Robert, de l'Institut, et M. Changarnier-Moissenet, sont les exposants de la série gauloise ou purement nationale; tous deux ont suivi un ordre excellent et groupé leurs monnaies par provinces; il est facile, grâce à cette disposition, de se rendre compte des influences si diverses qui ont exercé leur action prépondérante sur le monnayage de nos pères. Ainsi, celui de la Provence, région qui se trouvait en rapport direct avec le monde grec, n'est qu'une émanation de la numismatique hellénique ; de même, toujours au midi, mais plus à l'ouest, ce sont les types des colonies grecques des côtes espagnoles qui ont été grossièrement copiés par les ateliers monétaires du versant septentrional des Pyrénées. Au nord, au contraire, dans toutes les régions de l'ouest jusqu'au pays des Arvernes, l'Auvergne d'aujourd'hui, une influence bien plus lointaine encore s'est fait sentir : les pièces des rois de Macédoine, celles au nom de Philippe principalement, pendant un temps la monnaie la plus répandue dans l'ancien monde, ont été copiées de proche en proche par toutes les nations plus ou moins barbares occupant les rives du bas et du haut Danube; par ces étapes successives de la Pannonie et de la Germanie méridionales, les types macédoniens finirent par gagner les Gaules, et c'est pour cela que les visiteurs du Trocadéro ont vu figurer sur tant de monnaies gauloises d'informes et barbares copies des belles têtes et des biges élégants qui ornent le droit et le revers des pièces d'or de Philippe de Macédoine. Beaucoup de ces monnaies de nos pères portent des légendes en caractères latins; on y a déchiffré entre autres les noms de plusieurs chefs célèbres cités par César, ce qui a permis de dater avec certitude un certain nombre de pièces. On a retrouvé jusqu'à huit de ces noms de chefs qui figurent dans les *Commen-*

taires; le plus fameux de tous est ce Vercingétorix dont le nom person-
nifie le génie patriotique de la liberté gauloise expirante. Le buste de
Vercingétorix, grossièrement gravé sur une monnaie d'or de la vitrine
de M. Changarnier-Moissenet, était bien une des plus intéressantes reliques
de la salle des Antiques au Trocadéro.

Passons maintenant aux monnaies antiques proprement dites. On divise la numismatique antique en deux grandes séries, la série romaine
et la série dite des peuples, villes et rois de l'Europe, de l'Asie et de
l'Afrique septentrionale. On donne souvent à cette deuxième série le nom
de série grecque, à cause de l'immense prépondérance de la langue
grecque et de l'élément grec en général sur toutes ces innombrables
monnaies. Ces séries monétaires des rois, des villes et des peuples de
l'ancien monde sont, hélas! bien loin d'être suffisamment représentées au
Trocadéro et c'est là le point le plus faible de notre exposition numismatique. C'est que la série grecque, par son immensité même, effraye les
amateurs. Aujourd'hui on ne compte presque plus de collections de
monnaies grecques à Paris; les prix fabuleux qu'ont atteints les pièces
rares, les immenses progrès réalisés par la science numismatique, les
découvertes journalières de monnaies inédites, ont rendu ces collections
presque impossibles. A l'heure qu'il est, il n'existe plus, comme au
temps des Luynes et des Blacas, de collection permettant de passer en
revue la numismatique entière de l'ancien monde : M. Gréau s'est défait
de ses admirables séries; les merveilleux exemplaires rassemblés par
M. His de Lassalle sont dispersés ; seul M. Waddington possède encore,
dans les tiroirs de ses médailliers, d'immenses suites de toutes les provinces de l'Asie Mineure; mais les devoirs de ses charges publiques l'em-
pêchent de faire profiter le monde savant de tant de trésors accumulés.

Si l'ensemble de la numismatique grecque était pauvre au Trocadéro,
il y avait cependant d'importantes exceptions. M. Hoffmann avait exposé
des séries de monnaies frappées par les diverses et plus célèbres races
royales de l'Asie. On sait que les Assyriens, comme les Egyptiens, leurs
aînés, ne possédaient pas de monnaie proprement dite. L'échange direct
était leur principal moyen de commerce, et si le métal même constituait
précisément un des principaux instruments de cet échange, c'était le
métal brut pesé dans la balance et non point encore débité en petits
lingots de dimensions uniformes et marqués d'une estampille officielle.
La première fois que le coin figura sur une monnaie asiatique, ce fut en
Lydie, sous ces rois célèbres dont Crésus fut le dernier. Peut-être faut-il
faire remonter avec M. Lenormant les premiers lingots poinçonnés au
règne de ce Gygès dont les aventures et les bonnes fortunes amoureuses
tiennent autant de la fable que de l'histoire. En Europe, la première
monnaie semble avoir été celle de l'île d'Egine, marquée d'une tortue
à la large carapace, dont chaque segment est nettement indiqué.

On a pu voir dans la vitrine de M. Hoffmann quelques-unes de ces
pièces à flan encore irrégulier, d'or ou plutôt d'électrum, c'est-à-dire d'or

très-fortement mélangé d'argent, frappées par les rois de Lydie depuis les guerres Lélantiennes jusqu'à la chute de ce beau royaume, lors de la prise de Sardes par Darius. A leur côté figurent les monnaies, si rares il y a quelques années encore, un peu mieux connues aujourd'hui, frappées par ce dernier souverain et ses successeurs les Achéménides, les grands rois des Perses. Rien de plus caractéristique que ces monnaies des Darius et des Artaxercès ; rien de plus intéressant que ces monuments d'aspect si archaïque frappés par les Achéménides pour leurs provinces occidentales, principalement pour la Phénicie, car plus dans l'intérieur, sur l'Euphrate et sur le Tigre, le simple commerce d'échange avec les populations barbares de l'Asie centrale prévalait encore. Voici les célèbres dariques, l'or des Perses si redoutable à la faiblesse et à la cupidité des Grecs; ce sont toujours encore de simples lingots irréguliers sur lesquels Darius et ses successeurs sont représentés dans l'attitude véritable d'un roi antique, un genou en terre, tirant de l'arc, les cheveux et la barbe dressés avec tout l'appareil asiatique le plus raffiné, le bras tendant l'arc d'où va s'échapper la flèche meurtrière. Plus loin, sur les pièces d'argent, la drachme persane, ses multiples et ses divisions, le grand roi est figuré dans son char de guerre, que traînent des chevaux superbement harnachés. Le prince bande encore son arc. Au revers figure une galère voguant sur des flots d'un dessin primitif, au pied d'une ville fortifiée dont les tours et les murailles crénelées rappellent, à s'y méprendre, certaines représentations féodales des sceaux du moyen âge. D'autres fois encore, le roi est représenté comme sur les bas-reliefs de Persépolis, luttant en combat singulier contre un lion ; il a saisi la bête féroce par son énorme crinière, et, de l'autre main, s'apprête à lui plonger dans le flanc une épée courte et large. Parfois encore, le grand roi chasse au galop et lance de loin le javelot sur l'*ibex* ou chèvre sauvage. A côté des monnaies des Achéménides figurent celles, peut-être plus curieuses encore, de leurs satrapes. M. Hoffmann en avait exposé plusieurs, mais l'espace nous manque pour en entretenir nos lecteurs.

Les rois parthes étaient brillamment représentés. La longue série de leurs monnaies d'argent et de bronze se distingue par une uniformité qui n'est qu'apparente. Au droit, le souverain figure coiffé de la tiare, la barbe et les cheveux minutieusement frisés. Les traits de chaque prince sont soigneusement reproduits et font de ces séries monétaires la plus précieuse des galeries iconographiques. Après les Arsacides, voici leurs vainqueurs les Sassanides qui, rétablissant l'antique royaume des Perses, le maintinrent glorieusement à travers les derniers temps de l'âge antique et les premiers siècles de l'âge nouveau, jusqu'à la conquête arabe. Leurs monnaies, larges et minces, d'aspect étrange, classées pour la première fois par M. de Longpérier, figuraient en nombre dans la vitrine de M. Hoffmann. Les monnaies d'or sont de toute rareté. Le costume du buste royal est des plus frappants ; c'est bien la coiffure étrange qui convient à ces mystérieux princes asiatiques : une tiare dorée

et semée de pierreries, retenue derrière la tête par des bandelettes
flottantes, est surmontée d'un globe énorme constellé d'étoiles; c'est la
voûte céleste; il est difficile de savoir en quelle matière ce globe était
fait, en feutre probablement, parsemé d'étoiles d'or; mais ce qui donne
à tous ces portraits monétaires une physionomie véritablement caractéristique, c'est la richesse toute particulière de l'ornementation de la
coiffure et de la barbe; la chevelure, divisée en longues et abondantes
boucles épaisses, fixées et serrées, est violemment rejetée en arrière;
la barbe, également frisée, étalée et bouclée avec un soin minutieux,
descend en pointe; un peu au-dessus de l'extrémité, une bandelette
serrée réunit tous les poils qui, immédiatement au-dessous, s'étalent à
nouveau de manière à constituer une sorte de petit éventail terminal.
La chevelure d'une part, la barbe de l'autre, dirigées en sens opposé,
donnent au profil de la tête une largeur extraordinaire. Le costume est
des plus somptueux ; ce ne sont que diamants et pierres précieuses fixés
sur la robe royale. Au revers de la monnaie, on distingue une représentation plus étrange encore ; c'est celle du culte officiel des Perses, le roi
et le grand-prêtre ou *mobed* sacrifiant devant le grand autel ou pyrée, sur
lequel brûle éternellement le feu céleste.

M. Hoffmann avait exposé encore bien des monnaies de moindres souverains asiatiques, presque toutes d'une insigne rareté, que nous ne pouvons malheureusement qu'énumérer bien rapidement : monnaies des
princes du Tabéristan, des princes d'Ecbatane, des satrapes du Farsistan,
des rois des Omanes, des rois de la Characène, etc., etc.

Les collections Paravey, Dutuit et Hirsch nous ont montré les plus admirables échantillons de l'art numismatique grec proprement dit. Ici,
point de séries chronologiques ou géographiques, mais les plus belles ou
les plus rares pièces des villes ou des rois, pièces célèbres par la perfection
absolue des types ou par l'intérêt historique particulier qui s'y rattache.
La vitrine du baron Lucien de Hirsch était cependant plus spécialement
consacrée à la numismatique sicilienne et de la Grande Grèce. On sait
que les monnaies siciliennes sont les plus belles pièces grecques connues.
Celles du baron de Hirsch sont d'une conservation exceptionnelle. Voyez
cette superbe pièce d'argent d'Agrigente, où deux aigles marines s'achar-
nent sur un malheureux lièvre qui tressaille sous leurs griffes. L'art antique n'a jamais rien produit de plus beau et de plus vivant; il semble
qu'on entende les cris de joie des deux féroces oiseaux. Que l'on songe
que la moindre ville de Sicile frappait monnaie à des types aussi admirables. Voyez le satyre couronné de pampres des pièces de cette petite
cité de Naxos, dont les ruines s'étalaient jadis encore au pied des rochers
de Taormina ; voyez cette coiffure savamment nouée, cette barbe artistement peignée, et l'impression inoubliable des traits de cet agreste personnage; voyez la merveilleuse tête féminine, si connue, si souvent reproduite par la gravure, des grandes médailles de Syracuse. Et les
pièces de Catane, de Léontium, de Ségeste, de Sélinonte; le lièvre si

parfaitement modelé qui court sur celles de Messine ; le beau taureau cornupète qui bondit sur celles de Tauromenium. Il faudrait un volume et la plume du plus brillant de nos écrivains pour passer en revue les ravissantes splendeurs de cette numismatique sicilienne ; toutes ces têtes de femmes, de héros, de dieux et de déesses, dont on est sans cesse tenté de dire de chacune : « celle-ci est la plus belle ! » Au bas de sa vitrine, M. le baron de Hirsch avait exposé quelques pièces macédoniennes d'une grande rareté : il faut admirer les beaux portraits des rois de Macédoine, des Philippe et des Persée. J'aime moins la grande pièce d'or de la reine égyptienne Arsinoé ; il en existe des exemplaires d'un style bien plus pur, d'un profil classique tout autrement accentué. La dernière médaille, une rarissime pièce de la province africaine de la Zeûgitane, nous montre une tête de jeune femme délicieusement coiffée d'un casque en forme de gigantesque coquillage.

Dans les vitrines exposées par MM. Paravey et Dutuit, on ne s'était attaché, je l'ai dit, à aucune série historique et géographique ; on s'était efforcé de réunir les monnaies grecques au seul point de vue de la beauté des types et de la perfection de l'art. Ici, le visiteur n'avait pas besoin de guide, il n'avait qu'à se pencher et à admirer. Chaque monnaie lui offrait soit une superbe tête de roi, portrait frappant de vie et d'originalité, soit celle d'un dieu, d'une déesse, ou bien encore quelque superbe animal : lion, aigle, griffon, éléphant, sanglier, si plein de vérité, si admirablement étudié, que l'art de la gravure n'a rien produit de plus beau. Et qu'on se le rappelle sans cesse : ce sont là, bien souvent, des monnaies frappées par de petits princes ignorés, par des villes, que dis-je, presque des bourgades inconnues. Parmi les plus belles pièces de la vitrine de M. Dutuit, je citerai cette merveilleuse série de tétradrachmes d'argent des Séleucides, rois de Syrie. Les Antiochus, les Démétrius et les Séleucus y revivent pour nous dans des bustes superbes de relief, jeunes ou vieux, beaux ou vulgaires, mais tous si parlants, qu'il n'est pas de galerie de portraits historiques qui vaille cette collection de portraits vieux de deux mille ans. Voyez encore tous ces souverains grecs, ceux du Pont, ceux de Bithynie et tant d'autres. M. Dutuit avait exposé, en outre, quelques belles pièces romaines, des trois métaux.

La numismatique purement romaine était diversement et glorieusement représentée par les collections de MM. Lemaître, Ponton d'Amécourt et Ch. Robert, de l'Institut. M. Lemaître avait exposé l'histoire monétaire même de la République, depuis les temps les plus reculés où les vieux Romains, pauvres ou riches, se contentaient de ces énormes monnaies de bronze, masses coulées du poids de quatre livres, dont les plus anciennes portaient l'image d'une brebis en souvenir de l'état de choses antérieur, de l'emploi du bétail comme principal mode d'échange, d'où le nom de *pecunia*, qui signifiait monnaie (de *pecus*, bétail). Peu à peu, ces *as* si incommodes firent place à des monnaies plus petites ; puis vinrent les deniers d'argent des monétaires de la République, sortes d'entrepreneurs

officiels de la monnaie, qui gravaient au revers de ces pièces leurs noms
et des scènes souvent mythologiques, représentant les faits les plus glo-
rieux de l'histoire de leurs ancêtres. Quant à l'*as* lui-même, de réduction
légale en réduction légale, il en vint, dans les derniers temps de la République, à atteindre les dimensions les plus faibles. Depuis longtemps
alors, on ne coulait plus la monnaie de bronze, on la frappait. Tous ces
faits si intéressants étaient exposés dans la vitrine de M. Lemaître de la
manière la plus claire et la plus instructive.

La grande vitrine consacrée par M. le vicomte Ponton d'Amécourt à
sa collection de monnaies d'or romaines était sans contredit la plus riche
de toutes celles exposées dans la salle des antiques au Trocadéro. Aucun
cabinet numismatique, pas même, croyons-nous, celui de Paris, qui est
cependant encore actuellement la plus riche collection publique du
monde, ne peut offrir aux regards émerveillés des visiteurs une pareille
suite impériale.

Il est, parmi ces pièces admirables qui nous retracent si fidèlement
les traits de tous les empereurs, de toutes les impératrices, des princes
et princesses de leurs familles, depuis Auguste jusqu'aux derniers Byzantins, il est, disons-nous, tel *aureus* absolument unique, que son heureux
possesseur a dû payer quelques centaines de fois son poids en or. Outre
leur beauté, leur rareté même, outre les scènes souvent si intéressantes
gravées sur leur revers, ces pièces, d'un relief si étonnant, partagent
avec les monnaies royales grecques dont nous avons déjà parlé, ce privilége de constituer une véritable galerie de portraits historiques d'un prix
inestimable. Il est tel prince, telle princesse dont on ne connaît les traits
que par une seule monnaie, et ces traits y sont retracés avec un tel cachet
de vérité que nous pouvons être absolument assurés de la ressemblance.
Bien plus, il est bien des princes d'un jour, des usurpateurs éphémères,
surtout aux périodes agitées de l'Empire, sur le compte desquels se taisent
les rares historiens parvenus jusqu'à nous, et dont nous n'aurions jamais
connu le nom sans ces monnaies, témoignage quasi éternel de leur fugi-
tive grandeur. Une foule de bustes antiques appartenant à cette immense
série impériale où les princes et les princesses se comptent par centaines
n'ont pu être classés d'une manière certaine que par la comparaison
avec les monnaies. Citons, parmi les plus précieux joyaux de la collection
d'Amécourt, un certain nombre d'*ourei* de l'époque de la République;
les pièces d'or antérieures à la fondation de l'Empire étaient encore, il y
a quelques mois, d'une rareté extraordinaire. Une trouvaille importante,
faite l'an dernier en Italie, en a considérablement augmenté le nombre.

M. Charles Robert, de l'Institut, auquel nous avons été déjà redevables
d'une des vitrines de médailles de la salle gauloise ou des antiquités nationales, avait exposé sa splendide collection de médaillons contorniates.
Ces grandes pièces de bronze de l'époque impériale, qui doivent leur
nom au sillon qui les contourne, sont encore fort mal connues et leur
histoire contient plus d'un point obscur. Il ne faut point les confondre

avec les véritables médaillons. Ils sont généralement relatifs aux jeux publics, et c'est surtout à ce point de vue qu'ils offrent un intérêt tout particulier par les renseignements très-variés qu'ils nous fournissent sur ce chapitre si important de la vie populaire à Rome. Les plus curieux de ces médaillons, en conséquence, sont ceux dont les revers nous retracent les jeux et les combats du cirque : voici le cirque Maxime avec sa *spina* et ses *ova*, ses courses de chars; voici des quadriges au nom de ces différentes factions dont les querelles ensanglantaient l'arène; voici ces naumachies ou combats de navires en pleine Rome, dont le peuple était si friand; voici les combats des bestiaires et des gladiateurs, jusqu'à des combats de coqs, jusqu'à des concours de musique. Du reste, M. Robert s'est donné la peine d'inscrire pour chaque groupe de médaillons des éclaircissements suffisants. Sa collection de contorniates, fruit de bien des années de recherches, est une des plus importantes que l'on connaisse.   (Extrait de la *Liberté*.)

—— Nous avons reçu de Luxeuil la lettre suivante :

« Monsieur,

J'ai l'honneur de porter à votre connaissance un fait qui, au point de vue de l'histoire et de l'art numismatique, mériterait peut-être d'attirer votre attention. Il s'agit d'une trouvaille vraiment curieuse faite à Luxeuil le 11 décembre dernier. En faisant des fouilles dans un jardin proche de l'ancienne rue des Romains, et appartenant à M. Marchand, des ouvriers ont mis à découvert une énorme amphore contenant au moins trente kilogrammes de médailles gallo-romaines : elles étaient en quelque sorte soudées ensemble par la rouille en un prodigieux monceau. Le sol de Luxeuil, dont les richesses archéologiques font déjà l'ornement de plusieurs musées, n'avait pourtant jamais fourni en ce genre un trésor aussi considérable. Ces médailles ont été frappées, ou plutôt coulées, à une époque assez obscure de l'histoire, c'est-à-dire de l'an 235 à 268 de l'ère chrétienne. Étudiées avec soin, elles seraient peut-être capables de jeter quelques lueurs nouvelles sur le siècle des Trente tyrans. Qui sait si quelques points douteux de l'histoire ne parviendraient pas de cette façon à être éclaircis? En tout cas, une trouvaille de plusieurs milliers de médailles romaines, qui reparaissent au grand jour après être restées seize siècles environ ensevelies sous terre, est trop intéressante, trop rare pour qu'on la laisse dans l'oubli.

Beaucoup de ces médailles sont à l'effigie des trois Gordien, de Dèce, de Philippe l'Arabe, de Gallus, de Valérien, de Gallien, de Salonina femme de ce dernier, de Mariana (*Divæ Marianæ*), de Volusianus, de Pupien. d'Æmilianus, de Salonnalediamus : je doute que ce dernier nom soit bien connu des numismates. Au revers, on voit des Victoires aux ailes déployées avec l'exergue : *Victori gloria*; ou bien des temples, des guerriers, des matrones romaines. Celles de Salonina portent tantôt une Vénus vue de profil et nue, tantôt le temple de la déesse Segetia, tantôt une femme debout entourée du mot *Felicitas*. Sur d'autres se remarquent

des patères, des urnes, ainsi que les mots *Ætas Aug.*, ou bien encore les
emblèmes de la justice avec le mot *æquitas*. Le vase extrèmement large qui
renfermait ce dépôt précieux a malheureusement été brisé : c'est une poterie fine, rougeâtre, d'une espèce de terre sigillée, et semblable aux autres débris de ce genre trouvés à différentes reprises dans le sol luxovien.

On peut se demander par qui et à quelle époque ces médailles ont été
enfouies. Appartenaient-elles à un collecteur d'impôts, ou bien à
l'intendant des eaux, au *recuperator*, appelé aussi *aquæ munere honora-
tus*, comme le témoignent certaines inscriptions de ce temps trouvées sur
les lieux mêmes ? C'est une question qu'il serait difficile de résoudre avec
certitude. Quoi qu'il en soit, il est permis d'affirmer que ces pièces, dans
la composition desquelles il entre une faible quantité d'argent, avaient
pourtant une grande valeur à l'époque des Césars gaulois, et pouvaient,
vu leur grand nombre, constituer un véritable trésor. Elles se trouvent
dans un excellent état de conservation, le relief est superbe, les lettres
sont saillantes sans être nettement découpées, enfin le dessin ne laisse
presque rien à désirer. Il est donc infiniment probable qu'elles n'ont pas
été longtemps en circulation ; et ce qui paraît non moins évident, c'est
que les figures ont trop de relief pour avoir été frappées. Il résulte de ces
observations qu'on a pu enfouir ce trésor vers la fin du troisième siècle de
notre ère, dans le but de le soustraire à quelque horde des barbares qui
déjà à cette époque commençaient à ravager les frontières de l'Empire.

Il semble certain qu'au temps des empereurs et longtemps avant le
passage d'Attila, qui ruina de fond en comble la ville de Luxeuil, de
terribles fléaux s'étaient déjà abattus sur notre contrée. Maintes fois des
bandes de Germains avaient pillé, rançonné cette malheureuse cité, qui
n'était défendue que par une très-faible garnison romaine. Au milieu des
calamités d'une époque désolée, quand sévissent la famine et la peste, ou
bien quand un autre danger devient pressant, quand les Barbares, sortis
tout à coup des forêts, se pressent aux portes en poussant des cris féroces,
quand déjà l'incendie s'allume et se propage, l'habitant surpris, épouvanté,
se hâte de creuser une fosse et d'y renfermer le seul bien qui lui reste et
que les guerres ont épargné. La terre au moins est une confidente muette ;
elle défie le pillage et le feu : c'est la suprême consolation des vaincus.

Telle est, Monsieur, l'importante découverte qui vient d'être faite dans
notre cité, et que je suis heureux de vous communiquer.

Veuillez agréer, Monsieur, etc.   CH. DUHAUT. »

—— *Une nouvelle nécropole.* — On vient de découvrir près de Nauplie
une grande nécropole avec un nombre considérable de tombeaux creusés
dans le roc. On n'en a encore fouillé jusqu'ici que quelques-uns; ils
étaient en parfait état de conservation et on y a trouvé des vases de terre,
ainsi que des idoles informes. M. le professeur Euthymios Kastorchis a
publié une intéressante brochure sur cette trouvaille. Le savant archéologue Stamatakis a été envoyé à Nauplie pour diriger des fouilles métho-
diques.

C'est là, en Grèce, la première découverte d'une vaste nécropole creusée dans le roc, en forme de grottes se reliant les unes aux autres. Ces grottes, voûtées en pierre, paraissent avoir servi de modèle pour les magnifiques grottes en maçonnerie qui se trouvent dans les catacombes de Mycènes.

L'exploration en fournira de précieux éléments pour la connaissance des siècles de l'histoire grecque qui ont précédé la domination des Pélopides. « *Vixere fortes ante Agamemnona multi!* »

Notre siècle était destiné à voir apparaître au jour les restes des anciennes races qui, du temps des Perséides, étaient puissantes et riches.

(Moniteur, 25 novembre 1878.)

—— Un Russe, M. Poliakoff, qui a été chargé, cet été, par l'Académie des sciences de Saint-Pétersbourg, d'aller examiner des reliques de l'âge de pierre dans les gouvernements de Yaroslaff et de Wladimir, vient de faire connaître le résultat de ses explorations.

Il a trouvé des collections d'objets très-intéressants dans un monticule voisin de Yaroslaff ; là se trouvaient des quantités de crânes humains de la période néolithique ainsi que des haches, des marteaux de silex polis et des os d'animaux appartenant aux espèces vivantes.

M. Poliakoff a fait des trouvailles plus considérables dans la vallée de la rivière d'Oka, du district de Marom.

Dans des monticules de sable, et dans le lit de la rivière, il a découvert un nombre immense d'instruments en silex, les uns bruts, les autres polis, des formes les plus variées. Les outils ont toujours été trouvés mêlés à des ossements de certains animaux, tels que le *castor fiber*, le *bos primigenius* et autres races aujourd'hui entièrement éteintes.

M. Poliakoff a découvert en outre des vestiges de demeures en bois assez semblables aux habitations lacustres de la Suisse. Mais la plus importante de toutes les trouvailles a été faite dans les alluvions d'un ancien lac situé dans le voisinage de la ville de Karacharovo. On a découvert là de grossiers outils de pierre de la période paléolithique, ainsi que des os de mammouth, de rhinocéros et du *bos priscus*. Le caractère de ces dépôts dénote la coexistence de l'homme avec ces mammifères en Russie, comme dans le reste de l'Europe.

Après en avoir fini avec ses explorations en Russie et en Sibérie, M. Poliakoff a visité la France, l'Angleterre, le Danemark, la Suède et la Suisse, pour pouvoir comparer les antiquités découvertes par lui avec les outils et instruments de la même espèce qui sont réunis dans les musées de ces divers pays.

On va procéder incessamment, à Saint-Pétersbourg, à la création d'un musée préhistorique. (Le Soleil.)

—— Nous lisons dans le *Courrier de Saintes* : « Une découverte assez curieuse vient d'être faite à Saint-Vivien par le sieur Morand; elle consiste en un bloc de pierre sculpté, en médailles du règne de Marc-Aurèle, et en quelques débris de colonnes et de poteries.

Le bloc de pierre représente deux personnages assis, l'un sur ses jambes croisées, l'autre sur un siége ; ce dernier, dont la tête a été retrouvée, porte à la main une corne d'abondance. A la face postérieure sur le socle qui sert de siége, trois petites statuettes reposant sur des têtes de bœufs. Nous avons cru reconnaître dans ces statuettes Hercule, Plutus assis au milieu et à sa gauche une femme debout dont les attributs ne sont pas assez caractéristiques pour permettre de la déterminer. Le tout accuse l'époque de la décadence de l'art. Nous reviendrons sur cette découverte.

Le président de la Commission,
LAFERRIÈRE.

En remerciant de sa bienveillante communication M. le président de la *Commission départementale des arts et monuments historiques*, nous tenons à appeler encore une fois l'attention de nos lecteurs sur le triste état où se trouve depuis trop longtemps le musée des antiques de Saintes. Ce musée est à peu près inabordable ; et, quand on a la chance d'y pénétrer, on est désagréablement surpris du désordre qui y règne et qui n'est certainement pas un effet de l'art.

Nous prions l'administration municipale de s'occuper au plus tôt de cette question. Le musée de notre ville contient de véritables richesses, mais qui les connaît ? A peine deux ou trois vénérables savants de l'ancienne Société d'archéologie de Saintes. Cela ne suffit pas ; l'honneur et l'intérêt de la cité exigeraient davantage. Il faudrait assigner un vaste local à notre musée si remarquable, dit-on, et alors, indigènes ou étrangers, tous pourraient examiner à loisir les curiosités qu'il renferme, et l'enrichir, au besoin, par de nouveaux dons. »

—— Le savant rédacteur en chef de la *Revue des Eaux et Forêts*, M. Bouquet de la Grye, conservateur des forêts à Troyes, a présenté à la Société académique de l'Aube, dans sa séance du 20 décembre 1878, une branche de chêne sur laquelle on remarque une tige de gui (*viscum album*). Cette branche de chêne vient d'être coupée dans la forêt de Jeugny (Aube). Le récent article de M. Magdeleine, intitulé : *le Gui de chêne*, analysé dans le numéro d'octobre dernier de la *Revue archéologique*, donne à cette communication un intérêt tout à fait actuel, puisque M. Magdeleine nie l'existence présente du gui du chêne dans nos forêts.

H. D'A. DE J.

—— Le *Syllogue* qui s'est formé à Smyrne depuis quelques années, et qui y a fondé une bibliothèque et un musée, vient de publier, pour la seconde fois, un fascicule qui témoigne de son activité et des services qu'il est appelé à rendre à la science (Μουσεῖον καὶ βιβλιοθήκη τῆς εὐαγγελικῆς σχολῆς, ἔτος δεύτερον καὶ τρίτον; Smyrne, 1878, in-8, xxxvi-111).

La première partie du cahier contient l'indication des progrès faits pendant les deux dernières années par la bibliothèque et le musée, la liste des sommes reçues, des acquisitions faites avec cet argent, et surtout celle des dons qui ont été envoyés à la société, des livres qui lui sont venus de l'Occident, des monuments que lui ont offerts des Grecs de Smyrne et des environs, voire même de Cypre. C'est ainsi que pendant cette période le musée s'est enrichi de 53 nouvelles inscriptions, d'un assez grand nombre de vases, de 54 objets en verre, de 67 en métal, de 15 poids, de 64 fragments de sculpture en marbre de grande dimension et de 76 plus petits. Viennent ensuite, publiées par les soins de l'intelligent et actif secrétaire de la société, 103 inscriptions dont les copies ou les estampages lui ont été adressés par ses correspondants, et 36 dont l'original appartient au Musée de l'école évangélique. Tous ces textes ne sont sans doute pas inédits; mais ceux mêmes qui avaient déjà été publiés sont souvent représentés ici par des copies qui fournissent des variantes intéressantes. On remarquera parmi ces textes une longue et verbeuse inscription de Sestos en l'honneur d'un certain Ménas, fils de Ménès, contemporain des rois de Pergame; elle n'a pas moins de 106 lignes, sans lacunes. Le volume se termine par une dissertation de M. Fontrier sur la ville de Metropolis en Ionie; elle est suivie du recueil des textes épigraphiques provenant de cette localité.

Il importe à tous ceux qui s'intéressent aux antiquités de l'Asie Mineure d'encourager cette société qui, avec si peu de ressources, a déjà obtenu des résultats si utiles; les dons de livres surtout seront reçus avec reconnaissance.

—— L'Académie de Reims, émue d'une restauration qui prétend rétablir partout dans la cathédrale le style du xiii° siècle, vient de prendre une délibération par laquelle elle demande, pour la façade septentrionale qui est encore à restaurer, le maintien, la mise en état pure et simple de la galerie du xv° siècle qui surmonte cette façade. Le rapport, rédigé par MM. Alph. Gosset et Boullaire, a été adressé à toutes les sociétés savantes de France en même temps qu'au ministre compétent; il pose une question intéressante de méthode et de goût, et les termes en sont assez courtois pour que l'architecte même dont il combat les idées ne puisse s'en offenser.

—— La *Société archéologique d'Athènes*, grâce surtout à l'activité de son éminent secrétaire, M. Koumanoudis, a pu, pendant la période qui s'étend de 1877 à 1878, continuer ses travaux. Nous venons de recevoir ses *Actes* (Πρακτικὰ τῆς ἐν Ἀθηναῖς ἀρχαιολογικῆς ἑταιρίας ἀπὸ Ἰανουαρίου 1877 μεχρὶ Ἰανουαρίου 1878). Les renseignements intéressants sont contenus dans le rapport de M. Koumanoudis lu à l'assemblée. Il débute par un hommage rendu aux principaux donateurs de l'année, et se poursuit par le compte-rendu des fouilles. Les principales sont celles qui ont été exécutées aux frais de la société pendant toute la campagne sur les pen'es sud et sud-ouest de l'Acropole, dans l'espace connu sous le nom de *Serpendjé*. Dans ce déblayement, en dehors de l'Acropole et tout près de son entrée ont été retrouvés plusieurs fragments de ces célèbres bas-reliefs de la balustrade du temple d'Athéné-Niké qui lui faisaient, sur trois côtés, une si élégante ceinture; ils sont, par malheur, de très-faible dimension; les

plaques auxquelles ils appartenaient ont été brisées en très-menus morceaux. On n'a pas trouvé, là où on les cherchait, de traces d'un escalier
ou d'une route montant vers l'entrée actuelle de l'Acropole; mais il y aurait
encore à dégager, de ce côté, l'emplacement où se trouve aujourd'hui le
poste des invalides ; on n'a pas non plus rencontré, là où on les cherchait
d'après Pausanias, les temples de Thémis et d'Aphrodite Pandémos. La
société se réserve de reprendre les fouilles sur ce terrain quand on l'aura
débarrassé des grands matériaux qui en encombrent encore une partie.

Toute cette série d'arcades enterrées qui frappaient les regards au bas
de la pente méridionale de l'Acropole a été aussi dégagée ; on a reconnu
qu'il y avait là un long portique couvert en voûte, qui mettait en communication l'odéon d'Hérode Atticus et le théâtre de Dionysos. Est-ce là
le portique d'Eumène, dont il est question dans un passage de Vitruve ?
Le rapporteur de la société ne se prononce pas, mais il appelle sur ce problème l'attention des architectes et des archéologues. Enfin des fouille
ont été exécutées au-dessus du théâtre de Bacchus et à son angle oriental; elles ont révélé certaines particularités curieuses de construction.
Les résultats de tous ces travaux sont reportés sur un plan, exécuté par
M. Mitsakis, qui accompagne le rapport.

Viennent ensuite des données sommaires sur les fouilles qui ont été
exécutées aux frais de la société à Tanagre, à Spata et à Mycènes. Les premières ont procuré au musée de la société plusieurs figurines intéressantes ; les secondes sont suffisamment connues par plusieurs publications
spéciales et notamment par le catalogue dû à M. B. Haussoullier et publié,
en 1878, dans le *Bulletin de correspondance hellénique*. Les dernières ont
complété les découvertes de M. Schliemann par la découverte d'une nouvelle tombe dans l'intérieur du fameux cercle de pierres et par celle
d'une assez grande quantité d'objets de métal précieux trouvés sur ce
point et dans le voisinage.

Le rapport se termine par l'indication des objets qui ont été acquis par
le musée de la société pendant l'année ou qu'il a reçus en don, et par
des renseignements sur les progrès de la bibliothèque.

Le rapport du trésorier et la liste des souscripteurs achèvent le volume.

G. P.

—— Monsieur le Directeur,

En parcourant récemment le n° 13 du *Bulletin de l'Institut Egyptien*
(années 1874-1875), je fus surpris d'y voir mon nom cité plusieurs fois par
Néroutsos-bey et ce à propos du temple de Vénus Arsinoé, décrit par moi
dans une notice de la *Revue archéologique* (1868).

Voici comment s'exprime Néroutsos-bey : « Cependant il ne faut pas
« s'y méprendre, comme cela est arrivé dans le temps avec Colonna
« Ceccaldi qui désigna comme *crypte* ou *chambre mortuaire* le silo en ma-
« çonnerie qui se trouve à une distance de quelques pas de l'entrée du
« petit temple, et qui n'est autre chose qu'un four à chaux très-moderne,
« datant de onze ans. »

Mon mémoire porte simplement ceci : « A trois pas du temple, un silo
« ou citerne en maçonnerie, bouché maintenant, servait peut-être aux
« besoins du culte. »

De tombeau, pas un mot.

Néroutsos-bey parle peut-être sans avoir vu le monument, en tout cas,
il n'a pas lu ma notice avec une attention suffisante et il me fait dire ce
que je n'ai point dit.

Je vous prie, Monsieur le Directeur, de vouloir bien insérer cette rectification et agréer l'assurance de ma considération la plus distinguée.

G. Colonna Ceccaldi.

—— On lit dans le *Moniteur judiciaire* de Lyon, du 5 décembre 1878 :

« Une communication très-intéressante a été faite mardi dernier à l'Académie de Lyon, par un de ses membres, M. Guigue, archiviste en chef
du département. Il s'agit d'une inscription antique inédite, appartenant,
à en juger par la beauté des caractères, au IIe ou au IIIe siècle de notre ère,
découverte, le jour même, dans le transept nord de la cathédrale de
Saint-Jean, sous une couche épaisse d'enduit. Cette inscription est gravée
sur un bloc magnifique de choin poli employé, au XIIe siècle, comme assise dans la muraille, et mesurant 1[m],25 de long sur 63 centimètres de
large. Le texte en a été ainsi lu, sur place, par M. Guigue :

PVBLICE DD

(S)EX VAGIRIO · SEX FILIO)

GAL · MARTIANO

Q · AEDILI · IIVIRO · PATRON(O)

OMNIVM · CORPOR · SVMMO

CVRATOR · PROVINC · AQVI

PRAEFECT · FABR · ROMA

TRIBVNO · MILIT · LEG · XX V V

(Q)VAM STATVAM CVM ORDO

(S)ANCTISSIM · OB EIVS ERGA

REMP · SVAM · EXIMIAM

OPERAM · ET · INSIGNEM

(A)BSTINENTIAM · EX AERARI(O)

(P)VBLICO · PONI CENSVISSE(T)

(S)EX VAGIRIVS GRATV(S)

FRATER · IMPENDIO REMISSO

PECVNIA SVA CONSTITVI(T)

Suivant M. Allmer, le savant conservateur de notre musée d'épigraphie, les sigles Q de la quatrième ligne et V V de la huitième doivent s'interpréter, le premier *Quæstori*, les deux autres *Valeriæ Victricis*.

Cette inscription, qui vient d'enrichir d'une page curieuse notre histoire lyonnaise, ne peut, malheureusement, à raison de sa situation, ni être photographiée, ni rester apparente; aussi, avec un soin dont lui sauront gré les érudits, M. Lucien Bégule, qui travaille avec toute l'ardeur d'un artiste de goût et de talent à la monographie de notre vieille basilique, s'est-il empressé de prendre un estampage qui permettra de la reproduire par la gravure en ses plus minutieux détails. »

—— *Bulletin de l'Institut de correspondance archéologique*, août et septembre 1878 (deux feuilles) :

W. Helbig, *Fouilles de Corneto* (description de quatre tombes récemment retrouvées et des vases qu'elles contenaient). A. Mau, *Fouilles de Pompéi* (maisons nouvellement découvertes, peintures avec inscriptions, graffiti, etc.). W. Helbig, *Coupe de Céré représentant le mythe d'Atys*. F. von Düho, *Vases d'Orvieto* (une signature du peintre Amasis).

— Octobre 1878 : R. Lanciani, *Fouilles du portique d'Octavie* (explication d'une base sur laquelle se lisent ces mots :

OPVS·TISICRATIS
CORNELIA·AFRICANI·F
GRACCHORVM).

Lettre du comte Gozzadini à W. Helbig, *sur les fouilles de Bologne* (découverte d'une stèle analogue à celles qui ont déjà été trouvées dans les fouilles de la Certosa). Lettre du professeur Crespi à G. Henzen, *Diplôme militaire retrouvé en Sardaigne* (du temps de Domitien).

— Novembre 1878 : W. Helbig, *Fouilles d'Orvieto* (description de deux tombes appartenant à la période primitive, et inventaire des objets qui y ont été trouvés, ornements de bronze, vases non travaillés au tour, etc.). Gherardo Gherardini, *Nouveaux vases trouvés à Bologne* (vases à figures noires d'imitation, vases à figure rouge). G. Henzen, *Inscriptions latines métriques*.

—— *Bullettino di archeologia e storia dalmata*, année I, n° 10 :

Inscriptions inédites. Salona. Ænona. E. A. Freeman. *Les empereurs illyriens et leur patrie* (suite). *L'emporium et le lac naronien de Scylax*. Supplément : Stojan Novakovich, *Le champ d'action de Nemanja* (suite).

— N° 11 : Inscriptions inédites. Salona. A. Freeman, *Les empereurs illyriens et leur patrie. Le plat de verre de Doclea. Le murazzo ou le long mur de Salona*. Nouvelles et correspondance. Supplément : Stojan Novakovich, *Le champ d'action de Nemanja* (suite).

—— *Journal de la Société orientale allemande*, 1877, vol. XXXI, 4° et dernier cahier (6 planches) :

H. L. Fleischer, *Remarques sur le mémoire de Rückert relatif à la grammaire, la poésie et la rhétorique des Persans*. A. D. Mordtmann, *Etude sur des intailles à légendes pehlevies*. W. Deecke, *l'Alphabet indien dans ses rapports avec les alphabets sémitiques méridionaux*. A. Wiedemann, *Histoire de la 18* dynastie jusqu'à la mort de Toutmès III. E. Haas, *Hippocrate et la médecine indienne au moyen âge*. A. Socin, E. Prym et H. Thorbecke, *les Divans des poètes arabes Nabigha, Ourwa, Hâtem, 'Alqama et Farazdaq*. E. Meyer, *Sur quelques dieux sémitiques*. Th. Aufrecht, *Liste des mots rajmahali*. A. Sprenger, *Sur deux mss. arabes*. M. Steinschneider, *Sur quelques médecins arabes et sur leurs œuvres*. Du même, *Figures de géomancie* (Skidy) *des Malgachs*. I. Goldziher, *Le passage de saint Mathieu VIII, 5* (la poutre et la paille) *dans la littérature arabe*, etc. Bibliographie.

—— *Journal de la Société orientale allemande*, 1878, vol. 32, cahier I : A. Sprenger, *Sur la scholastique musulmane*. F. W. M. Philippi, *Le nom de nombre deux dans les langues sémitiques*. S. Goldschmidt, *Sur quelques mots prâcrits*. A. Wiedemann, *Histoire de la XVIII* dynastie égyptienne jusqu'à la mort de Touthmès III* (seconde partie). G. von der Gabelentz, *Extraits du Chi-king traduits et analysés* (1 pl.). J. Halévy, *Le déchiffrement des inscriptions du Safa* (2 pl.). F. Hommel, *Les derniers résultats des recherches sumériennes*. K. Schlottmann, *Mètre et rime dans l'inscription araméenne de Carpentras*. Th. Nœldeke, *Inscriptions syriaques de Palestine*. J.-H. Mordtmann j[r], *Nouveaux monuments himyarites et observations sur quelques autres déjà publiés*. J. Halévy, *Sur l'inscription araméenne de Carpentras*. Bibliographie.

— Cahier II : H. L. Fleischer, *Sur la Grammaire, poésie et rhétorique des Persans, de Rückert*. W. Deecke, *Sur l'origine de l'écriture cunéiforme perse* (1 pl.). A. Holtzmann, *Indra, d'après le Mahâbhârata*. I. Goldziher, *Polémique musulmane contre le Ahl el-Kitâb* (les gens du livre, les juifs et les chrétiens). Lettres de MM. A. Müller, Steinschneider, Halévy, Himly (1 pl.). Bibliographie.

— Cahier III : L. Reinich, *La langue Saho* (africaine). E. Nestle, *Jacques d'Edesse, sur la prononciation du tétragramme de Jehovah et autres noms de Dieu en hébreu*. H. Jacobi, *Les Çobhana stutatayas de Çobhana muni*. A.-H. Schindler, *Rapport sur le dialecte Ssemnâni* (Perse). D.-H. Müller, *Sur la nunnation et la mimmation* (phénomène propre à l'himyarite). J.-H. Mordtmann j[r], *l'Apollon sémitique*. Th. Nœldeke, *les Kaianides dans l'Avesta*. Th. Aufrecht, *Sur un passage de l'Aitareyâraniaka ; remarques sur la deuxième édition du Rig-veda*. E. Wiedemann, *Sur la chimie des Arabes* (étym. d'Alambic). O. Loth, *Sur un manuscrit de Tabari*. Lettres de MM. E. Kuhn, D.-H. Müller. Bibliographie. Communication de M. D. Chwolson sur les inscriptions caraïtes de Crimée dont l'authenticité est controversée.

— Cahier IV : G. von der Gabelentz, *Sur la grammaire et l'histoire de la grammaire chinoise*. A. Greeter, *Chants populaires des Kourgs* (Inde). M. Wolff, *Sur le texte arabe du livre des croyances et des opinions du philo-*

sophe juif Saadia. Fr. Hommel, *Sur le relatif sémitique* ᴀᴄʜᴇʀ. Fr. Spiegel,
Varena (élève des doutes sur le rapprochement de ce mot zend avec
Varouna et Οὐρανός. A.-D. Mordtmann, *Sur les noms de villes de la Perse
terminés par kart, kert, gird.* M. Steinschneider, *Sur un ouvrage du médecin
arabe Ibn el Djezzâr.* G. Redslob, *Ammudates-Elagabalus* (repousse une
correction arbitraire introduite par M. J.-H. Mordtmann jʳ dans le texte
de Commodianus). Notes diverses de MM. Th. Aufrecht, E. Nelsle, G. Hoffmann, A. Müller. Bibliographie. Schlottmann, *Sur la question du mètre
et de la rime dans l'inscription araméenne de Carpentras.* Note de M. A. Har-
kavy, en réponse à M. Chwolson, sur l'authenticité des inscriptions caraïtes de Crimée.

—— *Bulletlino della Commissione archeologica communale di Roma,* 6ᵉ année
(2ᵉ série), nᵒ 2, avril-juin 1878 :

Rodolfo Lanciani, supplément au tome VI du *Corpus inscriptionum
latinarum.* Luigi Bruzza, *Conduite d'eau en plomb provenant de Porto, avec
inscription où figure la croix.* Michel Stefano de Rossi, *Renseignements
ultérieurs sur un riche dépôt de poteries antiques trouvées sur le Viminal.*
C. Lodovico Visconti, *D'un rare et remarquable bas-relief qui représente
l'atelier de Vulcain pendant que s'y fabriquent les armes d'Achille* (Vulcain
et trois cyclopes forgeant le bouclier entre Athéné et Héra qui assistent
au travail). Enrico Fabiani, *Inscription bilingue de Habibi* (palmyrénienne
et grecque).

— Nᵒ 3, juillet-septembre :

Mᵐᵉ Ersilia Caëtani (comtesse Lovatelli), *l'Inscription de Crescens, cocher
du cirque* (pl. XII). Le R. P. Luigi Bruzza, *Sur quelques graffiti de vases
archaïques,* trouvés à Rome (pl. XIII-XIV). Virginio Vespignani, *De quelques fragments d'architecture* de style composite et d'une invention capri-
cieuse, trouvés à Rome (pl. XV et XVI).

—— Παρνασσός, revue périodique mensuelle (Athènes, in-8), 1878 :

Ce recueil, qui ne s'occupe pas seulement d'archéologie, mais qui
touche à tous les sujets, contient, dans ses derniers numéros, entre
autres articles, les suivants, qui nous paraissent de nature à intéresser nos
lecteurs :

Mai. — Constantin Condos, *Variétés philologiques*; § 15, γράμμα au lieu
de σύγγραμμα ou ποίημα; § 16, γραφεύς au lieu de συγγραφεύς et γραφή au
lieu de συγγραφή. A. Pappadopoulos Kerameus, *De la topographie et de
l'histoire ancienne de Phocée* (avec une carte). D. Vikellas, *De la connaissance du grec en Europe,* depuis le ivᵉ siècle de notre ère jusqu'à la
prise de Constantinople par les Turcs. P. Lambros, *Les B sur les monnaies
des Paléologues.*

Juin. — *Découverte du bourg du moyen âge nommé Scala,* auprès des
sources du Pamisos et du chemin appelé par les Byzantins Βασιλικὴ ὁδός.
Constantin Condos, *Observations grammaticales.* τριηκόντων au lieu de
τριάκοντα. Τάοτα au lieu de ταῦτα et ἐοεργέτης au lieu de εὐεργέτης. Nouvelles archéologiques.

Juillet. — N. Pétris, *Études homériques chez les Romains*. Σ', *Notes sur Demir-Hissar* (au nord-ouest de Serrès, en Thrace).

Août. — Athanase Petridès, *De la ville antique Lykia*, maintenant Lycoursi, dans l'île de Corfou, et de son port Onchosmos (maintenant Haghioi Saranda).

Septembre. — Constantin Condos, *Variétés philologiques* ; § 17, γραφεύς au lieu de βιβλιογράφος ; § 18, ἀντιγραφεύς de ἀντιγράφω ; ἐκγράφω, ἀπογράφω ; § 19, μεταγραφεύς de μεταγράφω. Nouvelles archéologiques, *le temple de Dionysos à Marathon*, par Sp. Lambros (avec une inscription) ; restauration de la fontaine de Castalie par la Société archéologique.

— Octobre et novembre :

Constantin Condos, *Variétés philologiques* ; § 20, ὑπογραφεὺς de ὑπογράφω ; § 21, βιβλιογράφος, βιβλιογραφία, βιβλιογράφω ; § 22, ταχυγράφος, ὀξυγράφος ; § 23, σημειογράφος, σημειογραφικὴ τεχνή ; § 24, καλλιγράφος, καλλιγραφία ; § 25. χρυσογράφος, χρυσογραφιά. M. Pétris, *les Études homériques chez les Romains*, 2e partie. K. Papparigopoulos, *Des péripéties de l'histoire du peuple grec dans notre temps*. Spir. P. Lambros, *De l'église de Saint-Jean le Théologien à Éphèse, avec une inscription*. A. Spyridos, *les Usages des noces à Mégisté* (Castellorhizo, Crète).

—— Sommaire du numéro de décembre du *Journal des savants* : Ad. Franck, *Sentences et proverbes du Talmud et du Midrasch*. Barthélemy Saint-Hilaire, *Sept Suttas pâlis*, tirés du Dighâ Nikaya. E. Miller, *La prise d'Alexandrie, par G. de Machaut*. Ch. Giraud, *Traité des successions à cause de mort en droit romain*. Nouvelles littéraires. Table de l'année.

BIBLIOGRAPHIE

Monuments religieux, civils et militaires du Gâtinais (départements du Loiret et de Seine-et-Marne), depuis le xi⁰ siècle jusqu'au xvii⁰ siècle, par M. Edmond Michel. — Lyon, Henry Georg ; Paris, Champion ; Orléans, Herluison, 1878, in-folio. Première partie, 6 livraisons de 170 pages et 78 planches.

M. Edmond Michel vient d'entreprendre une œuvre certainement fort utile. Enfermant momentanément son attention et son activité dans les limites d'une vieille circonscription politique de la France, il s'est donné la tâche d'étudier et de reproduire minutieusement tous les monuments subsistant encore sur quelques parties du territoire des départements du Loiret et de Seine-et-Marne qui correspondent à la province du Gâtinais. Plein de constructions intéressantes, mais ne comptant ni grandes villes ni — à part le château de Fontainebleau — d'édifices universellement célèbres, le Gâtinais jusqu'à ce jour était resté très-ignoré et constituait, dans la carte archéologique et monumentale de la France, une lacune regrettable. Cette lacune pourra être comblée quand M. Michel aura terminé son livre. Donc la seule pensée d'un travail entrepris, pensons-nous, avec cette préoccupation scientifique, mérite déjà des éloges.

Nous voudrions pouvoir en donner également à l'exécution de cet honorable projet. Nous sommes malheureusement obligé de formuler des réserves, la rédaction de l'ouvrage paraissant hâtive et commencée sans une suffisante préparation en archéologie, en iconographie, et même sans la connaissance indispensable des premiers éléments de la langue latine.

L'auteur ignore-t-il quelle est la forme donnée, pendant tout le moyen âge, à l'âme qui abandonne le corps d'un mourant ? Il a cependant écrit ce qui suit, page 89, en décrivant une tombe : « Le tympan des deux archivoltes est occupé par des anges ; ils tiennent à deux mains un linge qui laisse à découvert une petite figure nue, les mains jointes, et dont la tête seule est couverte. *Sans doute le symbole de la pureté.* » Cette représentation si fréquente de l'âme est élémentaire en archéologie.

M. Palustre a déjà démontré dans le *Bulletin monumental* (t. 44, p. 285) que M. Michel, à propos de la châsse de Fréville, p. 58, a pris pour une sainte Catherine une sainte Barbe, et que l'autre sainte qu'il croit avoir été livrée aux bêtes est une sainte Pélagie qui fut brûlée dans un bœuf d'airain. Les excellents travaux des PP. Cahier et Arthur Martin devraient empêcher ces confusions.

Ordinairement l'auteur, loin d'imiter le modèle ﬂaissé par M. de Guilhermy, s'épargne, à l'aide d'une habile prétérition, les difficultés que présente la transcription exacte ou le commentaire des inscriptions. Quand il ne déclare pas celles-ci illisibles — ce qui ne doit pas empêcher de chercher à les restituer — il en donne une interprétation générale très-vague. C'est un tort, dans une œuvre comme celle de M. Michel, dont le mérite doit consister, avant tout, dans la précision. Lorsque l'auteur renonce à ce vicieux système, il n'est pas toujours heureux. Il dit, par exemple, p. 90, à propos d'une tombe située dans l'église de Malesherbes : « D'après l'inscription cette pierre recouvrait les corps de deux frères. Par suite des mousses qui ont rongé les lettres supérieures, il est difficile de deviner le sens de la phrase ; sur les côtés, l'inscription est plus lisible. L'abbé dit au chevalier : Pourquoi crains-tu? Tu m'accompagneras vers le Seigneur. Sous ma conduite, ne crains rien. Avec moi, tu seras en sûreté. Le chevalier répond à son tour et un peu ironiquement : Je vais à toi qui m'y forces, mon frère, en me défendant. C'est cela. Aussi je suis plein d'espérance. Suis-moi, je te protégerai. »

Voici l'inscription, telle qu'elle est dessinée par M. Michel, pl. LII. Je ferai remarquer qu'elle est métrique :

... FRATER ... EAS MECUM DOMINO SOCIERIS
ME DUCE NE TIMEAS, ME .... ERIS.
EO TIBI CONMENDO, FRATER, CORAM METUENDO
JUDICE, PROUT SPERO, ME DUCE TUTERO.

M. Michel, qui appartient par un lien récent à l'Université, me pardonnera sans doute une petite chicane de grammaire, et je ne crains pas d'être traité de pédant puisque j'ai l'honneur de m'adresser à un officier d'académie, nécessairement indulgent pour les susceptibilités de l'inexorable syntaxe. Même aux plus mauvais jours du moyen âge, on n'a jamais traduit « je vais à toi » par eo tibi; commendo n'a jamais signifié « qui m'y force »; metuendus, au cas ablatif, s'accordant avec judice, veut dire redoutable et non pas « en me défendant » (me — tuendo); tutero, « je protégerai », est un barbarisme inconnu aux plus bas temps de la latinité. Il n'y a point la moindre ironie dans la réponse du chevalier. Celui-ci dit à son frère l'abbé : « Me tibi commendo, frater, coram metuendo judice, prout spero, te duce, tutus ero. » — « Mon frère, je me recommande à toi en présence du juge redoutable. Ainsi que je l'espère, sous ta conduite je serai en sûreté. » Il faut lire ME au lieu de EO, cela n'est pas discutable. Le mot tutus est certain. Après le second T, il est impossible que, dans l'inscription, il n'y ait pas un petit signe en forme de 9, dont la valeur est celle des lettres us à la fin des mots. Ce signe a échappé au dessinateur ou au lapicide. Il faut lire également TE DUCE et non pas ME DUCE. Les T ressemblent très-souvent aux M onciaux et ME DUCE TUTUS ERO serait un non-sens.

Pourquoi M. Michel, qui, dans ses préfaces, a des tendances très-prononcées à la généralisation, se borne-t-il, dans ses descriptions de monuments, à particulariser. sans esprit de comparaison, les types curieux qu'il signale? Il y aurait intérêt à rapprocher, par exemple, la croix de cimetière, dont il a dessiné la base à Ferrières (pl. 10), des nombreuses croix similaires qu'on connaît et qui ont été décrites ou gravées. Voyez à ce sujet les publications suivantes : *Croix de procession, de cimetières et de carrefours*, par Léo Drouyn (Bordeaux, 1858, in-fol., pl. gr.). — *Croix d'églises et de cimetières, calvaires de l'arrondissement de Château-Thierry* (*Annales de la Société hist. et arch. de Chât.-Th.*, 1866, 1867, 1870-71 et 1872, p. 135). — *Bulletin monumental*, 1878, p. 502.

On doit regretter que M. Michel, en restreignant à un terrain très-limité le champ de ses investigations historiques, n'ait pas jugé nécessaire de les rendre plus profondes. Les recherches provinciales sont du plus haut intérêt, mais à la condition d'être rigoureuses et de sortir des termes vagues auxquels sont condamnés les ouvrages généraux. M. Michel n'a pas cru qu'il fût indispensable pour lui de connaître quelques-uns des monuments qu'il estimait cependant dignes d'être publiés. J'en citerai un exemple seulement. Parlant d'une tombe de l'église de Nargis (p. 21) où se voit représentée une dame en costume du XVIe siècle, l'auteur s'exprime ainsi : « Sur ses hanches, l'artiste a posé deux écus; à sa droite le sien propre et à sa gauche son écu coupé (lisez *parti*) des armes de son mari. Voici l'inscription, en caractères gothiques, qui règne autour de la pierre : «Ci gît damoiselle Iehenne de MORMUILLE en son vivant « femme et espouse de Adam de…. mercredi 12e jour de février l'an mil « cinq cent vingt et un. Priez Dieu pour elle. » La rupture de la pierre, dans le bas, nous laisse ignorer le nom de l'époux, sans doute un gentilhomme de la seigneurie de Cornou, château voisin de Nargis. »

Ce passage pourrait donner lieu à bien des observations. Nous laisserons de côté le nom du mari, que l'auteur se résigne un peu trop facilement à ignorer. Mais comment a-t-il pu lire MORMUILLE, mot bizarre qui ne correspond à aucun nom connu de la féodalité française? Comment a-t-il pu se décider à introduire un personnage nouveau dans la liste des possesseurs de fiefs avant d'avoir vérifié et discuté sa lecture, avant d'avoir trouvé la place de ce personnage dans l'histoire locale ? La vue et le contact des monuments ne peuvent dispenser d'une certaine investigation générale et de quelques notions d'ensemble. En matière d'érudition, même sur un sujet fort neuf, il est aussi difficile qu'imprudent de vouloir tout improviser. Je n'ai jamais vu le document dont il s'agit ; je ne connais pas le premier mot de l'histoire de la seigneurie dont la prétendue Jeanne de Mormuille aurait été dame, cependant j'ose affirmer *a priori* que la lecture de M. Michel me paraît plus que suspecte. J'en

demande pardon à l'illustre et puissante famille des Mormuille, récemment découverte et peut-être célèbre déjà dans le Gâtinais, mais, ici, au
lieu de MORMUILLE, il faut lire très-probablement MORAINVILLE ou MORIN-
VILLE. Le P. Anselme, tome I, p. 443 de son *Histoire généalogique*,
donne les armoiries d'une famille de Morainville (branche de la maison
des comtes de Dreux), qui sont échiquetées d'or et d'azur à la bordure de
gueules chargée de dix roses d'or. C'est, à quelques simplifications près,
le blason de damoiselle Jeanne, morte le 12 février 1521. Cette Jeanne
n'était-elle pas une Morainville ? La forme de son nom, — rapprochée de
l'*échiqueté* des comtes de Dreux, seigneurs de Morainville, qu'elle porte
dans ses armoiries, — ne peut guère laisser de doutes.

M. Michel a été un peu trop affirmatif quand il a dit, p. 10, que la vue
cavalière de l'abbaye de Ferrières, faisant partie du *Monasticon Gallica-
num*, se rapportait aux premières années du xviie siècle. Quelle que soit
la date à laquelle appartiennent les monuments reproduits par cette vue,
il est bien certain qu'il n'a pas été question de graver les planches du
Monasticon avant le dernier tiers de ce siècle.

Les sources consultées par l'auteur ont été fort peu nombreuses. Il cite
bien Dom Morin et son *Histoire générale du pays de Gâtinais*, etc., mais
c'est presque la seule autorité qu'il semble connaître et à laquelle il se
réfère, quand tant de problèmes soulevés par lui devaient trouver leur
solution dans les livres les plus courants. Sans faire appel aux documents
inédits que les archives du Loiret et de Seine-et-Marne pouvaient lui
fournir en abondance, il a négligé bon nombre d'informations, d'éclaircissements et de ressources que les documents imprimés eux-mêmes lui
présentaient. Il faut savoir éclairer l'archéologie locale par les documents
d'archives et par l'histoire politique de la contrée qu'on étudie, sous peine
de dessiner des inscriptions comme des hiéroglyphes, sans les comprendre, et d'enlever à des objets, qui ne sont pas des œuvres de grand
art, le plus pur de leur intérêt. La tâche d'un archéologue doit différer
de celle d'un photographe.

La gaucherie et la timidité des dessins de M. Michel plaident en faveur
de leur sincérité. Je suis loin d'ailleurs de reprocher à l'auteur la naïveté
de son crayon. Ce serait à la fois maladroit et injuste. Cette naïveté est
de beaucoup préférable à une interprétation prétentieuse qui défigure-
rait le style des œuvres reproduites. Il vaut mieux rester au-dessous que
d'aller au-delà de l'expression du monument que l'on copie. D'ailleurs
on doit toujours féliciter les archéologues qui sont en état de joindre à
leurs appréciations une image graphique quelle qu'elle soit. Il est inique
de leur demander des œuvres d'art quand ils n'ont prétendu vous donner
qu'une description dessinée. Si la valeur des dessins de M. Michel est
assez inégale au point de vue de l'exactitude historique, hâtons de dire
que ces dessins sont ordinairement très-suffisants et qu'avec eux l'auteur
atteint assez bien le but qu'il s'est proposé en définitive : dresser un inventaire sommaire et pittoresque.

Si nous avons reproché à M. Michel de ne pas nous donner davantage, c'est que nous sommes convaincu, — nous avons pour garant sa bonne volonté, — qu'il est capable de nous satisfaire. Nous ne doutons pas que le seconde partie de son ouvrage, s'appuyant sur des études sérieuses, ne réponde cette fois à tous nos désirs. Louis Courajod.

Theseus und Minotauros, achtunddreissigster Programm zum Winckelmannsfeste der archæologischen Gesellschaft zu Berlin, von ALEXANDER CONZE, mit einer Radirung von ERNEST FORBERG. In-4, Berlin, Reimer.

Pour la trente-huitième célébration de la fête de Winckelmann par la Société archéologique de Berlin, M. Conze a décrit, avec sa sûreté et sa précision ordinaires, un petit groupe de bronze qui a été acquis récemment par le musée des antiques à Berlin. Il représente le combat de Thésée et du Minotaure. La hauteur en est de 34 centimètres. C'est un ouvrage élégant et fin que l'on peut attribuer au temps des successeurs d'Alexandre; il paraît avoir plus d'intérêt pour l'historien de l'art que pour le mythologue; il ne donne pas du mythe une interprétation qui lui soit propre, mais, par son style qui n'est pas exempt d'une certaine recherche de l'effet, par la science du mouvement et du modelé dont il témoigne, il fait songer au groupe dit *du taureau Farnèse;* il s'ajoute à la liste des ouvrages qui représentent pour nous l'art que l'on peut appeler alexandrin. L'eau-forte qui accompagne la dissertation rend bien le caractère du monument; c'est ce qu'atteste M. Conze, qui est pourtant un juge difficile. G. P.

FIN DU TRENTE-SIXIÈME VOLUME.

Paris. — Typ. PILLET et DUMOULIN, 5, rue des Grands-Augustins.

TABLE DES MATIÈRES

CONTENUES

DANS LE TRENTE-SIXIÈME VOLUME DE LA NOUVELLE SÉRIE

XXXVI.   27

TABLE ALPHABÉTIQUE

PAR NOM D'AUTEURS

TABLE MÉTHODIQUE

I. SOCIÉTÉS ET NOUVELLES. — II. ÉGYPTE ET ORIENT.

III. GRÈCE. — IV. ITALIE. — V. FRANCE. — VI. PAYS DIVERS.

VII. BIBLIOGRAPHIE, LINGUISTIQUE.

I. SOCIÉTÉS ET NOUVELLES.

II. ÉGYPTE ET ORIENT.

par Fr. Lenormant, p. 137-138, pl. XIX (septembre).

III. GRÈCE.

Mémoire sur les hypothèses astronomiques des plus anciens philosophes de la Grèce, étrangers à la notion de la sphéricité de la terre, par M. Henri Martin, p. 270-272 (Bibl. par M. C. E. Ruelle).

Les fouilles d'Olympie. Vingt-cinquième rapport, p. 61-64 (Nouv. et corr.).

Mycènes, récit des recherches et découvertes faites à Mycènes et à Tirynthe, par M. Henri Schliemann, p. 336 (Bibl. par M***).

Le docteur Schliemann à Ithaque, p. 267-268 (Nouv. et corr.).

Une nouvelle nécropole près de Nauplie, Grèce, p. 386-387 (Nouv. et corr.).

Mélanges d'épigraphie, par J. H. Mordtmann, p. 292-304, 3 fig. (novembre).

Det ionische Kapitœls Oprindelse og Forhistorie, avec un résumé en français, par M. Junius Lange, p. 69-72 (Bibl. par M. Charles Chipiez).

Sur une inscription byzantine de Thessalonique, par M. le Dr A. Mordtmann, p. 172-175 (septembre).

Un ancien texte de loi de la Crète, par M. Michel Bréal, p. 346-356, 1 fig. (décembre).

Theseus und Minotauros, achtunddreissigster Programm zum Winckelmannsfeste der archaeologischen Gesellschaft zu Berlin, par M. Alexander von Conze, p. 400 (Bibl. par M. G. P.).

Ὁ περὶ Γοργόνων μῦθος παρὰ τῷ Ἑλληνικῶ λαῶ, par M. G. Politis, p. 68-69 (Bibl. par M. Emile Legrand).

IV. ITALIE.

Discours sur les terramares, par M. Pigorini, p. 59-61 (Nouv. et corr.).

L'archéologie du lac Fucin, par M. A. Geffroy, p. 1-11, 4 fig., pl. XIII-XIV-XV (juillet).

Graffite découvert à Pompei, p. 64, 1 fig. (Nouv. et corr.). — Idem, p. 131 (Nouv. et corr.). — Idem, p. 191 (Nouv. et corr.).

La présidence du Sénat durant la république romaine, par M. P. Willems, p. 225-243 (octobre).

Explorations nouvelles dans les catacombes de Rome et de Syracuse, par M. Louis Lefort, p. 80-86 (août).

Notes sur les mosaïques chrétiennes de l'Italie, par Eug. Muntz, p. 273-278, pl. XXI et XXII (novembre).

Un encolpium de Monza, par M. Edmond Le Blant, p. 108-111 (août).

V. FRANCE.

Conférence sur les populations primitives de la Gaule et de la Germanie, par M. Alexandre Bertrand, p. 112-128 (août).

Les peuples de la France, par M. Jacq. de Boisjoslin, p. 272 (Bibl. par M. X. Y.).

Recherches archéologiques sur les colonies phéniciennes établies sur le littoral de la Celtoligurie, par M. l'abbé J.-J.-L. Bargès, p. 198-199 (Bibl. par M. R. M.).

Découverte de pierres taillées aux champs de Saint-Gilles, près d'Abbeville, par M. E. Prarond, p. 266-267 (Nouv. et corr.).

Les tumulus de la Boixe, par MM. Chauvet et Lièvre, p. 136 (Bibl. par M. A. B.).

Gui de chêne, par M. H. d'A. de J., p. 388 (Nouv. et corr.).

Sépulture gauloise de Valenton (Seine-et-Oise), par M. P.-L. Guégan, p. 192-193 (Nouv. et corr.).

Découverte gallo-romaine à Saint-Vivien près Saintes, p. 387-388 (Nouv. et corr.).

Fouilles du Mont-de-César, p. 66-67 (Nouv. et corr.).

La panthère de Penne (Lot-et-Garonne), par M. G. Tholin, p. 344-345, pl. XXIV (décembre).

Découverte d'un trésor monétaire à Luxeuil, par M. Ch. Duhaut, p. 385-386 (Nouv. et corr.).

Inscription romaine de la Cathédrale de Lyon, p. 391-392 (Nouv. et corr.).

Fragments d'inscriptions de Gruffy (Haute-Savoie), p. 133-134 (Nouv. et corr.).

De l'association, sur un sou d'or mérovingien, du nom gallo-romain et du nom plus récent d'une ville gauloise, par M. M. Deloche, p. 244-255, 1 fig. (octobre).

Fouilles de Hermès, p. 64-66 (Nouv. et corr.).

Découvertes mérovingiennes de M. Frédéric Moreau père, p. 101-192 (Nouv. et corr.).

Découverte d'armes franques à Saint-Denis, près Catus (Lot), par M. Castagné, p. 75-79, pl. XVII (août).

Monuments religieux, civils et militaires du Gâtinais, par M. Edmond Michel,

FIN DE LA TABLE.

Paris. - Typ. Pillet et Dumoulin, 5, rue des Gr.-Augustins.

Lightning Source UK Ltd.
Milton Keynes UK
UKHW011838271118
333053UK00010B/542/P